ANGES ET BIENHEUREUX

LA CONNAISSANCE DE L'INFINI
DE THOMAS D'AQUIN À SPINOZA

DU MÊME AUTEUR EN FRANÇAIS

L'existence de Dieu. Histoire de la preuve ontologique de Descartes à Kant, Paris, Seuil, 2002.

BIBLIOTHÈQUE D'HISTOIRE DE LA PHILOSOPHIE

NOUVELLE SÉRIE

Fondateur Henri GOUHIER Directeur Emmanuel CATTIN

ANGES ET BIENHEUREUX

LA CONNAISSANCE DE L'INFINI DE THOMAS D'AQUIN À SPINOZA

par

Emanuela SCRIBANO

Traduit de l'italien

par

Juliette MORICE

PARIS

LIBRAIRIE PHILOSOPHIQUE J. VRIN

6 place de la Sorbonne, V^e

2021

Titre original : *Angeli e Beati. Modelli di conoscenza da Tommaso a Spinoza*

Imprimé en France

ISSN 0249-7980
ISBN 978-2-7116-2950-3

www.vrin.fr

INTRODUCTION

« Si nous voyons bien tous les deux que ce que tu dis est vrai, si nous voyons bien tous les deux que ce que je dis est vrai, où le voyons-nous, je te prie ? Moi, ce n'est évidemment pas en toi que je le vois ; toi non plus, ce n'est pas en moi. Mais, tous les deux, nous le voyons dans l'immuable Vérité qui est au-dessus de nos intelligences ». Tels sont les mots d'Augustin, dans un passage célèbre des *Confessions* [1]. La vérité habite en Dieu, et c'est parce qu'il participe au divin que l'esprit fini peut la saisir. Ainsi la question de savoir comment l'esprit fini peut atteindre des vérités universelles et nécessaires se trouvait-elle reprise en termes platoniciens. Et l'histoire des réponses que le Moyen Âge et l'époque moderne donnèrent à cette question se scanda au rythme de l'adhésion ou de l'opposition à l'égard d'Augustin.

On doit à l'œuvre de Thomas d'Aquin la première tentative philosophique visant à construire une théorie de l'esprit parfaitement achevée et sans contact avec le divin. Et sa décision de limiter la présence de la lumière divine dans l'esprit humain est bien connue. Toutefois, seule une étude du sort que Thomas réserve à la connaissance des autres esprits, ceux des anges, peut restituer dans toute son ampleur le programme thomiste de naturalisation de la connaissance de tous les esprits finis, y compris de ceux qui n'ont pas besoin d'intermédiaire corporel. Thomas a voulu couper le lien par lequel Augustin avait uni les esprits à Dieu et a proposé, pour les hommes et pour les anges, une théorie de la connaissance différente de la sienne. Mais ainsi chassée de sa théorie de la connaissance des esprits humains et des esprits angéliques, la référence augustinienne a trouvé un refuge dans sa théorie de la connaissance des bienheureux. L'illumination divine, le contact avec la vérité incréée, qui pour Augustin étaient condition

1. Augustin, *Confessions*, XII, 25, 35, L. Jerphagnon (éd.), Paris, Gallimard, t. I, 1998, p. 1079.

d'accès à la vérité pour les esprits finis, se sont alors trouvés relégués du côté du surnaturel.

Ce projet de libération de la connaissance des esprits finis, visant à les affranchir, pour atteindre la vérité, du recours nécessaire à l'illumination divine, se concrétise dans une théorie complexe de la connaissance humaine et angélique, d'abord chez Thomas d'Aquin, puis chez Duns Scot. C'est surtout au sujet des esprits angéliques – immatériels, certes, mais eux aussi finis – que se joue la tentative de naturalisation d'un savoir qui ne soit pas limité à la perception sensible, tentative que Thomas ne parviendra pas à développer jusqu'au bout, et que Scot portera en revanche à son terme. Mais pour accomplir le projet thomiste, Scot devra déconstruire la structure même de la métaphysique thomiste, pour des raisons qui seront exposées dans les pages qui suivent.

Les théories de la connaissance que Thomas et Scot ont construites pour les anges et pour les bienheureux trouveront un nouveau souffle dans la philosophie moderne. Cette présence, une fois identifiée avec certitude, signale bien plus qu'une origine lointaine et peut-être fantasque de la réflexion moderne sur le fonctionnement de l'esprit. Les anges, qui reviennent avec les esprits de Descartes, portent avec eux le projet philosophique de construire une théorie de la connaissance différente de la théorie de la participation à la vérité increéée. Quant aux bienheureux, qui revivent autrement dans les pages de Malebranche et de Spinoza, ils portent avec eux le projet, conçu par Augustin, d'accéder au vrai par une participation au divin que Thomas crut avoir éliminée du domaine de la connaissance naturelle.

Si, en parlant des hommes, Descartes pensera aux anges et Malebranche aux bienheureux, c'est que les choix philosophiques qu'avaient faits Thomas et Scot, en s'avançant sur la question des esprits de ces créatures, vaudront encore. Spinoza est un cas plus complexe. Son œuvre ne présente pas de ces preuves textuelles qui, chez Malebranche, mettent au jour sans équivoque possible la reprise du modèle de la vision béatifique telle qu'elle a été élaborée chez Thomas. Elle se place cependant incontestablement dans cette tradition de pensée qui avait garanti à l'esprit l'accès à la vérité grâce au seul contact de l'infini, tradition qui avait trouvé refuge dans les réflexions sur la connaissance des bienheureux dont le texte de Spinoza se fait également l'écho. D'ailleurs, chaque fois qu'un projet philosophique resurgit, resurgissent avec lui les théories afférentes qui en constituent la structure plus profonde. On ne s'étonnera donc pas de retrouver chez Spinoza des résonances avec les théories de la vision béatifique, une fois éclairci le fait que, dans ces théories, se sont logés le platonisme et le modèle de la participation au divin qui constituent l'essence même de la théorie de la connaissance spinoziste.

L'histoire des théories philosophiques se joue souvent sur le long terme, qui permet de mesurer, avec la distance, les effets des choix et des décisions prises dans un passé apparemment éloigné. Nous avons imaginé le dialogue de Descartes, Malebranche et Spinoza presque comme un dialogue direct avec Thomas et Scot et, à travers eux, avec Augustin, convaincue que les nombreuses médiations qui ont comblé la distance entre les auteurs modernes et ceux des XIIIe ou XIVe siècles n'ont pas modifié la substance d'une proximité des problématiques qui, quand elles se trouvent reprises, portent avec elles le poids du sens que leur avaient donné les auteurs du passé. Pour cela, nous préférons considérer les théories de la connaissance du Moyen Âge non tant comme des « sources » de la pensée moderne, mais plutôt comme des ensembles articulés, cohérents en eux-mêmes, comme des « modèles » qui réapparaissent dans l'histoire de la pensée, par leur capacité à répondre à un problème philosophique récurrent, en l'occurrence celui de la fondation du savoir en régime de séparation ou d'union avec le divin.

Nous nous sommes parfois rendu compte, *post factum*, que les résultats de nos recherches étaient liés entre eux par une logique interne. La première fois que nous avons pensé que les anges n'étaient pas, en réalité, des alliés des bienheureux, mais participaient plutôt à la configuration d'un projet de fondation de la connaissance bien différent de celui qui se formait dans les réflexions sur la connaissance béatifique, ce fut au sujet de Malebranche, dans notre article « Malebranche : visione di Dio e visione in Dio »[1]. L'hypothèse avancée dans cet article, selon laquelle Malebranche se serait approprié la théorie de la vision béatifique, a trouvé par la suite confirmation à nos yeux, grâce à l'aveu explicite, en ce sens, de son disciple John Norris, dont nous avons traité dans « Norris interprete di Malebranche »[2]. Que Descartes, au contraire, ait non seulement choisi le modèle angélique, comme nous en avions fait l'hypothèse, au passage, dans l'article sur Malebranche, mais se soit même sciemment opposé à tout mélange entre la véritable philosophie et les théories de la vision béatifique, c'est ce que nous avons soutenu dans « La Conoscenza di Dio nelle lettere di Descartes »[3].

1. In *Rivista di Storia della filosofia* 51, 1996.

2. *In* Antonio Santucci (dir.), *Filosofia e cultura nel Settecento britannico*, Bologna, Il Mulino, 2001.

3. In *La biografia intellettuale di René Descartes attraverso la Correspondance*, Napoli, Vivarium, 1999.

À partir de l'étude consacrée à « L'inganno divino nelle "Meditazioni" di Descartes »[1], nous avons été convaincue du fait que Descartes, dans son programme de naturalisation de la connaissance vraie, s'était contenté de la séparation entre esprit humain et esprit divin garantie par le modèle angélique, sans avoir recours à cet instrument plus puissant qu'est la doctrine de la libre création des vérités éternelles. À l'occasion de certains colloques, nous avons ensuite avancé l'hypothèse que les thèses de Duns Scot, puis de Descartes, à propos de la connaissance de l'infini, se reflétaient – et cela nécessairement – dans leurs théories de la représentation. Les résultats de ces recherches sont repris et repensés dans les chapitres trois, quatre, cinq et six de ce volume.

La préparation de ce livre fut assez longue et nous sommes redevable, pour toutes les recherches ici rassemblées, envers de nombreux amis, dont la compétence et la disponibilité nous ont été précieuses. Alessandro Linguiti et Costantino Marmo ont répondu avec précision et exhaustivité à nos questions et à nos doutes ; Maria Bettetini, Laurence Devillairs, Filippo Mignini et Mariangela Priarolo ont bien voulu lire en partie ou intégralement une version de ce travail. Nous leur adressons à tous notre profonde gratitude, pour la générosité avec laquelle ils ont disposé de leur temps et pour la pertinence de leurs observations, qui ont été d'un secours précieux. L'exposition du noyau de ce travail lors d'un séminaire qui s'est tenu dans le cadre du doctorat d'Histoire de la philosophie de l'Université de Macerata, lors du séminaire dirigé par Paolo Cristofolini à l'École Normale Supérieure de Pise, et lors du séminaire et des interventions que nous avons faites dans les cours donnés par Denis Kambouchner et Chantal Jaquet à l'Université Paris 1, ont également été d'une grande aide. Les questions et les observations des doctorants et collègues alors présents nous furent précieuses pour mettre en lumière certaines zones encore obscures de notre recherche. Nous avons été profondément encouragée, à ces différentes occasions, par le sentiment encore vif que suscite l'intérêt pour la recherche en histoire de la philosophie.

À l'occasion de la parution en France de ce livre, je tiens à remercier Emmanuel Cattin, Denis Kambouchner et Antony McKenna pour en avoir encouragé la traduction française, aussi bien que Laurence Devillairs pour ses précieuses suggestions et sa présence constante, et Juliette Morice pour sa traduction perspicace.

Merci tout spécialement à Paolo Leonardi.

E. S.

1. In *Rivista di filosofia* 90, 1999.

LISTE DES ABRÉVIATIONS

DESCARTES (R.), AT, suivi du numéro du tome, de la page, et, le cas échéant, des lignes = *Œuvres*, éd. Adam-Tannery, nouvelle présentation, Paris, Vrin-CNRS, 11 tomes, 1964-1974 (rééd. en petit format, 1996).

DUNS SCOT (J.), *Opera Omnia* = *Opera Omnia*, Civitas Vaticana, Typis polygl. Vaticanis, 1950 *sq*.

—, Wadding = *Opera Omnia*, dir. I. Wadding, sumptibus L. Durand, Lugduni, 1639, réimpr. anast., Hildesheim, G. Olms Verlag, 1968.

HENRI DE GAND, *Somme* = *Summae quaestionum ordinariarum*, 2 vol., Parisiis 1520, réimpr. anast. St. Bonaventure, New York, The Franciscan Institute, 1953.

—, *Quodlibeta* = *Quodlibeta Magistri Henrici Goethals a Gandauo*, Paris, 1518, réimpr. anast., Leuven, Bibliothèque S. J., 1961.

MALEBRANCHE (N.), *OC* = *Œuvres Complètes*, éd. G. Rodis-Lewis, A. Robinet *et al.*, Paris, Vrin, 1959-1970, 20 tomes.

THOMAS D'AQUIN, *ST* = *Somme Théologique*, Paris, Le Cerf, 4 tomes, 1984-1986.

—, *In I Sent.*; *In II Sent.*; *In IV Sent.* = *Scriptum super libros Sententiarum.*

—, *Opera Omnia* = *Opera Omnia iussu impensaque Leonis XIII édita*, Romae, Ex Typographia Polyglotta, 1888 *sq*.

CHAPITRE PREMIER

THOMAS D'AQUIN HOMMES, ANGES ET BIENHEUREUX

L'univers de Thomas d'Aquin est peuplé d'une foule d'esprits : l'esprit humain, l'esprit des âmes séparées, l'esprit angélique, celui du bienheureux et celui de Dieu. Il élabore pour chacun d'eux une théorie des modalités de la connaissance afférente : la connaissance de soi-même, celle des êtres finis matériels, celle des êtres finis immatériels et celle de l'être infini immatériel. Son œuvre resterait indéchiffrable, et l'on ne saisirait pas la raison de bien de ses choix, si l'on ne tenait compte du cadre complexe dans lequel ces choix ont été faits. Thomas cultive un projet ambitieux, relevant à la fois de la métaphysique et de la théorie de la connaissance, projet qui entend définir les limites de la connaissance naturelle pour la distinguer clairement de la connaissance surnaturelle. Aussi poursuit-il ce projet en tâchant d'éloigner la connaissance naturelle que possèdent les êtres finis de tout contact avec l'infini, c'est-à-dire en tâchant de fixer les limites de la connaissance vraie, accessible à l'intérieur du fini, sans contact avec Dieu et la vérité increéée.

L'OMBRE D'AUGUSTIN

Dans son entreprise, Thomas devra affronter la pensée d'Augustin, l'autorité chrétienne qui avait posé la question de la connaissance vraie en termes d'accès à la vérité increéée, contenue dans l'esprit divin. À cet égard, il n'est certes pas un cas isolé. Tous les philosophes du Moyen Âge tiennent compte de la doctrine augustinienne. Mais le geste que fait Thomas en se confrontant à Augustin est particulièrement important. Malgré certaines tentatives de remise en cause récentes, Étienne Gilson a montré de manière définitive que le thomisme naissait d'une rupture originaire et originale avec la théorie de la connaissance d'Augustin, dans la mesure où il rejetait la thèse augustinienne selon laquelle l'esprit fini, pour accéder à la vérité, aurait besoin d'une illumination divine constante lui permettant de participer à la vérité increée[1].

La mise à l'écart d'Augustin était d'ailleurs inévitable pour un philosophe comme Thomas, qui avait choisi comme guide Aristote contre Platon. Augustin, frappé précocement par la lecture des livres des « platoniciens »[2], avait fait largement usage de ce qu'il connaissait de la pensée de Platon pour construire une philosophie chrétienne. Les « Idées » dont avait parlé Platon étaient introduites sous le nom de « raisons » dans l'esprit divin[3] ; sur ce fondement, le Dieu d'Augustin avait créé le monde avec science et dessein[4]. Augustin avait approuvé la division platonicienne de la réalité en deux mondes, le monde sensible et le monde intelligible. « Il suffit à

1. É. Gilson, *Pourquoi saint Thomas a critiqué saint Augustin*, *Archives d'histoire doctrinale et littéraire du Moyen Âge* 1, 1926, p. 2-127, rééd. Paris, Vrin, 1986. R. Pasnau, qui avait appuyé en substance les conclusions de Gilson dans « Henry of Ghent and the Twilight of Divine Illumination », *Review of Metaphysics* 49, 1995, [p. 49-75], p. 51-52, a revu sa position dans *Thomas Aquinas on Human Nature*, Cambridge, Cambridge University Press, 2002, p. 302-307, en réduisant au maximum la distance séparant Thomas d'Augustin sur le thème de la nécessité de l'illumination divine et de la participation à la vérité increée.

2. Augustin, *Les Confessions*, VII, 9, 13, *op. cit.*, p. 914. Il existe une longue discussion sur la question de savoir quels étaient les platoniciens – et les œuvres – que connaissait Augustin : nous sommes certains que figurent parmi eux Plotin et Porphyre. Voir la mise au point de G. Madec, « Le christianisme comme accomplissement du platonisme selon saint Augustin », *Documenti e studi sulla tradizione filosofica medievale* 10, 1999, p. 109-129, et désormais, également, les notes de M. Bettetini au livre VII des *Confessions*, Turin, Einaudi, 2000. On trouve un compte rendu utile et minutieux sur ce thème dans l'ouvrage de G. Catapano, *L'idea di filosofia in Agostino*, Padova, Il Poligrafo, 2000, p. 115-136.

3. Augustin, *83 Questions diverses*, 46, *Des Idées*, 2 : « *Ideas igitur latine possumus vel formas vel species dicere, ut verbum e verbo transferre videamur. Si autem rationes eas vocemus, ab interpretandi quidem proprietate discedimus; rationes enim Graece logoi appellantur non ideae : sed tamen quisquis hoc vocabulo uti voluerit, a re ipsa non abhorrebit. Sunt namque ideae principales quaedam formae vel rationes rerum stabiles atque incommutabiles, quae ipsae formatae non sunt ac per hoc aeternae ac semper eodem modo sese habentes, quae divina intelligentia continentur. Et cum ipse neque oriantur neque intereant, secundum eas tamen formari dicitur omne quod oriri et interire potest et omne quod oritur et interit* ». Voir J. Pépin, *« La doctrine augustinienne des "rationes aeternae" »*, dans M. Fattori et M. L. Bianchi (dir.), *Ratio. Actes du VIIe Colloque International*, Firenze, Olschki, 1994, p. 47-68.

4. Augustin, *Des Idées* : « *Quis autem religiosus et vera religione imbutus, [...] negare [...] audeat [...] omnia quae sunt, [...] auctore Deo esse procreata [...]? Quo constituto atque concesso, quis audeat dicere Deum irrationabiliter omnia condisse? [...] Singula igitur propriis sunt creata rationibus. Has autem rationes ubi esse arbitrandum est nisi in*

mon propos que Platon ait pensé qu'il y a deux mondes : le monde intelligible, où la vérité habiterait ; le monde sensible, que manifestement nous appréhendons par la vue et le toucher. C'est pourquoi le premier est vrai, le second est semblable au monde vrai et fait à son image »[1]. En définitive, Augustin avait traduit au moyen de schèmes conceptuels platoniciens la science et la sagesse dont avait parlé saint Paul[2]. S'adressant aux Corinthiens, l'apôtre avait en effet parlé de deux langages différents donnés par le Saint Esprit aux hommes, celui de la science et celui de la sagesse : « En effet, à l'un est donné par l'Esprit une parole de la sagesse, à l'autre est donné selon le même Esprit une parole de la science »[3]. Augustin s'était approprié la parole apostolique et avait superposé la distinction entre science et sagesse à la distinction entre *dianoia* et *noûs*. Selon Augustin, à la voie de la sagesse appartient la connaissance « des choses qui n'ont pas été ni ne seront mais sont et, du fait de l'éternité dans laquelle elles se trouvent, sont dites avoir été, être et devoir être sans aucun changement de temps » ; « l'action qui nous permet de bien user des réalités temporelles diffère cependant de la contemplation des réalités éternelles, celle-ci étant dévolue à la sagesse, celle-là à la science »[4]. Augustin reconnaissait que Paul n'avait

ipsa mente Creatoris ? Non enim extra se quidquam positum intuebatur, ut secundum id constitueret quod constituebat ; nam hoc opinari sacrilegum est ».

1. Augustin, *Contre les Académiciens*, III, 17, 37, L. Jerphagnon (éd.), Paris, Gallimard, 1998, t. I, p. 78-79.

2. Sur le mélange de platonisme et de christianisme dans le concept de science et de sagesse, voir G. Madec, « *Christus, scientia et sapientia nostra*. Le principe de cohérence de la doctrine augustinienne », *Recherches augustiniennes* 10, 1975, p. 77-85.

3. 1 *Cor*. 12, 8.

4. Augustin, *La Trinité*, XII, 23, L. Jerphagnon (éd.), Paris, Gallimard, t. III, 2002, p. 579. Augustin a pu trouver chez Plotin l'identification de la sagesse au *noûs* divin. *Cf.* W. Beierwaltes, *Das wahre Selbst. Studien zu Plotins Begriff des Geistes und des Einem*, Frankfurt-am-Main, V. Kostermann Verlag, 2001, p. 46 *sq*. En général, voir l'article « Sagesse » du *Dictionnaire de Spiritualité*. La définition de la sagesse qu'Augustin utilisait dans *Contre les Académiciens* reprend la définition cicéronienne du *Traité des Devoirs*, II, 2, 5 : « *Sapientia autem est, ut a veteribus philosophis definitum est, rerum divinarum et humanarum causarumque, quibus eae res continentur, scientia* ». *Cf.* A. Solignac, « Doxographies et manuels dans la formation philosophique de S. Augustin », *Recherches augustiniennes* 1, 1958, p. 113-148. Cette même définition de la sagesse a été reprise par Alcinoos, qui l'avait présentée comme proprement platonicienne en ouverture du *Didascalicus*. *Cf.* Alcinoos, *Enseignement des doctrines de Platon*, I. Whittaker (dir.), Paris, Les Belles Lettres, 1990, p. 1 : « Voici quel pourrait être l'enseignement des principales doctrines de Platon. La philosophie est une aspiration vers la sagesse ou encore *l'affranchissement de l'âme qui se détourne du corps*, quand nous nous tournons vers les êtres intelligibles et vers ce qui existe véritablement : la sagesse est la science des réalités divines et humaines. [...] il faut d'abord qu'il [le philosophe] soit doué pour les *sciences* propres à le préparer et à le conduire à la connaissance *de l'essence* intelligible *qui ne varie*

pas fourni d'éléments clairs permettant d'identifier la voie de la science et celle de la sagesse. Néanmoins, en s'appuyant sur d'autres passages des Écritures, il croyait pouvoir identifier la voie de la sagesse à la connaissance ayant Dieu pour objet. Selon lui, Paul lui-même, en faisant référence à la vision de Dieu « face à face », parlerait clairement de la sagesse, ce que Jean laisserait lui-même entendre quand il dit : « Bien-aimés, nous sommes maintenant les fils de Dieu, et ce que nous serons n'est pas encore apparu. Nous savons que, lorsque cela apparaîtra, nous serons semblables à lui puisque nous le verrons comme il est »[1]. La sagesse a pour objet les raisons éternelles, les modèles idéaux, ce qui demeure permanent et constitue un paradigme pour ce qui change et devient : « Et ce ne sont pas seulement les raisons intelligibles et corporelles des réalités sensibles placées dans des lieux, qui demeurent sans occuper elles-mêmes des intervalles spatiaux, mais aussi celles des mouvements s'effectuant dans le temps, qui demeurent sans passage temporel, raisons bien évidemment intelligibles aussi et non sensibles. Il y en a peu dont la pensée possède un regard d'une acuité suffisante pour y parvenir »[2]. Ce qui permet de distinguer l'une et l'autre forme de connaissance, c'est, d'un côté, la temporalité dans laquelle se développe la science et, de l'autre, l'éternité dans laquelle sont situés les objets de la sagesse : « lorsqu'une parole porte sur ces sujets, c'est, à mon avis, une parole de science, qui doit être distinguée d'une parole de sagesse, dont relèvent les choses qui n'ont pas été ni ne seront mais sont et, du fait de l'éternité dans laquelle elles se trouvent, sont dites avoir été, être et devoir être sans aucun changement de temps »[3]. Augustin rappelle l'explication platonicienne de la sagesse et en reconstruit la genèse, laquelle repose sur la nécessité de rendre compte du fait que l'accès au vrai soit toujours possible pour l'esprit humain, même quand il l'a oublié, dans la mesure où le vrai ne passe pas et ne change pas : « Platon, ce noble philosophe, essaya de persuader que les âmes des hommes avaient vécu ici avant même d'avoir revêtu ces corps, et que c'est ainsi que, pour elles,

ni ne s'écoule ». Au livre XIV de *La Trinité*, rapportant la définition cicéronienne, Augustin intervenait pour réserver la sagesse aux seules choses divines. Cf. *La Trinité*, XIV, 1, 3. Pour cet aspect de la réflexion augustinienne, où la sagesse est liée à la foi, voir l'ouvrage classique de R. Holte, *Béatitude et sagesse. Saint Augustin et le problème de la fin de l'homme dans la philosophie ancienne*, Paris, Études Augustiniennes, 1962, p. 361-380.

1. *La Trinité*, XII, 22, *op. cit.*, p. 578. Augustin renvoie à Paul, 1 *Cor.*, 13, 12 et 1 *Io.*, 2, 2.

2. *Ibid.*, 23, p. 579.

3. *Ibid.* Voir aussi XIII, 19, 24.

apprendre consiste à se remémorer des choses connues plutôt qu'à en connaître de nouvelles »[1].

Les textes de Paul et de Jean, repris par Augustin, semblent renvoyer la jouissance de la sagesse à un contact avec Dieu auquel l'esprit ne pourra accéder que dans une autre vie. Au contraire, Augustin accorde aux mortels – bien qu'à un petit nombre d'entre eux – la voie de la sagesse : « Il n'est donné qu'à un petit nombre d'atteindre [les raisons éternelles qui sont l'objet de la sagesse] par le regard de l'âme ; et quand on y parvient – autant que cela est possible – l'esprit ne saurait s'y fixer »[2]. De la même manière, dans *Des Idées*, Augustin limite l'accès aux raisons éternelles aux « purs » :

> Toutefois on ne doit pas croire que toute âme est apte à cette vision, mais *seulement celle qui est sainte et pure*, c'est-à-dire celle qui possède l'œil sain, sincère, serein, et semblable à la réalité qu'il désire voir, et avec laquelle il voit. [...] L'âme rationnelle [...] *quand elle est pure*, est proche de Dieu et dans la proportion où elle lui est unie par la charité, remplie et illuminée par lui de cette lumière intelligible, elle contemple, non avec les yeux du corps, mais avec l'élément spécifique de son être par lequel

1. *La Trinité*, XII, 24, *op. cit.*, p. 580.

2. *Ibid.*, 23. La théorie de la connaissance augustinienne est une doctrine relativement insaisissable, qui a donné lieu à des interprétations assez divergentes. Les questions les plus complexes qu'elle implique sont : 1) la question de savoir si l'illumination divine de l'esprit humain joue un rôle purement formel de subside au fonctionnement de l'intellect, ou si au contraire elle fournit aussi les contenus de la connaissance (sur ce point, les interprétations divergent entre É. Gilson, *Introduction à l'étude de Saint Augustin*, Paris, Vrin, 1929 et G. O'Daly, *Augustine's Philosophy of Mind*, London, Duckworth, 1987 ; 2) la question de savoir si l'illumination divine implique la vision de Dieu et si, par conséquent, la connaissance naturelle de l'homme peut être séparée de la connaissance que l'esprit fini pourra atteindre dans l'état de béatitude. Pour une lecture attribuant à l'esprit fini l'accès à l'esprit divin, voir E. Naab (dir.), *Augustin. Über Schau und Gegenwart des unsichtbaren Gottes*, Stuttgard, Friedrich Fromman Verlag, 1998. Il ne fait aucun doute, surtout pour les œuvres de jeunesse, qu'Augustin accorde plusieurs fois la béatitude parfaite et la vision de Dieu, en cette vie, aux sages et aux « grandes âmes » ; cf. *La vie heureuse* 2, 14 et 4, 25 ; *La dimension de l'âme*, 33, 76 et, encore plus clairement, *L'ordre*, 2, 9, 26 : « *Ad quam cognitionem in hac vita pervenire pauci, ultra quam vero etiam post hanc vitam nemo progredi potest* ». *Cf.* P.-Y. Maillard, *La vision de Dieu chez Thomas d'Aquin*, Paris, Vrin, 2001, p. 157-160. Sur la question de la distinction entre connaissance naturelle et vision béatifique chez Augustin, nous partageons l'analyse mesurée d'E. von Ivanka, *Plato christianus. La réception critique du platonisme chez les Pères de l'Église*, Paris, P.U.F., 1990, p. 204, n. 1 : « Nous ne voulons pas dire qu'Augustin n'a pas réellement voulu séparer la connaissance intellectuelle des Idées, la vision mystique de Dieu et la vision béatifique ; simplement, il n'y est pas parvenu dans sa doctrine de la connaissance. C'était inévitable ; car en acceptant les fondements platoniciens, il identifiait implicitement la connaissance des Idées et la vision béatifique ».

elle excelle, c'est-à-dire par son intelligence, ces raisons idéales, dont la vision la rend pleinement heureuse[1].

Dans *La Trinité*, au croisement de la lettre de Paul et des textes platoniciens passés au filtre de la théorie plotinienne de la connaissance, sont définis les deux types de connaissance qui deviendront le point de référence de toute la philosophie du Moyen Âge et de la première modernité. La connaissance suprême a pour objet les modèles éternels et immuables des choses : c'est la sagesse paulinienne, et Platon en est la figure majeure ; la connaissance vraie et nécessaire de ce qui est muable, au contraire, est la science des choses mondaines, copies de modèles idéaux, et c'est Aristote qui en sera le porte-drapeau, bien que l'une des premières définitions de la sagesse, la définition cicéronienne, ait une dette envers la définition de la *sophia* donnée par Aristote lui-même dans la *Métaphysique*, avec la référence explicite à l'enquête sur les causes[2]. À l'égard de l'abstraction aristotélicienne, c'est, pour les disciples les plus orthodoxes d'Augustin, la thèse plotinienne qui vaudra : « si nous percevions seulement les images des objets que nous voyons, au lieu de voir ces objets mêmes, nous ne verrions que leurs traces et leurs ombres. Alors, les réalités seraient autres que les choses que nous voyons »[3]. Matthieu d'Aquasparta synthétisera de manière extrêmement efficace l'opposition entre Platon et Aristote en la traduisant en termes de science et de sagesse : Platon, « bien qu'il semble établir la voie de la sagesse, détruit cependant celle de la science », et Aristote, « bien qu'il construise la voie de la science, détruit complètement

1. *Des Idées*, 2, nous soulignons, désormais « n. s. ». Dans *Les Révisions*, cependant, lorsqu'il revient sur l'ensemble de son œuvre pour y réfléchir et l'amender, Augustin renie une déclaration des *Soliloques* dans laquelle l'accès au vrai était réservé aux purs <*mundi*> : « Dans ces livres, je n'approuve pas ce que j'ai dit dans ma prière : "ô Dieu, qui avez voulu que seuls les cœurs purs connaissent la vérité". On peut objecter en effet que beaucoup d'impurs savent bien des vérités » (*Révisions*, livre I, chap. 4, 2, trad. fr. G. Bardy, Paris, Desclée De Brouwer et Cie, 1950, p. 291). Augustin fait référence aux *Soliloques*, 1, 1, 2.

2. Aristote, *Métaphysique*, A 1, 981b 28-29 : « la science nommée philosophie [*sophia*] est généralement conçue comme ayant pour objet les premières causes et les principes des êtres ». Aristote renvoyait aux causes et aux principes qui étaient objets des recherches de la *Physique*. Cf. *Métaphysique*, A 3, 983a 35-983b 1. *Cf.* Cicéron, *Traité des Devoirs*, *supra*, n. 4, p. 15. La devise stoïcienne dont Cicéron dérivait la définition de la sagesse n'incluait pas, en revanche, la mention des causes. *Cf.* Sextus Empiricus, *Contre les Mathématiciens*, *in* I. von Arnim, *Stoicorum Veterum Fragmenta*, t. 2, Leipzig, Teubner, 1903, p. 15 : « La philosophie est l'exercice de la sagesse, et la sagesse est la science des vertus divines et humaines ».

3. Plotin, *Ennéades*, IV, 6, 9-12.

la voie de la sagesse »[1]. On peut encore voir, à l'époque moderne, la persistance de cette subdivision. Par sagesse, peut-on lire dans le *Lexicon Theologicum* de Johann Altenstaig, on entend « non pas toute connaissance, mais la connaissance sublime, ou la connaissance des choses éternelles. Ainsi l'entend l'*Épître* I Cor. 12 : "à l'un est donné, par l'esprit, une parole de la sagesse, à un autre une parole de la science", suivant le récit qu'en fait Augustin, quand il dit que la sagesse est la connaissance des causes suprêmes »[2].

Thomas ne cessera de penser que Platon eut le grand mérite de rejeter le matérialisme, mais il estimera également que la philosophie platonicienne n'est pas soutenable, dans la mesure où elle fait des Idées l'objet premier de la connaissance et perd ainsi de vue ce dont devrait s'occuper véritablement la science, c'est-à-dire les choses muables et corruptibles[3]. Ainsi, en termes augustiniens, Thomas s'intéresse à la voie de la science et, pour cette raison même, est nécessairement critique envers le platonisme, sous ses différentes formes. Mais, comme nous le verrons, Platon et Augustin feront l'objet d'un traitement différent, dans un paysage doxographique fort complexe qu'il convient d'examiner au préalable.

DOXOGRAPHIE THOMISTE

La théorie de la connaissance de Thomas pose comme principe la thèse aristotélicienne selon laquelle « le semblable est connu par le semblable »[4]. Cependant, prise à la lettre, cette règle a entraîné des conséquences inacceptables aux yeux de Thomas. En effet, suivant ce principe, Démocrite et les autres philosophes naturalistes ont cru que l'esprit, puisqu'il connaît les corps, est lui-même matériel. Au contraire, Platon, guidé par le même principe, a parcouru le chemin inverse : il est parti de la conviction que l'âme est immatérielle et en a déduit que les formes des choses que l'âme connaît subsistent indépendamment de la matière. Mieux : ce principe de ressemblance a créé un lien paradoxal entre les philosophes naturalistes et

1. Matthieu d'Aquasparta, *Quaestiones decem de cognitione*, qu. 2, *resp*., in *Quaestiones disputatae selectae*, I, Quaracchi, ex typ. Collegii S. Bonaventurae, 1903, p. 251.

2. J. Altenstaig, J. Tytz, *Lexicon theologicum*, Coloniae Agrippae, 1619 (première éd. 1508), rééd. Hildesheim-New York, G. Olms Verlag, 1974, à l'entrée « *sapientia* ».

3. Sur les conséquences de la critique qu'Aristote avait adressée à Platon en *Métaphysique* I, 9, 992a, 24-29, voir plus loin, p. 25.

4. Aristote, *De l'âme*, I, V, 409 b 24. Sur la théorie de la connaissance de l'homme chez Thomas, voir l'exposé précis de Pasnau, *Thomas Aquinas on Human Nature*, *op. cit.* Sur ce thème, le compendium d'A. Kenny, *Thomas Aquinas on Mind*, London-New York, Routledge, 1993, est toujours utile.

Platon, les amenant à conclure qu'il ne peut y avoir de science immuable de ce qui est muable et contingent. En appliquant ce principe de ressemblance entre connaissant et connu, les premiers ont pensé que la connaissance des corps muables devait être elle-même muable. Le second, convaincu à l'inverse que la connaissance est universelle, immuable et nécessaire, en a déduit que son objet ne pouvait être constitué par les corps muables, mais par les Idées éternelles et immuables[1].

Pour éviter de telles conséquences, le principe selon lequel « le semblable est connu par le semblable » doit donc subir quelques transformations, qui tiennent compte de certaines contraintes, et en premier lieu du fait que l'objet connu s'adapte à la nature du connaissant[2]. Ce dernier principe permet de soutenir – contre Platon – que les corps sont connus directement, sans pour cela devoir concéder que l'âme est matérielle – contre les philosophes naturalistes. En outre, il permet d'attribuer à l'esprit la connaissance immuable et nécessaire de ce qui est muable. Car si le connu s'adapte à la nature du connaissant, l'esprit pourra connaître de façon immatérielle et immuable ce qui est matériel et muable[3].

Cependant, tous les esprits ne peuvent connaître les mêmes choses. Le principe selon lequel le connu s'adapte à la nature du connaissant semblait réduire le problème de la différence de nature entre sujet connaissant et objet connu ; mais Thomas utilise un autre principe, qui a pour conséquence une limitation du champ de la connaissance, et ce précisément en raison des contraintes imposées par la nature du sujet connaissant. Il s'agit du principe selon lequel « l'objet à connaître est proportionné à la faculté connaissante »[4]. L'objet de la connaissance est déterminé par la nature du sujet connaissant. Ce principe, comme le précédent, vient compliquer l'application mécanique de la thèse selon laquelle « le semblable est connu par le semblable », en mettant au premier plan la nature du sujet, condition du cadre et des modalités de la connaissance. Autrement dit, chez Thomas,

1. Thomas, *ST*, I, qu. 84, art. 2, *resp.* Thomas tirait la critique selon laquelle Platon aurait fait un usage erroné du principe de ressemblance du traité d'Aristote, *De l'âme*, I, 2, 404b 8-27. Voir R. J. Henle, *Saint Thomas and Platonism*, Den Haag, Martinus Nijhoff, 1970, p. 324-327.

2. Thomas, *ST*, I, qu. 84, art. 1, *resp.* : « *receptum est in recipiente per modum recipientis* », principe que, selon toute vraisemblance, Thomas dérivait du *Livre des causes*. Voir Henle, *Saint Thomas and Platonism, op. cit.*, p. 330-333.

3. *Ibid.* : « *intellectus species corporum, quae sunt materiales et mobiles, recipit immaterialiter et immobiliter, secundum modum suum : nam receptum est in recipiente per modum recipientis* ».

4. *Ibid.*, qu. 85, art. 1, *resp.* : « *obiectum conoscibile proportionatur virtuti cognoscitivae* », et qu. 84, art. 7, *resp.*

c'est l'anthropologie qui commande l'épistémologie. De même que, dans le corps, l'essence informe la matière, de même l'esprit humain informe le corps et n'est pas séparé de lui. Par conséquent, les formes séparées de la matière ne peuvent être l'objet de l'esprit humain, mais les formes telles qu'on les voit incarnées dans la matière, que l'esprit est capable d'extraire, le peuvent. L'objet propre de l'esprit uni au corps est constitué de corps, la « *quidditas rei materialis* »[1], et ce mode de connaissance consiste à séparer la forme du composé par des abstractions successives[2]. Il s'ensuit que l'esprit incarné ne pourra avoir de connaissance directe ni des substances immatérielles ni des essences séparées de la matière. Il en va autrement des esprits séparés de la matière. Conformément à leur nature, ils peuvent connaître les essences dans leur condition de séparation de la matière : « l'objet propre de l'intelligence angélique, qui est totalement séparée du corps, est la substance intelligible séparée du corps »[3].

Dès *La Vérité*, Thomas entend montrer que le modèle aristotélicien, qui explique la connaissance des corps en partant des données de la sensibilité et en parvenant, par étapes croissantes d'abstraction, à la connaissance universelle et nécessaire, est la seule théorie qui ne présente pas les défauts rendant impraticables toutes les autres entreprises visant à expliquer comment ce type de connaissance est possible pour les esprits incarnés. C'est dans ce but que Thomas établit une doxographie des opinions des anciens, qu'il prétend complète[4]. Ces opinions sont divisées en deux groupes, chacun d'eux contenant une alternative. Le premier groupe comprend ceux qui ont pensé que la cause de la connaissance des corps extérieurs, chez l'homme, est extérieure à l'esprit et séparée de la matière[5]. On reconnaît ici deux théories : la première est celle des platoniciens, qui ont affirmé que les formes des choses sensibles sont séparées de la matière et que l'âme en reçoit la connaissance qui lui revient en participant à ces formes ; et celle d'Avicenne, qui pense que notre connaissance provient des substances séparées, substances qui, dans le monde chrétien, reçoivent

1. *Ibid.*, qu. 85, art. 8, *resp.*

2. *De la Vérité*, qu. 10, art. 4 et 6 ; *ST*, I, qu. 85, art 1, *resp.*

3. *ST*, I, qu. 84, art. 7, *resp.* : « *potentia cognoscitiva proportionatur cognoscibili. Unde intellectus angelici, qui est totaliter a corpore separatus, obiectum proprium est substantia intelligibilis a corpore separata ; et per huiusmodi intelligibilia materialia cognoscit. Intellectus autem humani, qui est coniunctus corpori, proprium obiectum est quidditas sive natura in materia corporali existens ; et per huiusmodi naturas visibilium rerum etiam in invisibilium rerum aliqualem cognitionem ascendit* ».

4. *De la Vérité*, qu. 10, art. 6, *resp.*, trad. fr. K. S. Ong-Van-Cung, Paris, Vrin, 1998.

5. *Ibid.*, p. 76-77 : « *Quidam enim posuerunt ortum scientiae nostrae totaliter a causa exteriori esse quae est a materia separata* ».

le nom d'anges. Le second groupe rassemble au contraire ceux qui pensent que la science trouve entièrement son origine dans une cause intérieure à l'esprit[1]. On repère à nouveau, derrière cette opinion, deux théories. Certains pensent que les âmes contiennent en elles-mêmes la connaissance de toutes les choses, même si cette connaissance est brouillée par leur union avec le corps. Les sens et l'étude sont utiles seulement pour éloigner les obstacles à la connaissance qu'entraîne l'union avec le corps. C'est pourquoi la connaissance n'est rien d'autre qu'une réminiscence : « ils disent qu'apprendre n'est rien d'autre que se ressouvenir »[2]. D'autres pensent que l'âme est cause de la science même, au sens où c'est en présence des objets sensibles que l'âme produit des concepts. Ces derniers pensent, contrairement à ceux du premier groupe, que les sens sont plutôt une condition nécessaire à la production des concepts, mais que le pouvoir causal de leur production réside entièrement et seulement dans l'âme[3].

On remarque, dans cette présentation, que la réminiscence est strictement associée à l'innéisme, et que les deux théories sont présentées comme des alternatives au modèle de la participation. L'opposition entre innéisme et participation à la vérité increéee ne pourrait être plus radicale. Innéisme et réminiscence sont en effet du côté d'une connaissance trouvant son origine *à l'intérieur de l'esprit* de celui qui connaît ; la participation, au contraire, se situe parmi les doctrines qui placent l'origine des idées dans une cause *extérieure à l'esprit*. Par ailleurs, l'innéisme et la théorie de la participation sont tous deux présentés comme des formes de platonisme. Même si Platon n'est pas explicitement nommé, il ne fait aucun doute que c'est bien à lui qu'il est fait allusion au sujet de la réminiscence et de l'innéisme. D'autre part, les platoniciens soutiennent également la thèse selon laquelle la connaissance provient de la participation aux essences increées, thèse qui,

1. *Ibid.*, p. 78-79 : « *Alia autem opinio fuit ponentium nostrae scientiae originem totaliter a causa interiori esse* ».

2. *Ibid.* : « *Quidam enim posuerunt humanas animas in se ipsis contenere omnium rerum notitiam, sed per coniunctionem ad corpus praedictam notitiam obtenebrari ; et ideo dicebant nos indigere sensibus et studio ut impedimento scientiae tollerentur, dicentes addiscere nihil aliud esse quam reminisci* ».

3. *Ibid.* : « *Alii vero dixerunt quod anima sibi ipsi est scientiae causa : non enim a sensibus scientiam accipit quasi per actionem sensibilium aliquo modo similitudines rerum ad animam perveniant, sed ipsa anima ad praesentiam sensibilium in se similitudines rerum sensibilium format* ». Comme représentant de cette opinion, Thomas, dans la *ST*, I, qu. 84, art. 6, renvoie à Augustin, *La Genèse au sens littéral*, XII, 16, 22. C'est d'ailleurs également à ce texte d'Augustin que renvoyait un philosophe qui, à partir d'Avicenne, avait élaboré une théorie de ce type, à savoir Guillaume d'Auvergne, *De anima*, VII, 9. Voir É. Gilson, *Pourquoi saint Thomas a critiqué saint Augustin*, *op. cit.*, p. 73-74 et É. Gilson, « Sur quelques difficultés de l'illumination augustinienne », *Revue néoscolastique de philosophie* 36, 1934, p. 321-331.

contrairement à celle de l'innéisme, place la vérité à l'extérieur de l'esprit. Le choix possible entre participation et innéisme est donc présenté comme un choix interne à la tradition platonicienne, mais cela n'atténue en rien l'opposition.

Thomas présente donc l'opinion aristotélicienne sur l'origine de la connaissance humaine comme préférable, parce qu'elle retiendrait les meilleurs aspects des deux groupes d'opinions, qui se distinguent selon que l'on place l'origine de la connaissance dans l'âme ou en dehors de l'âme. Selon Aristote, la connaissance aurait son origine en partie dans l'âme et en partie en dehors de l'âme. Car c'est la lumière de l'intellect agent qui rend intelligibles, dans l'âme, les formes abstraites des choses sensibles qui sont en dehors de l'âme[1].

Dans la *Somme Théologique*, Thomas procède également à une classification des théories de la connaissance des corps. Au préalable, il prend soin d'établir que l'âme connaît les corps par l'intellect[2]. Suivent ensuite différentes hypothèses concernant la manière dont cette connaissance se produit. On a pensé que l'âme connaissait les corps :

1) Par son essence. Cette opinion a été soutenue par les philosophes naturalistes, qui ont estimé que l'âme contenait en elle les principes de toutes choses et qui ont considéré, d'après le principe suivant lequel « le semblable est connu par le semblable », que l'âme était matérielle[3].

2) Au moyen d'espèces innées. Cette fois, Platon est explicitement nommé, et la réminiscence du *Ménon* est rappelée dans les arguments évoqués pour soutenir cette thèse[4].

3) Grâce à l'influence sur l'âme des formes séparées[5]. Comme dans *De la Vérité*, cette théorie prend deux formes dans la *Somme Théologique*. On peut en effet la rapporter à la fois à Platon et à Avicenne. Platon a soutenu que les formes des choses subsistaient par elles-mêmes, séparées de la matière, et que de ces formes provenaient les idées dans l'esprit et les formes sensibles dans les choses. Ainsi, l'âme humaine et la matière participent toutes deux aux formes, et l'isomorphisme entre la matière et

1. *De la Vérité*, qu. 10, art. 6, *resp.*

2. *ST*, I, qu. 84, art. 1 : *Utrum anima cognoscat corpora per intellectum.*

3. *Ibid.*, art. 2 : *Utrum anima per essentiam sua corporalia intelligat.*

4. *Ibid.*, art. 3 : *Utrum anima intelligat omnia per species sibi naturaliter inditas.* Thomas réserve le nom d'« idée » aux modèles éternels des choses contenus dans l'essence divine. Cf. *ST*, I, qu. 15.

5. *Ibid.*, art. 4 : *Utrum species intelligibiles effluant in animam ab aliquibus formis separatis.*

l'esprit rend possible la connaissance des corps par l'esprit[1]. Avicenne, au contraire, a placé ces mêmes formes séparées dans des intelligences séparées.

4) Grâce à la vision par les raisons éternelles[2]. Ainsi Augustin a-t-il expliqué la connaissance du monde matériel. En partant de la théorie platonicienne considérée dans l'hypothèse précédente, selon laquelle l'esprit connaît en participant aux formes séparées de la matière, Augustin a placé les idées en Dieu, mais a maintenu la thèse selon laquelle c'est par participation à ces raisons éternelles que toutes les choses sont formées et que l'esprit humain atteint la vérité[3].

5) En tirant la connaissance des corps des choses sensibles[4]. Derrière cette manière d'expliquer la connaissance du monde matériel, Thomas pense d'abord à l'empirisme radical de Démocrite, selon lequel toute notre connaissance proviendrait des sens. À l'empirisme de Démocrite, il oppose la théorie de Platon, qui estime que la modification des organes du corps est la condition par laquelle l'âme « est poussée à former en elle les espèces des choses sensibles »[5], théorie qui, selon Thomas, se retrouve chez Augustin[6], et selon laquelle les sens seraient seulement des occasions d'amorcer l'activité de l'esprit. Devant ces deux positions extrêmes, la thèse aristotélicienne emprunte la voie intermédiaire, qui considère la connaissance des corps comme le résultat d'une collaboration entre sens et intellect.

Aristote a été le seul à tenir compte du fait que l'objet de la connaissance dépend de la nature du sujet connaissant. Les hommes, dont la nature est

1. *Ibid.*, *resp.* : « *Plato enim [...] posuit formas rerum sensibilium per se sine materia subsistentes [...]. Has vero formas separats ponebat participari et ab anima nostras, et a materia corporali ; ab anima quidem nostras ad cognoscendum, a materia vero corporali ad essendum ; ut sicut materia corporalis per hoc quod participat ideam lapidis, fit hic lapis, ita intellectus noster per hoc quod participat ideam lapidis, fit intelligens lapidem. [...] Sicut igitur ponebat formas sensibiles quae sunt in materia corporali, effluere ab ideis sicut quasdam similitudines ; ita ponebat species intelligibiles nostri intellectus esse similitudines quasdam idearum ad eis effluentes* ».

2. *Ibid.*, I, qu. 84, art. 5 : *Utrum anima intellectiva cognoscat res materiales in rationibus aeternis.*

3. *Ibid.*, *resp.* : « *Posuit autem Plato [...] formas rerum per se subsistere a materia separatas, quas Ideas vocabat, per quorum partecipationem dicebat intellectum nostrum omnia conoscere [...]. Sed quia videtur esse alienum a fide quod formae rerum extra res per se substistant absque materia, sicut Platonici posuerunt, [...] ideo Augustinus, in libro Octaginta trium Quaest., posuit loco harum idearum quas Plato ponebat, rationes omnium creaturarum in mente divina existere, secundum quas omnia formantur, et secundum quas etiam anima humana omnia cognoscit* ».

4. *Ibid.*, art. 6 : *Utrum intellectiva cognitio accipiatur a rebus sensibilibus.*

5. *Ibid.*, *resp.*

6. Voir *supra*, n. 3, p. 22.

composée de matière et de forme, connaissent ce que leur nature leur permet de connaître : l'objet propre de l'esprit est constitué par les êtres corporels[1] ; l'esprit se connaît seulement par ses propres opérations, et l'accès direct à sa propre nature lui est interdit[2] ; les formes universelles des corps sont connues, par abstraction, dans les corps eux-mêmes, et non dans leur condition de séparation de la matière[3] ; les êtres spirituels et Dieu ne sont pas connus directement, mais par la ressemblance qu'ils entretiennent avec les créatures matérielles[4]. S'agissant de Dieu, on dira qu'il est non seulement impossible de connaître directement ce qui est immatériel, mais également qu'on ne peut le représenter par une image finie et créée, en raison de l'incommensuralibité absolue du fini et de l'infini[5]. C'est pourquoi le *viator* ne peut jamais connaître l'essence de Dieu, mais peut seulement savoir qu'il existe et avoir une connaissance négative de sa nature, par soustraction des imperfections des créatures[6].

Le schéma adopté dans la *Somme théologique* présente quelques variantes par rapport à la doxographie de *La Vérité*. La connaissance « par son essence » est une nouveauté, de même que la connaissance « dans les raisons éternelles », théorie augustinienne dans laquelle on reconnaît le platonisme christianisé. L'empirisme radical de Démocrite est introduit avec l'hypothèse empiriste, mais, comme dans *La Vérité*, innéisme et doctrine de la participation sont rigoureusement séparés, bien que l'on reconnaisse aux deux une même matrice platonicienne.

Matérialisme, innéisme, doctrine de la participation platonicienne et doctrine de la participation chrétienne constituent donc autant d'hypothèses rejetées, mais avec des nuances diverses. Le matérialisme est refusé catégoriquement : s'il était vrai, il aurait pour conséquence que tous les corps seraient capables de connaissance, ce qui est manifestement faux. Au contraire, plus un être connaît, plus il est immatériel ; il est donc nécessaire, s'il existe un intellect connaissant tout par son essence, que son essence comprenne en elle toutes les choses de façon immatérielle, ce qui est propre à Dieu seul[7]. Mais l'innéisme platonicien est également inacceptable : il ne tient pas compte de l'expérience, par exemple du fait que la perte d'un sens empêche la connaissance de ce qui est connu par ce

1. *ST*, I, qu. 85, art. 1, *resp*. et qu. 84, art. 7, *resp*., cité *supra*, n. 3, p. 21.
2. *Ibid*., qu. 87, art. 1.
3. *Ibid*., qu. 85, art. 1.
4. *Ibid*., qu. 88, et qu. 12, art. 12.
5. *Ibid*., qu. 12, art. 2, *resp*.
6. *Ibid*.
7. *Ibid*., qu. 84, art. 2, *resp*.

sens ; par ailleurs, l'innéisme rend l'union de l'esprit et du corps contreproductive, dès lors que l'accès aux formes des choses imprimées dans l'esprit est précisément empêché par son union naturelle avec le corps. Or il est impossible que l'opération d'un être soit empêchée par sa condition naturelle[1]. Platon était donc mû par une intention louable (et partageable), celle de sauver la science, c'est-à-dire la connaissance universelle du muable, menacée qu'elle était par les philosophes naturalistes, mais son projet a échoué parce qu'avec sa théorie des Idées, il a perdu de vue le monde réel et fait des archétypes éternels les objets de la connaissance. La doctrine de la participation platonicienne n'est pas davantage acceptable. Si l'esprit accédait à la connaissance par participation aux formes séparées, son union avec le corps serait privée de finalité, inutile et injustifiable, ce qui ne peut jamais advenir dans la nature[2].

S'agissant d'Augustin, en revanche, Thomas reprend les observations déjà examinées, qui visent à en donner une interprétation compatible avec sa propre philosophie. La thèse augustinienne, qui veut que la connaissance se fasse par participation aux raisons éternelles, dérive de Platon, mais le platonisme augustinien semble mieux engagé, dès lors qu'Augustin, en plaçant les Idées en Dieu, a purgé Platon de son aspect le plus effrontément antichrétien. Le problème ne concerne donc pas le statut ontologique des Idées, mais l'accès que l'esprit humain peut avoir à celles-ci. Or, c'est précisément l'aspect par lequel Augustin semble l'emporter sur Platon qui rend inacceptable la solution qu'il propose pour expliquer la connaissance vraie, dans la mesure où elle suppose une participation de l'esprit fini aux raisons éternelles. L'hypothèse platonicienne, selon laquelle les Idées sont extérieures à l'esprit divin, doit assurément être rejetée. Cependant, quand les platoniciens estimaient que la connaissance advient par participation aux Idées increées, ils n'étaient pas du tout obligés d'accorder à l'esprit humain la vision de Dieu. Augustin y sera au contraire contraint si, après avoir placé les Idées en Dieu, il accorde à l'esprit humain un accès à ces mêmes Idées. Bref, le fait d'avoir placé les Idées en Dieu a rendu le platonisme, dans sa version participationniste, encore plus inacceptable. Cette conséquence du platonisme augustinien est évidente aux yeux de Thomas. Car l'Aquinate a repris la thèse d'Augustin selon laquelle les Idées sont en Dieu, et a ensuite assimilé ces Idées à l'essence divine. Les Idées, selon Thomas, ne sont rien d'autre que l'essence divine, considérée

1. *Ibid.*, art. 3, *resp.*
2. *Ibid.*, art. 4, *resp.*

du point de vue des modes par lesquels les créatures peuvent y participer[1]. Dans le parcours qui va de Platon à Thomas via Augustin, les Idées sont devenues coessentielles à Dieu : leur connaissance directe rendrait également inévitable la connaissance de l'essence divine.

Mais Augustin ne peut être simplement rejeté, comme l'est le païen Platon. En se confrontant à lui, Thomas préfère chercher un accord en montrant que la théorie de la connaissance augustinienne peut recevoir une interprétation acceptable pour un chrétien. Dès la *Somme contre les Gentils*, Thomas exclut le fait qu'Augustin ait accordé à l'homme, en cette vie, la vision de Dieu : d'où la nécessité d'interpréter la « vision des raisons éternelles » dont Augustin a parlé dans *Des Idées* de telle manière qu'elle n'implique pas d'accès à l'essence divine[2]. La participation aux raisons éternelles en Dieu est traduite par une théorie de la ressemblance : en accédant aux premiers principes, l'esprit devient semblable à la vérité increée qui est en Dieu : « les premiers principes de l'intellect spéculatif et pratique – par lesquels c'est comme une image de la vérité divine qui se retrouve universellement dans les esprits de tous les hommes »[3]. Dans

1. Cf. *Ibid.*, I, qu. 15, art. 2, *resp.* : « *plures ideae sunt in mente divina ut intellectae ab ipso. Quod hoc modo potest videri. Ipse enim essentiam suam perfecte cognoscit : unde cognoscit eam secundum omnem modum quo cognoscibilis est. Potest autem cognosci non solum secundum quod in se est, sed secundum quod est participabilis secundum aliquem modum a creaturis. Unaquaeque autem creatura habet propriam speciem, secundum quod aliquo modo participat divinae essentiae similitudinem. Sic igitur inquantum Deus cognoscit suam essentiam ut sic imitabilem a tali creatura, cognoscit eam ut propriam rationem et ideam huius creaturae [...]. Et sic patet quod Deus intelligit plures rationes proprias plurium rerum ; quae sunt plures ideae* ». Le renvoi au texte augustinien est explicite dans le titre de la *Question 15 : Des Idées*, précisément. Sur le sujet, voir V. Boland, *Ideas in God according to Saint Thomas Aquinas. Sources and Synthesis*, Leiden, E. J. Brill, 1996, p. 17-92 et p. 194-234.

2. *Somme contre les Gentils*, III, 47 : « *Difficultatem autem afferunt quaedam verba Augustini, ex quibus videtur quod in hac vita possimus intelligere ipsum Deum [...] ; non est autem credendum quod Augustinus hoc in verbis praemissis senserit, quod in hac vita Deum per suam essentiam intelligere possimus* ». *Ibid.* : « *Ex his ergo verbis Augustini non habetur quod Deus videatur secundum suam substantiam in hac vita, sed solum sicut in speculo* ».

3. *Ibid*, trad. fr. V. Aubin, Paris, GF-Flammarion, 1999, p. 175. Même raisonnement dans la question *Des créatures spirituelles*, art. 10, ad 8 : « *Augustinus autem, Platonem secutus quantum fides catholica patiebatur, non posuit species rerum per se subsistentes ; sed loco earum posuit rationes rerum in mente divina, et quod per eas secundum intellectum illustratum a luce divina de omnibus iudicamus : non quidem sic quod ipsas rationes videamus, hoc enim esset impossibile, nisi Dei essentiam videremus ; sed secundum quod illae supremae rationes imprimunt in mentes nostras* ». L'impression des raisons éternelles dans l'esprit humain dont il est question dans *Des créatures spirituelles* doit s'entendre comme une ressemblance entre l'intellect humain et l'esprit divin, déjà illustrée dans la *Somme contre les Gentils*, ressemblance grâce à laquelle il est possible de connaître le vrai, et de comprendre les axiomes théoriques et pratiques qui sont au fondement de notre

les passages parallèles de la *Somme théologique*, alors que Platon est sujet à la condamnation sans appel que nous connaissons, la position d'Augustin, résumée dans la demande « si l'âme intellective connaît les choses matérielles dans les raisons éternelles »[1], est d'abord accueillie favorablement[2], mais au prix d'une inflexion comportant deux moments distincts. Le premier consiste à interpréter de manière extrêmement affaiblie le « voir dans les raisons éternelles », pour en proposer une version acceptable par Thomas et qui exclut la vision des raisons éternelles en Dieu ; le second, au contraire, consiste à admettre qu'Augustin a véritablement accordé à l'esprit fini l'accès à l'intellect divin, et donc la vision de Dieu, mais en la réservant cependant aux seuls bienheureux.

Ainsi Thomas accepte-t-il, en première instance, de faire sienne la « vision dans les raisons éternelles », pourvu que celle-ci soit interprétée de telle sorte qu'elle n'implique pas la vision de Dieu. L'interprétation que Thomas propose pour ce faire réduit encore une fois le sens de la participation aux raisons éternelles à la ressemblance avec l'intellect divin dans lequel les raisons éternelles sont contenues, ressemblance que la lumière naturelle humaine – l'intellect – porte en elle : « la lumière intellectuelle qui est en nous n'est rien d'autre qu'une ressemblance participée de la lumière incréée <*quaedam participata similitudo luminis increati*>, en laquelle les raisons éternelles sont contenues »[3]. Aux yeux de Thomas, l'interprétation acceptable du « voir dans les raisons éternelles » ôte à la théorie augustinienne deux caractéristiques de fond, à savoir l'accès aux raisons éternelles et la présence de la lumière divine : c'est l'intellect créé qui produit la vérité, jouissant en cela de sa ressemblance avec l'intellect créateur (comme tout le monde créé d'ailleurs) mais ne participant pas pour autant de la vérité incréée. Comme Thomas l'avait dit dans une formule particulièrement heureuse de

connaissance. La solution de l'« impression » dans l'esprit avait été adoptée par Thomas dès le *Commentaire des Sentences*, pour expliquer comment un être plus simple que l'esprit humain, comme Dieu (dont, pour cette raison, aucune espèce ne peut être extraite, parce qu'il n'est pas composé de matière et de forme) peut être connu par l'esprit. Cf. *In I Sent.*, I, d. 3, qu. 1, art. 1, *ad* 3 : « *Deus et angeli sunt simpliciores nostro intellectu, et ideo species est minus simplex. Unde non dicimur cognoscere ea per abtractionem, sed per impressionem ipsorum in intelligentiis nostriis* ». Voir également *Super librum Boethii De Trinitate*, qu. 1, art. 2, *resp.*, 1.

1. *ST*, I, qu. 84, art. 5, *resp.*

2. La structure même de l'article manifeste une intention de s'accorder avec Augustin. L'article commence en effet par la thèse à réfuter, laquelle, dans ce cas spécifique, nie la vision des raisons éternelles : « *Videtur quod anima intellectiva non cognoscat res materiales in rationibus aeternis* ». Le lecteur s'attend donc à ce que Thomas soutienne au contraire que les choses matérielles *sont vues* dans les raisons éternelles.

3. *ST*, I, qu. 84, art 5, *resp.*

la *Somme contre les Gentils* : « le peu de lumière intelligible qui nous est connaturel suffit pour que nous pensions »[1]. On ne doit pas s'étonner que l'interprétation que Thomas présentait comme une interprétation d'Augustin ait été vue comme une trahison[2]. Non seulement le « voir dans les raisons éternelles » est traduit par la simple présence, dans l'esprit, de la faculté de comprendre les axiomes, mais il est encore dit que la lumière intellective présente dans l'esprit humain n'est même plus suffisante pour la connaissance, puisqu'il est nécessaire que cette lumière opère sur les espèces abstraites des corps, et non sur les raisons éternelles connues en Dieu. C'est donc avec une forme de malice que Thomas s'appuie ici sur un texte augustinien[3].

On trouve cependant, en lien étroit avec cette opération, une seconde opération que la première rend précisément possible : cette fois, Thomas

1. *Somme contre les Gentils*, II, 77, trad. fr. C. Michon, Paris, GF-Flammarion, 1999, p. 314. *Cf.* aussi *ST*, I^{a}-II^{ae}, qu. 109, art. 1, *resp.* : « *Sic igitur dicendum est quod ad cognitionem cuiuscumque veri, homo indiget auxilio divino ut intellectus a Deo moveatur ad suum actum. Non autem indiget ad cognoscendum veritatem in omnibus, nova illustratione superaddita naturali ilustrationi; sed in quibusdam, quae excedunt naturalem cognitionem* » ; et *Super librum Boethii De Trinitate*, qu. 1, art. 1, *resp.* 2 : « *Unde sicut aliae potentiae naturales suis passivis coniunctae sufficiunt ad naturales operationes, ita etiam anima habens in se potentiam activam et passivam sufficit ad perceptionem veritatis* ».

2. *Cf.* Saint Bonaventure de Bagnoregio, *Quaestiones disputatae de Scientia Christi, de Mysterio Ss. Trinitatis, de Perfectione evangelica*, qu. IV, *resp.*, *Opera Omnia*, Quaracchi, Ex Typographia Collegii S. Bonaventurae 1882 ss., V, p. 23a : « *Alio modo* [de comprendre comment chaque connaissance advient *« in luce aeternum rationum »*], *ut intelligatur quod ad cognitionem certitudinalem necessario concurrit ratio aeterna quantum ad suam influentiam, ita quod cognoscens in cognoscendo non ipsam rationem aeternam attingit, sed influentiam eius solum. Et hic modus dicendi est insufficiens secundum verba beati Augustini qui verbis expressis et rationibus ostendit, quod mens in certitudinali cognitione per incommutabiles et aeternas regulas habeat regulari, non tamquam per habitum suae mentis, sed tamquam per eas quae sunt supra se in veritate aeterna* ». R. Marston, *Quaestiones disputatae*, Quaracchi, Ex Typographia Collegii S. Bonaventurae 1932, *De anima*, quaestio III, p. 255-256, proteste vivement contre la violence faite au texte augustinien : « *Patet igitur quod dicentes omnia videri in lumine aeterno, quia videntur a lumine ab ipso derivato, doctrinam Augustini pervertunt, truncatas eius auctoritates ad proprium sensum non sine Sancti iniuria convertentes, antecedentibus et consequentibus praetermissis, in quibus Sancti intentio plenius in hac materia elucescit* ». Voir aussi Matthieu d'Aquasparta, *Quaestiones decem de cognitione*, *op. cit.*, p. 251-252, où la thèse thomiste est présentée comme une reprise calligraphique d'Aristote : « *Sed et ista positio* <*scil.* l'interprétation thomiste de l'illumination augustinienne> *multum videtur deficere. Nam etsi astruat viam scientiae, omnino destruit viam sapientiae. [...] Videtur nihilominus evertere et subvertere omnia fundamenta beati Augustini, cuius auctoritates nullo modo possunt (aliter) exponi* ».

Voir F. A. Prezioso, *La critica di Duns Scot all'ontologismo di Enrico di Gand*, Padova, Cedam, 1961, p. 25 *sq*. Voir également l'étude de F. A. Prezioso pour l'interprétation d'Augustin que propose Godefroid de Fontaines, d'accord avec la réduction thomiste de la « vision dans les raisons éternelles » à la perception de la vérité des axiomes.

3. *La Trinité*, IV, 16, 21, auquel Thomas renvoie dans *ST*, I, qu. 84, art. 5, *resp.*

est disposé à admettre qu'Augustin a véritablement pensé la possibilité d'une connaissance se produisant grâce à la « vision dans les raisons éternelles », lesquelles se trouvent en Dieu, mais il aurait estimé qu'une telle connaissance appartient seulement aux bienheureux. Sur ce point, Thomas est d'accord : « l'âme, dans la vie présente, ne peut tout voir ainsi dans les raisons éternelles ; mais c'est ainsi que les bienheureux connaissent toutes choses, eux qui voient Dieu, et toutes choses en lui »[1]. Thomas valorise le texte des *Idées*, dans lequel Augustin avait réservé aux « purs » la « vision dans les raisons éternelles » : « Ce n'est pas toute âme rationnelle, une âme quelconque, qui est reconnue apte à cette vision des raisons éternelles, mais seulement celle qui aura été sainte et pure »[2]. Il en déduit qu'Augustin lui-même, « en disant que tout est connu "dans les raisons éternelles", ou "dans la vérité immuable", n'a pas prétendu que l'on voyait les raisons éternelles elles-mêmes »[3]. En effet, on comprend, dans ce passage, que cette vision appartient seulement aux « saints » et aux « purs », comme le sont « les âmes des bienheureux ». Pour ceux qui ne sont ni saints ni purs, on devra en revanche interpréter différemment l'expression augustinienne, ce qui contribue, on l'a vu, à en affaiblir le sens[4].

Le fait de déplacer les aspects les plus inacceptables de la pensée d'Augustin du côté des bienheureux est un exercice habituel chez Thomas. Dans *Les créatures spirituelles*, par exemple, dans un passage qui faisait obstacle à la thèse thomiste selon laquelle chaque ange est d'une espèce différente des autres, Thomas transformait avec une certaine désinvolture le contenu du texte augustinien en une question sur l'état de béatitude[5]. Dans le cas de la théorie de la connaissance augustinienne, ce déplacement prend un caractère systématique, et donne lieu à une véritable théorie. La vision en Dieu dont a parlé Augustin devient le noyau central de la théorie de la connaissance des bienheureux, qui connaîtront ainsi les choses finies

1. *ST*, I, qu. 84, art. 5, *resp.*

2. Voir *supra*, p. 17-18.

3. *ST*, I, qu. 84, art 5, *resp.*

4. Thomas se trouve dans la nécessité de rendre compte de la vision de Dieu attribuée par les Écritures et par Augustin à Moïse et à saint Paul, et cherchera à distinguer également la vision de Paul de la vision des bienheureux. Cf. *In Ioannem*, II-II, qu. 175, art. 6, *ad* 3 : « *Non ita perfecte vidit [Paulus] sicut sancti qui sunt in patria* ». Concernant Moïse, Thomas précise que la vision de Dieu s'est vérifiée grâce au silence momentané de l'action des sens. Cf. *ST*, I, qu. 12, art. 11, *ad* 2. Sur la question, voir P.-Y. Maillard, *La vision de Dieu chez Thomas d'Aquin*, *op. cit.*, p. 149-151. Sur la connaissance extatique de Paul, voir R. Quinn, *Aquinas, Platonism and the Knowledge of God*, Aldershot, Avebury, 1996.

5. *Des créatures spirituelles*, art. 8, ad 1 : « *Augustinus loquitur ibi de natura angelica et humana non secundum quod considerantur in esse naturali, sed secundum quod ordinantur ad beatudinem* ».

quand, aidés par le secours surnaturel du *lumen gloriae*, ils jouiront de la vision « face à face » de Dieu. En cela, Thomas transfère du côté du surnaturel la connaissance par participation à la vérité incréée qu'Augustin propose dans de nombreux textes.

Venons-en au passage de *La Trinité* dans lequel Augustin montre que la participation à la vérité incréée constitue la meilleure façon d'expliquer que la vérité soit disponible à tout moment : « il faut plutôt croire que la nature de la pensée tournée vers l'intellectualité a été ainsi établie qu'elle a été subordonnée, dans l'ordre naturel, selon une disposition due à son créateur, aux réalités intelligibles, de sorte qu'elle puisse voir dans la lumière non corporelle qui est du même genre qu'elle, comme l'œil charnel voit, dans cette lumière corporelle, les réalités qui l'entourent, puisqu'il a été créé apte à sa saisie et conformé pour elle »[1]. Dans ce texte, la connaissance du vrai grâce à l'illumination divine n'est pas séparable de la nature de l'esprit; c'est le mode par lequel l'esprit fonctionne quand il connaît la vérité : « il faut plutôt croire que *la nature* de la pensée tournée vers l'intellectualité a été ainsi établie que […] »[2]. Il n'est pas possible, chez Augustin, de vérifier ce que serait la condition d'une nature privée de la présence du divin. L'état dans lequel l'esprit a été créé – sa nature, en somme – est tout empreint de la présence de Dieu : d'où la fragilité des frontières séparant nature et surnature, qui traverse l'ensemble de sa pensée. Le caractère surnaturel de l'accès au divin est au contraire maintenu, avec la clarté que l'on a vue, par Thomas, qui a précisément l'intention de se passer de ce contact avec la lumière divine pour expliquer le fonctionnement naturel de l'esprit, contact qu'Augustin avait présenté comme intrinsèque à la procédure cognitive, chaque fois que l'esprit atteint la vérité. Le sens profond du geste de Thomas consiste clairement à élaborer une théorie de la nature finie qui ne soit pas empreinte du divin, et à séparer ainsi nettement nature et surnature.

1. *La Trinité*, XII, 24, *op. cit.*, p. 580. *Cf.* aussi XIV, 21.

2. Une tendance récurrente, dans l'exégèse augustinienne, consiste à montrer que l'accès de l'intellect fini aux raisons éternelles qui se trouvent en Dieu est la preuve d'une intervention surnaturelle dans la connaissance humaine. Si l'on met l'accent sur le caractère naturel de la connaissance du vrai, on réduit la « vision dans les raisons éternelles » à la capacité de l'esprit humain à atteindre la vérité (*cf.* É. Gilson, *Introduction à l'étude de saint Augustin*, *op. cit.*, p. 103); mais si, au contraire, on interprète la connaissance dans les raisons éternelles comme vision du vrai en Dieu, on en vient à interpréter comme surnaturelle la lumière divine qui rend possible une telle vision. Voir R. Jolivet, *Dieu soleil des esprits. La doctrine augustinienne de l'illumination*, Paris, Desclée de Brouwer, 1934, p. 156 *sq*. Il convient au contraire de tenir compte du fait que, au moins dans *La Trinité*, Augustin présente comme naturel l'accès même aux vérités éternelles.

En opérant ce transfert vers le surnaturel de la « vision dans les raisons éternelles » d'Augustin, Thomas a déplacé du côté de la vision béatifique la théorie de la connaissance par participation à la vérité increée, théorie qui constituait un aspect du platonisme augustinien, pourtant opportunément christinanisé. Cependant, tout le platonisme ne se réduit pas à la théorie de la participation aux raisons éternelles. On se souvient que, dans la doxographie de *La Vérité* et de la *Somme Théologique*, Thomas avait bien distingué, dans le platonisme, la théorie de la participation et l'innéisme. Il faudrait alors se demander si l'innéisme est également absorbé, et de quelle façon, dans le système thomiste. Mais, avant cela, il convient de se demander d'où Thomas déduit cette opposition ferme entre le platonisme des idées innées et le platonisme de la participation aux formes increées. La réponse est simple : d'Augustin lui-même.

On sait qu'Augustin, pour sa présentation de la théorie des Idées platoniciennes, a recours à une lecture médio-platonicienne du *Timée*[1]. La théorie de la connaissance augustinienne, qui mêle sans nuance les allusions à la réminiscence dérivée du *Phédon* et la théorie de l'illumination dérivée de la *République* et filtrée par la lecture des livres des platoniciens[2], est issue du médio-platonisme. Au début, Augustin ne distingue pas ces deux doctrines, pas plus que Plotin ne l'avait fait. Cependant, Plotin avait tout fait pour rendre la réminiscence superflue, grâce à la thèse du contact éternel de l'esprit avec l'intelligence suprême[3]. Puisque l'esprit est en contact constant avec la source de la vérité, on ne voit pas la nécessité de puiser le vrai dans un mythique passé prénatal. Néanmoins, bien que la réminiscence fût devenue superflue, Plotin ne l'abandonna jamais ni ne la mit en concurrence avec l'illumination. Aussi reviendra-t-il à Augustin, faisant sienne la thèse d'un contact éternel de l'esprit avec la vérité increée, de refuser la théorie de la réminiscence, en l'opposant explicitement à l'illumination.

Dans les *Soliloques*, rédigés lors de son séjour à Cassiciacum entre 386 et 387, Augustin, méditant sur les découvertes qu'il avait faites grâce à la

1. Ch. Boyer, *Christianisme et néo-platonisme dans la formation de Saint Augustin*, Paris, G. Beauchesne, 1920 ; J. J. O'Meara, « Augustine and Neo-platonism », *Recherches augustiniennes* 1, 1958, p. 91-111 ; M. Baltes, *Die Weltentstehung des platonischen Timaios nach den antiken Interpreten*, 2 vol., Leiden, E. J. Brill, 1976 et 1978.

2. Sur la connaissance, probablement indirecte, qu'Augustin a eue du *Phédon* et du *Timée*, voir G. O'Daly, *La filosofia della mente in Agostino*, *op. cit.* p. 27-29 et notes.

3. *Cf.* A. Linguiti, « Plotino sulla felicità dell'anima non discesa », *in* A. Brancacci (dir.), *Antichi e moderni nella filosofia di età imperiale*, Actes du IIe Colloque International de Rome des 21-23 septembre 2000, Napoli-Roma, Bibliopolis, 2001, p. 213-236, et *Id.* (dir.), *La felicità e il tempo. Plotino, Enneadi, I 4-I 5*, Milano, LED, 2000, p. 43-52.

lecture des livres des platoniciens, avait clairement adopté la thèse de la réminiscence : « Tels sont ceux qui ont été bien éduqués par les disciplines libérales, s'il est vrai qu'ils découvrent en eux des choses enfouies par l'oubli en étudiant, c'est-à-dire, en somme, en déterrant »[1]. De même, dans le dialogue *De la dimension de l'âme*, rédigé à Rome vers la fin de l'année 387 ou au début de l'année 388, réfléchissant à nouveau sur la leçon des platoniciens, Augustin faisait sienne la théorie de la réminiscence : « il semble que [l'âme] apporte tous les arts et que ce que l'on appelle "apprendre" n'est rien d'autre que se rappeler et se souvenir *<reminisci et recordari>* »[2]. Le tournant a lieu dans *La Trinité*, où la réminiscence est, au contraire, considérée comme une hypothèse incapable d'expliquer la connaissance des choses éternelles et immuables, à laquelle on accède grâce à la sagesse[3]. Platon avait certainement raison de penser que la vérité réside dans un autre monde que ce monde muable et caduque qui est l'objet de nos sens, au point qu'il soit possible, même quand on l'a oubliée, d'y accéder à nouveau et de la trouver inchangée. Afin d'expliquer le phénomène de la disponibilité éternelle du vrai pour celui qui le recherche, Platon fit l'hypothèse que l'âme avait vécu une vie avant son incarnation et que sa connaissance n'était que le souvenir de ce qu'elle avait connu dans sa condition prénatale : « Platon [...] a rapporté que je ne sais quel jeune homme, interrogé sur la géométrie, avait répondu comme s'il était le plus compétent qui soit dans cette discipline. C'est que, interrogé par degrés et avec art, il voyait ce qu'il fallait voir et disait ce qu'il voyait »[4].

Mais la réminiscence, selon Augustin, n'est pas une doctrine adéquate pour expliquer comment il est possible d'accéder au vrai à tout moment. Il est en effet impossible que tous les hommes aient été géomètres dans une vie antérieure, et pourtant tous les hommes reconnaissent la vérité universelle de la géométrie. Pour cette raison, il n'est pas possible que le contact avec les Idées, et donc avec l'esprit divin, ait eu lieu dans une vie antérieure. On devra plutôt admettre que ce contact se vérifie précisément en cette vie, et se répète chaque fois que l'on atteint des connaissances vraies et universelles. La théorie de la participation à la vérité incréée et de

1. *Les Soliloques*, II, 35, L. Jerphagnon (éd.), Paris, Gallimard, 1998, t. I, p. 249.

2. *La dimension de l'âme*, 20, 34, L. Jerphagnon (éd.), Paris, Gallimard, 1998, t. I, p. 311.

3. Sur la question complexe de la datation de *La Trinité*, voir A.-M. La Bonnardière, *Recherches de chronologie augustinienne*, Études augustiniennes, Paris, Château-Gontier, 1965.

4. *La Trinité*, XII, 24, éd. p. 580.

l'illumination divine de l'esprit est donc nettement préférable à la théorie de la réminiscence[1].

Le rejet de la réminiscence sera définitif et, dans l'œuvre tardive des *Révisions*, Augustin estimera devoir corriger les textes dans lesquels il avait endossé cette thèse, au nom précisément du choix effectué dans *La Trinité* :

> En un autre endroit j'ai dit encore : « Les savants formés aux connaissances libérales, les tirent certainement d'eux-mêmes par l'étude, comme si elles y étaient ensevelies dans l'oubli, et ils les en déterrent en quelque sorte ». Je blâme cette phrase ; il est en effet plus croyable que si des esprits qu'on interroge bien font une réponse vraie sur certaines matières qu'ils n'ont pas étudiées ; cela vient de ce que la lumière de la raison éternelle dans laquelle ils voient ces vérités immuables, leur est présente autant qu'ils peuvent la recevoir, et non pas de ce qu'ils les avaient connues autrefois et qu'ils les ont oubliées, comme le pensent Platon et quelques autres. C'est une opinion que j'ai combattue autant que l'occasion m'en a été offerte dans le douzième livre de *La Trinité*[2].

Le refus de l'innéisme en faveur de l'illumination passa ensuite sans heurts chez les penseurs de stricte observance augustinienne. On le retrouvera chez Bonaventure, qui rejettera également l'innéisme des contenus de pensée au nom des textes – *De la Trinité* et les *Révisions* – dans lesquels Augustin l'avait répudié[3]. En séparant et en opposant directement innéisme et participation à la vérité incréée, Thomas ne fait donc rien d'autre qu'assumer en propre une alternative qu'Augustin avait déjà proposée. On l'a vu, chez Thomas, l'innéisme devient un exemple de théorie de la connaissance qui place les idées dans l'esprit ; au contraire, le participationnisme est présenté parmi les doctrines qui placent l'origine

1. *Ibid.*, Voir *supra*, p. 31.

2. *Révisions*, I, 4, 4, trad. fr. G. Bardy, avec une référence aux *Soliloques*, 2, 20, 35 : « *disciplinis liberalibus eruditi, sine dubio in se illas oblivione obrutas eruunt discendo et quodammodo refodiunt* ». Une révision analogue, plus loin, au sujet du passage de *La dimension de l'âme* reproduit plus haut ; *Révisions*, I, 8, 2.

3. *Cf.* Bonaventure de Bagnoregio, *Commentaria in quatuor libros sententiarum*, II, d. 39, art. 1, qu. 2, 2 *et resp.*, *in* S. Bonaventurae Opera Omnia, *op. cit.* II, p. 901-904, p. 903a : « *philosophus [...] probat, quod cognitio* principiorum *non est nobis innata [...]. Augustinus etiam in duodecimo libro de Trinitate, loquens de parvulo, qui respondebat de omnibus principiis geometriae, dicit ibi, quod hoc non erat, quia anima illius parvuli prius illa novisset, sed potius "ista videbat in quadam luce sui generis incorporea [...]". Et propterea [...] habitus cognitivi quodam modo sunt nobis* innati *et quodam modo* acquisiti *[...]. Habitus cognitivi sunt quodam modo sunt nobis* innati *ratione* luminis animae inditi, *sunt etiam quodam modo* acquisiti ratione speciei*; et hoc quidem verbis Philosophi et Augustini concordant* » (n. s.).

des idées hors de l'esprit. Or, on ne manquera pas de remarquer que Thomas, parfaitement conscient et respectueux de ce qu'avait été le choix explicite du Père de l'Église, situe Augustin dans le sillage du participationnisme platonicien, et non dans celui de l'innéisme. Le participationnisme chrétien d'Augustin est ensuite déplacé du côté de la connaissance que l'on ne peut obtenir que par une intervention surnaturelle. Reste à voir quel sort Thomas réserve à l'innéisme.

LES ANGES ET LE MONDE

Thomas manifestera toujours sa reconnaissance envers Augustin pour ce qu'il fit à l'égard des Idées platoniciennes. À plusieurs reprises, l'Aquinate présente comme un choix original d'Augustin cette interprétation médio-platonicienne de Platon, selon laquelle les Idées ne sont pas extérieures à Dieu, comme le pensait Platon, mais se trouvent en Dieu lui-même[1]. C'est l'accord avec ce choix platonico-augustinien, entre autres, qui éloigne Thomas d'un aristotélisme strict. Thomas, comme Augustin, est convaincu que les essences des choses n'existent pas seulement comme formes incarnées dans les êtres corporels, mais possèdent également une existence séparée des corps, en Dieu, comme Augustin l'a soutenu dans *Des Idées*. L'exemplarisme de Thomas, selon lequel l'essence divine, dans ses diverses relations avec ce qui peut être créé, se particularise dans les modèles éternels des choses finies[2], dérive directement des *Idées* d'Augustin, tout comme la thèse selon laquelle ces modèles permettent de créer le monde selon un dessein[3]. Par conséquent, connaître les essences des choses par abstraction des fantasmes produits par l'expérience sensible est l'unique façon dont un être comme l'homme, composé à son tour de matière et de forme, peut connaître, mais ce n'est pas l'unique façon dont les essences peuvent être connues. Les esprits non incarnés pourraient connaître ces mêmes essences – ou « raisons »[4] – dans leur existence séparée de la matière. Bref, Thomas accepte le modèle aristotélicien *in toto* seulement pour la vie terrestre, pour

1. Voir *supra*, n. 3, p. 14. Pour l'origine médio-platonicienne de cette thèse, voir P. Donini, *Le scuole, l'anima, l'impero : la filosofia antica da Antioco a Plotino*, Torino, Risenberg e Sellier, 1982, p. 106 et 115. Thomas d'Aquin, *Des créatures spirituelles*, art. 10, *ad* 8, cité *supra*, n. 2, p. 27. *Cf.* aussi *ST*, I, qu. 84, art. 5, *resp.*

2. *ST*, I, qu. 15, art. 2, *resp.*, cité *supra*, n. 3, p. 26.

3. *Ibid.*, art. 1, *resp.* : « *Quia igitur mundus non est casu factus, sed est factus a Deo per intellectum agente [...] necesse est quod in mente divina sit forma, ad similitudinem cuius mundus est factus. Et in hoc consistit ratio ideae* ». *Cf.* V. Boland, *Ideas in God According to Saint Thomas Aquinas*, *op. cit.*, p. 17-92, 194-234.

4. Voir *supra*, n. 3, p. 14.

le *viator*, pour celui qui n'a pas encore atteint la patrie céleste, mais ce modèle est relatif, dans la mesure où les essences subsistent indépendamment des corps, en Dieu, et qu'il existe des esprits séparés des corps qui peuvent les connaître. Tels sont, en effet, les esprits des anges et des bienheureux. On l'a vu, les bienheureux ont une connaissance pouvant être décrite selon le modèle participatif christianisé par Augustin. Pour les anges, au contraire, Thomas estime pouvoir utiliser l'innéisme platonicien comme modèle cognitif.

De manière générale, les anges sont importants pour Thomas, comme pour n'importe quel théologien médiéval. Mais c'est aussi grâce à eux, de manière plus particulière, que l'on peut évaluer l'ontologie scalaire et la continuité du créé qui constituent sa métaphysique[1]. Nous n'allons pas revenir ici sur cet aspect de l'angélologie thomiste, d'ailleurs suffisamment connu ; nous allons au contraire chercher à montrer comment se joue, avec les anges, une partie d'extrême importance pour Thomas. La question des anges est en effet le terrain sur lequel Thomas essaie de construire une théorie de la connaissance naturelle pour l'esprit désincarné, qui puisse constituer une alternative à l'illumination augustinienne : la question de la connaissance angélique devient ainsi la pierre de touche du projet de séparer du contact avec l'essence divine *tout* esprit fini, en tant que fini, indépendamment de son être incarné ou non.

Thomas élabore pour les anges une théorie de la connaissance symétriquement opposée à celle des esprits incarnés[2]. En premier lieu, sur la base du principe qui veut que l'objet de la connaissance dépende de la nature du connaissant, l'esprit angélique, qui n'est uni à aucun corps, a également accès à la connaissance des substances immatérielles finies[3]. En outre, puisque l'ange est une pure forme sans matière, rien n'est en lui en puissance, son intellection est donc toujours en acte[4]. Or, parce que son intellection est toujours en acte et ne doit pas être actualisée par la perception du monde extérieur, l'ange se connaît lui-même par une connaissance directe et immédiate, sans devoir réfléchir à sa connaissance de l'autre que soi, comme cela arrive dans le cas de l'esprit humain, dont l'actualisation

1. É. Gilson, *Le thomisme*, Paris, Vrin, 1922, p. 122-137.

2. On en trouve un compte-rendu précis dans B. Faes de Mottoni, « Tommaso d'Aquino e la conoscenza mattutina e vespertina degli angeli », *Medioevo* 18, 1992, p. 169-202 et T. Suarez-Nani, *Connaissance et langage des anges selon Thomas d'Aquin et Gilles de Rome*, Paris, Vrin, 2002. Du même auteur, voir aussi *Les anges et la philosophie*, Paris, Vrin, 2002.

3. *ST*, I, qu. 56, art. 2, *resp.*

4. *Ibid.*, qu. 58, art. 1, *resp.* : « intellectus angeli nunquam est in potentia respectu eorum ad quae eius cognitio naturalis se extendere potest ».

dépend de la rencontre avec les objets extérieurs[1] ; l'ange connaît les choses matérielles grâce aux idées innées[2] ; enfin, en vertu de la perfection de son intellect, la connaissance angélique est toujours intuitive et jamais discursive, et n'est pour cette raison pas sujette à l'erreur[3]. Comment, ensuite, l'innéisme assure la connaissance des choses matérielles, Thomas l'explique par la double impression des idées divines dans l'esprit de l'ange et dans la matière, c'est-à-dire par ce qu'il avait présenté comme la solution platonicienne au problème de la correspondance entre les Idées et le monde extérieur[4]. C'est l'origine commune des formes qui s'impriment dans la matière et dans l'esprit qui garantit le fait que la connaissance angélique puisse se référer au monde extérieur. C'est de la même manière, du reste, que l'on explique, dans le cas du participationnisme platonisant, comment la connaissance peut correspondre au monde[5].

1. *Ibid.*, qu. 56, art. 1, *resp.* : « *Angelus [...] cum sit immaterialis, est quaedam forma subsistens, et per hoc intelligibilis actu. Unde sequitur quod per suam formam, quam est sua substantia, seipsum intelligat* ». Francisco Suárez fait remonter le fait que l'esprit se connaît toujours lui-même à l'*Alcibiade* de Platon. *Cf.* F. Suárez, *De anima*, l. IV, chap. 5, *Opera Omnia*, apud Sebastianum Coleti, Venetiis 1740, III, p. 425a : « *non desuerunt, qui dicerent, animam seipsam perpetuo cognoscere, et intelligere, quod tenuit Plato in Alcibiade, sic explicans illud Delphici oraculum, Nosce te ipsum; quod videtur amplecti D. Augustin. 10 de Trinitate per totum, praecipue capp. 8, 9, et lib. 14 capp. 8, 10. Idem sentit Ariminensis in I dist. 5, qu. 2, Picus Mirandula in suis conclusionibus* ».

2. *ST*, I, qu. 57, art. 1, *resp.* : « *Et ideo, sicut Deus per suam essentiam materialia cognoscit, ita angeli ea cognoscunt per hoc quod sunt in eis per suas intelligibiles species* » et 2, *resp.* : « *angeli per species a Deo inditas res cognoscunt non solum quantum ad naturas universales, sed etiam quantum ad singularitatem* ».

3. *Ibid.*, art. 3., *De la Vérité*, qu. 8, art. 15, *resp.* : « *sicut intellectus noster se habet ad ista principia, sic se habet angelus ad omnia quae naturaliter cognoscit. Et cum cognitio principiorum in nobis sit altissimum nostrae scientiae, patet quod in supremo nostrae naturae attingimus quodammodo infimum naturae angelicae [...]. Unde sicut nos sine discursu principia cognoscimus simplici intuitu, ita et angeli omnia quae cognoscunt; unde et intellectuales dicuntur; et habitus principiorum in nobis dicitur intellectus* ». Sur l'impossibilité de l'erreur dans la connaissance intuitive, cf. *ST*, I, qu. 58, art. 5, *resp.*

4. Cf. *De la Vérité*, qu. 8, art. 9, *resp.*, cité *infra*, chap. III, n. 2, p. 126. *Cf.* Thomas d'Aquin, *ST*, I, qu. 84 art. 4, *resp.* Cité *supra*, n. 6, p. 23.

5. Cf. *ST*, I, qu. 4, *resp.*, et *Commentaire des Sentences*, II, d. 3, qu. 3, art. 1, *resp.* Ce passage du *Commentaire des Sentences* est important, parce qu'il éclaire la façon dont les actes mentaux des différents êtres peuvent se référer à l'objet visé. Dieu connaît les choses parce qu'il les crée, et, de cette manière, assimile les choses à leur ressemblance, qui se trouve inscrite dans son essence. Les concepts de l'esprit humain se réfèrent aux corps extérieurs parce que l'esprit en abstrait la ressemblance qui l'assimile à la chose, tandis que les idées de l'ange se réfèrent au monde extérieur parce que Dieu imprime simultanément la forme dans l'intellect angélique et dans la matière. De cette manière « *utrumque sit ab una causa similem formam utrique imprimente; et sic intellectus angelicus rebus cognitis assimilatur quia formae quae a deo impressae sunt rebus ad subsistendum, sunt etiam angelo impressae ad cognoscendum* ».

Mais pour construire sa théorie de la connaissance angélique, Thomas n'a pour ainsi dire pas les mains libres. En effet, ici aussi l'auteur doit tenir compte des contraintes imposées par la théorie augustinienne, notamment des passages consacrés à la connaissance angélique dans le commentaire augustinien de la *Genèse*[1]. Les anges, selon Augustin, sont la lumière créée par Dieu, une lumière spirituelle « qui a succédé aux ténèbres, en ce sens que, à partir d'un stade où elle était encore informe, elle a été formée par conversion vers son créateur[2] ». Le soir du premier jour de la création, quand la lumière se trouvait encore dans un état informe, renvoie à « la connaissance que cette lumière prend aussi d'elle-même, en tant qu'elle n'est pas ce que Dieu est[3] » ; le matin avec lequel s'achève le premier jour et commence le deuxième jour renvoie au moment où « la créature spirituelle se tourne vers le Créateur pour rapporter à sa gloire son être de créature et prendre connaissance, dans le Verbe de Dieu, de la créature qui vient après elle »[4]. Au premier jour, le second être créé, après la lumière, est le firmament. Suit à nouveau le soir, au cours duquel l'ange « connut le firmament, non plus comme précédemment dans le Verbe de Dieu, mais en sa nature propre »[5]. L'ange voit donc les choses dans le Verbe divin avant qu'elles ne soient créées et, après la création, il les voit en elles-mêmes. Cette alternance de la connaissance des créatures dans le Verbe et en elles-mêmes se répète chaque jour de la création : à l'aube de chaque jour nouveau, l'ange dirige son esprit vers le Créateur, et de nouveau y atteint la connaissance de ce qui sera créé et qu'il pourra voir le soir dans la créature même. Ainsi y a-t-il alternance d'une connaissance matinale, dans laquelle les choses sont vues dans le Verbe, et d'une connaissance vespérale, dans laquelle les choses sont vues en elles-mêmes.

Malgré les allusions au péché d'orgueil que commettrait l'ange qui dirigerait le regard vers soi et non vers son Créateur, Augustin ne parle pas ici de la chute des anges[6]. Son attention est tout entière dirigée vers ceux qui, selon sa lecture de la *Genèse*, sont les protagonistes des six jours de la création : les anges saints. Le texte d'Augustin attribue à la connaissance matinale de l'ange l'accès à l'esprit divin, cette vision en Dieu que Thomas

1. *Cf.* Augustin, *La Genèse au sens littéral*. Le thème est ensuite brièvement repris dans *La Cité de Dieu*, livre XI et XII, *passim*.

2. *Ibid.*, livre IV, 22, 39, P. Agaësse et A. Solignac (éd.), Paris, Desclée de Brouwer, 1972, p. 335-337.

3. *Ibid.*, p. 337.

4. *Ibid.*

5. *Ibid.*

6. Sur la chute des anges, on en lit davantage dans *La Cité de Dieu*, XI, 9-19 ; XII, 16.

avait tout fait pour éliminer de l'esprit du *viator*. Les anges voient en effet les choses créables en Dieu : « Il y a une si grande différence entre la connaissance d'une chose dans le Verbe de Dieu et la connaissance de cette chose en sa nature qu'il est légitime d'assimiler l'une au jour, l'autre à la nuit. Car, en comparaison de cette lumière contemplée dans le Verbe de Dieu, toute connaissance, par laquelle nous connaissons n'importe quelle créature en elle-même, peut, non sans raison, être qualifiée de nuit »[1]. Si tel est le cas, dès lors que la connaissance matinale est la première connaissance que l'ange a des autres créatures, il semble inévitable de conclure que la vision en Dieu des raisons éternelles, sur le modèle desquelles le monde sera créé, est le mode naturel par lequel l'ange connaît les autres créatures. Mais Thomas n'est pas disposé à accepter ces conclusions, apparemment évidentes, du texte augustinien.

La confrontation avec la théorie augustinienne de la connaissance angélique donne lieu à deux opérations distinctes. En premier lieu, Thomas nie le fait que l'ange ait été créé bienheureux ; en second lieu, il réserve la connaissance matinale au seul ange bienheureux, qui reçoit un secours surnaturel. Comme il l'avait déjà fait pour les *viatores*, Thomas privera la nature des anges de la vision *de* Dieu et, par conséquent, de la vision *en* Dieu. Sera également invoqué, pour les anges, le principe, déjà expérimenté en l'homme, qui veut que seul le secours surnaturel permette l'accès à la connaissance de l'essence divine.

La décision de séparer la connaissance naturelle de l'ange de la connaissance que le même ange aura en tant que bienheureux inaugure toute la réflexion de Thomas sur la connaissance angélique. Cette décision remonte en fait au *Commentaire des Sentences*, dans lequel Thomas se demande si les anges ont été créés bienheureux[2]. Car pour que les anges puissent exercer leur choix du bien ou du mal, il faut un temps dans lequel ils ne sont pas encore saints ni damnés, et dans lequel s'exerce le libre choix qui déterminera leur destin[3]. Savoir comment l'esprit de l'ange

1. *La Genèse au sens littéral*, IV, 23, 40, *op. cit.*, p. 339.

2. *Commentaire des Sentences*, II, d. 4, qu. 1, art. 1.

3. La nécessité d'un temps, même minime, qui précède le choix, est commandée chez Thomas par la conviction qu'il est impossible qu'un choix puisse se dire libre s'il n'y a pas eu un temps qui l'a précédé. En effet, s'il en était autrement, il n'y aurait pas de temps dans lequel les alternatives du choix seraient toutes possibles. Sur ce point, Duns Scot, tout en admettant qu'un laps de temps soit effectivement passé entre la création de l'ange et le choix du bien ou du mal, n'estimera pas que ce laps de temps soit une condition nécessaire à la liberté du choix. Se joue ici l'adhésion ou non aux modalités aristotéliciennes appelées « temporelles » ou « statistiques ». Voir la belle étude de J. Schmutz, « Du péché de l'ange à la liberté d'indifférence. Les sources angélologiques de l'anthropologie moderne », *Les*

connaît, en cet instant qui précède son choix premier et fatal, devient extrêmement important pour Thomas, dans la mesure où, à partir du type de connaissance que l'ange possède à cet instant, il sera ensuite possible de distinguer ce qui relève de la nature de l'ange et ce qui au contraire est dû au secours surnaturel. L'ange a-t-il donc été créé bienheureux ? Thomas entend précisément le nier. Or, dans la mesure où le texte augustinien conduit au contraire à l'affirmer, en insistant sur la primauté de la connaissance matinale et de la vision en Dieu, il s'agira d'user, comme de coutume, de diplomatie. C'est pourquoi Thomas se sert d'une distinction, qu'il reprendra ensuite jusqu'à la *Somme Théologique*, entre la béatitude naturelle et la béatitude dont sont pourvus les anges qu'Augustin appelait « saints » en vertu d'un secours surnaturel, à la différence des angles déchus. Ainsi Thomas espère-t-il ne pas contredire Augustin, en attribuant malgré tout une béatitude naturelle à l'ange ; il parvient en même temps à soustraire à l'ange la béatitude proprement dite, celle qui implique la vision de Dieu et la vision en Dieu, et qui peut être obtenue uniquement grâce au *lumen gloriae*.

La béatitude, explique Thomas, consiste en une opération parfaite de l'intellect, et l'opération la plus parfaite de l'intellect consiste en une contemplation de l'intelligible suprême, c'est-à-dire de Dieu. Or cette béatitude est atteinte de façon différente selon la nature des êtres qui y parviennent, « et donc elle se trouve différemment en Dieu, en l'ange et en l'homme considérés selon leur nature ». En effet, Dieu se voit lui-même par essence et non à travers une quelconque ressemblance, l'intellect de l'ange, *par connaissance naturelle*, le voit à travers une ressemblance acquise par l'intermédiaire de sa propre nature, c'est-à-dire en tant que sa nature enveloppe une ressemblance de la nature divine, tandis que l'intellect humain parvient à la connaissance de Dieu à travers une ressemblance tirée des créatures « en tant qu'il connaît les choses invisibles à travers les choses qui ont été créées ». La béatitude naturelle de l'ange consiste en la connaissance de Dieu obtenue grâce à l'image divine imprimée dans sa nature même. Les anges jouissent donc par nature d'une forme de béatitude, mais la naturalité de cette béatitude, qui comporte la vision directe de Dieu,

Études philosophiques 57, 2002, 2, second fascicule dédié à « Duns Scot au XVIIe siècle », p. 169-198. Sur la question des modalités « statistiques », voir naturellement S. Knuuttila, « Time and Modality in Scholasticism », *in* S. Knuuttila (dir.) *Reforging the Great Chain of Being*, Dordrecht-Boston-London, Reidel, p. 163-257, et *Id.*, *Modalities in Medieval Philosophy*, London, Routledge, 1993.

leur est soustraite[1]. À cette autre béatitude, celle qui consiste en la vision de Dieu dans son essence même, et dont ils sont pourtant capables par nature, les anges ne peuvent parvenir par leurs seules capacités, mais uniquement par à une intervention surnaturelle[2].

Le geste de Thomas se heurte cependant à une difficulté qui demeure non résolue. La seconde objection à laquelle l'article doit répondre reprend un verset de Jean selon lequel la béatitude consiste en la vision de Dieu. S'il en est ainsi, il apparaît que cette béatitude doive être attribuée aux anges jusqu'à leur création, « autrement ils n'auraient pas connu les créatures d'une connaissance matinale, ce qu'affirme Augustin »[3]. En effet, selon la lettre du texte augustinien, les anges, lors de la première aube du monde, virent en Dieu les choses qui furent ensuite créées au cours des six jours. Or, comme on le sait, il y a pour Thomas une implication entre *voir en Dieu* et *voir Dieu*. La connaissance matinale, c'est-à-dire la connaissance en Dieu des choses créables dont parle Augustin, semble donc impliquer exactement cette vision de Dieu et cette béatitude que Thomas entend pourtant soustraire à la nature angélique. Dans sa réponse, Thomas résout la première partie de l'objection en affirmant que la béatitude revient bien aux anges mais que cette béatitude dont il est également question dans l'Évangile de Jean est celle qui consiste en la vision du Verbe « à travers une ressemblance du Verbe imprimée en eux »[4], unique béatitude dont Thomas admette la naturalité. Pas un mot, dans la réponse, de la connaissance matinale. Que doit comprendre le lecteur ? Peut-être la connaissance matinale

1. *Commentaire des Sentences*, II, d. 4, qu. 1, art. 1, *resp.* : « *intellectus autem angeli naturali cognitione ipsum videt per similitudinem ejus acquisitam in ipso ; [...] in hac beatitudine visionis divinae, quae naturaliter angelis debetur, angeli creati sunt* ». Que la connaissance naturelle de l'ange ne puisse jamais parvenir à la vision de Dieu par essence trouve une confirmation dans le passage suivant : « *intellectus etiam angeli in statu viae per omnes dispositiones naturales, vel etiam gratuitas, non potest in aliquid amplius nisi ut intelligat omnes quod intelligit per formas creatas, ad quas naturalis facultas intellectus ejus determinatur, ut ex dictis patet. Deus autem in essentia sua videri non potest nec per aliquam formam a sensu abstractam, nec per aliquam formam creatam* » (*Ibid.*, IV, d. 49, qu. 2, art. 7, *resp.*).

2. *Ibid.*, II, d. 4, qu. 1, art. 1, *resp.* : « *sed est alia perfectio, in quam per naturam suam non possunt devenire, cujus tamen capaces sunt : ut scilicet ipsum deum in essentia sua videant, non per aliquam similitudinem receptam, ut eorum beatitudo divinae beatitudini sit conformis ; et in hac beatitudine creati non sunt, sed ad eam, aliis cadentibus, pervenerunt* ».

3. *Ibid.*, art. 1, 2 : « *Praeterea tota substantia beatitudinis consistit in dei visione ; unde dicitur joan. 17, 3 : haec est vita aeterna ut cognoscant te solum deum verum et quem misisti jesum christum. Sed angeli in principio suae creationis deum viderunt : alias in verbo creaturas non cognovissent cognitione matutina, quam Augustinus ponit. Ergo videtur quod beati creati sunt* ».

4. *Ibid.*, art. 1, *ad* 2.

dont parle Augustin coïncide-t-elle aussi avec la béatitude naturelle dont parle Thomas ? Ou bien peut-être la connaissance matinale n'est-elle pas naturelle à l'ange ?

Le silence du *Commentaire des Sentences* est en partie comblé par l'ample développement sur la connaissance angélique contenu dans la huitième des questions qui composent *De la Vérité*, entièrement dédiée à la connaissance angélique. Au troisième article de ce petit traité sur les anges, Thomas se demande si l'ange, « par ses moyens naturels <*ex propriis naturalibus*> », peut voir Dieu dans son essence. À nouveau, la connaissance matinale dont Augustin avait parlé dans le commentaire de la *Genèse* milite en faveur de cette hypothèse. Augustin affirme que « les anges, au premier temps de leur création, alors qu'en cet état ils n'avaient que des facultés naturelles, comme beaucoup l'affirment, virent dans le Verbe les créatures qui devaient être produites. Or cela eût été impossible s'ils n'avaient pas vu le Verbe. L'intelligence de l'ange a donc vu Dieu dans son essence par ses pures facultés naturelles »[1]. S'ensuit le fait que l'ange aurait dû être créé bienheureux, contre la thèse que Thomas veut soutenir. Cette objection qui, comme on le disait, restait sans réponse dans le *Commentaire des Sentences*, reçoit maintenant deux réponses, qui forment manifestement une alternative au sein de laquelle Thomas ne fait pas de choix :

> Ce que dit saint Augustin, à savoir que les anges ont vu les réalités dans le Verbe, peut s'entendre ainsi : non au premier temps de leur création, mais dès lors qu'ils furent bienheureux. Ou bien il faut dire que, bien qu'ils n'aient pas vu le Verbe dans son essence en l'état de nature, ils l'ont cependant vu en quelque façon par une ressemblance qui existait en eux ; et par une telle connaissance ils purent connaître les créatures, que cependant ils connurent par la suite dans le Verbe bien plus pleinement, lorsqu'ils virent le Verbe dans son essence[2].

La première réponse laisse intacte la perfection de la connaissance des essences, mais la reporte à la béatitude : tout ce qu'Augustin dit de la connaissance matinale des anges doit s'entendre en référence à un moment qui succède leur création, lorsqu'ils furent élevés du *lumen gloriae* à la vision de Dieu. La seconde, en revanche, atténue la plénitude de la vision, en l'accordant à la nature angélique, mais sous une forme affaiblie : si Augustin fait référence à la nature de l'ange et au premier temps de sa création, la connaissance matinale devra être comprise comme une connaissance des choses non pas en Dieu lui-même mais dans la nature de

1. *De la Vérité*, qu. 8, art. 3.
2. *Ibid.*, *ad* 1.

l'ange, lequel, étant une image de Dieu, contient également en soi une image des idées contenues dans l'original. Les mêmes choses, ensuite, seront connues par les anges en Dieu quand ils auront accédé à la vision de Dieu dans son essence.

Dans la seconde réponse, la connaissance matinale coïncide avec la connaissance naturelle de Dieu et des choses dans la nature de l'ange ; dans la première, la connaissance matinale est un don surnaturel qui s'est ajouté à la connaissance naturelle de l'ange au moment qui succède à la création, quand les anges qui avaient choisi le bien « devinrent bienheureux ». Dans la mesure où les deux réponses constituent une alternative, il est significatif que Thomas n'ait pas ressenti le besoin de choisir l'une d'elles mais les ait présentées comme substantiellement équivalentes. Le fait est que Thomas ne s'est pas intéressé à ce qui distingue les deux réponses, mais seulement à ce qu'elles ont en commun, c'est-à-dire au fait que chacune d'elles soustraie à la nature de l'ange la connaissance parfaite des essences dans le Verbe, évitant donc d'accorder à la nature de l'ange la vision des choses en Dieu, et partant la vision de Dieu. En réalité, dans la suite du développement, c'est la première hypothèse qui prend le dessus : la connaissance matinale est la connaissance des choses en Dieu et celle-ci se réalise non par nature, mais grâce à une intervention surnaturelle, au moment où les anges atteignent la béatitude[1].

Ainsi Thomas reconnaît-il implicitement la validité de l'objection que l'on pourrait opposer à son refus d'accorder à l'ange la vision naturelle de Dieu. Il s'agit d'ailleurs d'une objection qui reflète une conviction personnelle et profonde de l'auteur : si l'ange avait par nature la vision des choses dans le Verbe, il devrait avoir par nature la vision de Dieu « parce que l'être de la chose dans le Verbe n'est pas différente de l'être du Verbe »[2]. Mieux encore : si la vision des choses en Dieu était accordée à l'ange par nature, cela constituerait précisément un argument définitif en faveur de l'attribution à l'esprit de l'ange de la vision de Dieu[3]. Pour cette raison, Thomas décide de soustraire également à la nature de l'ange la vision des choses dans le Verbe, c'est-à-dire la vision matinale, prise dans son acception rigoureuse,

1. Thomas est attentif à distinguer la connaissance de l'ange bienheureux de la connaissance grâce à laquelle Dieu voit en lui-même toute chose. La connaissance matinale de l'ange est distincte de la connaissance méridienne que seul Dieu possède. Cet aspect est particulièrement clair dans ce passage : « *omnis cognitio intellectus angelici habet tenebras admixtas ex parte cognoscentis ; unde nulla cognitio alicuius intellectus creati potest dici meridiana, sed sola cognitio qua Deus cognoscit omnia in se ipso* » (*ibid.*, art. 17, *ad* 4).

2. *Ibid.*, art. 16, *resp.*

3. *Ibid.*, art. 3, 1, cité *supra*, p. 42.

et de la reporter au moment où l'ange atteint l'état de béatitude ; les anges, par nature, ne voient pas les choses en Dieu, et ne voient donc pas non plus Dieu.

Mais si l'ange n'a pas été créé bienheureux et ne connaît donc pas, par nature, les choses en Dieu, quelle connaissance peut-il en avoir eue à l'état naturel, quand les choses n'avaient pas encore été créées ? Sans doute aucune, faudrait-il sensément répondre, puisqu'il ne peut les voir ni en Dieu, dès lors qu'il n'est pas bienheureux par nature, ni en elles-mêmes, dès lors qu'elles n'ont pas encore été créées. Mais telle n'est pas la réponse de Thomas. La vision des choses en Dieu ou en elles-mêmes n'épuise pas les possibilités de connaissance du monde. Thomas fait en effet une place à la connaissance naturelle de l'ange dans les premières ténèbres dont avait parlé Augustin dans son commentaire de la *Genèse*, quand la lumière encore informe était comme repliée sur elle-même et ne connaissait donc qu'elle-même[1]. Avant la création du reste du monde, existait cependant une créature, l'ange lui-même : or, si l'esprit de l'ange était naturellement doté des idées des choses, indépendamment de leur existence, il se pourrait alors que l'ange, en se considérant lui-même, ait connu les autres êtres finis, matériels et immatériels, non seulement avant leur création, mais aussi indépendamment de leur vision en Dieu. Telle est précisément la thèse de Thomas. L'ange, avant la création, connaissait les choses par les espèces innées que Dieu avait imprimées dans son intellect. C'est cette voie moyenne, entre la vision des choses en Dieu et la connaissance des choses en elles-mêmes, qui permet à Thomas d'ouvrir un espace à la connaissance naturelle du monde avant sa création. Aussi cette voie satisfait-elle pleinement le principe général selon lequel la connaissance de l'ange doit constituer un intermédiaire entre celle du *viator* et celle de Dieu[2].

Si tel est le mode par lequel l'ange connaît les choses, alors, dans son état naturel, l'ange connaissait les choses dans un être déjà créé, c'est-à-dire en lui-même. Mais dès lors que la connaissance vespérale dont parlait Augustin consiste dans la connaissance des créatures déjà existantes, on devra conclure que la connaissance vespérale a précédé la connaissance matinale, contrairement à ce que dit le texte d'Augustin, dans lequel la

1. *La Genèse au sens littéral*, IV, 22, 39 : « *si lux illa, quae primitus creata est, non corporalis sed spiritalis est, sicut post tenebras facta est, ubi intelligitur a sua quadam informitate ad Creatorem conversa atque formata, ita et post vesperam fiat mane, cum post cognitionem suae propriae naturae, qua non est quod Deus, refert se ad laudandam lucem, quod ipse Deus est, cuius contemplatione formatur* ».

2. *Commentaire des Sentences*, II, d. 3, qu. 3, art. 1, *resp.* : « *intellectus angelicus est medius inter intellectum divinum et humanum et virtute et modo cognoscendi* ».

précédence de la connaissance matinale sur la connaissance vespérale, c'est-à-dire la précédence de la connaissance des choses en Dieu, est affirmée en toutes lettres : « les saints anges [...] connaissent l'universalité de la création, où eux-mêmes tiennent la première place, d'abord dans le Verbe de Dieu, comme en celui par qui toutes choses ont été faites, puisqu'en lui sont les raisons éternelles de toutes choses, fussent-elles temporelles ; ensuite dans la créature elle-même, qu'ils connaissent en abaissant en quelque sorte leur regard sur ce qui est au dessous d'eux pour la référer à la gloire du Verbe »[1]. Thomas ne s'arrête pas devant cet obstacle. La précédence de la connaissance vespérale sur la connaissance matinale, conséquence du fait que la première connaissance des choses a été placée dans l'esprit angélique lui-même, est assumée sans réserve dès le *Commentaire des Sentences :*

> Dans leur condition première, les anges n'ont pas vu le Verbe par essence ; cependant, ils l'ont vu par une image créée, qui est leur propre nature, laquelle est une image de Dieu, et cela est vrai, que l'on affirme qu'ils ont été créés dans la grâce ou non, pourvu que l'on n'affirme pas qu'ils ont été créés dans la gloire. Aussi *la connaissance vespérale par laquelle ils se sont connus dans leur propre nature a-t-elle précédé chez eux la connaissance matinale*, par laquelle ils connaissent les choses dans le Verbe, ce qui ressort du fait que le premier jour a un soir sans matin[2].

Il semble que l'on ait affaire à un renversement total du texte augustinien. En effet, si, chez Augustin, la connaissance vespérale était celle des choses créées, il est évident qu'il fallait entendre par là que celle-ci succédait à la connaissance des choses dans le Verbe, avant leur création. Or Thomas a rempli l'esprit de l'ange d'espèces innées : l'hypothèse d'une connaissance vespérale qui précéderait la vision en Dieu et la connaissance des choses en elles-mêmes devient possible, dès lors que l'ange a une connaissance comparable à celle que Platon attribuait à l'esprit humain, qui trouvait inscrites en lui les espèces décrivant le monde extérieur, même si celui-ci

1. *La Genèse au sens littéral*, IV, 24, 41, *op. cit.*, p. 341. Mais voir aussi II, 8, 19, 174, pour l'interprétation augustinienne du *fiat* (la créature préexiste dans le Verbe), *factum est* (la créature est connue par l'ange dans le Verbe), *fecit* (la créature est créée dans sa nature propre), ainsi que II, 8, 16-17 ; IV, 26, 43 ; IV, 31, 48 ; IV, 32, 50.

2. *Commentaire des Sentences*, IV, d. 49, qu. 2, art. 6, *ad* 1 (n. s.). Puis dans *De la Vérité*, qu. 8, art. 16, *ad* 8 : « *angelus [...] primo habuit [cognitionem] vespertinam et ex vespertina profecit in matutinam* ». L'identification d'une connaissance vespérale précédant la connaissance matinale est donc déjà présente dans le *Commentaire des Sentences*. B. Faes de Mottoni, « Tommaso d'Aquino e la conoscenza mattutina e vespertina degli angeli », art. cit., p. 201-202, la fait au contraire remonter à *La Vérité*.

n'existait pas encore. Grâce à l'innéisme, Thomas peut soustraire la vision de Dieu à la nature angélique, sans pour cela lui ôter la connaissance des créatures. L'innéisme constitue la modalité naturelle de la connaissance angélique et, partant, la connaissance vespérale précède la connaissance matinale : c'est pour cette raison que les anges, par nature, connaissent les êtres finis dans leur esprit et non en Dieu.

On obtient ainsi une série de ce type (série rapportée à la succession de la connaissance de l'ange et non pas à la succession du temps, comme Thomas tient à le préciser dans *La Vérité*)[1] : l'ange connaît les choses créables en lui-même (première connaissance vespérale), puis les voit dans le Verbe (connaissance matinale), et les voit donc existant en elles-mêmes (seconde connaissance vespérale)[2]. La conséquence la plus visible de cette décision thomiste est la duplication de la connaissance vespérale, grâce à laquelle un autre groupe d'esprits finis, celui des anges, après les esprits des *viatores*, se trouve séparé du contact avec l'esprit divin dans sa condition naturelle. L'« invention » de la double connaissance vespérale dépend en réalité d'une autre « invention », tout à fait fondamentale : celle d'une nature de l'ange indépendante de la conséquence du choix du bien ou du mal, nature qui ne participe en aucune manière aux idées placées en Dieu. Même s'il reviendra à la théologie du XVIe siècle de développer la réflexion sur la « pure nature »[3] – et Francisco Suárez reprochera à Thomas de ne

1. *De la Vérité*, qu. 8, art. 16, *resp.* : « *per dies illos non temporum distinctione vult intelligi, sed angelorum cognitionem* ».

2. La connaissance des choses en elles-mêmes, chez Thomas, ne peut cependant jamais être une connaissance des choses tirée des choses elles-mêmes, étant donné que l'ange, étant immatériel, ne peut connaître par abstraction, comme le *viator*. Cf. *Commentaire des Sentences*, d. 12, qu. 1, art. 3, *ad* 4 : « *non dicitur cognitio vespertina quae est rerum in propria natura ex eo quod ad ipsis rebus species sumant per quas cognoscant ; sed quia per species quas a creatione receperunt, res cognoscunt prout in propria natura subsistunt* ». À la rigueur, on peut distinguer une connaissance vespérale dans laquelle les espèces de l'esprit angélique sont les objets universels de la connaissance, et une connaissance dans laquelle les espèces elles-mêmes sont un intermédiaire pour la connaissance des choses singulières existantes. Il est vrai que l'ange connaît toujours et seulement à travers les espèces innées, cependant la connaissance par laquelle il connaît seulement les aspects universels des choses, qui se produit par la considération des espèces seules en tant qu'elles sont en son esprit, est différente de la connaissance par laquelle, à travers les espèces, il se tourne vers les choses dont l'espèce est une image : « *Et ita patet quod duae cognitiones dictae differunt ; sed utraque est vespertina : quia etiam esse ipsum intellectus angeli creatura est, et in tenebras defectus tendens quantum in se est* ». *Ibid.*, *ad* 5. *Cf.* aussi *ST*, I, qu. 58, art. 6, *ad* 3.

3. *Cf.* H. Rondet, « L'idée de nature pure au XVIe siècle », *Recherches de sciences religieuses* 35, 1948, p. 481-521 et, naturellement, H. de Lubac, *Augustinisme et théologie moderne*, Paris, Aubier, 1965.

pas s'être servi de ce concept[1] –, on peut dire que l'idée d'une nature indépendante à la fois de la béatitude et de la grâce est déjà à l'œuvre chez Thomas. Il est vrai que, selon Thomas, les anges sont créés dans la grâce[2], même s'ils ne le sont pas dans la béatitude, mais ce qui est dit de leur nature au premier instant de la création serait valable même s'ils n'étaient pas créés dans la grâce :

> Dans leur condition première, les anges n'ont pas vu le Verbe par son essence ; cependant, ils l'ont vu par une ressemblance créée, qui est leur propre nature, laquelle est une ressemblance de Dieu, et cela, que l'on affirme qu'ils ont été créés dans la grâce ou non, pourvu que l'on n'affirme pas qu'ils ont été créés dans la gloire <*et hoc, sive ponantur creati in gratia, sive non, dummodo non ponantur creati in gloria*>. Aussi la connaissance vespérale par laquelle ils se sont connus dans leur propre nature a-t-elle précédé chez eux la connaissance matinale, par laquelle ils connaissent les choses dans le Verbe, ce qui ressort du fait que le premier jour a un soir sans matin[3].

Le projet anti-augustinien consistant à identifier une condition naturelle distincte de la condition surnaturelle est ici particulièrement évident.

La séparation de l'innéisme, comme mode de connaissance naturelle, de la participation à l'esprit divin, comme mode de connaissance surnaturelle, préparée et corroborée par leur séparation doxographique dans *De la Vérité* et dans la *Somme Théologique*, est donc mise à profit et perfectionnée sur le terrain de la connaissance angélique. Comme pour le *lumen naturale* du *viator*, les idées innées de l'ange permettent d'atteindre la vérité *dans*

1. F. Suárez, *De Angelis*, l. III, chap. IX, n. 17, *Opera Omnia*, *op. cit.*, II, p. 230 *sq.* *Cf.* J. Schmutz, « Du péché de l'ange à la liberté d'indifférence », art. cit., p. 194.

2. *ST*, I, qu. 62, art. 3.

3. *Commentaire des Sentences*, IV, d. 49, qu. 2, art. 6, trad. fr. J. Ménard légèrement modifiée. Voir p. 45. L'idée d'une « pure nature » est profondément anti-augustinienne. Voir l'ample discussion et le refus de l'état de « pure nature » de la part de Jansenius, *Augustinus seu doctrina Sancti Angustini de humanae naturae sanitae, aegritudine, medicina adversus Pelagianos et Massilienses*, Sumptum Michaelis Soly et Matthaei Guillemot, Parisiis, 1641, liber II, *Quid sit status purae naturae iuxta recentiores. Differentia sententiae eorum ab opinione Pelagianorum.* Voir également, en plein XVIIe siècle, le recueil augustinien d'Ambrosius Victor (André Martin), *Philosophia christiana*, vol. II, *Sanctus Augustinus De existentia et voluntate Dei*, apud Petrum Promé, Parisiis, 1667 (première édition en 1653 selon L. Batterel, *Mémoires domestiques pour servir à l'histoire de l'Oratoire*, Paris, 1902-1911, 5, vol., p. 519). À propos des anges et du premier homme, Martin tient à souligner, avec Augustin, le fait que ceux-ci furent créés dans la béatitude et qu'ils eurent par conséquent accès dès leur création à la vision des étants finis en Dieu. Cf. *ibid.*, chap. 47, 48 et 49, p. 363 : « *Humanam sicut et angelicam intellectualem creaturam in primo creationis statu per hoc fuisse formatam, quod rationes rerum aeternas in verbo conspexerit* ».

l'esprit fini et non *en Dieu*. L'innéisme est bien une forme de connaissance naturelle, au contraire de la participation à la vérité incréée, pour laquelle une intervention surnaturelle est toujours requise. La connaissance matinale qu'Augustin avait attribuée aux anges, c'est-à-dire la vision en Dieu, est en effet déplacée vers la connaissance propre à la béatitude. Cette connaissance et elle seule, possible grâce à l'intervention surnaturelle du *lumen gloriae*, met en contact l'esprit avec l'essence divine. Ainsi les anges, pour obtenir la vision de Dieu et la vision des choses en Dieu, sont-ils renvoyés, tout comme les *viatores,* à la béatitude.

L'opération que Thomas met en place pour discuter de la connaissance angélique confirme sa stratégie à l'égard du participationnisme augustinien, stratégie déjà définie à propos de la connaissance humaine. Au terme de ce parcours, le jugement de Thomas sur la philosophie du passé paraît assez différent de ce qu'il semblait être au début. Si, dans la discussion doxographique de la *Somme théologique*, Thomas avait donné l'impression qu'Augustin pouvait être sauvé et s'accorder avec ses propres thèses, alors que la condamnation de Platon paraissait sans appel, au terme de l'analyse de la connaissance angélique, nous devons conclure que les choses sont plus complexes qu'elles ne le paraissaient. Platon, avec sa théorie innéiste, a certes proposé une forme de connaissance uniquement possible pour des esprits désincarnés, mais cette connaissance ne nécessite aucune intervention surnaturelle. Au contraire, la connaissance dans les raisons éternelles augustinienne, prise littéralement, configure une modalité de la connaissance que Thomas juge possible uniquement grâce au secours surnaturel. Par conséquent, l'innéisme platonicien peut être sauvé si l'on considère les modalités de la connaissance naturelle de certains esprits finis – les anges –, mais non la « vision dans les raisons éternelles » augustinienne.

Dans la discussion sur la connaissance du *viator* et de l'ange, Thomas utilise trois autorités philosophiques et fait porter à chacune une partie de sa thèse : Aristote a fourni le matériau pour sa théorie de la connaissance humaine, Platon pour sa théorie de la connaissance angélique, et Augustin pour sa théorie de la connaissance béatifique. En résulte une alliance inattendue entre Platon et Aristote : tous deux, quoique pour des êtres différents, ont proposé une théorie de la connaissance *naturelle* et intérieure aux esprits finis. La « vision dans les raisons éternelles » dont a parlé Augustin, au contraire, se réalisera seulement quand les portes de la grâce divine s'ouvriront aux esprits élus. En somme, Thomas fait le choix de considérer comme naturelle la *seule* connaissance qui se développe à l'intérieur de l'esprit.

LES ANGES ET DIEU

L'esprit angélique, au contraire de l'esprit du *viator*, est donc une *tabula picta* sur laquelle ont été imprimées les idées de tous les êtres finis[1]. Mais, outre les idées des êtres finis, matériels et immatériels, l'ange possède-t-il également l'idée innée de Dieu? Certes l'esprit de l'ange, comme tout esprit créé, verra Dieu dans l'état de béatitude, ou arrivera à la béatitude suprême par une intervention surnaturelle[2]. Les difficultés redoublent cependant lorsqu'il s'agit de faire la lumière sur le genre de connaissance que l'ange a de Dieu *par nature*, indépendamment de la vision béatifique. La tâche consistera en effet à assurer à l'ange une connaissance de Dieu qui respecte les canons de la connaissance angélique sans violer les présupposés de fond de la théologie thomiste, ce qui s'avèrera complexe. Pour assurer aux anges une connaissance naturelle de Dieu, Thomas doit avancer dans son argumentation en respectant à la lettre au moins trois points :

1) La connaissance que l'ange a de l'essence de Dieu doit être différente de celle qu'en a le *viator* et de celle qu'en ont Dieu lui-même et le bienheureux, et doit être intermédiaire entre celles-ci[3], dès lors que l'intellect angélique forme un intermédiaire entre l'intellect divin et l'intellect humain « par la capacité et la modalité de sa connaissance »[4]. Cette hypothèse est sans doute une conséquence de la conception scalaire de l'univers, qui veut que chaque degré de l'être soit exemplifié, et où il ne peut y avoir de répétition inutile dans les êtres qui occupent les différents lieux unissant le néant à l'infini. Mais celle-ci s'impose également en raison d'une urgence toute particulière, celle d'empêcher que soit attribuée à l'ange – qui, assurément, doit avoir de Dieu une connaissance supérieure à celle du *viator* – une vision de Dieu par nature. Comme on l'a d'ailleurs vu, l'innéisme évoqué pour expliquer la connaissance des corps répondait à ces deux exigences : l'innéisme est une connaissance intermédiaire entre la voie abstractive du *viator* et la vision en Dieu du bienheureux, et assure le fait que la connaissance des corps advient indépendamment de la vision en Dieu. Autrement dit, à la possibilité d'identifier une troisième voie entre

1. *De la Vérité*, qu. 8, art. 9, *resp.* : « *intellectus noster comparatur "tabulae in qua nihil est scriptum", intellectus autem angeli tabulae depictae vel speculo in quo rerum rationes resplendent* ».

2. *Ibid.*, art. 1, *resp.*

3. Dieu permet au bienheureux, par une intervention surnaturelle, de connaître sa propre essence immédiatement, comme lui-même la connaît. Cf. *ibid.*, art. 3, *ad* 17, cité *infra*, n. 1, p. 59.

4. *Commentaire des Sentences*, d. 3, qu. 3, art. 1, *resp.*

la connaissance du *viator* et la connaissance béatifique est liée la possibilité de maintenir fermement le principe en vertu duquel seule une intervention surnaturelle permet d'accéder à la vision de l'essence divine, même dans le cas de la connaissance de Dieu.

2) La connaissance que l'ange a de Dieu doit être intuitive, dès lors que l'intellect angélique n'est jamais discursif[1]. Le caractère intuitif de sa connaissance signale la supériorité de l'intellect angélique sur celui du *viator*. Car la connaissance intuitive, au contraire de la connaissance discursive, ne peut jamais être erronée[2].

3) L'essence de Dieu ne peut être connue par une idée finie et créée[3]. Il s'agit du présupposé central de la théologie thomiste, celui qui en commande tout le système. C'est en vertu de ce principe que l'intellect fini, qui utilise des concepts pour penser, peut avoir seulement une connaissance négative de Dieu. C'est ce même principe qui exige que Dieu puisse être connu dans sa nature seulement dans la vision béatifique, par une vision immédiate et directe qui ne se sert pas de la médiation des concepts[4].

Comme on le verra, exiger le respect de ces trois points – sur lesquels la position de Thomas ne varie pas – rend bien difficile la recherche d'une solution au problème de la connaissance angélique de Dieu, en raison du conflit profond entre les deux premiers points, qui concernent la connaissance angélique en tant que telle, et le troisième, qui est en revanche une thèse de fond de la métaphysique thomiste.

Commençons donc par examiner le premier présupposé, qui veut que la connaissance angélique occupe une position intermédiaire, s'agissant de la connaissance de Dieu, entre celle du *viator* et celle du bienheureux. Pour introduire la question de la connaissance que l'ange a de Dieu, Thomas divise les modalités de la connaissance en trois catégories, pour les distribuer entre bienheureux, anges et *viatores*. Pour que les expressions que nous utilisons dans la présentation de ces trois genres de connaissance ne soient pas équivoques et n'interfèrent pas avec le lexique thomiste, qui, sur ce point, n'est pas stable, une précision terminologique s'impose ici. Nous

1. *ST*, I, qu. 58, art. 3.

2. Voir *supra*, n. 2, p. 37..

3. *Commentaire des Sentences*, IV, d. 49, qu. 2, art. 7 : « *Deus autem in essentia sua videri non potest nec per aliquam formam a sensu abstractam, nec per aliquam formam creatam* » ; *De la Vérité*, qu. 10, art. 11, *resp.* : « *nulla creata species, inveniri possit sufficiens ad eam <scil. Divinam essentiam>* » ; *Somme contre les Gentils*, III, 51 : « *divina substantia non potest videri per intellectum aliqua specie creata* » ; *ST*, I, qu. 12, art. 2 : « *nullo modo per aliquam speciem creatam [Deum] repraesentari potest* ».

4. *ST*, I, qu. 12, art. 2, *resp.* et art. 9, *resp.*

nommerons *directe* la connaissance qui a pour objet l'être intelligé, et *indirecte* celle qui a pour objet premier un être différent de l'objet intelligé. Dans le second cas, la connaissance de l'objet intelligé est inférée de la connaissance du premier objet. Nous nommerons ensuite *immédiate* la connaissance qui ne se sert d'aucun instrument pour connaître son objet, et *médiate* la connaissance qui se sert d'un instrument, lequel ne devient pas à son tour objet de connaissance.

Le premier genre de connaissance est direct et immédiat. Il se réalise quand la connaissance se produit sans la médiation des espèces, par contact immédiat avec l'objet connu : c'est la perception que l'œil a de la lumière, qui s'opère grâce à la présence immédiate de la lumière elle-même[1].

Le second est direct et médiat. Il s'agit de la connaissance qui utilise comme moyen l'espèce sensible ou l'espèce intelligible. C'est la connaissance que l'esprit du *viator* a des choses extérieures à son propre esprit, et comme le *viator* peut connaître directement seulement les corps, cette connaissance est la connaissance que l'homme a des corps en général. L'esprit humain doit se servir d'un instrument pour connaître les corps – l'espèce, précisément –, parce qu'il ne peut y avoir de contact immédiat entre l'esprit et le corps. La différence de nature entre l'esprit – immatériel – et son objet – matériel – l'empêche. Mais comme la connaissance n'est possible que par un contact entre le sujet connaissant et l'objet connu, la médiation d'une espèce immatérielle assure la présence de l'objet connu à l'esprit[2]. C'est donc une connaissance médiate. Elle est toutefois directe, parce que son objet premier est constitué des corps extérieurs et non de l'espèce par laquelle ils sont connus, qui n'est en réalité pas objet mais seulement instrument, non connu, de la connaissance[3]. Pour employer l'exemple de Thomas, il s'agit du type de connaissance que l'on a quand l'espèce s'imprime dans l'œil du sujet connaissant, permettant la vision directe de

1. *Commentaire des Sentences*, d. 3, qu. 4, art. 1, *resp. Cf.* aussi *De la Vérité*, qu. 8, art. 3, *ad* 17.

2. À la suite d'Aristote, *De l'âme*, III, 8, 431b-432a : « ce n'est pas la pierre qui se trouve dans l'âme mais sa forme ». Sur le thème, voir les ouvrages très utiles de L. Spruit, *Species intelligibilis. From Perception to Knowledge*, vol. I, Leiden, E. J. Brill, 1994, et R. Pasnau, *Theories of Cognition in the Later Middle Ages*, New York, Cambridge University Press, 1997. Cf. *Commentaire des Sentences*, d. 17, art. 4, *ad* 4 : « *Intellectui autem nostro nihil est secundum statum viae praesens ut obiectum, nisi per aliquam similitudinem ipsius, vel suo effectu acceptam* ».

3. *ST*, I, qu. 12, art. 9, *resp.* : « *cognoscere res per harum similitudines existentes, est cognoscere eas in seipsis, seu in propriis naturis* ». Contre le risque de déviation idéaliste que présente cette connaissance à travers l'espèce, Thomas sera fort explicite, soulignant que l'espèce est toujours et seulement un instrument, mais jamais un objet de la connaissance. Cf. *ST*, I, qu. 85, art. 2.

l'objet lui-même[1]. Aussi la doctrine de la connaissance médiate résout-elle de manière satisfaisante, dans l'esprit de Thomas, le problème de la correspondance entre la perception et l'objet extérieur, puis entre le concept et l'objet. Car l'espèce est une « image » de l'objet extérieur, c'est la forme même de l'objet en tant qu'il est connu, et elle répond par excellence au principe de la représentation par ressemblance[2]. À travers l'espèce, le sujet connaissant s'assimile à l'objet connu.

Le troisième type de connaissance est indirect et médiat. On le voit quand un être, connu directement par une espèce, c'est-à-dire de manière médiate, permet de connaître un autre être par la ressemblance qui le lie

1. *Commentaire des Sentences*, II, d. 3, qu. 4, art. 1, *resp.* Pour distinguer les trois genres de connaissance, Thomas préfère parler de différents types de médiations. Cf. *Commentaire des Sentences*, d. 49, qu. 2, art. 1, *ad* 15 : « *medium in visione corporali et intellectuali invenitur tripliciter. Primum est medium Primum est medium sub quo videtur, et hoc est quod perficit visum ad videndum in generali, non determinans visum ad aliquod speciale objectum, sicut se habet lumen corporale ad visum corporalem et lumen intellectus agentis ad intellectum possibilem. Secundum est medium quo videtur ; et hoc est forma visibilis qua determinatur uterque visus ad speciale objectum, sicut per formam lapidis ad cognoscendum lapidem. Tertium est medium in quo videtur ; et hoc est id per cujus inspectionem ducitur visus in aliam rem, sicut inspiciendo speculum ducitur in ea quae in speculo repraesentantur, et videndo imaginem ducitur in imaginatum ; et sic etiam intellectus per cognitionem effectus ducitur in causam, vel e converso. In visione igitur patriae non erit tertium medium, ut scilicet Deus per species aliorum cognoscatur, sicut nunc cognoscitur, ratione cujus dicimur nunc videre in speculo ; nec erit ibi secundum medium, quia ipsa essentia divina erit qua intellectus noster videbit Deum, ut ex dictis patet ; sed erit ibi tantum primum medium, quod elevabit intellectum nostrum ad hoc quod possit conjungi essentiae increatae modo praedicto* ». Dans *De la Vérité*, qu. 18, art. 1, *ad* 1, les moyens sont présentés comme moyens *sub quo*, *quo* et *a quo*. Dans le *Quodlibet VII*, qu. 1, art. 1, *resp.* Thomas utilise la dénomination du *Commentaire des Sentences*, et ajoute que seul le troisième genre de connaissance est une connaissance médiate : « *Primum ergo medium et secundum non faciunt mediatam visionem : immediate enim dicitur aliquis videre lapidem, quamvis eum per speciem eius in oculo receptam et per lumen videat : quia visus non fertur in haec media tamquam in visibilia, sed per haec media fertur in unum visibile, quod est extra oculum. Sed tertium medium facit visionem mediatam. Visus enim prius fertur in speculum sicut in visibile, quo mediante accipit speciem rei visae in specie vel speculo ; similiter intellectus cognoscens causam in causato, fertur in ipsum causatum sicut in quoddam intelligibile, ex quo transit in cognitionem causae. Et quia essentia divina in statu viae in effectibus suis cognoscitur, non videmus eam immediate ; unde in patria, ubi immediate videbitur, tale medium penitus subtrahetur* ». La proposition que nous faisons de diviser les deux connaissances que Thomas appelle ici « immédiates » en connaissance immédiate directe et connaissance médiate directe permet de maintenir la distinction entre la connaissance qui utilise un moyen *sub quo* et celle qui utilise un moyen *quo*.

2. *ST*, I, qu. 85, art. 2, *resp.* : « *Et hoc etiam patet ex antiquorum opinione qui ponebant simile simili cognosci. Ponebant enim quod anima per terram quae in ipsa erat, cognosceret terram quae extra ipsam erat ; et sic de aliis. Si ergo accipiamus speciem terrae loco terrae, secundum doctrinam Aristotelis qui dicit quod lapis non est in anima, sed species lapidis ; sequetur quod anima per species intelligibiles cognoscat res quae sunt extra animam* ».

au premier et lui permet de le représenter. Dans ce cas, l'objet direct de la connaissance est le premier être, et l'objet indirect le second, celui qui n'est pas directement présent à l'esprit du sujet et que le premier permet de représenter. La différence entre le premier et le second type de connaissance est comparable à la différence que l'on trouve entre le fait de connaître un homme directement et le fait de connaître ce même homme par un tableau qui le représente ; ou, pour employer encore une analogie thomiste, elle est comparable à la différence que l'on trouve entre la perception que l'on a d'un objet de ses propres yeux et celle que l'on a du même objet reflété dans un miroir[1]. Le miroir est le premier objet de la connaissance et permet de remonter à l'être dont il porte l'image reflétée. Ce dernier exemple renvoie au nom technique permettant de désigner la connaissance indirecte et médiate : il s'agit de la connaissance « spéculaire ». Dans le cas de la connaissance de Dieu, l'exemple du miroir reproduit bien évidemment la parole paulinienne selon laquelle « nous voyons maintenant à travers un miroir, en énigme », par opposition à la vision « face à face »[2].

La connaissance que les esprits ont de Dieu s'articule autour de cette tripartition : Dieu et les bienheureux connaissent l'essence divine selon le premier mode, c'est-à-dire par la présence immédiate en leur esprit de l'essence même de Dieu ; les anges selon le deuxième mode, et les *viatores* selon le troisième. Cette tripartition est théorisée par Thomas dès le *Commentaire des Sentences :*

> Dieu lui-même se voit par sa propre essence, et non par une ressemblance de lui-même. Quant à l'intellect de l'ange, il voit Dieu par connaissance naturelle, à travers une ressemblance de Dieu acquise en lui-même ; [...] par laquelle il participe donc à la ressemblance de l'être divin selon son mode propre. Mais l'intellect humain ne parvient à cette vision par connaissance naturelle que par une ressemblance reçue des créatures [...]. Et, pour employer l'analogie avec les sens, ces trois visions diffèrent, comme l'œil voit la lumière présente dans la pupille, et non pas une espèce de celle-ci, vision qui est semblable à celle par laquelle Dieu se voit ; tandis que la vision par laquelle l'ange voit Dieu est semblable à la vision par laquelle on voit un homme par une ressemblance immédiatement reçue de cet homme ; et la vision par laquelle l'intellect humain voit Dieu est semblable à cette vision par laquelle on voit un homme en regardant dans un miroir, dans lequel l'image de l'homme apparaît[3].

1. Cf. *Quodlibet VII*, d. 1, art. 1, *resp.*, cité *supra*, n. 1, p. 52.

2. I *Cor*. 13, 12 : « Videmus nunc per speculum in aenigmate, tunc autem facie ad faciem ».

3. *Commentaire des Sentences*, II, d. 3, qu. 4, art. 1, *resp*. La connaissance immédiate de Dieu, qui par nature revient seulement à Dieu, peut être accordée de manière surnaturelle aux hommes et aux anges. *De la Vérité*, qu. 8, art. 3, *ad* 17 : « *tripliciter aliquid videtur :*

Thomas reprendra toujours ce schéma par lequel il s'emploie à attribuer à l'ange une connaissance de Dieu directe et médiate, la connaissance *per speciem* : « La connaissance que l'ange possède de Dieu par ses facultés naturelles [...] est analogue à la connaissance qui fait voir une chose par une espèce tirée d'elle »[1]. Ainsi parviendrait-il à assurer à l'ange une connaissance de Dieu différente de celle qu'en a le *viator*, sans lui accorder la vision de Dieu qu'a le bienheureux, achevant ainsi son programme de naturalisation de la connaissance angélique.

La connaissance de Dieu *per speciem* sauve la position médiane de la connaissance angélique, entre la connaissance de Dieu et celle des *viatores,* et présente de surcroît l'avantage de respecter la seconde condition dont la connaissance angélique doit tenir compte, à savoir son caractère intuitif. Chez Thomas, la connaissance intuitive se trouve toujours opposée exclusivement à la connaissance discursive et inférentielle. Elle peut avoir lieu également quand la connaissance opère par la médiation d'une espèce. En effet, comme on l'a dit, l'espèce n'est pas un objet mais seulement un moyen, non perceptible, de la connaissance, qui met l'esprit en contact direct avec ce qu'elle représente : « si l'on a en soi l'espèce d'une chose, on connaît cette chose, et l'on ne dit pas qu'on la déduit <*conferre*>, mais on le dit seulement quand on tire la connaissance d'une chose de sa ressemblance avec une autre chose. Ainsi ressort-il clairement qu'il n'est pas nécessaire de considérer l'intellect de l'ange comme opérant par comparaison et recherche <*collativum et inquisitivum*> »[2]. La discursivité est au contraire typique de la connaissance spéculaire des hommes, qui infère les caractéristiques de l'être qu'elle vise à partir d'un autre être connu directement. Le *viator* connaît Dieu de manière discursive dans la mesure où il tire la connaissance de Dieu de l'image du créateur imprimée dans

uno modo per essentiam suam, sicut quando ipsa essentia visibilis coniungitur visui, sicut oculus videt lucem ; alio modo per speciem, quando scilicet similitudo ipsius rei ab ipsa re imprimitur in visum, sicut cum video lapidem ; tertio modo per speculum, et hoc est quando similitudo rei per quam cognoscitur non fit in visu immediate ab ipsa re sed ab eo in quo similitudo rei repraesentatur, sicut in speculo resultant species sensibilium. Primo igitur modo videre Deum est naturale soli Deo, supra naturam vero hominis et angeli *; sed secundo modo videre Deum est naturale angelo ; tertio autem modo videre Deum est naturale ipsi homini qui venit in cognitionem Dei ex creaturis utcumque Deum repraesentantibus. Unde quod dicitur quod omnis cognitio est vel per essentiam vel in speculo, intelligendum est de cognitione humana ; cognitio autem angeli quam de Deo naturaliter habet, est media inter istas duas* » (n. s.). *Cf.* aussi *ST*, I, qu. 56, art. 3, *resp.* et *Somme contre les Gentils*, III, 51.

1. *ST*, I, qu. 56, art. 3, *resp.*

2. *Commentaire des Sentences*, IV, d. 4, qu. 1, art. 1 à 4.

les choses naturelles, connues directement et de manière médiate : « il connaît les choses invisibles à travers les choses qui ont été créées »[1] :

> On peut comparer le médium duquel on reçoit, comme à partir d'un miroir, la connaissance de l'objet vu, à la connaissance de l'effet à partir duquel on parvient à connaître la cause : car ainsi, la ressemblance de la cause s'imprime en notre intellect non pas immédiatement, depuis la cause, mais depuis l'effet, dans lequel resplendit la ressemblance de la cause[2].

> [...] en regardant le miroir, nous sommes portés vers ce qui est représenté dans le miroir, et en voyant l'image, nous sommes portés vers ce qui est représenté ; et ainsi, l'intellect est mené à la cause par la connaissance de l'effet, ou inversement[3].

> Le troisième médium produit une connaissance médiate. En effet, la vue se porte en premier sur le miroir comme sur ce qui est visible, par l'intermédiaire de quoi elle reçoit l'espèce de la chose vue dans le miroir. De même, l'intellect qui connaît la cause dans ce qui est causé se porte sur ce qui est causé lui-même comme sur un certain intelligible, à partir duquel il passe <*transit*> à la connaissance de la cause[4].

Mais si le fait d'assimiler la connaissance que l'ange a de Dieu à la connaissance à travers l'espèce sauve ainsi la spécificité de la connaissance angélique par rapport à celles du *viator* et des bienheureux, en même temps que son caractère intuitif, reste cependant une difficulté majeure. Comme on pouvait le voir en énumérant les présupposés dont Thomas doit tenir compte, la connaissance de Dieu à travers une espèce finie et créée est simplement impossible. Sur ce point, Thomas sera ferme dès le *Commentaire des Sentences :* « Mais Dieu ne peut être vu dans son essence ni par une quelconque forme abstraite des sens ni par une quelconque forme créée »[5]. Il s'agit d'une conséquence stricte du présupposé de fond de la philosophie thomiste, selon lequel l'infini ne peut être connu à travers ce qui est fini et créé ; or l'espèce, en tant que créature, est assurément finie. Ce présupposé commande toute la théologie de Thomas, qui, en son nom, doit emprunter la voie de la connaissance négative, indirecte et spéculaire de Dieu. Le respect de ce présupposé prend une direction opposée et contraire à celle qu'impose le principe du statut intermédiaire de la connaissance angélique,

1. *Ibid.*, d. 4, qu. 1, art. 1, *resp.* La citation renvoie à Paul, *Lettre aux Romains*, 1, 20.
2. *De la Vérité,* qu. 18, art. 1, *ad* 1.
3. *Commentaire des Sentences*, IV, d. 49, qu. 2, art. 1, *ad* 15.
4. *Quodlibet VII*, qu. 1, art. 1, *resp.* Cité *supra*, n. 1, p. 52.
5. *Commentaire des Sentences*, IV, d. 49, qu. 2, art. 7, *resp.* Voir *supra*, n. 3, p. 50.

entre celle du *viator* et celle du bienheureux, mais aussi celui de son caractère intuitif. En effet, si une espèce finie ne peut représenter l'infini, l'ange devra aussi se contenter d'atteindre Dieu à travers l'espèce des autres créatures, connaissant de Dieu non ce qu'il est, mais seulement qu'il existe et ce qu'il n'est pas. Mais alors sa connaissance deviendra indirecte et discursive, en un mot spéculaire, comme celle des *viatores*. Les présupposés qui devraient caractériser la connaissance angélique par rapport à celle des autres esprits finis doivent donc être abandonnés. Pour ne rien dire du fait que, si la connaissance que l'ange a de Dieu n'était pas différente de celle du *viator*, la thèse de ceux qui, au contraire, attribuent à l'ange, ou à un esprit fini et créé, la connaissance immédiate de Dieu et des choses en Dieu, finirait par être renforcée, et le programme de séparation du fini et de l'infini, au cœur de la théorie de la connaissance thomiste, serait remis en cause. L'importance de la question qui se joue ici explique le fait que Thomas refuse de diviser la connaissance de Dieu selon deux modalités seulement, connaissance immédiate et directe des bienheureux et connaissance spéculaire des *viatores ;* d'où la troisième voie proposée, celle d'une connaissance médiate et directe[1].

En réalité, Thomas met en place une stratégie visant à respecter la double exigence que constituent la position médiane et le caractère intuitif de la connaissance angélique, sans violer l'interdiction de la connaissance de Dieu à travers une espèce : c'est la nature de l'ange elle-même qui, grâce à la ressemblance avec le créateur qu'elle porte imprimée en elle, représente Dieu. Ainsi, la nature angélique, comme l'espèce, représente directement et médiatement Dieu. Sur ce point, Thomas est ferme dès le *Commentaire des Sentences :* « les anges, dans leur condition première, ne virent pas le Verbe par essence ; ils le virent toutefois à travers une ressemblance créée, c'est-à-dire leur propre nature, qui est une *ressemblance* de Dieu »[2]. Le fait que l'espèce soit une « ressemblance » de l'objet intelligé, comme la nature angélique est une ressemblance de Dieu, facilite l'assimilation de la nature de l'ange à l'espèce. En outre, la connaissance qu'il a à travers sa propre nature présente l'avantage de rapprocher l'idée de Dieu des idées innées que l'ange a des autres choses. L'image de Dieu « s'imprime » en

1. *De la Vérité*, qu. 8, art. 3, 17, où, à l'objection : « *Praeterea, omnis cognitio Dei vel est sicut in speculo vel est per essentiam* », Thomas répond, ad 17 : « *quod dicitur quod omnis cognitio est per essentiam vel in speculo, intelligendum est de cognitione humana ; cognitio autem angeli quam de Deo naturaliter habet, est media inter istas duas* ».

2. *Commentaire des Sentences*, IV, d. 49, qu. 2, art. 6, *ad* 1. Voir *supra*, p. 45 et 47. Sur les antécédents de la thèse selon laquelle les anges sont des images de Dieu, voir R. Javelet, *Image et ressemblance au douxième siècle. De Saint Anselme à Alain de Lille*, Chambéry, Letouzey & Ané, 1967, 2 vol., I, p. 158-168.

effet dans la nature de l'ange, comme sont imprimées dans son esprit les idées des choses matérielles. Ainsi est résolu, entre autres, le problème de l'impossibilité qu'il y aurait à extraire une espèce d'un être suprêmement simple comme Dieu[1].

Dans le projet de Thomas, cette solution doit maintenir l'impossibilité de connaître Dieu à travers une espèce, et assurer en même temps à l'ange une connaissance à travers sa propre nature qui ait toutes les caractéristiques de la connaissance *per speciem*, c'est-à-dire qui soit intermédiaire entre celle du *viator* et celle du bienheureux, et qui ne soit pas inférentielle. Mais le problème est précisément celui-ci : la nature de l'ange est-elle vraiment assimilable à une espèce ? Garantit-elle bien le fait que la connaissance angélique est différente de celle du *viator* et de celle du bienheureux et, si elle y parvient, parvient-elle aussi à éviter l'interdiction qui empêche la connaissance de l'infini par l'intermédiaire du fini ?

La différence entre la connaissance que l'ange a de Dieu et celle qu'en a le *viator* passe par la différence des moyens qu'ils utilisent : l'ange se sert de sa propre nature et le *viator* se sert des corps créés[2]. Le *viator* ne pourrait certes aspirer au même type de connaissance de Dieu que les anges, autrement dit, il ne pourrait aspirer à connaître Dieu dans sa propre nature, bien qu'il porte aussi en lui, comme toute créature, l'image du créateur. Car le *viator* ne se connaît pas lui-même sur un mode immédiat et direct, au contraire de l'ange. Il n'accède à son propre esprit qu'en réfléchissant sur l'action par laquelle il connaît les autres choses, et a par conséquent une connaissance indirecte et médiate de sa propre nature[3]. Au contraire, l'ange, dont l'esprit est toujours en acte, a un accès direct et immédiat à sa propre nature, dans laquelle il peut voir la ressemblance que le créateur y a imprimée. Mais la question est seulement déplacée : la connaissance qu'il

1. Voir *supra*, n. 2, p. 27.

2. *De la Vérité*, qu. 8, art. 3, *resp.* : « *cognitio Dei ad quam angelus naturaliter pervenire potest, est ut cognoscat ipsum per substantiam ipsius angeli videnti ; et ideo dicitur in libro De causis quod "intelligentia intelligit quod est supra se per modum substantiae suae", quia in quantum est causata a Deo, substantia sua est similitudo quaedam divinae essentiae. Sed cognitio Dei ad quam homo potest naturaliter pervenire, est ut cognoscat ipsum per formam sensibilem quae lumine intellectus agentis est a sensibilibus abstracta ; et ideo Rom. I super illud "Invisibilia Dei" etc., dicit glosa quod homo iuvabatur ad cognoscendum Deum per creaturas sensibiles et per lumen naturalis rationis* ».

3. Cf. *Somme contre les Gentils*, III, 47 : « *Quamvis autem hoc speculum quod est mens humana, de propinquiori Dei similitudinem repraesentet quam inferiores creaturae, tamen cognitio Dei quae ex mente humana accipi potest, non excedit illud genus cognitionis quod ex sensibilibus sumitur : cum et ipsa anima de seipsa cognoscat quid est per hoc quod naturas intelligit sensibilium, ut dictum est. Unde nec per hanc viam cognosci Deus altiori modo potest quam sicut causa cognoscitur per effectum* ».

a à travers sa propre nature est-elle qualitativement différente de la connaissance à travers les créatures ? Thomas accentue au maximum la différence entre la connaissance de Dieu à travers les autres créatures, propre à la condition humaine, et la connaissance de Dieu à travers soi-même, propre à l'ange. L'ange, étant plus proche de Dieu, porte en lui une image de Dieu qui en permet une connaissance plus étendue[1]. Mais les créatures dont l'esprit du *viator* tire la connaissance de Dieu portent également en elles l'image de Dieu, et permettent en cela une certaine connaissance de Dieu. Aussi Thomas, en comparant la nature angélique à l'espèce, avait-il travaillé à la définition non seulement d'une connaissance indirecte plus étendue, mais aussi, précisément, à la définition d'une connaissance directe. Pour que la connaissance à travers la nature angélique soit vraiment comparable à la connaissance à travers une espèce, il serait nécessaire que la nature de l'ange ne soit pas elle-même objet de connaissance, mais, comme l'espèce, soit un moyen non connu permettant de connaître directement l'objet intelligé. Comment Thomas peut-il espérer parvenir à ce but ? Sans parler de la difficulté qu'il y a à distinguer connaissance humaine et connaissance angélique par le caractère discursif de la première et prétendument intuitif de la seconde : comment la connaissance de Dieu à travers sa propre nature peut-elle constituer un cas de connaissance intuitive et non discursive, directe et non spéculaire ? Autrement dit, comment respecter la seconde condition requise par la définition de la connaissance angélique ? En effet, contrairement à ce qui arrive pour la connaissance à travers une espèce, laquelle est seulement un moyen et non un objet de connaissance, l'ange se connaît lui-même, et c'est de cette connaissance qu'il infère la connaissance de Dieu. Même en concédant le fait que la connaissance angélique de Dieu se produit à travers sa nature, il semble impossible de ne pas lui attribuer un caractère déductif et inférentiel, en un mot spéculaire, rendant ainsi peu convaincante la comparaison entre nature angélique et espèce.

Cette objection est glissée dès la première présentation de la théorie dans le *Commentaire des Sentences*, et se trouve d'abord rejetée : « cette connaissance n'est pas spéculaire au sens propre, comme on ne dit pas que l'homme voit dans le miroir ce qui laisse une ressemblance dans son œil, à moins d'appeler miroir l'œil lui-même, dans lequel apparaît l'espèce de

1. *Ibid.*, 49. La représentation de Dieu est proportionnelle à la plus grande perfection des créatures dont est tirée l'image de Dieu. Les créatures intellectuelles représentent Dieu sur le mode le plus parfait possible. Cf. *ST*, I, qu. 94, art. 1, *resp*.

la chose »[1]. Thomas s'attend à ce qu'on lui objecte le fait que la prétendue troisième voie de la connaissance angélique ne puisse en réalité être distinguée de celle du *viator,* dans la mesure où toutes deux sont indirectes et médiates, donc spéculaires. En répondant à cette objection possible, Thomas insiste, comme on le voit, sur la comparaison entre la nature de l'ange et l'espèce. La nature angélique est un miroir, au sens où l'on peut dire que l'œil dans lequel s'imprime une espèce est un miroir. L'œil permet alors une vision directe de l'objet. Il n'en va pas de même pour le miroir des autres créatures, objets connus dont sont inférés les autres êtres. C'est pourquoi seule la nature angélique accède à une connaissance directe et intuitive, alors que la nature des créatures conduit toujours à une connaissance indirecte et discursive.

Les efforts les plus importants et les plus réussis que fait Thomas pour distinguer la connaissance que l'ange a de Dieu de celle qu'en a le *viator* se concentrent sur le caractère intuitif de la connaissance angélique. Thomas définit la connaissance discursive comme un mouvement entre deux termes, le premier étant connu indépendamment du second et permettant de parvenir à la connaissance de ce dernier[2]. La connaissance discursive s'obtient quand à partir du <*ex*> premier terme est inféré le second. La connaissance intuitive s'obtient au contraire quand il y a passage d'un terme à l'autre, mais que le second est connu dans <*in*> le premier[3]. Pour compliquer un peu plus la lecture des passages dédiés à ces deux procédures de connaissance, Thomas utilise la comparaison avec le miroir pour illustrer les deux. Dans le cas de la connaissance discursive, la connaissance à travers le miroir signifie que le miroir est le premier objet de la connaissance, et qu'une chose est inférée – et donc connue indirectement – à partir de son image reflétée dans le miroir. Le miroir est l'objet connu duquel <*ex*> la connaissance de ce qui y est reflété est tirée :

> d'une troisième façon, [une chose est vue] à travers un miroir <*per speculum*> ; et c'est le cas lorsque la ressemblance de la chose, par laquelle on la connaît, vient immédiatement dans la vue non pas de la chose elle-

1. *Commentaire des Sentences*, II, d. 4, qu. 1, art. 1, *ad* 3.

2. *De la Vérité*, qu. 8, art. 15 ; *ST*, I, qu. 58, art. 3.

3. *De la Vérité*, qu. 8, art. 15, *resp.* : « *discurrere proprie est ex uno in cognitionem alterius devenire. Differt autem cognoscere aliquid in aliquo et aliquid ex aliquo. Quando enim aliquid in aliquo cognoscitur, uno motu fertur cognoscens in utrumque, sicut patet quando aliquid cognoscitur in aliquo ut in forma cognoscibili ; et talis cognitio non est discursiva. [...] Sed tunc dicitur aliquid ex aliquo cognosci quando non est idem motus in utrumque, sed primo movetur intellectus in unum, et ex hoc movetur in aliud ; unde hic est quidam discursus, sicut patet in demonstrationibus* ».

> même, mais de ce en quoi la ressemblance de la chose est représentée : comme les espèces des choses sensibles se reflètent dans un miroir. [...] Voir Dieu de la troisième façon est naturel à l'homme lui-même, qui parvient à la connaissance de Dieu en partant des créatures <*ex creaturis*> qui le représentent d'une quelconque façon[1].

Quand il parle de connaissance « spéculaire », Thomas fait toujours et uniquement référence à cette comparaison avec le miroir – « maintenant nous voyons à travers un miroir [...] » –, qui oppose la connaissance à travers l'image de la chose à la connaissance directe de la chose[2].

Mais la vision dans le miroir est également utilisée comme exemple pour illustrer le cas contraire, c'est-à-dire comme exemple de connaissance intuitive : même si voir dans le miroir n'est pas voir la chose à travers l'espèce qui en provient directement mais la voir dans autre chose, ce n'est pas un cas de connaissance discursive, dans la mesure où la connaissance de la chose n'est pas proprement inférée de son image ; dans le miroir, en effet, on voit l'espèce de la chose et donc la chose elle-même : « on ne dit que la vue confronte <*conferre*> ni lorsqu'elle voit une pierre par l'espèce reçue de la pierre, ni lorsqu'elle voit une pierre par son espèce se reflétant dans un miroir »[3]. Dieu voit en lui-même les créatures selon une connaissance non discursive, comme on voit les choses dans un miroir[4] ; les anges connaissent intuitivement les choses dans le Verbe comme on voit les choses dans un miroir ; en effet, dans le miroir, on voit la chose elle-même en même temps que son image :

> Le raisonnement implique un certain mouvement. Or, tout mouvement va de quelque chose d'antérieur vers quelque chose de postérieur. Il y a donc connaissance discursive lorsque, à partir d'une chose connue d'abord, on parvient à la connaissance d'une autre chose connue ensuite, qui précédemment était inconnue. Mais si, d'un seul regard, on voit à l'instant l'autre chose, comme on voit à l'instant dans le miroir l'image de

1. *Ibid.*, art. 3, *ad* 17. *Cf.* aussi les textes cités *supra*, n. 1, p. 52.

2. Pour la tradition préscolastique, dans laquelle la vision « *per speculum* » fait toujours référence à une connaissance médiate, voir R. Javelet, *Image et ressemblance*, *op. cit.*, p. 376-389.

3. *De la Vérité*, qu. 8, art. 15, *resp.*

4. *ST*, I, qu. 14, art. 5, *resp.* : « *dupliciter aliquid cognoscitur : uno modo, in seipso; alio modo, in altero. In seipso quidem cognoscitur aliquid, quando cognoscitur per speciem propriam adaequatam ipsi cognoscibili : sicut cum oculus videt hominem per speciem hominis. In alio autem videtur id quod videtur per speciem continentis : sicut cum pars videtur in toto per speciem totius, vel cum homo videtur in speculo per speciem speculi* ».

la chose, il n'y a pas connaissance discursive. Or c'est ainsi que les anges connaissent les choses dans le Verbe[1].

Les deux fonctions de la métaphore du miroir – dans leur opposition – ont leur origine dans l'antiquité et doivent être bien présentes à l'esprit pour la lecture du texte[2].

La comparaison avec le miroir, qui vise à illustrer une connaissance non discursive, apparaît également dans la *Somme contre les Gentils*, où Thomas élabore plus finement encore l'argument visant à montrer le caractère intuitif de la connaissance que l'ange a de Dieu. La connaissance que l'ange a de Dieu ne procède pas par inférence. Au contraire, l'ange voit Dieu dans sa propre nature en un seul regard, comme on dit que

1. *Ibid.*, qu. 58, art. 3, *ad* 1. *Cf.* qu. 94, art. 1, *ad* 3 : « *duplex est medium. Quoddam, in quo simul videtur quod per medium videri dicitur; sicut cum homo videtur per speculum, et simul videtur cum ipso speculo. Aliud medium est, per cuius notitiam in aliquid ignotum devenimus; sicut est medium demonstrationis* ».

2. L'ambiguïté de la métaphore du miroir est d'origine hellénistique, et Thomas l'assume pleinement. L'image du miroir est utilisée pour représenter ou bien la connaissance de l'image reflétée dans le miroir (il s'agit donc d'une connaissance médiate, indirecte et obscure de l'original), ou bien celle de la chose elle-même, claire et directe. *Cf.* N. Hugedé, *La métaphore du miroir dans les épîtres de Saint Paul aux Corinthiens*, Neuchâtel-Paris, Delachaux-Niestlé, 1957. On en trouve un cas exemplaire chez Sénèque, qui renvoie à une double interprétation du miroir, comme ce dans quoi il est possible de voir la chose elle-même ou son image. Cf. *Naturales Quaestiones*, I, 5, 1-6 : « *De speculis duae opiniones sunt. Alii enim in illis simulacra cerni putant, id est corporum nostrorum figuras a nostris corporibus emissas ac separatas; alii non imagines aiunt in speculo, sed ipsa aspici corpora, retorta oculorum acie et in se rursus reflexa* ». Sur le sort de cette double interprétation du miroir, voir J. P. Doyle, « The "Conimbricenses" on the Semiotic Character of Mirror Images », *The Modern Schoolman* 76, 1998, p. 17-31.

Pour la double fonction de la comparaison avec le miroir, telle qu'elle est présente chez Thomas, voir la question 9 de l'anonyme de *Douai 434*, rapportée par H. F. Dondaine, « L'objet et le "médium" de la vision béatifique chez les théologiens du XIIIe siècle », *Recherches de Théologie ancienne et médiévale* 19, 1952, p. 60-130, ici p. 111-112, où est précisément thématisée l'opposition entre vision « *per speculum* » et vision « *in speculo* » : « *Sed adhuc contra Apostolum : in speculo enim aeternitatis videbimus quicquid videbimus. Ergo per speculum. Solutio : Non sequitur : in speculo videbimus, ergo per speculum. Vel dicatur quod diversimode dicitur speculum hic et ibi. Cum autem dicitur : nunc videmus per speculum et in aenigmate, dicitur speculum defectus visionis naturae secundum quod est ex parte videntis [...]. Sed cum dicitur : videbimus in speculo aeternitatis, illud speculum non est imago creata sicut prius speculum informe, sed est summa sapientia in qua sunt omnium forme et exemplaria ydee [...]. Unde verius dicitur : videbimus a speculo vel in speculo, quam per speculum;* per *enim dicit medium instrumentale, quod ibi non convenit, sed in hiis inferioribus* ».

J.-F. Courtine signale une évolution importante de la métaphore du miroir, qui tend à signifier toute connaissance médiate (même directe, donc), par opposition, exclusivement, à la connaissance « *facie ad faciem* ». Cf. *Suárez et le système de la métaphysique*, Paris, P.U.F., 1990, p. 167-170.

quelqu'un « se voit » dans un miroir. Dans ce cas, la cause est connue *dans* l'effet et non *par* l'effet :

> Il y a, en effet, diverses façons de connaître la cause par son effet. Premièrement, quand l'effet est pris comme moyen <terme> pour connaître, de la cause, qu'elle est (*quod est*) et ce qu'elle est (*quod talis est*) : c'est le cas dans les sciences, qui révèlent la cause par l'effet. – Deuxièmement, *quand la cause est vue dans l'effet lui-même*, en tant que l'effet porte une ressemblance de la cause : *comme on voit l'homme dans le miroir, à cause de sa ressemblance*. Ce mode diffère du premier. Car, dans le premier, il y a deux connaissances, celle de l'effet et celle de la cause, dont l'une est cause de l'autre : car la connaissance de l'effet est cause de la connaissance de sa cause. Tandis que, dans le second mode, il n'y a qu'une seule vision des deux : *en même temps qu'on voit l'effet, on voit la cause en lui*. – Troisièmement, quand la ressemblance de la cause dans l'effet est la forme par laquelle l'effet connaît sa propre cause : par exemple, si le coffre avait un intellect, et connaissait par sa forme l'art dont est issue cette forme, comme sa ressemblance[1].

Il y a deux cas dans lesquels la cause est connue *dans* l'effet. La cause peut être connue dans un effet différent du sujet connaissant, comme lorsqu'on voit quelqu'un d'autre reflété dans le miroir : c'est la connaissance que l'ange a de Dieu quand il voit son image dans un autre ange. Ou bien la cause peut être connue dans l'effet quand l'effet coïncide avec le sujet connaissant : c'est celle qui se produirait si l'œuvre de l'artisan était dotée d'un intellect et pouvait voir en elle-même l'art de l'artisan qui lui a donné forme. C'est ainsi que l'ange connaît Dieu en lui-même : il le connaît de la même manière qu'un tableau du Titien saurait qu'il est « un Titien » s'il était doté d'intelligence, et il le connaît dans l'autre ange comme le connaisseur sait qu'il se trouve devant un Titien quand il reconnaît l'auteur par la simple observation du tableau :

> Les substances séparées connaissent Dieu par leur essence comme un effet par sa cause : non de la première manière, leur connaissance n'étant pas discursive, mais de la deuxième, chaque substance saisit Dieu dans l'autre, et aussi de la troisième manière, chacune voit Dieu en elle-même[2].

Le fait que la connaissance de Dieu fasse une avec la connaissance que l'ange a de lui-même devrait logiquement entraîner une distinction entre la connaissance angélique et la connaissance discursive. L'ange ne *passe* pas de la connaissance de soi à la connaissance de Dieu, mais connaît Dieu

1. *Somme contre les Gentils*, III, 49, *op. cit.*, p. 182-183 (n. s.).
2. *Ibid.*

en se connaissant lui-même : les deux connaissances ne sont pas séparables, de même que l'art du peintre n'est pas séparable du tableau qu'il a peint, alors que, pour la connaissance spéculaire, la connaissance de la cause est séparable de celle de l'effet. En réalité, Thomas avait envisagé la possibilité, pour le *viator*, que l'image de Dieu soit connue dans la créature sans que cette connaissance soit tirée de la créature elle-même, mais en pensant qu'elle s'obtiendrait par l'attention portée à l'image de Dieu contenue en elle, au point de faire de celle-ci l'objet direct de la connaissance : « lorsqu'une chose est connue par une ressemblance existant dans son effet, le mouvement de connaissance peut immédiatement passer à la cause, sans que l'on considère aucune autre chose. Et de cette façon, l'intellect du *viator* peut considérer Dieu en ne considérant aucune créature »[1].

Le caractère non discursif de la connaissance que l'ange a de Dieu se trouve renforcé par les arguments développés dans la *Somme contre les Gentils :* l'ange voit Dieu *en* lui-même. Ainsi Thomas fait-il un pas de plus vers l'assimilation de la connaissance à travers sa propre nature à la connaissance à travers l'espèce. Mais il reste une difficulté à surmonter pour que cette assimilation soit complète. L'ange voit-il en lui-même et dans l'autre ange la nature même de Dieu ? Non, évidemment. C'est impossible. L'ange pourra seulement savoir que Dieu existe et avoir de sa nature une connaissance négative, parce qu'il est aussi un être fini, et l'impossibilité de représenter la nature divine vaut pour lui comme pour toutes les créatures : « l'intellect créé peut parvenir à la connaissance de Dieu par des formes créées innées ou acquises ; mais cette connaissance n'est pas la vision [de Dieu] par son essence [...] et l'on ne connaît pas par elle ce qu'il est, mais seulement qu'il est et ce qu'il n'est pas »[2]. Il faut remarquer, à ce sujet, que Thomas a toujours tenu ensemble la thèse de l'impossibilité de connaître la nature de Dieu à travers une espèce et la thèse selon laquelle la nature de l'ange accomplit la même fonction que l'espèce. Or l'espèce, comme on le sait, est précisément ce moyen non perçu permettant de connaître la chose en elle-même et dans sa nature : « connaître les choses par leurs ressemblances existant dans le connaissant,

1. *De la Vérité*, qu. 8, art. 3, ad 18 : « *imago rei dupliciter potest considerari : uno modo in quantum est res quaedam, et cum sit res distincta ab eo cuius est imago, propter modum istum alius erit motus virtutis cognitivae in imaginem et in id cuius est imago ; alio modo consideratur prout est imago, et sic idem est motus in imaginem et in id cuius est imago. Et sic quando aliquid cognoscitur per similitudinem in effectu suo existentem, potest motus cognitionis transire ad causam immediate sine hoc quod cogitetur de aliqua alia re ; et hoc modo intellectus viatoris potest cogitare de Deo non cogitando de aliqua creatura* ».

2. *Commentaire des Sentences*, IV, d. 49, qu. 2, art. 6, *resp.*

c'est les connaître en elles-mêmes, dans leurs propres natures »[1], ce qui est précisément impossible s'agissant de Dieu.

Dans l'argumentation serrée de la *Somme contre les Gentils*, plus Thomas parvient à justifier le caractère non discursif de la connaissance que l'ange a de Dieu, plus il est poussé à accentuer l'impossibilité de représenter la nature de Dieu à travers une espèce créée et finie, comme s'il était effrayé par le succès de sa propre argumentation. En effet, le chapitre de la *Somme contre les Gentils* qui contient la théorie de la connaissance de Dieu dans la nature de l'ange est précisément consacré à la démonstration du fait que « les substances séparées ne voient pas Dieu dans son essence, bien qu'elles le connaissent par leur propre essence ». Ceci est impossible, soit qu'on connaisse Dieu *en soi* et *dans* l'autre, comme pour l'ange, soit qu'on le connaisse *à partir d'*autres êtres finis, comme pour les *viatores :* « en aucune de ces manières la quiddité d'une cause peut être connue par son effet, à moins qu'il ne lui soit adéquat et en exprime toute la vertu ». C'est à cet endroit précis que Thomas énumère tous les arguments empêchant d'affirmer que Dieu puisse être connu à travers quelque chose de créé et de fini : Dieu n'appartient pas à la même espèce que les substances finies, par conséquent ces dernières ne peuvent le représenter, de même que l'on ne pourrait représenter un âne par l'espèce d'un homme. L'essence divine est infinie et n'entre dans aucun genre. L'espèce est une chose finie et créée et ne peut donc représenter ce qui est infini et incréé. L'essence divine s'identifie à sa propre existence, alors que, dans les substances séparées, l'essence est distincte de l'existence[2]. Bref, il n'y a aucune commune mesure entre Dieu et les créatures, même une créature aussi spéciale que l'ange, et cette altérité radicale rend la représentation impossible.

Les substances séparées connaissent que Dieu existe, qu'il est cause de toute chose, et ont une connaissance négative de sa nature, autrement dit, elles ont une connaissance certes supérieure, mais connaissent les mêmes choses que le *viator* à propos de Dieu : « cette connaissance de Dieu est pareillement à notre portée, car par ses effets nous connaissons de Dieu qu'il existe, qu'il est la cause des êtres, au-dessus et distinct d'eux. C'est le sommet de notre connaissance en cette vie »[3]. S'agissant du contenu de ce qui est connu, la connaissance angélique n'est pas qualitativement

1. *ST*, I, qu. 12, art. 9, *resp.*

2. *Somme contre les Gentils*, III, 49.

3. *Ibid.* Pour un exposé clair sur la connaissance que le *viator* a de Dieu, voir L. J. Elders, *The Philosophical Theology of St. Thomas Aquinas*, Leiden, E. J. Brill, 1990. Voir aussi W. J. Hankey, *God in Himself. Aquinas' Doctrine of God as Expounded in the « Summa Theologicae »*, Oxford, Oxford University Press, 1987.

différente de la connaissance humaine. La différence se réduit à une différence de degré dans leur capacité à refléter Dieu : « les substances séparées, qui connaissent Dieu par elles-mêmes, sont des effets plus proches, et qui portent une ressemblance de Dieu plus expressive, que les effets par lesquels nous-mêmes connaissons Dieu. Les substances séparées savent donc que Dieu est avec plus de certitude et de clarté que nous »[1]. Autrement dit, la nature angélique n'est pas et ne peut être analogue à une espèce finie capable de représenter directement l'infini.

C'est dans la *Somme Théologique* que Thomas prendra finalement acte de l'impossibilité de distinguer clairement la connaissance que l'ange a de Dieu de celle qu'en a le *viator*, en attribuant au premier une connaissance par l'espèce. La question est soulevée à l'occasion de la demande habituelle : si les anges, par nature, peuvent connaître Dieu[2]. Or, comme de coutume, Thomas se propose de récupérer pour l'ange un espace intermédiaire entre la connaissance des bienheureux et celle des hommes, mais c'est une tentative à laquelle il est le premier à ne plus croire. Dans le corps de l'article, Thomas abandonne en effet l'espoir – ou la velléité –, qu'il nourrit dans tous ses autres écrits, de mettre au jour cette fameuse connaissance intermédiaire. Encore une fois, il reprend la tripartition des modes de connaissance : par la présence de l'essence dans le sujet connaissant, à la façon dont l'œil voit la lumière ; par la présence de l'image dans la puissance connaissante, comme l'œil voit la pierre ; enfin, par l'image de la chose se trouvant dans une autre chose, comme lorsque nous voyons un homme non pas directement, à travers son espèce, mais dans un miroir qui en reflète l'image[3]. Le premier type de connaissance est celle que Dieu a de lui-même, le troisième est le type de connaissance que l'homme a *ici-bas*, alors que

> la connaissance que l'ange a de manière naturelle est intermédiaire entre les deux précédentes, et ressemble à la connaissance par laquelle on voit les choses à travers les espèces tirées d'elles. En effet, de même que l'image de Dieu est imprimée dans la nature même de l'ange par sa propre essence, l'ange connaît Dieu en tant qu'il est lui-même une image de Dieu. *Toutefois, il ne voit pas l'essence même de Dieu, parce qu'aucune*

1. *Somme contre les Gentils*, III, 49, *op. cit*., p. 185.

2. *ST*, I, qu. 56, art. 3 : *Utrum angeli per sua naturalia Deum cognoscere possint.*

3. *Ibid*., *resp.* : « *aliquid tripliciter cognoscitur. Uno modo, per praesentiam suae essentiae in cognoscente, sicut si lux videatur in oculo [...]. Alio modo, per praesentiam suae similitudinis in potentia cognoscitiva : sicut lapis videtur ab oculo per hoc quod similitudo eius resultat in oculo. Tertio modo, per hoc quod similitudo rei cognitae non accipitur immediate ab ipsa re cognita, sed a re alia, in qua resultat : sicut cum videmus hominem in speculo* ».

image créée ne peut représenter l'essence divine. C'est pourquoi cette connaissance est plus proche de la connaissance spéculaire <magis ista cognitio tenet se cum speculari>, parce que la nature angélique est elle aussi est comme un miroir qui représente l'essence divine[1].

Même la réponse à la troisième objection, dans laquelle la distinction entre connaissance de Dieu par essence et connaissance spéculaire est accomplie, souffre de cette nouvelle incertitude : « La connaissance naturelle de Dieu par l'ange est intermédiaire entre ces deux espèces de connaissance, quoiqu'elle se rapproche plutôt de la seconde, comme nous venons de le dire »[2]. La raison pour laquelle la connaissance que l'ange a de Dieu ne peut être à proprement parler une connaissance par l'espèce est mise en évidence par Thomas dans ce passage : bien que l'ange connaisse Dieu à travers sa propre nature, cette même nature ne pourra jamais représenter directement l'essence de Dieu, comme l'espèce représente en revanche l'essence des corps. C'est pourquoi la connaissance que l'ange a de Dieu appartient au même genre de connaissance que celle que le *viator* a de Dieu.

Dans le *Commentaire des Sentences*, Thomas avait attribué à Adam cette connaissance intermédiaire entre celle de l'homme et celle du bienheureux qu'était la connaissance de l'ange[3]. Dans la *Somme Théologique* également, la connaissance qu'Adam a de Dieu est présentée de cette manière, mais Thomas, cette fois, et de façon surprenante, admet qu'il y a seulement deux modes de connaissance de Dieu – par essence et à travers les créatures – et le genre intermédiaire de connaissance, entre celle de l'homme et celle du bienheureux, consiste à connaître Dieu à travers les

1. *Ibid.* (n. s.). T. Suarez-Nani lit au contraire ce passage comme une confirmation de la différence nette qu'il y aurait entre connaissance angélique et connaissance humaine, réaffirmée par sa qualification de « spéculaire », ce qui va manifestement contre l'acception de « connaissance spéculaire » utilisée par Thomas dans cet article, dans lequel le miroir est mentionné à deux reprises, chaque fois pour désigner la connaissance indirecte et médiate du *viator*. T. Suarez-Nani ne tient pas compte de la double fonction de la comparaison au miroir, qui est pourtant essentielle pour distinguer la référence au miroir désignant la connaissance intuitive et la référence désignant la connaissance discursive. Il y a en outre une omission du « *magis* » précédant le « *tenet se cum speculari* » dans le passage cité, qui rend encore plus évidente la volonté de Thomas de rapprocher la connaissance de l'ange de celle du *viator*. *Cf.* T. Suarez-Nani, *Connaissance et langage des anges*, *op. cit.*, p. 50 et n. 3.

2. *ST*, I, qu. 56, art. 3.

3. *Commentaire des Sentences*, II, d. 23, qu. 2, art. 1, *ad* 1 : « *Adam in primo statu dicitur deum sine medio vidisse, non quia ipsum per essentiam videret, sed quia non per medium argumentationis ex creaturis sensibilibus procedens, in cognitionem ejus deveniebat, sed mediante effectu spirituali in intellectu ejus resultante, sicut et angeli in primo statu videbant* ».

créatures qui lui sont le plus semblables, c'est-à-dire les effets intelligibles qu'Adam, non détourné des objets sensibles, est libre de contempler, comme certains miroirs renvoient des images plus fidèles que d'autres. Autre manière de réaffirmer que la connaissance d'Adam, comme celle de l'ange, est une connaissance spéculaire, autrement dit qu'elle n'est pas une connaissance directe comme celle que l'on a à travers une espèce[1]. S'agissant de la connaissance qu'Adam avait de Dieu, Thomas continuera à soutenir qu'il ne s'agissait pas d'une connaissance discursive[2]. Mais cet argument est laissé de côté pour les anges, de façon parfaitement cohérente, étant donnée l'assimilation de la connaissance angélique à la connaissance spéculaire du *viator*. En effet, si ce n'est pas Dieu lui-même que l'on voit dans l'ange, il semble difficile d'affirmer ensuite qu'il n'y a pas passage de l'effet (l'ange) à la cause (Dieu) et que Dieu est connu *dans* l'ange et non *à partir de* l'ange. La difficulté qu'il y a à soutenir que la connaissance que l'ange a de Dieu est une connaissance directe, comme celle que l'on a à travers une espèce, se reflétera inévitablement dans le caractère intuitif de la connaissance de Dieu.

Pris entre ces deux principes conflictuels que sont l'impossibilité de connaître Dieu *per speciem*, d'un côté, et le caractère intermédiaire et intuitif de la connaissance angélique, de l'autre, qui le pousse précisément à accorder ce type de connaissance, et après tant d'efforts pour tenir ensemble ces deux pôles inconciliables, Thomas est disposé à renoncer au caractère intermédiaire de la connaissance angélique et à son entière assimilation à la connaissance *per speciem*, dès lors que ce sacrifice s'avère nécessaire pour sauver le principe qui fonde toute sa théologie, à savoir l'impossibilité de connaître l'infini à travers le fini. C'est un pas franchi vers davantage de clarté. Finalement, il n'existe pas de troisième voie entre la connaissance

1. *ST*, I, qu. 93, art. 9, *resp.* : « *[Adam] cognoscebat tamen Deum quadam altiori cognitione quam nos cognoscamus ; et sic quodammodo eius cognitio media erat inter cognitionem praesentis status, et cognitionem patriae, qua Deus per essentiam videtur. Ad cuius evidentiam, considerandum est quod visio Dei per essentiam dividitur contra visionem Dei per creaturam. Quanto autem aliqua creatura est altior et Deo similior, tanto per eam Deus clarius videtur : sicut homo perfectius videtur per speculum in quo expressius imago eius resultat. Et sic patet quod multo eminentius videtur Deus per intelligibiles effectus, quam per sensibiles et corporeos* ».

2. *Ibid.*, *ad* 3. Thomas reprend l'argument utilisé dans la *Somme contre les Gentils*, à propos de la connaissance angélique, pour distinguer la connaissance de la cause *dans* l'effet de la connaissance discursive *de* l'effet : « *Non enim oportebat primum hominem pervenire in Dei cognitionem per demonstrationem sumptam ab aliquo effectu, sicut nobis est necessarium ; sed simul in effectibus, praecipue intelligibilibus, suo modo Deum cognoscebat* ».

par essence et la connaissance à travers les créatures, comme les objections que Thomas avait rejetées avec obstination l'avaient répété[1].

Lorsque les thomistes en débattront, Francisco Suárez reconnaîtra, contre le fidèle Cajétan, que la tentative de Thomas de différencier la connaissance des anges de celle des *viatores*, en faisant de la première une connaissance de Dieu à travers l'espèce, est un échec[2]. L'ange est un « moyen connu » ; l'espèce, au contraire, est un moyen qui permet de connaître, mais n'est pas à son tour objet de connaissance. Insensible aux efforts entrepris par Thomas pour sauver, au moins, le caractère intuitif de la connaissance spéculaire de l'ange, Suárez en concluera que la connaissance que l'ange a de Dieu est une connaissance pleinement spéculaire, et donc discursive. La seule façon de parler d'une différence entre la connaissance des anges et celle des *viatores* consiste à dire que le *viator* connaît à travers les autres créatures et que l'ange connaît à travers lui-même. Or cela ne rend la connaissance de l'ange ni intuitive ni indirecte. Et, pour preuve, Suárez rapportera les mots de Thomas que l'on vient de citer – « cette connaissance est plus proche de la connaissance spéculaire » –, dans lesquels l'Aquinate admettait son propre échec[3]. Comme on le verra, Suárez s'approprie une critique que Jean Duns Scot avait adressée, sur ce point, à la théorie thomiste de la connaissance angélique[4]. Dans ses efforts pour ouvrir une troisième voie entre la connaissance que le bienheureux et le

1. Voir *supra*, n. 1, p. 56.

2. *Cf.* F. Suárez, *De Angelis*, *op. cit.*, l. II, chap. 18, n. 8, *Opera Omnia*, *op. cit.*, II, p. 114b : « *Infero primum, non recte loqui, qui dicunt, Angelum cognoscere Deum per suam substantiam tanquam per speciem Dei, licet dicere possint cognoscere Deum per suam substantiam tanquam per speciem sui ; [...] substantia angeli non est species Dei, [...] nec Angelus cognoscit Deum per illam tanquam per speciem Dei, sed tanquam per speciem sui, qui est effectus Dei. [...] tunc solum dicitur aliquid cognosci per aliquid tanquam per speciem, quando est immediata ratio cognoscendi talem rem in ipsa, et sine interventu cognitionis unius rei, per quam in alterius cognitionem deveniatur, Angelus tamen non cognoscit hoc modo Deum, per suam substantiam* ». La nature de l'ange est en effet un « *medium cognitum* », au contraire de l'espèce qui, en tant que telle, devrait être un « *medium non cognitum* ».

3. *Ibid.*, p. 115a : « *Et ideo addit idem Sanctus in fine articuli : Et ideo ista cognitio tenet se cum speculari [...] In eo autem tenet se cum speculari, quod sicut non [sic pour nos] cognoscimus Deum in speculo creaturarum per medium cognitum, ita et angelus cognoscit in se Deum tanquam in speculo a se cognito, solumque differt, quia alios effectus, vel imagines Dei cognoscimus nos, et cognoscit ipse angelus per species aliarum rerum, vel imaginum, se autem ut imaginem Dei non agnoscit per aliam speciem, sed per seipsum. Propter quod dixit D. Thomas, cognitionem, quam habet Angelus de Deo per seipsum, esse medium inter visionem faciei ad faciem, et cognitionem specularem, utique quae habentur in speculo aliarum creaturarum* ».

4. Voir ci-dessus, p. 27, n. 2

viator ont de Dieu, Thomas s'est trouvé face à un obstacle insurmontable : l'impossibilité de représenter l'infini à travers le fini.

Avec cet échec de la recherche d'une troisième voie entre connaissance par essence et connaissance spéculaire, le projet d'identifier une connaissance de Dieu et une béatitude naturelle indépendante de l'accès direct à l'essence de Dieu – c'est-à-dire le projet anti-augustinien de Thomas – subit un revers, alors que l'innéisme lui avait assuré un brillant succès pour la connaissance des corps. La naturalisation de la connaissance se fait seulement au prix du refus d'accorder à tout esprit fini, même à l'esprit immatériel des anges, l'accès à la connaissance directe de l'infini.

BIENHEUREUX

À propos de la question de la vision de Dieu, rappelons qu'une dispute houleuse venait de s'achever au moment où Thomas écrit, avec la condamnation officielle par l'évêque de Paris de la proposition « l'essence divine ne sera vue en elle-même ni par l'homme ni par l'ange »[1]. La condamnation de 1241 risquait de se traduire par un triomphe de l'augustinisme et, en conséquence, par une vague de tendance mystique. Il en sera en effet ainsi et le Concile de Vienne des années 1311-1312 devra prendre des contre-mesures[2]. Ce risque aide à comprendre les efforts que fit Thomas pour obéir à la dictée de la condamnation, en délimitant cependant les limites à l'intérieur desquelles la théorie de la connaissance augustinienne, et donc la vision de Dieu, pouvait être acceptée. La vision de Dieu ne peut être niée : « ces arguments et d'autres semblables en ont conduit certains à soutenir que la substance divine n'est jamais vue par aucun intellect créé. Mais cette thèse […] doit être rejetée comme fausse et hérétique »[3]. Mais la vision de Dieu adviendra seulement par une intervention surnaturelle, quand l'esprit fini obtiendra la béatitude. Personne n'est donc autorisé à retourner la condamnation de 1241 en faveur d'un accès au divin dès la vie terrestre, de manière naturelle : « Il est impossible qu'un intellect créé,

1. Cf. *Chartularium universitatis parisiensis*, t. 1, H. Denifle (éd.), Paris, E. Chatelain, 1889, n. 128, p. 170 : « *Primus [error] quod divina essentia in se nec ab homine nec ab angelo videbitur [...]. Firmiter autem credimus et asserimus, quod Deus in sua essentia vel substantia videbitur ab angelis et omnibus sanctis et videtur ab animabus glorificatis* ». Sur les termes de la dispute entre l'école byzantine et l'école latine, qui conduisit à la condamnation de 1241, voir H.-F. Dondaine, « L'objet et le "medium" de la vision béatifique chez les théologiens du XIIe siècle », art. cit., et W. J. Hoye, *Actualitas Omnium Actuum. Man's Beatific Vision of God as Apprehended by Thomas Aquinas*, Meisenheim, Verlag Anton Hain, 1975, p. 146-147.

2. Voir ci-après, p. 99-100.

3. *Somme contre les Gentils*, III, 54, 3, *op. cit.*, p. 198.

par ses facultés naturelles, voie l'essence de Dieu. [...] l'intellect créé ne peut voir Dieu dans son essence que si Dieu, par sa grâce, s'unit à cet intellect comme intelligible pour lui »[1].

La raison naturelle confirme d'ailleurs que le bienheureux verra l'essence divine. En effet, les esprits finis désirent obtenir la béatitude la plus grande, et la béatitude suprême consiste dans la contemplation de Dieu. Or il est impossible qu'un désir naturel reste inassouvi, donc les esprits finis contempleront Dieu quand ils atteindront cette condition. Les bienheureux verront Dieu selon l'unique mode par lequel il est possible de le voir, c'est-à-dire immédiatement et directement, sans la médiation des concepts, incapables, par leur finitude, de le représenter : « la substance divine ne peut être vue intellectuellement grâce à une espèce créée. Pour que l'essence divine soit vue, il faut par conséquent que l'intellect la voie par cette même essence divine, de sorte qu'en cette vision, l'essence divine soit à la fois ce qui (*quod*) est vu et ce par quoi (*quo*) cela est vu »[2]. En Dieu, les bienheureux verront les raisons des choses, les essences, que le *viator*, pendant sa vie, connaissait en les abstrayant des corps, et que l'ange, dans son état naturel, connaissait dans son propre esprit : « quiconque voit la substance divine doit donc connaître dans cette même substance divine tout ce à quoi s'étend sa capacité naturelle. Or la capacité naturelle de tout intellect s'étend à la connaissance de tous les genres et espèces et de l'ordre des choses. Quiconque voit Dieu connaît donc ces choses dans la substance divine »[3]. En réalité, nous ne verrons pas tout ce que Dieu connaît et peut créer, parce que les bienheureux, en tant qu'êtres finis, ne pourront jamais comprendre la puissance infinie de Dieu, mais, en voyant Dieu « face à face », verront en lui une partie des essences qu'il a utilisées comme modèles de la création, connaissant ainsi le monde directement, dans ces exemplaires éternels[4]. Il est finalement possible de restaurer la vision en Dieu dont avait

1. *ST*, I, qu. 12, art. 4, *resp*.

2. *Somme contre les Gentils*, III, 51, 2, *op. cit*., p. 189-190. Cf. *De la Vérité*, qu. 10, art. 11, *resp*. : « *nulla species creata [potest] inveniri sufficiens ad eam [sc. essentiam divinam] repraesentandam. Unde oportet, quod si Deus per essentiam videri debeat, per nullam creatam speciem videatur : sed ipsa eius essentia fiat intellegibilis forma intellectus eum videntis* ».

3. *Somme contre les Gentils*, III, 59, 4, *op. cit*., p. 210-211.

4. Dans le *Commentaire des Sentences*, la limitation de la vision en Dieu dépend du fait que le « miroir » divin dans lequel on voit les essences est un miroir « volontaire », la quantité des choses qu'on y voit dépendant donc de la volonté [divine] qu'elles soient vues. Cf. *Commentaire des Sentences*, d. 49, qu. 2, art. 5, *ad* 6 : « *speculum illud est voluntarium ; et sicut se ostendet cui vult, ita in se ostendet quae vult* ». Cette justification ne sera pas reprise dans les œuvres suivantes, qui feront plutôt référence au fait qu'un esprit fini, ne comprenant pas l'infini, ne peut voir en lui tout ce qu'il contient. Cf. *ST*, I, qu. 12, art. 8. L'intervention de la volonté divine pour déterminer ce que l'esprit des bienheureux voit

parlé Augustin dans *Les Idées*, en même temps que l'inférence que Thomas a toujours jugée inévitable : la vision de Dieu. Avec la théorie de la connaissance augustinienne, l'idéal de sagesse peut être entièrement repris. Car le bienheureux entre en contact avec le monde des modèles éternels des choses créables, de ce qui n'est ni transitoire ni muable, des choses qui « n'ont pas été ni ne seront mais sont et, du fait de l'éternité dans laquelle elles se trouvent, sont dites avoir été, être et devoir être sans aucun changement de temps »[1].

Il est frappant de constater que, lorsqu'il intègre dans sa théorie de la vision béatifique la théorie de la connaissance augustinienne, Thomas se sert de structures conceptuelles aristotéliciennes : Dieu est vu à travers sa propre essence, parce que l'essence divine elle-même s'unit à l'intellect en assumant les fonctions d'une forme s'imprimant dans l'intellect et permettant à l'intellect de connaître Dieu[2]. Telle est, sous des atours aristotéliciens, la façon dont Thomas résout le problème de la connaissance de Dieu. Celle-ci ne peut pas advenir par l'intermédiaire d'une espèce créée, mais pourra advenir par l'intermédiaire de Dieu lui-même : « On a montré, en effet [chap. 49], que la substance divine ne peut être vue intellectuellement grâce à une espèce créée. Pour que l'essence divine soit vue, il faut par conséquent que l'intellect la voie par cette même essence divine, de sorte qu'en cette vision, l'essence divine soit à la fois ce qui (*quod*) est vu et ce par quoi (*quo*) cela est vu »[3].

Mais la thèse de l'union de Dieu aux esprits des créatures ne va pas sans poser certains problèmes, et le plus grave d'entre eux réside dans la disproportion qu'il y a entre la forme divine et l'intellect fini qui devrait en être informé. C'est pourquoi Thomas a recours au *lumen gloriae*, reprenant la théorie qu'Albert le Grand[4] avait élaborée à ce propos. Le *lumen gloriae* est une intervention divine qui augmente la capacité naturelle de l'intellect fini en lui permettant de surpasser la disproportion qu'il y a

dans l'essence de Dieu sera en revanche au centre de la théorie scotiste de la vision en Dieu. *Cf.* J. Duns Scot, *Ordinatio, Prologus* § 203, *Opera Omnia*, 1950 *sq.*, vol. I, p. 137. Sur Scot, voir O. Boulnois, *Duns Scot. La rigueur de la charité*, Paris, Le Cerf, 1998.

1. *La Trinité*, XII, 14, 22, *op. cit.*, p. 579. Voir *supra*, p. 14-15.

2. W. J. Hoye insiste sur ce point dans *Actualitas Omnium Actuum*, *op. cit.*, p. 256 *sq.*

3. Le cas de la connaissance béatifique montre à quel point il est important d'introduire une distinction entre une connaissance non seulement directe mais aussi immédiate et une connaissance médiate et directe. Sans cette distinction, on risque de contester l'unicité de la vision béatifique sur le plan de l'immédiateté, dans la mesure où les connaissances qui utilisent une espèce devraient être considérées elles aussi comme immédiates. *Cf.* W. J. Hoye, *Actualitas Omnium Actuum*, *op. cit.*, p. 264.

4. Cf. *ibid.*, p. 274 *sq.* et Ch. Trottmann, *La vision béatifique. Des disputes scolastiques à sa définition par Benoît XII*, Roma, École française de Rome, 1995, p. 283-317.

entre sa propre finitude et l'infinité de son objet, et en le mettant en mesure de s'unir à Dieu :

> Or le pouvoir naturel de l'intellect créé ne suffit pas pour que l'essence divine soit vue, comme il ressort de ce que l'on a dit [chap. 52]. Pour qu'il parvienne à cette vision, il faut donc que son pouvoir soit accru. Mais il ne suffit pas d'un accroissement par augmentation du pouvoir naturel, car cette vision n'est pas de même nature (*ratio*) que la vision naturelle de l'intellect créé – comme il est évident par la distance entre leurs objets. Il faut donc que l'accroissement du pouvoir intellectif résulte de l'acquisition d'une disposition nouvelle. [...] De là vient que nous appelions *vision* la connaissance intellectuelle [...]. C'est donc à juste titre qu'on appelle *lumière de gloire* [...] parce qu'elle rend l'intellect capable de penser en acte »[1].

Thomas doit cependant soutenir que le *lumen gloriae* ne fait pas de la connaissance du bienheureux une connaissance médiate, ni un moyen de représenter Dieu. Deux raisons rendent cela nécessaire. Thomas doit respecter la vision « face à face » de Paul, qui semble exclure toute médiation dans la vision de Dieu, mais, surtout, il ne doit pas violer le présupposé bien connu selon lequel il est impossible de représenter l'infini à travers le fini. Or le *lumen gloriae* demeure quelque chose de créé, donc de fini, et ne peut par conséquent constituer un moyen de représenter l'essence infinie de Dieu. Le *lumen gloriae* permettant la vision de Dieu n'est pas le moyen *dans lequel* Dieu est vu, mais un moyen *sous l'action duquel* Dieu est vu, c'est-à-dire un moyen permettant d'accroître l'intellect fini. C'est pourquoi la vision de Dieu, même sous l'action du *lumen gloriae*, reste immédiate[2].

Mais la solution de Thomas a seulement déplacé et non résolu le problème. Si le *lumen gloriae*, qui devrait permettre de combler la différence qu'il y a entre l'esprit malgré tout fini du bienheureux et l'essence infinie de Dieu, est lui aussi fini et créé, comment peut-il s'acquitter de sa fonction ? Les problèmes posés par l'intervention du *lumen gloriae* sont clairement énumérés dans le chapitre 54 du troisième livre de la *Somme contre les Gentils*. On distingue parmi eux des arguments typiquement thomistes : le *lumen gloriae* est quelque chose de créé, et donc d'infiniment distant de Dieu. Il n'y a aucune proportion entre l'intellect créé et la réalité divine, et aucun être fini ne peut combler cet écart. Ce sont des raisons qu'ont relevé « certains pour affirmer que l'essence divine ne peut jamais être vue

1. *Somme contre les Gentils*, III, 53, 5, *op. cit.*, p. 195-196.

2. *ST*, I, qu. 12, art. 5, *ad* 2 : « *Et ideo potest dici quod non est medium in quo Deus videatur, sed sub quo videtur. Et hoc non tollit immediatam visionem Dei* ».

par un intellect créé », et contre lesquelles Thomas a toujours lutté, pour éviter que sa théologie négative ne devienne une forme d'agnosticisme. Même le bienheureux, auquel l'intervention surnaturelle devrait permettre l'accès à l'infini, se heurte au principe de la séparation entre fini et infini : « la lumière qui est reçue dans un intellect créé est quelque chose de créé. Donc même cette lumière est infiniment distante de Dieu. C'est pourquoi l'intellect créé ne peut s'élever à la vision de l'essence divine par le moyen de cette lumière ». Thomas résoudra le problème en coupant le nœud plus qu'en le dénouant : Dieu a donné au *lumen gloriae* le pouvoir de faire que les esprits finis surpassent la distance qui les sépare infiniment de Dieu, et cela suffit : « si cette lumière hausse l'intellect à la vision de Dieu, ce n'est pas parce qu'elle n'est pas distante de la substance divine, mais parce qu'elle reçoit de Dieu le pouvoir de <produire> cet effet »[1]. Ainsi Thomas ferme-t-il brusquement la porte à la difficulté qui, dans la vision béatifique, risquait de finir par menacer également la connaissance de Dieu. Le problème reste toujours le même, celui de la possibilité de connaître Dieu pour un être fini, à l'intérieur d'un système centré sur le principe selon lequel l'infini ne peut être connu par l'intermédiaire du fini.

Cette barrière que Thomas a construite entre le fini et l'infini se dresse comme une menace chaque fois que d'autres exigences le poussent à accorder à un esprit fini une connaissance de l'infini. Or Jean Duns Scot se libérera de l'interdiction thomiste en même temps que de tous les problèmes qu'elle avait entraînés chez le Docteur Angélique. Mais, pour ce faire, il lui sera nécessaire de construire une nouvelle métaphysique et une nouvelle théorie de la connaissance.

1. *Somme contre les Gentils*, III, 54, 4, *op. cit*., p. 199.

CHAPITRE II

DUNS SCOT
HOMMES ET ANGES

L'œuvre de Thomas d'Aquin a introduit une séparation claire et nette entre la connaissance naturelle du *viator* et la connaissance surnaturelle, réservant à cette dernière la possibilité d'un contact avec Dieu. En conséquence, et par rapport à la théorie de la connaissance d'inspiration augustinienne, ou du moins platonicienne, la connaissance naturelle du *viator* a été à la fois réduite dans son étendue et consolidée. Le *viator* n'a pas d'accès direct à sa propre âme. Ni Dieu ni les substances immatérielles ne peuvent être connus directement par l'esprit humain. Les corps sont le seul objet que connaît un esprit incarné. Ces corps sont connus en eux-mêmes et non grâce aux Idées platoniciennes ou aux raisons éternelles augustiniennes, mais la connaissance que l'on en a est cependant une vraie science, dans la mesure où, comme l'a montré Aristote, il est possible d'abstraire, à partir de la perception sensible, une connaissance universelle et nécessaire, et où l'intellect, par son opération, peut atteindre une connaissance vraie sans le secours de la lumière incréée. En même temps, par sa réflexion sur les anges, Thomas a ouvert – et en partie parcouru – cette voie qui permet d'attribuer aux esprits finis séparés des corps une connaissance plus grande que celle des hommes, et néanmoins indépendante du contact avec le divin.

Après Thomas, la discussion sur les limites et le fondement de la connaissance humaine se concentre sur la question de l'exhaustivité de l'abstraction, et sur la nécessité et les limites de l'intervention divine pour parvenir à une connaissance vraie. Mais c'est au sujet de la connaissance angélique, nous le verrons, que l'héritage de Thomas aura les conséquences les plus profondes et les plus novatrices.

LE RETOUR À AUGUSTIN : HENRI DE GAND

Dans le sillage de Thomas, deux philosophes se rangeront résolument du côté de la thèse de l'autonomie de l'esprit humain : Godefroid de Fontaines et Jean Duns Scot. Pour eux, l'ennemi à combattre est Henri de Gand, lequel a renouvelé la théorie augustinienne de l'illumination que Thomas avait rejetée.

Henri de Gand ne partage pas du tout la conviction thomiste suivant laquelle il est possible d'obtenir une science universelle et immuable du muable[1]. Si l'espèce est abstraite de l'objet muable, elle en conservera les caractéristiques, c'est-à-dire une certaine « *ratio transmutabilis* »[2]. Et cette conformité du jugement avec l'espèce ne permettra pas d'atteindre une « *certa omnino et infallibilis notitia veritatis* », une vérité exempte d'erreur[3]. Henri ne nie pas le fait que l'esprit humain procède par abstraction, ni le fait que l'on parvienne, par ce processus d'abstraction, à une connaissance permettant de dire quelque chose de vrai à propos du monde[4]. Mais il nie le fait que l'on puisse affirmer, au terme d'une telle procédure, avoir acquis une science nécessaire et immuable[5]. Le processus cognitif théorisé par

1. Sur la théorie de la connaissance d'Henri de Gand et sur son évolution, voir S. P. Marrone, *Truth and Scientific Knowledge in the Thought of Henry of Ghent*, Cambridge (Mass.), The Medieval Academy of America, 1985. Sur la pensée d'Henri de Gand, il est toujours utile de se référer aux très bons ouvrages de J. Paulus, *Henri de Gand. Essai sur les tendances de sa métaphysique*, Paris, Vrin, 1938, et de F. A. Prezioso, *La critica di Duns Scot all'ontologismo di Enrico di Gand*, Padova, Cedam, 1961.

2. Henri de Gand, *Somme*, art. I, qu. 2, vol. I, f. 5 e : « *exemplar tale eo quod abstractum est a re trasmutabili, necesse habet aliquam rationem transmutabilis* ». Pour la traduction française partielle de la *Somme des questions ordinaires*, voir la traduction des trois premières questions dans Henri de Gand, *Sur la possibilité de la connaissance humaine*, textes latins introduits, traduits et annotés par D. Demange, Paris, Vrin, 2013.

3. *Ibid.*

4. Henri de Gand polémique même contre une forme de scepticisme absolu à l'égard des pouvoirs de la raison naturelle. *Ibid.*, f. 4 b : « *Nunc autem proculdubio verum est quod in aliquibus cognoscibilibus primum illorum [principiorum] non potest cognosci aut sciri ex puris naturalibus, sed solum ex speciali illustratione divina, ut in illis quae per se et simpliciter sunt credibilia. [...] Quidam autem hunc modum sciendi volunt extendere ad omne scibile, dicendo quod nullum verum contingit scire ab homine ex puris naturalibus, sine speciali illustratione divina lumine aliquo supernaturali infuso. [...] Sic dicentes multum derogant dignitati et perfectioni intellectus creati* ».

5. R. Pasnau, *Henry of Ghent and the Twilight of Divine Illumination*, *op. cit.*, p. 66-71, souligne précisément le fait qu'Henri ne pense pas tellement que l'essence universelle

Aristote décrit le mécanisme par lequel on acquiert la connaissance d'un objet extérieur à l'esprit, lequel est perçu par les sens. Il s'agit d'une connaissance accessible par les seuls moyens de la nature, connaissance qui peut être vraie. Par conséquent, ceux qui, forts de l'autorité d'Augustin, affirment qu'aucune connaissance ne peut être obtenue par l'homme « à partir des seuls moyens naturels et sans illumination divine spéciale, <c'est-à-dire> sans une certaine lumière communiquée surnaturellement »[1], se trompent. Mais si, en se servant des sens, l'esprit peut connaître « avec vérité » ce que sont les objets extérieurs muables et contingents, il ne peut connaître *la vérité* de ces mêmes objets ; autrement dit, il ne peut savoir combien ils sont éloignés de l'exemple incréé qu'ils incarnent, ou de la fin qui leur est attribuée par l'esprit divin[2]. En effet, il existe deux niveaux d'appréhension vraie de l'objet de la connaissance : le premier est la conformité de l'objet avec l'image mentale décrite par Aristote ; le second est la conformité de l'objet avec le modèle éternel contenu dans l'esprit divin, modèle dont Platon a parlé dans le *Timée*[3]. Au premier genre de connaissance vraie manquent les caractéristiques d'une vérité « certaine et infaillible ». La connaissance infaillible, en effet, est nécessaire et immuable, et ne peut en aucun cas être confondue avec la vraisemblance. Au contraire, dans l'objet et dans le sujet de la première forme de connaissance,

incarnée dans la matière soit insuffisante pour garantir la vérité immuable, mais plutôt qu'il est impossible d'accéder à cette essence universelle par les sens. L'insuffisance de la connaissance abstraite des sens pour atteindre la vérité immuable est d'ailleurs une idée commune à tous les auteurs faisant d'Augustin leur référence privilégiée. Cf. *Ibid.*, p. 64, n. 40.

1. *Somme*, art. I, qu. 2, vol. I, f. 4 b, trad. fr. D. Demange, p. 121.

2. *Ibid.*, f. 4 c : « *Omnis enim virtus cognoscitiva per suam notitiam apprehendit quod verum est in ea. Sed non per hoc apprehendit eius veritatem. [...] Cognitione igitur intellectiva de re creata potest haberi duplex cognitio. Una qua praecise scitur sive cognoscitur simplici intelligentia id quod res est. Alia qua scitur et cognoscitur intelligentia componente et dividente veritas ipsius rei. [...] alia est intentio rei qua est id quod est, et alia qua dicitur vera* » ; f. 5 d : « *vera est quaecumque res, inquantum in se continet quod exemplar eius repraesentat. [...] verum dicitur intentionem rei in respectu ad suum exemplar* ». La distinction entre jugement vrai et vérité est tirée d'Augustin, *Soliloques*, 1, 15, 27 : « *Credo aliud esse veritatem, et aliud quod verum dicitur. [...] Si quid verum est, veritate utique verum est* ».

3. *Somme*, art. I, qu. 2, vol. I, f. 5. Le traité *De Veritate* de Robert Grossetête se concentre également sur la thèse selon laquelle la véritable doctrine augustinienne envisage deux vérités : la conformité aux choses créées et la conformité aux exemples incréés, la seconde étant évidemment supérieure à la première. *Cf.* R. Grossetête, *De Veritate*, *Die philosophischen Werke*, L. Baur (éd.), Münster, Aschendorff, 1912, p. 130-143, p. 142 : « *Sed cum duplex sit cognitio, una in se, altera in exemplari vel similitudine sua, cuius est similitudo, nobilior et clarior et apertior est rei in sua similitudine vel exemplari cognitio* ».

certaines caractéristiques rendent impossibles à la fois son immuabilité et la possibilité de la distinguer avec certitude de la vraisemblance : dans l'objet, puisque l'objet est muable comme la forme qui en est abstraite, et dans le sujet, puisque, comme le montre l'expérience du rêve, il est impossible de distinguer la connaissance sensible de la perception onirique[1]. À propos des créatures elles-mêmes, en tant qu'elles sont des imitations d'exemples incréés, on peut dire qu'elles sont plus ou moins vraies selon la conformité à leur prototype. Par conséquent, la connaissance qui a pour objet les créatures ne sera jamais exempte d'erreur, au contraire de la connaissance qui a pour objet les modèles incréés : « La vérité de la créature consiste en une certaine conformité et adéquation, selon son degré de perfection et selon la nature propre au degré de perfection qui lui correspond dans l'essence divine comme dans son exemple originel, comme la vérité de l'image dans le miroir consiste en une certaine conformité avec son modèle »[2]. En un mot, on peut obtenir, par la force naturelle de l'intellect, et en se fondant uniquement sur les données des sens, une connaissance dont la vérité se limite à l'instant, et sur laquelle pèse cependant la menace du vraisemblable.

Le platonisme offre un contrepoids aux limites de l'abstraction aristotélicienne[3]. La vérité absolue, la vérité « pure », exempte de toute erreur, peut être atteinte seulement quand le jugement est adéquat non pas aux choses existantes, aux imitations muables des formes increées, mais à l'original, au modèle immuable et éternel présent dans l'esprit divin[4]. Le platonisme d'Henri de Gand fait référence au platonisme christianisé d'Augustin : c'est à juste titre, selon lui, qu'Augustin a affirmé qu'il n'y a pas de « vérité pure » dans les sciences des choses naturelles, et c'est pour cette raison qu'il invite à tourner son esprit vers Dieu et vers le monde intérieur, c'est-à-dire vers la vérité « qui demeure toujours et ne change pas de nature ». Augustin a montré la consonance profonde qui existe entre Platon et l'esprit chrétien; avec Platon, le chrétien peut dire que « la connaissance certaine et infaillible de la vérité authentique ne peut être obtenue par rien d'autre qu'une vision du modèle de la lumière et de la

1. *Somme*, art. I, qu. 2, vol. I, f. 5 e.

2. *Ibid.*, art. XXXIV, qu. 5, vol. I, f. 219 y.

3. L'auteur dit explicitement son intention de tenir ensemble Aristote et Platon. Cf. *ibid.*, art. I, qu. 4, vol. I f. 12 e : « *Dictum ergo utriusque et Aristotelis et Platonis, coniungendum est in omnibus et istis generationibus istarum formarum : et sic erit ex utrisque eliquata una verissimae philosophiae disciplina, ut dicit Augustinus in fine De Acad.* ».

4. *Ibid.*, art. I, qu. 2 vol. I, f. 5 e, avec une référence à Anselme, *Dialogus de veritate*, chap. 7 : « *Veritas est rei conformitas ad suum exemplar verissimum* ».

vérité incréées. C'est pourquoi, seuls sont capables de reconnaître la vérité certaine, ceux qui sont capables de la percevoir dans ce modèle »[1]. C'est pour cette raison qu'Augustin, selon Henri, aurait repris de Platon l'idée des deux mondes, d'un côté un monde sensible et de l'autre un monde intelligible, dans lequel sont contenues les vérités éternelles des choses, vérités qui nous permettent de juger si les êtres dont nous avons l'expérience sont parfaits ou non, comme cela arrive dans le jugement esthétique[2]. Il faut donc, pour atteindre la vérité absolue, détourner l'esprit de tout ce qui, bien qu'étant universel, est abstrait des sens, et diriger son esprit vers « la vérité immuable qui transcende l'esprit »[3]. À nouveau, comme dans la doctrine de la participation critiquée par Thomas, la cause de la connaissance vraie est extérieure à l'esprit.

Une part importante de la théorie de la connaissance d'Henri de Gand vise à montrer comment il est possible d'entrer en contact avec ces exemples éternels et immuables des choses qui permettent d'atteindre les vérités éternelles, vérités immuables et impossibles à confondre avec le vraisemblable. Selon lui, l'adéquation du jugement à son modèle originaire n'est possible que par l'intervention d'une illumination divine s'ajoutant à la raison naturelle[4]. Aussi prend-il ses distances vis-à-vis de l'interprétation affaiblie de l'illumination augustinienne proposée par Thomas d'Aquin puis par Godefroid de Fontaines :

> On voit donc bien qu'ils se trompent, ceux qui posent que les premiers principes et les règles des objets de spéculation sont certaines impressions des règles de la vérité éternelle, mais sans aucune autre impression ou information qui soit produite dans nos concepts par la lumière éternelle, que celle-là seule qui se produit par l'espèce reçue de la chose avec l'aide d'une lumière naturelle inengendrée. En effet, si nos concepts n'étaient pas formés avec l'assistance que nous procure la lumière éternelle, ils subsisteraient informes et ne contiendraient ni vérité authentique, ni même tout simplement aucune vérité <*vel simpliciter vel syncera*> […] Et la lumière de la raison naturelle n'est pas puissante au point de suffire à

1. *Ibid.*, art. I, qu. 2, vol. I, f. 6 k, trad. fr. D. Demange, *op. cit.*, p. 169.
2. *Ibid.*
3. *Ibid.*, art. I, qu. 2, f. 5 e.
4. La théorie de l'illumination se trouve dans la *Somme*, art. I, qu. 2 et 3, et dans le *Quodlibet IX.* Pour la chronologie des écrits d'Henri, et la correspondance entre la *Somme* et les *Quodlibeta*, voir J. G. Caffarena, « Cronologia de la "Suma" de Enrique de Gante por relaciòn a su Quodlibetos », *Gregorianum* 38, 1957, p. 116-133. Voir aussi les observations de R. Macken, « La théorie de l'illumination divine dans la philosophie d'Henri de Gand », *Recherches de Théologie ancienne et médiévale* 39, 1972, p. 82-112.

> illuminer en vue de concevoir cette vérité, à moins que la lumière éternelle elle-même ne l'embrase[1].

Ce choix que fait Henri en faveur de l'illumination s'accompagne d'un refus de la théorie de la réminiscence. Dans le *Quodlibet* IX, consacré précisément à l'illustration de la théorie de l'illumination, il fait explicitement référence au passage de *La Trinité* dans lequel Augustin rejetait la théorie de la réminiscence au profit de l'illumination. Henri y renvoie en l'approuvant pleinement et trouve naturellement en Augustin un précurseur de la doctrine suivant laquelle il faut ajouter l'abstraction des espèces des corps à la participation aux modèles incréés afin d'expliquer comment il est possible d'obtenir une connaissance absolument vraie :

> Ce que veut dire Augustin, c'est donc non pas que les âmes existaient séparément avant les corps, apportant avec elles les dispositions auxquelles l'âme, sous l'excitation des sens, revient – non pas en apprenant mais en se ressouvenant, comme l'a dit Platon –, mais qu'après avoir considéré les intelligibles des choses sensibles dans les fantasmes reçus des sens, elle se détache des sens et des fantasmes et atteint, à travers eux, les raisons incorporelles dont on a parlé, qui existent dans la vérité incorporelle elle-même. En effet, ces choses que l'on connaît et que l'on intellige, et qui se trouvent dans les fantasmes, ce sont les raisons incorporelles elles-mêmes qui se trouvent dans la vérité éternelle : elles ne sont en effet rien d'autre que la nature et l'essence mêmes des choses[2].

Avec cette thèse augustinienne – reprise, on le sait, par Bonaventure – l'opposition entre réminiscence et participation est devenue, chez les augustiniens, un classique.

Mais au contraire d'Augustin, qui estimait que la nature était ainsi faite qu'un contact avec la lumière incréée était nécessaire pour connaître la vérité, et qui faisait de cette intervention une partie du fonctionnement naturel de la raison, Henri de Gand, dans sa volonté de concilier aristotélisme et platonisme, parle quant à lui d'un niveau de connaissance « naturelle »,

1. *Somme*, art. I, qu. 3, vol. I, f. 10 g, trad. fr. D. Demange, *op. cit.*, p. 243. Selon E. Bettoni, Henri viserait ici Bonaventure (*cf.* E. Bettoni, *Il problema della conoscibilità di Dio nella scuola francescana*, Padova, Casa Editrice Antonio Milani, 1950, p. 270) ; dans son ouvrage intitulé le *Processo astrattivo nella concezione di Enrico di Gand*, Milano, Vita e pensiero, 1954, p. 34, Bettoni élargit la cible d'Henri à Guillaume d'Auvergne, Alexandre de Halès, saint Bonaventure et Matthieu d'Aquasparta. De manière plus plausible, F. A. Prezioso considère que les propos d'Henri visent des auteurs aristotéliciens comme Godefroid de Fontaines (F. A. Prezioso, *La critica di Duns Scoto all'ontologismo di Enrico di Gand*, *op. cit.*, p. 26).

2. Henri de Gand, *Quodlibet IX*, R. Macken (éd.), Leuven, Presses Universitaires de Louvain, 1983, qu. 15, p. 262.

privé du contact avec la lumière surnaturelle : il s'agit de l'abstraction des données sensibles chère à Aristote[1]. À cette opération d'abstraction s'ajoute cependant la lumière « spéciale », permettant d'accéder aux exemples incréés et à la vérité « pure ». C'est la connaissance dont ont parlé Platon et Augustin. Puisqu'elle porte sur les choses naturelles, Henri nomme généralement cette lumière « spéciale » ou simplement « divine ». Mais parce qu'il a d'abord choisi d'appeler « naturelle » la connaissance par abstraction du sensible, il appelle donc « surnaturelle » cette lumière, l'assimilant ainsi à la lumière permettant d'accéder aux vérités de la foi, appelée proprement surnaturelle, d'après son objet : l'illumination surnaturelle ne manque jamais « dans la connaissance des choses surnaturelles, comme elle ne manque jamais dans les connaissances naturelles »[2]. Les frontières entre connaissance naturelle, illumination naturelle et illumination surnaturelle ne sont pas toujours nettes. Il arrive que la connaissance par abstraction, appelée « naturelle », soit considérée comme impossible sans une illumination divine, et que chaque jugement vrai, même de cette vérité « simple », par opposition à la vérité « pure » pour laquelle Henri de Gand avait invoqué l'illumination spéciale de Dieu, nécessite le secours d'une intervention surnaturelle[3]. Ainsi, d'après certains passages, et contrairement à ce qu'affirme par ailleurs Henri lui-même dans la *Somme*[4], la nature humaine ne semble pas capable d'atteindre une vérité de ses propres forces. Pour filer la métaphore, la raison naturelle ne s'illumine pas toute seule, mais elle est illuminée et devient capable de fonctionner seulement grâce à la présence de la lumière divine.

1. Voir encore à ce sujet l'étude de V. Bettoni, *Il processo astrattivo nella concezione di Enrico di Gand, op. cit.*

2. *Somme*, art. XIII, qu. 6, vol. I, f. 94 e : « *primo credendum est auctoritati sacrae scripturae : deinde studio sacrae scripturae diligenti investigatione insistendum ad hoc quod creditum est intelligendum, assistente nobis supernaturali illustratione divina, quae nobis nunquam deest in cognoscendis supernaturalibus : sicut nunquam deest in cognoscendis naturalibus* ». Mais cette même illumination est également dite « naturelle », d'après le type d'objet sur lequel porte la connaissance. Cf. *ibid.*, art. I, qu. 8, vol. I, f. 17, où Henri analyse les genres de connaissance. Cette analyse respecte la conviction d'Henri selon laquelle la connaissance se modélise en fonction de la nature de l'objet connu, si bien qu'on appellera naturelle la lumière permettant de connaître la vérité naturelle, et surnaturelle la lumière permettant de connaître les vérités de la foi. Sur l'illumination permettant d'accéder à la vérité surnaturelle, voir J. Beumer, « Erleuchteter Glaube. Die Theorie Heinrichs von Gent und ihr Fortleben in der Spätscholastik », *Franziskanische Studien* 37, 1955, p. 129-160.

3. *Somme*, art. I, qu. 3, vol. I, f. 10 g, cité *supra*, p. 80.

4. *Ibid.*, qu. 2, vol. I, f. 8 s : « *Argumenta [...] in oppositum bene probant quod veritas aliqua sine speciali illustratione divina ab homine possit sciri et cognosci : non tamen probant quod sincera* ».

La reprise en grand style de l'illumination augustinienne réintroduit aussitôt la question de l'instabilité des frontières entre connaissance naturelle et connaissance béatifique. Au sujet de la vision de Dieu qu'a le bienheureux, Henri est très proche de Thomas : Dieu ne peut être vu à travers une espèce créée et finie, puisqu'il est suprêmement simple et infini. Le bienheureux verra donc Dieu grâce à la présence directe de Dieu dans son esprit et, par cette union, l'essence divine se comportera dans les limites de l'esprit du bienheureux de la même façon que l'espèce se comporte dans les limites de la matière : elle informera l'esprit fini, si bien que l'essence divine et l'esprit fini formeront un même être[1]. Jusqu'ici, Henri est d'accord avec Thomas. Mais il emprunte ensuite des chemins dont l'Aquinate s'était explicitement détourné, pour faire de la vision béatifique un cas limite de connaissance naturelle. La procédure par laquelle la vision béatifique se réalise, poursuit Henri, « ne contredit pas la perfection divine, mais elle est même en harmonie avec celle-ci, qui est la vérité première et pure, laquelle est la première raison de l'opération intellectuelle. Si bien que, même *dans l'action naturelle de l'intellect*, aucune vérité ne peut être intelligée si la vérité elle-même n'assiste pas l'intellect en tant que raison de l'intellect, comme on l'a dit ailleurs »[2]. Les modalités de la vision béatifique, par laquelle l'essence de Dieu est directement présente à l'esprit, ne doivent pas nous étonner, dès lors que même l'action naturelle de l'intellect ne peut s'accomplir sans le secours de la vérité « première et pure ». La vision béatifique est présente chez Henri comme un cas extrême de cette coopération divine qui a lieu pour chaque opération intellectuelle, c'est-à-dire comme un cas extrême de cette présence « normale » de la vérité première chaque fois que l'esprit s'exerce. Ainsi reprend-il le nœud de la théorie augustinienne de l'illumination et son entrelacs structurel entre nature et présence du divin, contre lequel Thomas avait lutté. Il rapproche la connaissance naturelle du contact avec le divin autant que Thomas s'était employé à les séparer en déplaçant le divin du côté de la vision béatifique. Toute connaissance vraie, pour Henri, montre la présence de Dieu et de la vérité incréée, et l'intervention surnaturelle s'ajoute à la

1. Henri de Gand, *Quodlibeta*, *Quodl.* III, qu. 1, f. 48 v : « *illa praesentialitas intima facit ad actum intelligendi quidquid faceret informatio speciei : et perfectius disponit ad ipsum eliciendum quod posset facere aliqua species informans : et sic ipsa pura essentia divina facit ipsum intellectum esse in actu intelligentem, et facit quasi compositum intellectum cum ipso, ut ipsa sit quasi forma intellectus non per informationem in esse naturali, sed per praesentiam in esse intellectuali. Et hoc verius quod faciat aliqua species intelligibilis* ».

2. *Ibid.* (n. s.).

lumière naturelle sans solution de continuité, comme dans le cas de la connaissance béatifique.

DUNS SCOT CONTRE HENRI DE GAND

Dans cette disposition idéale qui place, d'un côté, les philosophes estimant que l'esprit humain a toujours besoin, pour connaître le vrai, du secours divin et du contact avec la vérité increéée et, d'un autre côté, les philosophes revendiquant l'autonomie de l'esprit humain, Jean Duns Scot se situe sur le second front. Aux côtés de Thomas, pourrait-on dire – lequel est pourtant, comme on le verra, un adversaire. Il se place en tout cas contre Henri de Gand. Et pourtant, par certains aspects, Scot revendique une proximité avec Henri. Comme cela se produit avec les philosophes vraiment originaux, Scot emprunte son propre chemin, chemin que l'on comprend mieux si l'on met au jour la manière dont le Docteur Subtil s'oppose successivement à Thomas et Henri ou se range de leur côté.

Scot se trouve en désaccord total avec la thèse henricienne selon laquelle il est impossible d'avoir une connaissance vraie sans la participation des êtres finis aux modèles incréés, cette participation n'étant assurée que par une illumination divine. Contre cette reprise d'Augustin, Scot s'emploie à montrer longuement comment la connaissance vraie et certaine n'a pas besoin de participer aux raisons éternelles. Il reprend en substance, dans son propre langage, la séparation entre connaissance naturelle et connaissance surnaturelle et tâche de réduire la présence de la lumière divine dans la connaissance naturelle de l'homme, opération homologue à celle qu'effectuait Thomas. Mais, on le verra, Scot ne pense pas du tout que la séparation de la connaissance naturelle du contact avec le divin implique une réduction des limites de cette connaissance et une exclusion hors de sa sphère des êtres immatériels et de l'être infini.

La *Distinction* III de l'*Ordinatio* contient la longue prise de position de Scot sur le thème des limites de la connaissance humaine[1]. Scot attaque frontalement la thèse selon laquelle la vérité ne serait accessible à l'esprit humain que par l'illumination spéciale de la lumière increéée. Il s'agit précisément de l'opinion d'Henri de Gand, laquelle est étayée par des raisons empruntées essentiellement à Augustin. C'est donc avec Augustin,

1. *Ordinatio*, I, d. 3, pars 1, qu. 4, *in* J. Duns Scot, *Opera Omnia*, III, p. 123 : « *Utrum aliqua veritas certa et sincera possit naturaliter conosci ab intellectu viatoris absque lucis increatae speciali illustratione* ». Voir le commentaire de W. A. Frank, A. B. Wolter, *Duns Scotus, Metaphysician*, West Lafayette (Indiana), Purdue University Press, 1995, p. 108 *sq*.

encore une fois, qu'il s'agit de régler ses comptes : « nombreuses sont les autorités tirées d'Augustin, en de nombreux endroits, qui peuvent être invoquées pour prouver cette conclusion »[1]. Avant de se confronter à l'écueil augustinien, Scot rapporte en détail l'opinion d'Henri de Gand. Celle-ci, dans le compte rendu exact qu'en fait le Docteur Subtil, prévoit que la vérité « pure », c'est-à-dire « exempte de doute et d'erreur »[2], puisse être obtenue grâce à la conformité du concept à un double exemple : l'un créé et l'autre incréé. Seule la conformité avec l'exemple incréé garantit que l'on ait affaire à la vérité absolument exempte d'erreur, et seule une illumination par la lumière incréée permet l'accès aux exemples éternels et immuables[3].

Scot réfute longuement la thèse d'Henri. Le Gantois prétend qu'il ne peut y avoir de science d'un objet muable, tel qu'il est attesté naturellement par l'expérience sensible. Mais si, pour contourner cette difficulté, on se réfugie du côté de la connaissance de quelque chose d'immuable, alors on obtiendra une connaissance fausse des choses muables[4]. Autrement dit, la position d'Henri implique l'impossibilité d'une connaissance naturelle certaine et s'accorde de fait avec les thèses sceptiques. Henri ne peut légitimement se retrancher derrière Augustin : ses thèses sont ni plus ni moins les thèses académiques[5]. Mais le scepticisme portant sur les possibilités naturelles de l'esprit humain ne vaut pas, parce qu'on a naturellement une connaissance certaine[6] des premiers principes et, partant, des conclusions[7]. Les prétendues erreurs des sens n'empêchent pas d'atteindre la certitude. L'expérience des événements naturels, même si elle n'est pas en mesure d'attester de ce qui arrive en tout temps et en tout lieu, parvient à offrir une connaissance certaine, suivant le principe selon lequel ce qui arrive dans la majorité des cas, en tant qu'effet naturel de la cause, est donc nécessaire[8]. Nous sommes certains, grâce au même principe, que la réalité extérieure est conforme à la sensation[9], et quand le témoignage des sens est discordant

1. *Ordinatio*, I, d. 3, pars 1, qu. 4, *in* Jean Duns Scot, *Opera Omnia*, III, p. 125.

2. *Ibid.*, p. 156.

3. *Ibid.*, p. 126 *sq.*

4. *Ibid.*, p. 133-134, en correspondance avec Thomas d'Aquin, *ST*, I, qu. 84, art. 1, *resp.*

5. *Ordinatio*, I, d. 3, pars 1, qu. 4, *in* J. Duns Scot, *Opera Omnia*, III, p. 132 : « *Contra istam opinionem [...] ostendo quod istae rationes non sunt rationes fundamentales alicuius opinionis verae, nec secundum intentionem Augustini, sed sunt pro opinione academicorum* ».

6. *Ibid.*, p. 138-139.

7. *Ibid.*, p. 140-141.

8. *Ibid.*, p. 141-142.

9. *Ibid.*, p. 146.

(comme dans le cas du bâton qui paraît brisé une fois plongé dans l'eau), nous pouvons également parvenir à une certitude sur la réalité extérieure, dans la mesure où un sens corrige l'autre[1]. Par ailleurs, nous avons une connaissance certaine de nos actes comme des principes premiers connus par soi[2].

Comme chez Thomas, le refus de rendre nécessaire l'accès à l'esprit divin ou à une forme d'illumination spéciale pour atteindre la vérité se fonde sur la revendication des capacités naturelles de l'esprit. Mais dans cette apologie des capacités de la nature finie s'introduit déjà un élément signalant la distance qui sépare Scot et Thomas. Scot refuse radicalement le principe qui, chez Thomas, avait contribué à déterminer les limites de la connaissance naturelle, celui de la ressemblance entre représenté et représentant.

Quand il s'agissait d'expliquer comment il est possible de parvenir à une connaissance nécessaire et immuable du muable, Thomas avait remplacé le principe de ressemblance par le principe disant que les choses sont connues en fonction de la nature du sujet connaissant : ce qui est muable peut être connu de manière immuable, car telle est la nature de l'intellect[3]. Ainsi le principe de ressemblance était-il nuancé, mais non pas aboli, en sorte qu'une espèce tirée des corps garde toujours un lien avec son origine et, pour cette raison, est incapable de représenter les êtres immatériels[4]. La stratégie de Scot, en revanche, est bien autrement radicale, et consiste à refuser résolument et sans autre forme de procès le principe de la représentation par ressemblance. Le problème est soulevé dans le cadre de la même problématique que chez Thomas, sur la possibilité d'une science immuable du muable, à l'occasion d'une discussion de la thèse platonicienne d'Henri, selon laquelle seul un objet immuable peut garantir une connaissance à son tour immuable. Pour résoudre le problème de la connaissance nécessaire, Scot nie tout rapport de conséquence entre la mutabilité de l'objet et celle de la connaissance, dans la mesure où l'intellect peut bien connaître le rapport immuable de deux objets muables[5] et où, de manière générale, il est possible qu'un moyen terme muable, comme le sont les concepts par lesquels l'esprit humain connaît, représente ce qui est immuable. Cette possibilité est attestée par Scot grâce à un précédent

1. *Ibid.*, p. 147.
2. *Ibid.*, p. 144-145.
3. *ST*, I, qu. 84, art. 1, *resp.* Voir *supra*, p. 19-20.
4. *Ibid.*, qu. 88, art. 2, *resp.* : « *quantumque intellectus noster abstrahat quidditatem rei materialis a materia, nunquam perveniet ad aliquid simile substantiae immateriali* ».
5. *Ordinatio*, I, d. 3, pars 1, qu. 4, *in* J. Duns Scot, *Opera Omnia*, III, p. 149-151.

important, celui de la connaissance de Dieu à travers une espèce : « l'essence de Dieu se présente à l'intellect comme immuable à travers quelque chose d'absolument muable, que ce soit une espèce ou un acte : ce qui apparaît évident par analogie, parce qu'à travers le fini on peut représenter une chose comme infinie »[1]. Il ne s'agit plus d'assouplir le principe suivant lequel « le semblable connaît le semblable » grâce à d'autres principes *ad hoc* qui le laissent intact mais en évitent les conséquences indésirables (comme le matérialisme ou la connaissance des idées à la place des corps), comme cela avait lieu chez Thomas. Scot, de manière beaucoup plus radicale, conjugue la possibilité d'avoir une science immuable du muable avec le refus de la contrainte que constitue la représentation par ressemblance et illustre le refus de cette contrainte au sujet, plus controversé, de la possibilité de représenter l'infini à travers le fini – signe évident de la rupture que Scot introduit avec ce qui, comme on le verra, constitue l'un des aspects les plus importants de son opération métaphysique, la possibilité de connaître Dieu à travers un concept fini.

Bref, si par vérité « certaine et pure », Henri entend la vérité infaillible, exempte de doute et d'erreur, celle-ci peut être atteinte « de façon purement naturelle », c'est-à-dire sans contact avec les exemples éternels et sans qu'une illumination surnaturelle soit nécessaire[2]. Scot n'entend pas réfuter ce qu'il appelle l'« opinion commune »[3], c'est-à-dire l'opinion selon laquelle la vérité est vue dans l'intellect agent, lequel, à son tour, est effet de la lumière incréée dont il porte l'image – c'est, on s'en souvient, l'opinion de Thomas –, mais il refuse fermement de conférer à la lumière incréée un plus grand rôle, comme le fait apparemment Henri, c'est-à-dire de lui attribuer une présence qui intègre les capacités naturelles de l'intellect fini et permette un contact direct et constant avec l'esprit infini et incréé. L'« opinion commune », que Scot prétend accepter, soutient au contraire que la lumière incréée produit un effet dans l'intellect fini et que c'est cet effet, et non la lumière incréée en tant que telle, qui permet d'atteindre la vérité infaillible. En définitive, le rôle de la lumière incréée se limite à permettre à l'intellect créé de fonctionner, sans produire ses contenus. Du reste, comme Scot cherche à le montrer, Henri ne peut espérer obtenir plus : car la lumière éternelle produit un effet ou dans l'objet de la connaissance

1. *Ibid.*, p. 152 : « *Patet etiam quod repraesentativum in se mutabile potest repraesentare aliquid sub ratione immutabilis, quia essentia Dei, sub ratione immu- tabilis repraesentabitur intellectui per aliquid omnino mutabile, sive illud sit species sive actus ; hoc patet per simile, quia per finitum potest repraesentari aliquid sub ratione infiniti* ». Voir *infra*, p. 223-224.

2. *Ordinatio*, I, d. 3, pars 1, qu. 4, *in* Jean Duns Scot, *Opera Omnia*, III, p. 156-157.

3. *Ibid.*, p. 158.

ou dans l'intellect. Elle ne peut le produire dans l'objet, parce que celui-ci n'a pas d'être réel, mais seulement un être intentionnel, et n'est donc pas susceptible de recevoir des accidents ; elle le produira donc dans l'intellect, mais, s'il en est ainsi, l'opinion d'Henri ne diffère pas, sur le fond, de l'« opinion commune », qui pose la vérité comme œuvre de l'intellect agent, à son tour effet de la lumière incréée, « et il semble donc que l'opinion commune place la connaissance dans l'intellect incréé autant que le fait cette thèse, parce qu'elle soutient qu'on la voit dans l'intellect agent, qui est effet de la lumière incréée ». En somme, ou bien Henri vise une thèse insoutenable et dangereuse pour la connaissance, ou bien son opinion se réduit à ce que tout le monde admet, à savoir que la lumière éternelle est « cause éloignée » de la vérité infaillible[1].

Comme Thomas, Scot affronte les passages augustiniens qui semblent le plus en faveur de l'opinion d'Henri. Les mots d'Augustin imposent d'admettre que les vérités infaillibles se voient dans les « règles » éternelles – ainsi Scot traduit-il les « raisons » dont avait parlé Augustin[2]. Il s'agit dès lors de comprendre ce que veut dire le « voir dans les règles éternelles ». Scot fournit une longue analyse des interprétations possibles des mots d'Augustin[3]. Avec cette analyse, il trouve l'occasion d'éclaircir quelques points importants : les objets intelligibles et les vérités qui les concernent n'ont pas de réalité propre mais n'existent qu'en tant qu'ils sont intelligés par l'intellect divin ; par conséquent, s'ils produisent une connaissance vraie dans l'intellect humain, cela n'est possible qu'en vertu de la causalité de l'intellect divin qui, en les visant, leur confère une réalité *sui generis* – « *secundum quid* ». Quand on dit que l'intellect humain voit la vérité « dans la lumière incréée », on doit entendre par là que l'intellect humain connaît les objets qui sont produits par la lumière incréée, laquelle, à son tour, est la cause éloignée secondaire de l'efficace que ces objets intelligibles ont sur l'esprit humain[4]. Comme on le voit, l'interprétation scotiste de la « vision dans les règles éternelles » opère d'abord une séparation entre ces

1. *Ibid.*, p. 159 : « *Si dicas quod lux increata cum intellectu et obiecto causet istam veritatem sinceram, haec est opinio communis, quae ponit lucem aeternam sicut "causam remotam" causare omnem certam veritatem. Vel ergo erit ista opinio inconveniens, vel non discordabit a communi opinione* ».

2. *Ibid.*, p. 160 : « *propter verba Augustini oportet concedere quod veritates infallibiles videntur in regulis aeternis ; ubi potest ly "in" accipi obiective, et hoc quadrupliciter : vel sicut in obiecto proximo, vel sicut in continente obiectum proximum, vel sicut in eo virtute cuius obiectum proximum movet, vel sicut in obiecto remoto* ».

3. Elle est discutée dans F. A. Prezioso, *La critica di Duns Scoto all'ontologismo di Enrico di Gand*, *op. cit.*, p. 113-152.

4. *Ordinatio*, I, d. 3, pars 1, qu. 4, *in* J. Duns Scot, *Opera Omnia*, III, p. 163 : « *Ista igitur duplex causalitas intellectus divini, quod est vera lux increata [...] producit obiecta*

règles et l'essence divine. Les règles éternelles contiennent l'ensemble des vérités analytiques, des propositions « vraies en vertu des termes »[1] ; celles-ci sont les effets de Dieu et n'appartiennent pas à son essence. Les voir, quelle que soit la façon dont on les voit, ne pourra donc impliquer la vision de Dieu, comme Thomas le pensait et le redoutait. Il est un exemple qui éclaire très bien la différence séparant les thèses scotiste et thomiste : « voir dans les règles éternelles » peut s'entendre au sens où ces règles sont l'objet prochain de l'intellect, et cette interprétation est admissible « parce que l'intellect divin contient ces vérités comme un livre [...] et bien que ce livre ne soit pas vu, cependant les vérités qui sont inscrites dans ce premier livre sont vues. Et donc, on peut dire que "notre intellect voit les vérités dans la lumière éternelle", c'est-à-dire dans ce livre comme l'objet dans ce qui le contient »[2]. Thomas avait écarté une interprétation des propos d'Augustin assimilant la vision dans les raisons éternelles à la vision des choses reflétées dans un miroir, dans la mesure où, dans ce cas, on verrait également le miroir, c'est-à-dire Dieu[3]. Dans la comparaison utilisée par Scot, en revanche, le contenu – les règles éternelles – est séparé du contenant – Dieu – et peut ainsi être connu sans que l'accès à la connaissance de Dieu soit nécessaire.

En second lieu, Scot avance comme argument le fait qu'il n'est pas nécessaire d'avoir une illumination spéciale pour voir dans les règles éternelles, dès lors qu'Augustin affirme que nous voyons en elles seulement les propositions nécessaires en vertu des termes. Les vérités qui concernent ces propositions sont des plus naturelles : en effet, la vérité de ce dont le contraire implique contradiction ne dépend pas d'une intervention de la volonté divine, ni au niveau de la production de ces vérités, ni au niveau de leur disposition à imposer l'assentiment. C'est pour cette raison que l'assentiment aux propositions nécessaires en vertu des termes s'impose par soi, sans aucune intervention divine[4].

secundaria in "esse intelligibili", et [...] est illud virtute cuius secundaria etiam obiecta producta movent actualiter intellectum ».

1. *Ordinatio*, I, d. 3, pars 1, qu. 4, *in* Jean Duns Scot, *Opera Omnia*, III, p. 64.

2. *Ibid.*, p. 160-161.

3. *ST*, I, qu. 84, art. 5, *resp.* : « *Cum ergo quaeritur utrum anima humana in rationibus aeternis omnia cognoscat, dicendum est quod aliquid in aliquo dicitur cognosci dupliciter. Uno modo, sicut in obiecto cognito ; sicut aliquis videt in speculo ea quorum imagines in speculo resultant. Et hoc modo anima, in statu praesentis vitae, non potest videre omnia in rationibus aeternis ; sed sic in rationibus aeternis cognoscunt omnia beati, qui Deum vident et omnia in ipso* ».

4. *Ordinatio*, I, d. 3, pars 1, qu. 4, *in* Jean Duns Scot, *Opera Omnia*, III, p. 163-164 : « *intellectus divinus in quantum aliquo modo prior est actu voluntatis divinae producit ista*

Séparation entre règles éternelles et esprit divin, caractère naturel de l'assentiment à la vérité, telles sont les deux thèses sur lesquelles Scot fonde son interprétation de la « vision dans les raisons éternelles » augustinienne. Il n'est donc pas nécessaire de nier, comme le fait Thomas, que l'intellect humain a un accès aux règles éternelles en tant que telles, ni de soutenir, comme le fait Henri, que seule une illumination surnaturelle rend cet accès possible. Contre Thomas, Scot soutient que cet accès n'implique pas la vision de Dieu, puisque les règles éternelles sont séparées de l'essence divine. Contre Henri, il soutient qu'il ne nécessite aucune illumination surnaturelle. Comme on le voit, le geste de Scot s'inscrit dans un héritage thomiste, dans la mesure où il cherche à réduire la vision de la vérité increée au simple bon fonctionnement de l'intellect naturel[1]. Mais il est clair qu'il ne s'agit pas non plus d'une reprise mot pour mot de la thèse thomiste. Les premiers principes, les vérités analytiques dont le contraire implique contradiction, ne doivent pas s'appuyer, comme chez

obiecta in "esse intelligibili", et ita respectu istorum videtur esse causa mere naturalis [...]. Et sicut intellectus ut prior actu voluntatis producit obiecta in "esse intelligibili", ita ut prior causa videtur cooperari illis intelligibilibus ad effectum eorum naturalem, scilicet ut apprehensa et composita causent apprehensionis conformitatem ad se. Videtur ergo quod contradictionem includit, intellectum aliquem talem compositionem formare et compositionem non esse conformem terminis [...].

Et ex isto apparet qualiter non est necessaria specialis illustratio ad videndum in regulis aeternis, quia Augustinus non ponit in eis videri nisi "vera" quae sunt necessaria ex vi terminorum. Et in talibus est maxima naturalitas – tam causae remotae quam proximae – respectu effectus, puta tam intellectus divini ad obiecta moventia, quam illorum obiectorum ad veritatem complexionis de eis ».

1. La proximité entre Scot et Thomas, sur ce point central du rapport avec la théorie de l'illumination augustinienne, a déjà été mise au jour par Prezioso, contre Gilson, qui penchait au contraire, en s'appuyant sur une seule phrase de Scot, pour un rapprochement entre Scot et l'illumination augustinienne, abandonnée en son temps par Thomas. *Cf.* F. A. Prezioso, *La critica di Duns Scoto all'ontologismo di Enrico di Gand*, *op. cit.*, p. 161-166, contre É. Gilson, *Jean Duns Scot. Introduction à ses positions fondamentales*, Paris, Vrin, 1952, p. 32. À l'inverse, R. Pasnau considère que Thomas serait proche de la théorie de l'illumination augustinienne, et que Scot, en revanche, aurait été le premier à l'avoir refusée radicalement. *Cf.* R. Pasnau, *Thomas Aquinas on Human Nature*, *op. cit.*, p. 309-310, et *Id.*, *Cognition*, *in* Th. Williams (dir.), *The Cambridge Companion to Duns Scotus*, Cambridge, Cambridge University Press, 2003, p. 285-311. Mais « l'opinion commune » du voir dans les raisons éternelles, dans laquelle se reconnaît Scot, ne diffère pas du tout de l'interprétation que Thomas avait donnée du même « voir dans les raisons éternelles », interprétation, d'ailleurs correcte, de l'opération de Scot comme opération visant la naturalisation de la connaissance, qui ne peut qu'entraîner une interprétation analogue de Thomas.

Sur l'opposition de Scot à la théorie de l'illumination, voir également W. A. Frank, A. B. Wolter, *Duns Scotus, Metaphysician*, *op. cit.*, p. 135-138.

Thomas[1], sur la sensibilité, mais peuvent être connus dans leur pureté, sans que cela implique la vision de l'essence divine. La connaissance dans les raisons éternelles peut être reprise en son sens littéral et non pas interprétée métaphoriquement, comme l'avait fait Thomas.

Que ce soit là le chemin qu'emprunte le Docteur Subtil, cela se voit confirmé par l'interprétation qu'il donne – sur le modèle de l'opération déjà accomplie par Thomas – des passages d'Augustin à partir desquels Henri avait construit sa thèse, pour les faire pencher cette fois-ci vers sa théorie de la naturalité de la connaissance du vrai. À cet égard, l'interprétation que Scot donne des passages dans lesquels Augustin réserve la connaissance de la vérité en Dieu à « quelques-uns » et aux « purs » d'âme[2], est particulièrement éclairante pour comprendre les stratégies opposées de Scot et Thomas. Thomas, on le sait, s'était prononcé sur ces passages sans toucher à la littéralité de la vision en Dieu, mais en la réservant aux seuls bienheureux, dans lesquels il avait reconnu les « quelques-uns » et les « purs de cœur » dont parlait Augustin. Scot, en revanche, interprète ces passages comme s'ils faisaient référence aux plus doués et aux plus appliqués dans l'activité théorique[3]. La « pureté » dont parle Augustin ne peut s'entendre au sens moral, comme pureté du vice, dès lors que le même Augustin affirme que l'injuste voit dans les vérités éternelles ce qu'il est juste de faire[4]. Elle doit plutôt s'entendre en référence à ces esprits qui opèrent en « élevant l'intellect à la contemplation des vérités telles qu'elles brillent en soi, et non seulement telles qu'elles brillent dans le fantasme »[5], c'est-à-dire non pas dans un cas particulier et confusément, mais en soi et

1. Thomas d'Aquin, *De la Vérité*, qu. 8, art. 15, *resp.* : « *oportet quod in intellectu nostro sint quaedam quae intellectus naturaliter cognoscit, scilicet prima principia, quamvis etiam ista cognitio in nobis non determinetur nisi per acceptionem a sensibus* ».

2. Augustin, *La Trinité*, XII, 14 et *Les Idées*. Voir *supra*, p. 17-18.

3. Sur ce point, voir aussi l'interprétation d'Henri de Gand, *Somme*, art. I, qu. 2, vol. I, f. 6 k : « *illi soli certam veritatem valent agnoscere, qui eam in illo exemplari valent inspicere, quod non omnes valent, ut dicit [Augustinus] De Trin. VIII c. 8, sed pauci acie ingenii transmutabilia omnia valentes transcendere et regulis immutabilibus de mutabilibus iudicare* ». Henri montre ici toute la sympathie qu'il a pour le rationalisme (à ce sujet voir plus loin, p. 109-112). *Cf.* aussi *Somme*, art. I, qu. 2 c, vol. I, f. 7, m., où le don de la connaissance dans les exemples éternels semble attribué à la volonté divine, si bien que parfois il est accordé aux méchants et non aux bons, pour qu'ils voient dans les règles éternelles la monstruosité de leurs actions. Henri suit ici les oscillations augustiniennes de *La Trinité*, XIV, 15, 21, où, précisément, les méchants constituaient la preuve que la vérité – morale, dans ce cas – n'est pas vue dans l'esprit mais plutôt en Dieu.

4. *La Trinité*, XIV, 15, 21.

5. *Ordinatio*, I, d. 3, pars 1, qu. 4, *in* Jean Duns Scot, *Opera Omnia*, III, p. 167. Pour la traduction française, Jean Duns Scot, *Sur la connaissance de Dieu et l'univocité de l'étant*, trad. fr. O. Boulnois, Paris, P.U.F., 1988, p. 198.

abstraction faite des contingences sensibles, de même que celui qui connaît que le tout est plus grand que la partie le sait en vertu de la nécessité de la proposition, et non parce qu'il comprend qu'une dalle de pierre est plus grande que l'un de ses fragments. Or ces esprits qui parviennent à la connaissance des propositions nécessaires « par soi », et non dans leurs exemplifications accidentelles, ne se distinguent pas des esprits des autres hommes par une illumination spéciale, mais se distinguent « ou par des dons naturels supérieurs (parce qu'ils ont un intellect beaucoup plus capable d'abstraction et plus perspicace), ou par une plus grande application dans la recherche, par laquelle un homme parvient à connaître les quiddités qu'un autre, également doué, mais qui ne s'applique pas dans la recherche, ne connaît pas »[1].

L'interprétation scotiste du passage augustinien aide à comprendre la direction que prend l'auteur dans son opposition à Henri : il n'est pas nécessaire, pour aller contre les théories faisant du contact avec le divin un élément indispensable au bon fonctionnement de l'esprit, de restreindre les limites de la connaissance naturelle en ramenant la connaissance de Dieu et des choses en Dieu du côté de la béatitude, comme l'avait fait Thomas. Le défi consistera plutôt à démontrer que l'intellect fini, dans son exercice naturel et séparé du contact avec Dieu, gouverne le domaine entier du connaissable – Dieu compris – et que l'exercice naturel de l'intellect l'amène à avoir un contact direct avec ces vérités pures qui, selon Thomas, étaient accessibles par le seul recours à l'exemplification dans la réalité sensible. En un mot, si le programme de naturalisation de la connaissance unit Scot à Thomas, la théorie de la connaissance scotiste n'a rien à voir avec l'aristotélisme orthodoxe de Thomas.

DUNS SCOT CONTRE HENRI DE GAND ET THOMAS D'AQUIN : LES ANGES

Dans le cadre de son programme de naturalisation de la connaissance, Scot affronte très tôt une question cruciale : est-il possible de connaître naturellement l'essence de Dieu – sans que la présence directe de Dieu dans l'esprit fini, comme c'est le cas dans l'état de béatitude, soit nécessaire ? Scot prétend que oui et, pour le démontrer, il trouvera face à lui Thomas et Henri, pour une fois alliés.

Une des thèses de Thomas, que partage également Henri, consiste à affirmer qu'il est impossible de connaître Dieu par l'intermédiaire d'un

1. *Ibid.*, p. 168.

concept. Puisque Dieu est l'être suprêmement simple et infini, on ne peut en avoir une connaissance conceptuelle, mais seulement une vision immédiate et directe, et il est nécessaire, pour obtenir cette vision, d'atteindre l'état de béatitude. Dans les *Quodlibeta*, Henri de Gand avait repris les concepts clés à partir desquels Thomas avait conclu à l'impossibilité de connaître Dieu à travers une espèce créée. Henri avait en effet réintroduit cette thèse thomiste à l'occasion d'une semblable discussion sur la vision béatifique, laquelle aboutissait à un accord sur le fait que Dieu devait être connu dans son essence même. Il restait seulement à déterminer les modalités de cette connaissance et, en particulier, à savoir si « Dieu, dans la vie bienheureuse, sera connu par l'intellect créé par l'intermédiaire d'une quelconque espèce »[1]. La réponse d'Henri est négative, mais, contrairement à ce que certains affirment, elle ne l'est pas parce que la connaissance à travers une espèce rendrait cette dernière indirecte et spéculaire. En effet, l'espèce n'est pas l'objet mais seulement le moyen de la vision, et si Dieu était visible à travers une espèce, cette vision serait toujours directe, bien que médiée[2]. La difficulté est encore plus grande. Si l'on devait, pour voir Dieu, recourir à une espèce, cette même vision de l'essence divine ne serait tout simplement pas possible, dès lors qu'un concept fini ne peut que représenter le fini[3]. Henri n'avait qu'à reprendre ici les raisons déjà fournies par Thomas : « En effet, il est impossible qu'une espèce créée représente une image de l'essence divine »[4]. Alors qu'il peut y avoir une ressemblance entre espèces finies, comme entre l'espèce de l'âne et la forme de l'homme, sans que l'espèce de l'un soit capable de représenter l'autre, il ne peut y avoir aucune ressemblance, et donc aucun lien de représentation, entre une espèce créée et l'image de Dieu « parce que toute espèce créée est infiniment éloignée de l'image de l'essence divine », car « toute espèce créée a un être fini et déterminé, alors que l'image de l'essence divine est image de l'infini et de l'indéterminé, dès lors qu'elle est son être même ». Si l'essence d'une chose finie ne peut être représentée à travers l'espèce d'une autre chose

1. *Quodlibeta, Quodl.* III, q. 1, f 47 o : « *Utrum [...] ab intellectu creato in vita beata videbitur Deus per aliquam speciem mediam* ». Voir aussi *Somme*, art. XXIV, qu. 2, f. 138 i.

2. Nous maintenons ici la terminologie adoptée (voir *supra*, p. 50). Henri, au contraire, qualifie d'« immédiate » la connaissance directe de l'objet intelligé. *Quodlibeta, Quodl. III*, q. 1, f. 47 r : « *Videre [...] per medium ut per speciem informantem visum, quae solum est ratio vivendi, et non obiectum visum, non privat immediatam visionem et secundum essentiam eius quod videtur, [...] sicut visus per speciem coloris immediate et secundum ejus essentiam videt colores* ».

3. Conformément à *ST*, I, qu. 12, art. 2, *resp.* : « *dicere Deum per similitudinem videri, est dicere divinam essentiam non videri* ».

4. *Quodlibeta, Quodl.* III, q. 1, f. 47 s.

finie, alors « il sera encore moins possible de voir l'essence nue de Dieu à travers une espèce créée quelle qu'elle soit »[1]. Henri tire de ces arguments les mêmes conclusions que Thomas : ou bien l'intellect fini ne connaît pas l'essence divine, ou bien il la connaît selon un mode différent de celui qui implique l'espèce comme intermédiaire : « Je crois donc qu'il est nécessaire d'affirmer que l'intellect du bienheureux voit l'essence divine non pas à travers une espèce ni par l'intermédiaire d'un concept [...], comme cela arrive dans toute opération intellectuelle s'exerçant à travers les espèces et concernant les créatures, [...] mais il la voit dans son essence nue elle-même et à travers son essence nue, si bien que, dans l'acte de la vision, ce qui est vu et la raison *<ratio>* par laquelle on le voit sont une même chose »[2]. Dieu est l'être illimité qu'aucun être particulier ne peut représenter de façon adéquate[3]. Sur l'impossibilité de représenter Dieu à travers une espèce, Henri s'était donc résolument rangé du côté de Thomas.

Il convient de noter qu'Henri, comme Thomas, ne tirait pas l'impossibilité de connaître Dieu du simple fait que les espèces à travers lesquelles l'esprit du *viator* connaît sont abstraites à partir des êtres matériels, mais plutôt de l'impossibilité, pour la nature infinie de Dieu, d'être représentée par une chose finie comme un concept. L'impossibilité de connaître Dieu à travers un concept fini est dictée en premier lieu par la nature de l'objet connu et vaut donc pour tout être fini, même dans le cas où le sujet connaissant est

1. *Ibid.* : « *Quod tamen videatur nuda divina essentia ut obiectum visionis, per speciem aliquam ab ipso creatam [...] hoc omnino est impossibile, quoniam species talis quae est ratio videndi aliud perfecte, debet effigiem eius repraesentare per adaequationem, ad modum quo species hominis in speculo effigiem eius repraesentat. Nunc autem species cuiuslibet creaturae magis repraesentat effigiem alterius creaturae, ut species asini effigiem hominis, quam species quaecunque creata effigiem dei, eo quia in infinitum distat species quaecumque creata a divinae essentiae effigie, cum quaelibet species creata sit finiti et determinati esse, divinae vero essentiae effigies sit infiniti et indeterminati, quia non est nisi ipsum esse. Cuiuslibet autem creaturae unius species, finite distat ab effigie alterius creaturae. Sed ita est quod per speciem unius creaturae alterius creaturae essentia videri non potest, ut essentia hominis per speciem asini : multo ergo minus per aliquam speciem creatam videri potest nuda essentia dei* ». À mettre en parallèle avec Thomas, *Somme contre les Gentils*, III, 49, 2 cité *infra*, p. 221. Dans la *Somme*, Henri ajoute un argument supplémentaire, selon lequel Dieu n'est pas susceptible d'abstraction, puisqu'il est l'être le plus simple. *Cf.* art. XXIV, qu. 2, vol. I, f. 138 i : « *[Deus] non habet speciem sui aliam a sua essentia qua cognoscibilis sit, quia nihil potest esse simplicius essentia eius* ». Cet argument était également présent chez Thomas. Voir *supra*, chap. I, n 2, p. 27.

2. *Quodlibeta*, *Quodl. III*, qu. 1, f. 48 t.

3. *Ibid.*, v. : « *Et per eam [scil.divinam essentiam] intellectes ad videndum ipsam essentiam ut obiectum determinatur : nec posset determinari per aliquam speciem creatam propter infinitam distantiam et summam differentiam limitati ad illimitatum* ».

un esprit désincarné, comme l'ange[1]. Le fait que les bienheureux connaissent Dieu par un contact direct avec l'essence divine fut ensuite démontré à la fois par Thomas et par Henri au moyen d'un raisonnement par exclusion : étant donné que les bienheureux doivent voir Dieu, et qu'ils ne peuvent le voir à travers une espèce créée, ils le verront alors par un contact direct avec son essence[2].

Scot est d'accord avec Thomas et Henri sur le fait que la vision béatifique est une vision directe et immédiate par laquelle l'essence divine se rend présente à l'esprit. Le désaccord porte sur le fait que la vision directe et immédiate soit la seule façon dont l'essence divine se donne à connaître, comme le pensent Henri et Thomas. En effet, selon Scot, il est possible de connaître l'essence de Dieu à travers un concept – une espèce – et c'est ainsi que les anges connaissent Dieu. C'est sur ce point que Scot décide d'affronter l'affirmation centrale de la théologie thomiste – partagée par Henri –, en s'attaquant au principe de l'impossibilité de la représentation de l'infini par le fini. Et les anges sont l'arme grâce à laquelle Scot compte remporter cette bataille. Étant donnée l'énergie que Thomas avait déployée et les difficultés qu'il avait rencontrées sur ce terrain; étant donné, par ailleurs, l'œil attentif du Docteur Subtil, fin observateur des embarras de ses adversaires – sur lesquels on aura l'occasion de revenir –, on peut supposer que l'une des raisons de faire de la connaissance angélique un lieu privilégié de l'opposition à Thomas et Henri est celle-ci : avec la connaissance angélique, Thomas avait presque admis la possibilité d'une connaissance de Dieu au moyen d'un concept fini. Et s'il a finalement continué à nier cette possibilité, c'est en affaiblissant non seulement le caractère intermédiaire de la connaissance angélique, située entre celle du *viator* et celle du bienheureux, mais aussi son caractère intuitif, qui constituaient pourtant un présupposé métaphysique et épistémologique apparemment indispensable. Scot affronte la question en tenant compte du texte d'Henri, mais le Gantois, sur ce point, n'avait fait que s'approprier les arguments de Thomas. Vaincu, Henri tombera en même temps que

1. *Ibid.*, *Quodl.* IV, qu. 9, *resp.*, f. 154b-155a : « *Nulla vis pure naturalis sive activa sive passiva, neque in agendo in aliud, neque in recipiendo in se actionem alterius, potest se extendere ultra limites suae naturae. Unde cum actus cognitionis contingat secundum quod cognitum habet esse et recipi in conoscente, et hoc secundum modum non cogniti, sed cognoscentis, cognoscibile ergo quod natum est esse in conoscente limitato secundum modum limitationis suae quam habet in conoscente, ab illo potest cognosci ; et quod omnino excedit modum limitationis suae in cognoscendo, nullo modo habet ab ipso conosci, et hoc ideo, quia non est natum esse in ipso secundum modum limitationis suae in conoscendo* ».

2. *Quodlibeta*, *Quodl. III*, qu. 1, f. 48 v-x, et Thomas d'Aquin, *Somme contre les Gentils*, III, 51.

Thomas, qui n'avait rien dit de différent sur le sujet. Mais ce n'est pas un simple goût de la polémique qui pousse Scot à s'intéresser à la question des anges. Le Docteur Subtil entend en effet mener à bien le projet que Thomas avait amorcé à propos de la connaissance angélique : construire une théorie de la connaissance pour les êtres immatériels finis, connaissance naturelle séparée de tout contact direct avec Dieu, donc distincte de la connaissance béatifique, et qualitativement différente de celle du *viator*.

Pendant ses années d'enseignement à Oxford, dans sa *Lecture* des *Sentences* de Pierre Lombard, puis dans sa longue révision de la *Lecture*, connue sous le nom d'*Ordinatio*, Scot s'était demandé si l'ange avait une connaissance naturelle et distincte de l'essence divine[1]. Chacun des deux adjectifs est ici important. En premier lieu, la connaissance de l'ange doit être naturelle, et non surnaturellement élargie, comme c'est le cas pour les bienheureux. C'est là un signe clair du fait que, sur ce point, l'opération thomiste de séparation entre la nature angélique et le don de béatitude est pleinement approuvée par Scot. Et l'on ne doit pas s'en étonner, puisque cela va également dans le sens de la séparation, chère à Scot, entre la nature des êtres finis et le contact avec le divin. Mais la connaissance de l'ange doit être également distincte : car si elle était naturelle mais confuse, on ne la différencierait pas de la connaissance humaine. Comme Thomas, Scot cherche ici une troisième voie entre les bienheureux et les *viatores* ; pour que cette troisième voie soit praticable, une condition est nécessaire, que Thomas avait dû rejeter comme irrecevable : la connaissance de l'ange doit être « distincte ». Par connaissance « distincte », Scot entend connaissance naturelle de l'essence, du *quid sit* d'une chose[2]. Or ce type de connaissance ne pouvait précisément être accordé à aucun esprit fini pour Thomas, qui, arrimé au principe de l'impossibilité de la représentation de l'infini par le fini, avait tenu à préciser que la connaissance naturelle que l'ange a de Dieu, comme celle du *viator*, est toujours et uniquement une connaissance de l'*an sit*, de l'existence et non de l'essence, donc une connaissance négative et, partant, une connaissance confuse[3]. Il est nécessaire que l'ange

1. *Ordinatio*, II, d. 3, pars 2, *De cognitione angelorum*, qu. 2 : *Utrum angelus habeat notitiam naturalem distinctam essentiae divinae*, *in* J. Duns Scot, *Opera Omnia*, VII, p. 544 *sq*.

2. *Cf.* Jean Duns Scot, *Quaestiones in lib. I Sententiarum*, I, ds. 3, qu. 2, Wadding, V. 1, p. 410 : « *nihil concipitur distincte, nisi quando concipiuntur omnia quae includuntur in ratione eius essentiali* » ; *Ordinatio*, I, d. 3, pars 1, qu. 1-2, *in* Jean Duns Scot, *Opera Omnia*, III, p. 50 : « *confuse aliquid dicitur concipi quando concipitur sicut exprimitur per nomen, distincte, quando concipitur sicut exprimitur per definitionem* ».

3. Cf. *ST*, I, qu. 2, art. 1, *ad* 1 : « *cognoscere Deum esse in aliquo communi, sub quadam confusione, est nobis naturaliter insertum [...]. Sed hoc non est simpliciter cognoscere Deum*

connaisse Dieu distinctement. Si l'ange connaissait Dieu de façon confuse, sa connaissance serait potentiellement identique à celle du *viator*[1].

Bien évidemment, Scot commence par énumérer, dans son analyse, les arguments allant contre cette possibilité d'une connaissance distincte de Dieu. L'ange pourrait obtenir cette connaissance ou bien à travers l'essence divine ou bien à travers une espèce de l'essence[2]. La connaissance à travers l'essence divine elle-même est impossible, sans quoi l'ange serait naturellement un bienheureux. Sur ce point, Scot est d'accord avec Thomas. La question revient donc à savoir si une connaissance distincte de Dieu à travers une espèce est possible.

Les raisons qui empêcheraient de connaître Dieu à travers une espèce, discutées par Scot, sont celles qu'utilise Henri de Gand, et l'on entrevoit à travers elles celles qu'avait déjà fournies Thomas. Le premier argument consiste à affirmer qu'« aucune espèce créée ne peut représenter adéquatement la figure divine et incréée, parce que ce qui est créé est fini, alors que l'objet est infini, et entre le fini et l'infini il n'y a pas de proportion », argument commun à Thomas et Henri[3]. Le deuxième, en accord avec le premier, pose qu'une espèce finie peut représenter distinctement une créature finie, mais non Dieu. Ici Scot paraphrase Henri[4]. La troisième raison souligne le fait que Dieu est irreprésentable à travers un concept déterminé, parce que Dieu est l'être le plus indéterminé[5]. Les mots de Scot renvoient à un

esse ». *Ordinatio* II, d. 3, pars 2, qu. 2, *in* J. Duns Scot, *Opera Omnia*, VII, p. 546 : « *Hic concordant aliqui in ista negativa, quod "angeli non habent distinctam notitiam essentiae divinae naturaliter"* ».

1. *Ordinatio* II, d. 3 pars 2, qu. 2, *in* J. Duns Scot, *Opera Omnia*, VII, p. 545 : « *Contra : Vel ergo angelus nullam haberet notitiam essentiae divinae, et tunc frustra esset sibi dictum illud praeceptum Diliges Dominum Deum tuum etc. (frustra enim praecipitur dilectio eius quod omnino ignoratur), – vel tantum haberet notitiam confusam illius essentiae, et tunc videtur intellectus ille esse potentialis sicut noster (qui potest procedere a confusa ad distinctam), quod videtur inconveniens* ».

2. *Ibid.*

3. *Ordinatio*, II, d. 3, pars 2, *in* J. Duns Scot, *Opera Omnia*, VII, p. 547. Cf. Thomas d'Aquin, *ST*, I, qu. 12, art. 4, *resp.*; Henri de Gand, *Quodlibeta*, *Quodl. III*, qu. I, f. 47 o : « *Visio Dei per speciem mediam, est imperfecta, quia species omnis – qua intellectus informatur – creatura est et ita finita, quae non sufficit repraesentare visibile infinitum nisi obscure et imperfecte* ».

4. *Ordinatio*, II, d. 3, pars 2, qu. 2, *in* J. Duns Scot, *Opera Omnia*, VII, p. 547 : « *species creata unius rei magis assimilatur alteri rei creatae quam Deo, quia utrumque finitum; ergo distinctius repraesentat creaturam quam Deum. Ergo non est propria ratio et distincta intelligendi Deum* ». *Cf.* Henri de Gand, *Quodlibeta*, *Quodl.* III, qu. 1, f. 47, cité *supra*, note 1, p. 93.

5. *Ordinatio*, II, d. 3, pars 2, qu. 2, *in* J. Duns Scot, *Opera Omnia*, VII, p. 547 : « *ratio formalis secundum quam apprehenditur obiectum [...] est determinata [...]; Deus autem est*

passage d'Henri, mais l'idée avait été également exprimée par Thomas[1]. Le dernier argument est aussi une paraphrase d'Henri : s'il y avait une espèce représentative de Dieu, celle-ci serait une image de Dieu plus fidèle que ne le sont l'ange ou l'âme, ce qui contredit Augustin[2].

Scot démonte les uns après les autres les arguments henriciens pour introduire ensuite un élément de confrontation supplémentaire. Henri exclut que l'on puisse avoir un concept univoque de Dieu et des créatures, comme le soutient au contraire Scot[3]. Henri fait en effet sienne la thèse thomiste selon laquelle il existe une relation analogique entre les prédications concernant Dieu et celles qui concernent les créatures[4]. Il est par conséquent impossible, selon Henri, d'avoir une connaissance universelle de Dieu en utilisant un concept commun à Dieu et aux créatures. Mais comme la connaissance de Dieu dans sa spécificité devient impossible dès lors que Dieu n'est pas connaissable à travers un concept, il s'ensuit que si Henri – et à travers lui, Thomas – avait raison, l'ange n'aurait *aucune* connaissance naturelle de l'essence divine : il ne la connaîtrait pas distinctement et en particulier, parce que cela n'est possible qu'à travers l'essence ou à travers quelque chose qui la représente distinctement, or chacune de ces possibilités est rejetée ; il ne la connaîtrait ni indistinctement ni dans un concept commun à tous les êtres, parce qu'« il nie qu'il y ait un concept commun univoque pour Dieu et pour les autres êtres »[5]. Il resterait, il est vrai, la connaissance négative dont a parlé Thomas, mais, outre le fait qu'ainsi l'ange ne se différencierait pas du tout du *viator*, Scot estime que la connaissance positive précède toujours la connaissance négative. Par conséquent, si la première

maxime indeterminatus et illimitatus, quia infinitus ; ergo. Unde VIII De Trinitate, 5 : "Tolle hoc bonum et tole illud, et vide ipsum bonum, si potes, – et Deum utique vidisti, bonum omnis boni, supra omne bonum" ».

1. *Cf.* Henri de Gand, *Quodlibeta*, *Quodl. III*, qu. 1, f. 48 v-x. Henri rapporte le passage d'Augustin auquel se réfère Scot, ce qui rend la référence au Gantois plus certaine. Toutefois, la même idée avait été exprimée par Thomas dans la *Somme contre les Gentils*, III, 49.

2. *Ordinatio*, II, d. 3, pars 2, qu. 2, *in* J. Duns Scot, *Opera Omnia*, VII, p. 547-548. *Cf.* Henri de Gand, *Quodlibeta*, *Quodl. IV*, qu. 7, f. 94 x.

3. Sur l'univocité de l'être chez Duns Scot, voir L. Honnefelder, *Ens inquantum ens. Der Begriff des Seienden als solchen Gegenstand der Metaphysik nach der Lehre des Johannes Duns Scotus,* München, Aschendorff, 1979, p. 218-267, R. McInerny, « Scotus and Univocity », *De doctrina Ioannis Duns Scoti*, Acta Congressus Scotistici Internationalis Oxnonii et Edimburgi, 11-17 sept. 1966, 4 vol., [s. n.], Roma, 1968, II, p. 115-121 et O. Boulnois, *Être et représentation*, Paris, P.U.F., 1999, p. 223-291.

4. Sur la réfutation de la théorie de la connaissance analogique de Dieu élaborée par Henri de Gand, cf. *Ordinatio*, I, d. 3, pars 1, qu. 1-2, *in* J. Duns Scot, *Opera Omnia*, III, p. 18, *sq*. et *Reportata parisiensia*, I, d. 3, qu. I, n. 4, *in* J. Duns Scot, Wadding, XI. 1, p. 42-43.

5. *Ordinatio*, II, d. 3, pars 2, qu. 1, *in* J. Duns Scot, *Opera Omnia*, VII, p. 549.

est exclue, la seconde est impossible[1]. Chez Scot, la réfutation de la possibilité d'une connaissance négative indépendante d'une connaissance positive prend la forme d'une opposition radicale au principe aristotélicien, que Thomas avait fait sien, selon lequel on connaît d'abord *si une chose est* et seulement après *ce qu'elle est*[2].

La première étape argumentative de Scot vise donc à montrer que ceux qui soutiennent qu'il est impossible de connaître Dieu à travers une espèce sont contraints d'affirmer que l'ange ne peut avoir *aucune* connaissance naturelle de Dieu : la connaissance particulière par concept est aussi impossible que la connaissance universelle, de même que la connaissance immédiate[3].

Scot reconnaît que Thomas a cherché à attribuer à l'ange une forme de connaissance qui ne soit pas exactement *per speciem*, et qui permette cependant une connaissance de Dieu distincte de celle du *viator* et du bienheureux, à savoir la connaissance que l'ange aurait de Dieu en considérant l'image imprimée en sa propre essence[4]. Thomas, on le sait, avait désespérément tenté de faire jouer à la nature de l'ange le rôle que joue l'espèce dans la connaissance. La connaissance à travers sa propre nature devrait pouvoir être, comme la connaissance à travers un concept, directe et non discursive, mais Scot a beau jeu de montrer que, sur ce point, Thomas a précisément échoué. Il est vrai, affirme Scot, qu'une image qui n'est pas

1. Cf. *ibid.*, I, d. 3, pars 1, qu. 1-2, *in* J. Duns Scot, *Opera Omnia*, III, p. 4 : « *non est distinguendum quod Deus possit cognosci negative vel affirmative, quia negatio non cognoscitur nisi per affirmationem, II Perihermeneias in fine et IV Metaphysicae. Patet etiam quod nullas negationes cognoscimus de Deo nisi per affirmationes, per quas removemus alia incompossibilia ab illis affirmationibus* ». Voir également *Quaestiones in I lib. Sententiarum*, d. 3, qu. 1, Wadding, V. 1, p. 387.

2. *Ordinatio*, I, d. 3, pars 1, qu. 1-2, *in* J. Duns Scot, *Opera Omnia*, III, p. 6 : « *Nunquam enim agnosco de aliquo, si est, nisi habeam aliquem conceptus illius extremi, de quo cognosco esse* ». *Cf.* Thomas d'Aquin, *ST*, I, qu. 3 : « *Cognito de aliquo an sit, inquirendum restat quomodo sit, ut sciatur de eo quid sit* ».

3. Le fait qu'Henri et Scot réclament tous deux pour l'esprit humain la possibilité de connaître Dieu ne doit pas nous conduire à sous-évaluer la portée de leur opposition, comme le fait R. Ariew, qui estime que la thèse de Scot sur la possibilité de connaître l'infini montrerait une forme de « *moderate Augustinianism* », même si Scot aurait cherché « *to avoid the extreme Augustianism of Henry of Ghent* ». *Cf.* R. Ariew, *Descartes and the Scotists*, in *Id.*, *Descartes and the Last Scholastics*, Itháki-London, Cornell University Press, 1998, p. 39-57, p. 46 et note.

4. *Ordinatio*, II, d. 3, pars 2, qu. 2, *in* J. Duns Scot, *Opera Omnia*, VII, p. 548-549 : « *Alius modus dicendi est quod angelus cognoscit Deum per essentiam suam propriam, id est essentiam angeli, quia essentia angeli est imago et similitudo Dei ; unumquodque autem cognoscitur per suam similitudinem et imaginem ; ergo angelus per naturam et essentiam suam, in quantum imago Dei, potest ipsum cognoscere. Et dicitur haec imago esse "specularis"* ».

à son tour connue, mais qui est seulement la *ratio cognoscendi* d'autre chose – comme l'espèce visible dans l'œil ou l'espèce intelligible dans l'intellect – permet une connaissance directe et non discursive (« *immediate, absque discursu* »). Mais cela ne peut être le cas de la nature angélique ; car celle-ci ne peut être image qu'en tant qu'elle est à son tour objet de connaissance, or ce qui est connu à partir d'une telle image est toujours inféré de manière discursive[1]. Objection qui sera, on le sait, reprise à la lettre par Suárez[2].

Scot est conscient de la force de cette objection. Elle met en effet au jour une incohérence interne au raisonnement de son adversaire : la connaissance à travers sa propre nature contredit le principe, accepté par Thomas lui-même, de la non-discursivité de la connaissance angélique, et avec lui cet autre principe selon lequel la connaissance de l'ange doit être intermédiaire entre celle du *viator* et celle du bienheureux. Scot ne tient pas du tout compte de la tentative de Thomas, dans la *Somme contre les Gentils,* pour éviter une telle conséquence, tentative au nom de laquelle Sylvestre de Ferrare pensera pouvoir rejeter l'accusation de Scot[3]. Mais quand bien même une réponse de Thomas, sur le point de la connaissance non discursive, eût été possible, le Docteur Angélique aurait dû lui-même admettre qu'il avait échoué dans son projet de trouver une voie intermédiaire entre le *viator* et le bienheureux, contraint qu'il était par l'impossibilité d'accorder à l'ange la connaissance de l'essence de Dieu. La connaissance que l'ange a de Dieu à travers sa propre nature, avait admis l'auteur, « est plus proche de la connaissance spéculaire ». C'est précisément ce que Scot reproche à Thomas : « et cette image est dite "spéculaire" ». L'Aquinate n'a pas été capable de sauver le caractère intermédiaire de l'esprit angélique,

1. *Ibid.*, p. 551 : « *Licet imago quae est tantum ratio cognoscendi, non "ut cognita" (sicut est de specie visibili in oculo et de specie intelligibili in intellectu), repraesentet obiectum immediate, absque discursu, tamen illa imago per quam non cognoscitur illud cuius est nisi ut per speciem cognitam, non est ratio cognoscendi illud nisi tantum per discursum, sicut discurritur a cognoscente ad cognitum ; sed essentia angeli tantum potest poni "imago" secundo modo, et non primo modo ; non igitur per illam imaginem cognoscit angelus essentiam divinam, nisi discurrendo. Hoc autem est inconveniens, quia secundum eos intellectus angelicus non discurrit, ergo* ».

2. Voir *supra*, p. 68-69.

3. Voir *supra*, p. 62-63. Voir Thomas d'Aquin, *Somme contre les Gentils, livre trois, avec les commentaires de Sylvestre de Ferrare*, in *Id.*, *Opera Omnia*, XIV, p. 135-136. Soulignant le fait que, selon Thomas, la connaissance que l'ange a de Dieu n'advient pas à travers une connaissance séparée de l'effet et de la cause, Sylvestre de Ferrare faisait ce commentaire : « *per hoc excluditur obiectio Scoti [...] arguentis cognitionem angeli esse discursiva, quia cognoscit causam per effectum. Patet enim ex iis quae dixit Sanctus Thomas, quod non omnis cognitio causae per effectum est discursiva* ».

entre bienheureux et *viatores*, et a reconduit la connaissance de l'ange à celle du *viator*. Or il n'y a qu'une façon d'éviter de telles conséquences : accorder à l'ange, à la lettre, la connaissance de Dieu *per speciem* et, pour cela, affronter face nord la véritable difficulté que Thomas n'était pas parvenu à surmonter. Il s'agit en définitive d'admettre qu'une connaissance directe de l'essence de Dieu à travers un concept fini est possible. Seule une telle modalité de la connaissance assure la possibilité de cette troisième voie entre le *viator* qui, selon Scot, a certes un concept de Dieu, mais un concept universel et commun, et le bienheureux, qui a de Dieu une connaissance immédiate, directe et dénuée de médiation conceptuelle.

Or, pour attribuer à l'ange une connaissance distincte de l'essence de Dieu sans pour autant lui accorder la vision de Dieu qui revient aux bienheureux, Scot inaugure un nouveau couple conceptuel : l'opposition entre connaissance intuitive et connaissance abstractive[1], où l'intuition, ainsi opposée à l'abstraction, prend un sens différent de celui qu'elle avait dans l'acception thomiste, où elle était exclusivement opposée à la déduction et à la connaissance discursive en général. La connaissance intuitive de Scot renvoie à la connaissance de ce qui est présent, et donc existant, considéré en tant qu'il est présent; c'est une connaissance immédiate, qui se passe de la médiation de l'espèce[2]. En outre, la connaissance intuitive

1. Il revient à Stephen D. Dumont d'avoir placé cette célèbre distinction scotiste à l'intérieur de la discussion sur la connaissance angélique et sur la scientificité de la théologie. *Cf.* S. D. Dumont, « Theology as a Science and Duns Scotus's Distinction between Intuitive and Abstractive Cognition », *Speculum* 64, 1989, p. 579-599. D'après la lecture de Dumont, à mon avis décisive, l'originalité de Scot réside dans « l'invention » de la connaissance abstractive plutôt que dans celle de la connaissance intuitive. Sur la connaissance intuitive et abstractive chez Scot, voir l'étude désormais classique de J. Day, *Intuitive Cognition : A Key to the Significance of the Later Scholastics*, St. Bonaventure, New York, The Franciscan Institute, 1947. Voir par ailleurs S. D. Dumont, « Scotus'Intuition Viewed in the Light of the Intellect's Present State », *De doctrina Ioannis Duns Scoti*, *op. cit.*, II, p. 47-64; J. F. Boler, « Intuitive and Abstractive Cognition », *in* N. Kretzmann *et al.* (dir.), *The Cambridge History of Later Medieval Philosophy*, Cambridge, Cambridge University Press, 1982, p. 460-478; A. Wolter, « Duns Scotus on Intuition, Memory, and Our Knowledge of Individuals », *in* L. J. Thro (dir.), *History of Philosophy in the Making : A Symposium of Essays to Honor Professor James D. Collins on His Sixty-Fifth Birthday*, Washington, University of America, 1982, p. 81-104, également important pour la chronologie des écrits de Scot. K. H. Tachau, *Vision and Certitude in the Age of Ockham : Optics, Epistemology, and the Foundations of Semantics*, 1270-1345, Leiden, E. J. Brill, 1988. Plus récemment, J.-F. Courtine, *Suárez et le système de la métaphysique*, Paris, P.U.F., 1990 et O. Boulnois, *Être et représentation*, *op. cit.*, p. 133 *sq*.

2. L'opposition entre connaissance intuitive et connaissance abstractive (cette dernière se produisant toujours à travers une espèce, même quand elle concerne une chose présente), ne laisse pas beaucoup de doutes sur le fait que la connaissance intuitive ne se produit jamais à travers une espèce. Cf. *Quaestiones in II lib. Sententiarum*, d. 3, qu. 9, Wadding

est toujours non discursive. La connaissance abstractive, qui s'y oppose, renvoie à la connaissance d'un objet à travers un concept, indépendamment de la considération de son existence, et peut être discursive ou non, confuse ou distincte[1]. La distinction scotiste s'inspire d'une idée d'Henri de Gand,

VI. 1, p. 479 : « *angelus [...] seipsum potest cognoscere per essentiam, quando cognoscit cognitione intuitiva, scilicet sub ratione, qua praesens est in existentia actuali : et potest cognoscere* per speciem, *quando cognoscit eam cognitione abstractiva* » (n. s.). Ce qui correspond à la thèse que Scot attribue à Aristote, selon laquelle l'espèce est nécessaire seulement quand il n'y a pas d'accord de l'esprit avec l'objet. Cf. *Ordinatio*, II, d. 3, pars 2, qu. 2, *in* J. Duns Scot, *Opera Omnia*, VII, p. 545 : « *Praeterea, Philosophus III De anima non videtur assignare speciem necessariam, nisi quia obiectum non est per se in anima : "Lapis non est in anima, sed species lapidis"* ». C'est d'ailleurs ainsi que l'entendit l'« école scotiste », et l'auteur d'un résumé très utile sur l'opposition entre thomistes et scotistes, un frère minorite portugais enseignant à Padoue, université où la *via Thomae* et la *via Scoti* avait été formalisées dans l'enseignement, le souligne avec force arguments. *Cf.* Francisco Macedo, *Collationes doctrinae S. Thomae, et Scoti, cum differentiis inter utrumque textibus utriusque fideliter productis, sententiis subtiliter examinatis [...]*, Typis et sumptibus Petri Mariae Frambotti, Patavii 1671), I, p. 132a : « *Scotus non vult ut notitia per speciem habita intuitiva sit, sed penitus abstractiva (excipio semper sensibilem) ; non potest igitur ad Dei claram et intuitivam visionem speciem adhibere, idque omnes mecum Scotistae, qui hanc sequuntur sententiam animadvertunt* ». Macedo voit la nécessité de cette précision, parce que Vázquez et Suárez acceptent la thèse scotiste selon laquelle il est possible de connaître Dieu à travers une espèce, mais soutiennent que cette connaissance est malgré tout intuitive, et donc que seuls les bienheureux peuvent l'avoir. Voir les remarques pertinentes de J.-F. Courtine, *Suárez et le système de la métaphysique, op. cit.* Gilson n'était pas de cet avis (voir É. Gilson, *Jean Duns Scot*, *op. cit.*, p. 542). Henri de Gand, dont Scot s'inpire pour proposer cette division entre connaissance intuitive et connaissance abstractive, réserve d'ailleurs l'espèce à la seule connaissance des objets non présents, du moins dans les *Quodlibeta*. Voir plus loin, n. 1, p. 102.

Ockham sera bien sûr d'avis que la connaissance intuitive ne réclame pas nécessairement la médiation de l'espèce. Il exprimera cette opinion à l'occasion d'une discussion, encore une fois, sur la connaissance angélique, appliquant ici aussi le principe du « rasoir ». Cf. *Quaestiones in librum secundum sententiarum (Reportatio)*, qu. 12-13, *in* G. d'Ockham, *Opera Theologia*, V, New York, St. Bonaventure, 1981, p. 268 : « *ad cognitionem intuitivam habendam non oportet aliquid ponere praeter intellectum et rem cognitam, et nullam speciem penitus. Hoc probatur, quia frustra fit per plura quod potest fieri per pauciora* ».

Si la connaissance intuitive advient sans la médiation de l'espèce, la thèse d'O. Boulnois, selon laquelle la connaissance intuitive est malgré tout une connaissance par représentation, demeure obscure. *Cf.* O. Boulnois, *Être et représentation*, *op. cit.*, p. 150.

1. *Ordinatio* II, d. 3, pars 2, qu. 2, *in* J. Duns Scot, *Opera Omnia*, VII, p. 552-553 : « *Potest enim esse aliqua cognitio objecti, secundum quod abstrahit ab omni existentia actuali, et potest esse aliqua eius, secundum quod exsistens, et secundum quod praesens in aliqua existentia actuali. [...] Et ut brevibus utar verbis, primam voco "abstractivam", quae est ipsius quiditatis secundum quod abstrahit ab actuali exsistentia et non exsistentia. Secundam, scilicet quae est quiditatis rei secundum eius exsistentiam actualem (vel quae est praesentis secundum talem exsistentiam), voco "intellectionem intuitivam", non prout "intuitiva" distinguitur contra discursivam (sic enim aliqua "abstractiva" est intuitiva), sed simpliciter "intuitiva", eo modo quo dicimur intueri rem, sicut est in se* ».

qui avait distingué la connaissance sensible en trois types : la connaissance d'une chose présente, sans espèce, la connaissance d'une chose absente à travers son espèce et la connaissance d'une chose absente à travers l'espèce d'une autre[1].

La connaissance intuitive de Dieu, celle qui advient par sa présence immédiate à l'esprit, concerne seulement le bienheureux et ne peut être

Le terme « clarté » s'applique en priorité à la connaissance intuitive et désigne la vision directe de son propre objet. Voir *Quaestiones in IV lib. Sententiarum*, d. 49, qu. 8, Wadding, X, p. 497 : « *quid sensit [Philosophus] de illa speciali beatitudine, quam nos expectamus. Quae est per claram Dei visionem et fruitionem ? Videtur dicere Philosophus quod de prima substantia non potest haberi cognitio aliqua, nisi ex conceptu aliquo accepto ex sensibilibus, qui non posset esse illius essentiae in se [...]. Similiter diceretur, quod non possemus in illo conceptu habere nisi cognitionem obscuram, et abstractivam* ». Voir aussi *Reportata parisiensia*, I, *Prologus*, qu. 2, n. 15, Wadding, XI. 1, p. 18a, cité *infra*, n. 1, p. 117. Le couple confus/distinct s'applique en revanche de préférence à la connaissance abstractive. En effet, la « distinction » donne la connaissance des caractéristiques essentielles à travers une définition, donc par concept, et non par une appréhension directe. Cf. *Ordinatio*, I, d. 3, pars 1, qu. 1-2, *in* J. Duns Scot, *Opera Omnia*, III, p. 50, cité *supra*, n. 2, p. 95. *Ibid.*, II, d. 3, pars 2, qu. 2, *in* J. Duns Scot, *Opera Omnia*, VII, p. 555 : « *bene quidam possibile est habere cognitionem distinctam, licet abstractivam. Nam abstractiva distinguitur in confusam et distinctam* ».

L'objet de la connaissance abstractive n'est pas nécessairement absent. On peut aussi avoir une connaissance abstractive de ce qui est présent, pourvu qu'on l'« abstraie », précisément, de sa présence. Voir le passage cité dans la note suivante. *Cf.* F. Macedo, *Comparaison des doctrines de saint Thomas et de Scot*, *op. cit.*, I, p. 118b : « *[cognitio abstractiva] inde appellatur abstractiva, quod abstrahat, sive non curet illam praesentiam actualem, et sine ea possit consistere* ».

1. *Somme*, art. XXIV, qu. 2, vol. I, f. 138 i : « *ad modum triplicis cognitionis sensitivae contingit imaginari de deo triplicem cognitionem intellectivam. Est enim quaedam cognitio sensitiva rei ex eius praesentia nuda per essentiam suam, sicut oculus videt colores in pariete. Est autem alia cognitio sensitiva rei in eius absentia, et haec est duplex. Una quae res ipsa cognoscitur per suam propriam speciem, sicut homo imaginat in tenebris colores quos vidit in lumine. Alia qua res cognoscitur per speciem alienam, sicut ovis videns lupum per speciem coloris eius et figurae aestimat inimicum et nocivum* ». Ici Henri accepte encore la présence de l'espèce pour les choses absentes, qu'il éliminera dans des textes plus tardifs. *Cf.* les observations de S. D. Dumont, « Theology as a Science », *op. cit.*, p. 586, note. Sur la fonction de l'espèce et sur son élimination par Henri de Gand, voir F. A. Prezioso, *La « species » medievale e i prodromi del fenomenismo moderno,* Padova, Cedam, 1963.

La tripartition de la connaissance sensible d'Henri reprend en fait la triple modalité de la connaissance théorisée par Thomas au sujet de la connaissance que l'ange a de Dieu (voir *supra*, p. 51-54), mais ici l'auteur insiste sur la connaissance *per speciem* de ce qui est absent. Voir également *Quodlibeta*, *Quodl. I*, qu. 7, f. 93 s : « *bene verum est quod potentiam intellectus oportet determinari ad intelligibile, ad hoc ut ipsum intelligat : et quod hoc fit semper per speciem intelligibilem informantem intellectum, quando res intellecta per essentiam absens est intellectui : quemadmodum contingit de lapide quod non intelligatur nisi per lapidis speciem :* cuius non est ratio, nisi quia per suam essentiam absens est intellectui » (n. s.).

accordée à l'ange de façon naturelle. Sur ce point, Scot est d'accord avec Thomas. Toutefois, la connaissance intuitive n'est pas la seule connaissance distincte de Dieu possible, comme le pensait Thomas, car Dieu peut également être connu distinctement à travers un concept ou à travers une connaissance abstractive ; et c'est précisément la distinction entre connaissance intuitive et connaissance abstractive qui permet à Scot de formuler une théorie de la connaissance distincte de Dieu – et non pas confuse, puisqu'elle concerne directement l'essence –, naturelle – et non pas béatifique, en tant qu'elle est médiée –, bref une connaissance de l'essence divine à travers un concept :

> Bien que, selon l'opinion commune, l'ange ne puisse pas avoir, de façon purement naturelle, de connaissance intuitive de Dieu [...], cependant il ne semble pas qu'il faille nier qu'il puisse en avoir naturellement une connaissance abstractive, si l'on entend par là qu'une certaine *espèce* qui représente *distinctement* cette essence se donne à lui, même si elle ne la représente pas comme présentement existante en soi ; et il est donc tout à fait possible d'avoir une intellection distincte, bien qu'abstractive, car la connaissance abstractive se distingue en confuse et distincte [...]. Et il n'y a pas de contradiction à établir qu'une telle espèce, qui représente l'essence divine, soit innée <*indita*> à l'intellect angélique dès le début, si bien que, bien qu'elle ne soit pas naturelle à cet intellect [...] cependant, comme les perfections données à l'ange à sa création (même si elles ne suivent pas nécessairement de sa nature) sont dites « naturelles » (pour les distinguer de la grâce et de la gloire qui, elles, sont purement « surnaturelles »), cette perfection donnée à l'intellect angélique, grâce à laquelle l'essence divine lui est présente distinctement (bien qu'abstractivement), peut être appelée « naturelle » et propre à la connaissance naturelle de l'ange[1].

Thomas avait bien remarqué qu'il était nécessaire, pour accorder à l'ange une connaissance de Dieu différente de celle du bienheureux, de lui attribuer une connaissance de Dieu *per speciem*, mais, comme on le sait, il avait renoncé à explorer jusqu'au bout cette voie. Scot parvient au contraire, avec une certaine désinvolture, à faire ce que Thomas n'avait pas réussi à faire, simplement parce qu'il ne reconnaît aucune légitimité au principe qui avait empêché Thomas de mener à bien son projet, principe constituant le noyau dur de la théologie thomiste et qui interdisait de représenter Dieu à travers quelque chose de créé et de fini. C'est précisément

1. *Ordinatio* II, qu. 3, pars 2, qu. 2, *in* J. Duns Scot, *Opera Omnia*, VII, p. 554-555.

le rejet de ce principe qui permet à Scot d'accorder à l'ange une connaissance *distincte* de l'essence divine[1].

L'argument philosophique grâce auquel Scot élabore sa thèse de la représentation possible de l'infini à travers le fini suppose qu'entre le représentant et le représenté aucune adéquation de nature ne soit requise,

1. L'opposition à Thomas, au sujet de la connaissance angélique, se lit également – de façon marginale, mais symptomatique – dans le geste opposé que Scot accomplit à propos de la *Genèse au sens littéral* d'Augustin. Ce geste est d'autant plus important qu'il se produit dans le cadre d'une communauté d'intentions entre Scot et Thomas, dans l'exégèse d'Augustin. En effet, les deux auteurs cherchent à attribuer à l'ange une connaissance naturelle distincte de et précédant la connaissance béatifique. Mais les chemins qu'ils empruntent pour définir cette connaissance naturelle sont différents : pour Thomas, la connaissance naturelle de l'ange est une connaissance vespérale, la connaissance d'une créature, celle que l'ange a de lui-même et des idées des créatures en lui-même ; au contraire, pour Scot, la connaissance naturelle de l'ange est une connaissance matinale, c'est donc une connaissance de Dieu et des choses en Dieu, mais elle se distingue de la vision matinale qui s'obtient grâce à la béatitude, car dans la connaissance matinale naturelle, Dieu est connu à travers un concept, et les choses sont vues non pas en Dieu mais dans l'idée de Dieu, innée à l'esprit de l'ange. La raison de cette différence est évidente : pour Scot, contrairement à Thomas, deux connaissances « distinctes » de Dieu sont possibles, la connaissance immédiate et intuitive des bienheureux et la connaissance médiatisée par le concept et abstractive du *viator*. Par conséquent, alors que Thomas, pour distinguer la connaissance angélique de la connaissance béatifique, était obligé de penser l'existence de deux connaissances vespérales, dont la première exprimait la connaissance naturelle de l'ange, précédant la béatitude, Scot pense l'existence de deux connaissances matinales. Au premier instant de la création, l'ange n'a pas connu les choses créables dans les idées innées imprimées en son esprit, mais il les a connues dans l'idée de Dieu, innée en son esprit, pour ensuite les connaître en Dieu lui-même, dans la connaissance matinale de la béatitude. Scot et Thomas sont d'accord pour renvoyer à la béatitude la connaissance matinale augustinienne mais se divisent sur le type de connaissance naturelle à attribuer à l'ange. Cf. *Ordinatio*, II, d. 3, pars 2, qu. 2, *in* J. Duns Scot, *Opera Omnia*, VII, p. 558-560 : « *Et licet [Augustinus] istam cognitionem "rerum in verbo" posuerit cognitionem beatificam [...] potest tamen probari ex dictis eius quod ista cognitio (quae vocatur communissime "cognitio matutina") sit naturalis et non praeciose beatifica, quia [...] iste ordo [...] praecessit naturaliter cognitionem creaturarum in genere proprio. [...] Ergo ista "cognitio in Verbo" praecessit naturaliter productionem creaturarum in genere proprio : sed tunc angeli erant in statu innocentiae et non beati, quia aliqua morula erat [...] inter creationem et lapsum eius ; erat igitur aliqua cognitio angelorum matutina (scilicet "creaturarum in Verbo"), exsistentium in naturalibus (aut saltem non beatorum) [...]. Et si obiciatur quomodo potuit in Verbo, non intuitive sed abstractive cognitio, alia cognoscere, respondeo : tota scientia nostra est nunc de passionibus abstractive per intellectum, ita quod non tantum obiectum intuitive cognitum, sed etiam abstractive, est illud in quo ut in cognito cognoscitur passio* ».

La succession des connaissances matinales et vespérales deviendra, on le comprend, un objet de désaccord entre thomistes et scotistes. Voir le *Commentaire* de Cajétan à la *Somme théologique*, I, qu. 56, art. 3, *in* Thomas d'Aquin, *Opera Omnia*, V, p. 68b : « *Ad ultimum, de cognitione matutina, dicitur negando quod cognitio matutina fuerit in angelis ante beatitudinem* ».

ni aucune adéquation des capacités de représentation, comme cela se produit dans le cas de la compréhension. Un instrument fini et inadéquat peut représenter partiellement mais véritablement ce à quoi il se réfère, en l'occurrence l'infini :

> aucune espèce ne peut représenter l'essence divine de manière adéquate [suivant la proportion du représentant au représenté] [...] mais elle peut la représenter pour ainsi dire en relation à l'intellect créé, c'est-à-dire qu'elle représente cette essence aussi parfaitement que le permet un tel acte. [...] Comme un acte fini peut avoir un objet infini en tant qu'infini, et cependant atteindre son objet plus immédiatement que l'espèce, ainsi l'espèce finie peut représenter un objet infini en tant qu'infini <*sub ratione infiniti*>, et cependant n'être pas adéquate à son être, ni simplement adéquate à sa connaissance, parce qu'elle n'est pas un principe de compréhension <*ipsa non est principium comprehendendi*>[1].

La finitude de l'espèce la rend, il est vrai, plus semblable par nature aux êtres finis qu'à l'être infini, comme l'avait remarqué Henri, mais la ressemblance de nature n'est pas ce qui importe pour la représentation. S'agissant de la capacité à représenter, le concept – fini – de l'infini est plus similaire à l'infini qu'il n'est similaire à n'importe quelle créature finie[2], même si l'adéquation entre fini et infini, qu'Henri, comme Thomas, avait considérée comme indispensable pour la représentation, fait défaut[3]. Autrement dit, il n'est pas du tout vrai que le fini puisse représenter exclusivement le fini. Un instrument fini, comme un concept, peut avoir pour objet propre de connaissance l'infini. La finitude du concept entraînera simplement une compréhension limitée de l'infini, mais non pas l'incapacité de le représenter en tant qu'infini.

1. *Ordinatio* II, d. 3, pars 2, qu. 2, *in* J. Duns Scot, *Opera Omnia,* VII, p. 562-563.

2. *Ibid.*, p. 563 : « *similitudo naturalis in "essendo" non est per se ratio repraesentandi unius respectu alterius, quia "hoc album", quantumcumque sit similius alii albo quam species, non est ratio repraesentandi illud; species autem huius, quae multo minus est in entitate naturali, similior est huic in convenientia et similitudine proportionis "quae est repraesentantis ad reprasentatum". Ita hic, licet species – propter suam finitatem – in entitate et in essendo plus conveniat cum essentia creata quam cum essentia divina, non tamen plus convenit cum ea convenientia proportionis "quae est repraesentantis ad repraesentatum"* ». Sur la théorie de la représentation de Scot, voir l'exposé très minutieux de D. Perler, *Théories de l'intentionalité au Moyen Âge*, Paris, Vrin, 2003, p. 107 *sq*., qui cependant n'aborde pas la question de la ressemblance. O. Boulnois, *Être et représentation*, *op. cit*., p. 88-105, s'occupe de cette question, en nuançant le lien de Scot à la représentation par ressemblance.

3. *Cf.* le passage du *Quodlibet* III d'Henri, cité *supra*, n. 1, p. 93.

La distinction entre ressemblance par représentation et ressemblance de nature avait déjà été utilisée par Thomas[1] pour justifier la capacité de représentation en cas de différence de nature, mais l'Aquinate avait cependant lié la capacité de représenter à l'existence d'une commune mesure entre l'espèce et son objet. Par exemple, une espèce extraite d'un être matériel n'a plus de nature commune avec le corps dont elle est dérivée, et cependant elle est capable de le représenter parce qu'elle maintient avec ce corps un lien de proportion – de « *ratio* » – alors que, pour la même raison, elle est incapable de représenter une substance immatérielle[2]. Entre le fini et l'infini manque cette commune mesure qui constitue la condition nécessaire à la représentation[3]. Sur ce point, Henri de Gand avait suivi Thomas. Scot, au contraire, libère la capacité de représenter de toute exigence d'homogénéité avec le représenté et utilise l'opposition entre représentation et nature pour neutraliser tous les arguments qui font appel à la finitude de l'espèce pour en déduire une incapacité à représenter l'infini. Comme on a pu le souligner déjà, c'est finalement la rupture du paradigme de la représentation par ressemblance qui permet à Scot de revendiquer la capacité, pour l'espèce finie et créée, de représenter l'infini et d'accorder ainsi à l'ange une connaissance de Dieu abstractive et distincte.

La connaissance que l'ange a de Dieu est donc abstractive mais distincte. C'est une connaissance positive et non pas déduite négativement des choses finies[4]. C'est une connaissance naturelle – de « pure nature », dira plus

1. Cf. *De la Vérité*, qu. 10, art. 4, resp. : « *Similitudo aliquorum duorum ad invicem potest dupliciter attendi : uno modo secundum convenientiam in natura, et talis similitudo non requiritur inter cognoscens et cognitum [...]. Alio modo quantum ad repraesentationem, et haec similitudo requiritur cognoscentis ad cognitum* ».

2. Voir *infra*, p. 222.

3. C'est ce que réaffirmera Sylvestre de Ferrare dans son *Commentaire* de la *Somme contre les Gentils*, III, 49, passage où Thomas avait démontré l'impossibilité de représenter l'infini à travers une espèce finie. *Cf.* Thomas d'Aquin, *Opera Omnia*, XIV, p. 136 : « *oportet inter speciem et rem intellectam esse adaequationem, vel continentiam secundum eminentiam, speciei ad rem intellectam* ».

4. Même le concept d'infini auquel l'esprit du *viator* a accès est un concept positif. Francis J. Catania identifie à juste titre, parmi les points de désaccord à l'égard de Thomas, le concept d'infini qui, chez Scot, est précisément une notion positive, construite par l'esprit en vue de s'adapter à la perfection intrinsèque de Dieu. *Cf.* F. J. Catania, « John Duns Scotus on *Ens Infinitum* », *American Catholic Philosophical Quarterly* 47, 1993, p. 37-54. Sur la construction du concept d'infini, d'après celle qui a défini l'« abstraction augustinienne », voir A. B. Wolter, « An Oxford Dialogue on Language and Metaphysics », *Review of Metaphysics* 31, 1978, p. 615-648 et 32, 1979, p. 323-348. Voir également A. Côté, « La critique scotiste du concept d'infini chez Thomas d'Aquin », *in* L. Sileo (dir.), *Via Scoti. Methodologica ad mentem Joannis Duns Scoti*, Roma, Antonianum, 1995, II, p. 577-592 ; A. Ghisalberti, « "*Ens infinitum*" e dimostrazione dell'esistenza di Dio in Duns Scoto »,

tard Suárez –, c'est-à-dire indépendante non seulement de la béatitude, mais aussi de la grâce. Elle est innée, au sens où, bien qu'elle soit insufflée par Dieu, elle fait partie de la nature de l'ange et n'est donc pas un don surnaturel[1]. Ce caractère inné de l'idée de Dieu doit être tout particulièrement souligné. Car Scot avait été très critique envers l'innéisme que revendiquait Thomas pour les esprits angéliques : il s'était montré prêt à prendre en considération, tout au plus, le caractère inné des idées universelles, mais jamais celui des idées individuelles, qu'il proposait plutôt de faire dériver des choses elles-mêmes. Pour l'idée de Dieu, au contraire, ce choix est impossible : si la connaissance que l'ange a de Dieu doit être une connaissance abstractive, elle ne pourra être obtenue par un contact direct avec Dieu et ne pourra certainement pas être dérivée des créatures. L'innéisme apparaît, une fois encore, comme un choix nécessaire, dès lors que l'on entend exclure la vision immédiate de Dieu. L'idée innée que l'ange possède de Dieu est un véritable concept, qui représente l'essence divine dans sa détermination et qui n'est pas assimilable à la connaissance de Dieu que l'école franciscaine, et notamment Bonaventure, avait définie comme « innée » à l'esprit du *viator*, mais qui était réductible ou bien à un principe intérieur de la connaissance, ou bien au concept général de l'être. Ainsi l'innéisme angélique trouve-t-il là un accomplissement dans son opposition au modèle augustinien de la participation, alors que Thomas avait dû laisser cette voie à moitié inexplorée : l'ange connaît également Dieu par une idée innée.

Après avoir écarté ce principe tabou consistant à dire qu'il est impossible de représenter l'infini par l'intermédiaire du fini, Scot développe le modèle de la connaissance que possèderait un être immatériel fini ayant, sans contact avec le divin, la science des choses matérielles et immatérielles, finies et infinies. La connaissance que l'ange a de Dieu constitue ainsi l'exemple même de la possibilité d'une connaissance scientifique des vérités théologiques, indépendamment du contact avec l'esprit divin et par

in L. Hoonefelder, R. Wood, M. Dreyer (dir.), *John Duns Scotus. Metaphysics and Ethics*, Leiden, E. J. Brill, 1996, p. 415-434.

1. Il est en revanche difficile de parler d'un innéisme, même virtuel, de l'idée de Dieu dans l'esprit du *viator*. Voir, sur ce point, les observations de T. A. Barth, « Duns Scotus und die ontologische Grundlage unserer Verstandeserkenntnis », *Franziskanische Studien* 33, 1951, p. 348-384. Sur l'innéisme présumé de Scot, voir F. A. Prezioso, *La critica di Duns Scoto all'ontologismo di Enrico di Gand*, *op. cit.*, p. 161-173. Voir également, à propos de l'innéisme de l'idée de Dieu chez Henri de Gand, les réserves exprimées par S. P. Marrone, *Truth and Scientific Knowledge*, *op. cit.*, p. 137-139.

illumination surnaturelle[1]. C'est en effet d'abord Henri de Gand, puis Duns Scot, qui trouvent dans la connaissance conceptuelle de ce qui est absent l'instrument par excellence de la connaissance scientifique[2]. Il existe donc

1. La preuve du caractère crucial de la théorie de la connaissance que les anges ont de Dieu est qu'elle devient un des *topoï* à propos desquels thomistes et scotistes se diviseront par la suite. En effet, on l'a vu, elle implique une position alternative sur la possibilité d'une connaissance distincte et naturelle de Dieu. Il est très instructif, à ce propos, de consulter le catalogue des lieux d'opposition entre Scot et Thomas de Francisco Macedo. La connaissance angélique est présentée comme un des points de désaccord entre thomistes et scotistes. Cf. *Collactiones doctrinae S. Thomae, et Scoti, op. cit.*, II, p. 115-116 : « *Differentia IV. De Cognitione angeli circa Deum, sectio I, Utrum angelus habeat notitiam naturalem distinctam essentiae divinae ? [...] Conveniunt ambo in aliquibus primo in eo quod angelus habuerit aliquam cognitionem divinae essentiae, cum fuerint creati. Deinde eam non fuisse supernaturalem, tertio neque intuitiva. Differunt in eo primo, quod S. Thomas non ponit distinctam. Scotus ponit. Secundo quod D. Thomas aufert omnino speciem divinam essentiam ullo modo repraesentantem. Scotus statuit speciem abstractive repraesentantem. Tertio quod D. Thomas concedit cognitionem per essentiam angeli tanquam speculum. Scotus eam negat* ».

C'est dans le cadre du débat sur la connaissance angélique que le franciscain discute de la connaissance abstractive et intuitive et de la possibilité d'avoir une connaissance abstractive claire et distincte. Cf. *ibid.*, p. 118 : « *Proponitur Scoti de cognitione clara et distincta per speciem sententia* ». Bien que l'adversaire explicite de Scot ait été Henri de Gand, l'extension du catalogue présente la question comme un point de dissidence entre thomistes et scotistes; évidemment, on identifie clairement, derrière les attaques scotistes contre Henri de Gand, la cible thomiste. L'extension du catalogue enregistre une victoire nette des scotistes sur ce point. Cf. *Collactiones doctrinae S. Thomae, et Scoti, op. cit.*, II, p. 119-120. « *Communis pene omnium scholarum extra thomisticam sententia est posse dari speciem impressam Dei intuitivam : imo et multi affirmant de facto per eam videri Deum a Beatis : nulla igitur repugnantia est in ponenda huiusmodi specie distincta, et clara repraesentante Deum abstractive* ». Les partisans de Thomas dont on parle excluent les Jésuites, qui se sont au contraire rangés du côté de Scot. *Ibid.*, p. 121 : « *Utrum sit possibilis species impressa intuitiva Dei, per quam visio Beata eliciatur ? Negat tota schola thomistica consensu maximo [...] affirmat tota ferme schola Societatis* ». La liste des Jésuites ayant choisi la thèse scotiste comprend Suárez, Vázquez, Molina, Arriaga. De manière analogue, F. Lafosse, *Augustinus theologus sive theologia secundum genium Divi Augustini, et Discipulorum ejus interpretationem*, 4 vol., Tolosae, excudebat Guillelmus Bosc, 1680, III, p. 445- 446. Le front des partisans de l'opinion de Thomas se réduit donc aux plus fidèles, parmi lesquels figure en premier lieu Cajétan. Voir le *Commentaire* de la *Somme Théologique*, I, qu. 55, art. 3, *in* Thomas d'Aquin, *Opera Omnia*, V, p. 68a : « *repraesentari distincte non dicitur res, nisi repraesentetur illa conditio qua formaliter constituitur in suo proprio et essentiali esse [...]. Unde Deus non distincte repraesentabitur, nisi repraesentetur id quod se habet ad ipsum quasi essentialis et propria differentia constitutiva eius in hoc quod est esse Deum* ». En somme, avoir une connaissance distincte de Dieu équivaut à connaître le « *quia est* » et le « *quod quid est* » de Dieu, ce qui est impossible pour un thomiste. De l'infinité de Dieu, selon Cajétan, vient en effet le fait que Dieu « *est irrepraesentabile [is] distincte* ».

2. *Cf.* S. D. Dumont, *Theology as a Science*, *op. cit.*, p. 586. Cf. *Somme*, art. XIII, qu. 7 f. 96 p-q : « *Proprie autem dicitur notitia intellectus quando res est praesto intelligenti vel*

au moins un esprit fini capable de connaître également l'infini de façon distincte, sans secours surnaturel et sans contact avec l'essence divine, mais à travers un concept fini, comme les mathématiciens et les physiciens construisent et développent la science au moyen de concepts.

DUNS SCOT AU-DELÀ D'HENRI DE GAND

Avec les anges se joue la possibilité d'une science naturelle de Dieu; à tel point que la connaissance abstractive de Dieu, accordée à l'ange dans les textes d'Oxford, deviendra à Paris le noyau dur d'un véritable projet de théologie scientifique. Scot construira un argument important pour réfuter Henri, qui, sur ce sujet, avait partagé la thèse thomiste selon laquelle il est impossible de représenter l'infini par le fini[1]. De façon surprenante, quand il s'agit de chercher à déterminer le rapport entre raison et foi, Henri apparaît comme un rationaliste convaincu. Ou mieux : Henri est un philosophe qui cherche à faire coïncider la conviction que la raison est supérieure à la foi avec la thèse selon laquelle la vérité n'est jamais accessible que par la seule lumière divine. Henri avait déjà formulé, dans la *Somme des questions ordinaires*, une doctrine selon laquelle on peut avoir une connaissance scientifique des vérités théologiques, mais le passage dans lequel cette thèse s'illustre de manière particulièrement efficace reste la seconde question du *Quodlibet* XII, dans laquelle il se demande « si *in via* il est possible de savoir, au sujet de Dieu, ce qu'il est, ou qu'il est trine, plus clairement qu'on ne le sait à travers la lumière de la foi »[2]. Se référant à ce qui est déjà établi dans la *Somme*[3], Henri répond par l'affirmative : « ce qu'est Dieu, et qu'il est trine, et les autres choses que l'on doit croire à son sujet,

scienti per speciem solum suam vel alienam, sicut geometra habet intellectum et scientiam figurarum corporalium ad absentiam earum secundum rem per veridicam rationem quam habet de eis adminiculo specierum suarum apud animam. [...] Sed loquendo de intellectu proprie dicto, cui res praesto est per speciem et maxime per speciem alienam [...] non est ex rei praesentis evidentia, sed ex veridicae rationis efficacia ». Et cf. *Ordinatio*, II, dist. 3, pars 2, qu. 2, *in* J. Duns Scot, *Opera Omnia*, VII, p. 552 : « *Ista distinctio [*entre la connaissance abstractive et la connaissance intuitive*] probatur per rationem [...]. Primum [...] patet ex hoc quod possumus habere scientiam de aliquibus quiditatibus; scientia autem est obiecti secundum quod abstrahit ab existentia actuali, alioquin scientia posset "quandoque esse, et quandoque non", et ita non esset perpetua, sed corrupta re corrumperetur scientia illius rei; quod falsum est* ».

1. Reprenant ici les thèses de Dumont, *Theology as a Science*, *op. cit.*

2. Henri de Gand, *Quodlibet* XII, qu. 2, J. Decorte (éd.), Leuven, Presse Universitaires de Louvain, 1987, p. 14.

3. *Somme*, art. XIII, qu. 4, vol. I, f. 92, n-93 o; qu. 6, vol. I, f. 94 a-95 m.

peuvent être connues plus clairement qu'à travers la foi, et par une lumière plus claire que la lumière de la foi »[1] ; « le fidèle est illuminé par une lumière pour croire et par une autre lumière pour intelliger, et la lumière par laquelle il intellige est plus claire que celle par laquelle il croit »[2]. Henri se laisse ensuite aller à une sorte d'invective contre les théologiens. Alors que tout expert, dans chaque discipline, cherche à valoriser au maximum son art, certains théologiens, pour exalter une discipline qui n'est pas la leur, c'est-à-dire la philosophie, rabaissent leur propre discipline en disant qu'elle n'est pas une véritable science, sous prétexte que ce que l'on peut croire ne pourrait être rendu intelligible en cette vie. Il s'agit, en somme, d'une forme d'automutilation, qui condamne la foi à une condition d'infériorité par rapport à la philosophie[3]. En effet, la raison est sans doute supérieure à la foi, dès lors que la foi se fonde également sur la raison. Personne ne croirait aux témoignages s'il n'était d'abord convaincu par sa raison de l'autorité du témoin[4]. Il faut encore distinguer entre les vérités qui ne peuvent être connues que par la foi, comme les vérités historiques, et les vérités qui concernent la divine nature, qui sont d'abord crues, mais qui peuvent ensuite être intelligées. Mais même pour y croire, il est nécessaire de connaître, par la raison, la signification des termes qui sont utilisés[5]. Après qu'on a été convaincu par la raison de la fiabilité du témoignage et de la signification des termes, on est disposé à croire et à donner son assentiment, grâce à la foi infuse, aux propositions qui contiennent ces termes, lesquels sont contenus dans les Écritures Saintes. À la foi peut ensuite venir s'ajouter une illumination surnaturelle supplémentaire, qui rend ces termes plus intelligibles qu'ils ne l'étaient au premier stade, par la raison, et au second stade, par la foi, produisant ainsi une connaissance plus claire qu'elle ne peut l'être dans la condition normale des *viatores*[6]. Henri théorise la possibilité d'une illumination surnaturelle intermédiaire entre le *lumen fidei* et le *lumen gloriae*, qui donne à l'esprit l'accès à la connaissance scientifique de ce qui, *in via*, fait normalement l'objet d'une croyance par la foi et qui sera connu, dans l'état de béatitude, par une présence directe à l'esprit[7]. La foi produit la croyance dans les choses

1. *Quodlibet* XII, qu. 2, *op. cit.*, p. 14-15.
2. *Ibid.*, p. 20.
3. *Ibid.*, p. 20-21.
4. *Ibid.*, p. 25
5. *Ibid.*, p. 25-26.
6. *Ibid.*, p. 26.
7. *Somme*, art. XIII, qu. 2, vol. I, f. 91 t. : « *homo naturaliter ordinatus est, ut quaedam possit scire ad quae solo adiutorio luminis naturalis et illustrationis generalis potest attingere : et aliqua quae omnem eius facultatem naturalem excedunt : et hoc tum propter*

absentes ; la vision fait connaître les choses par leur présence directe ; l'intellect, quant à lui, connaît un objet non par sa présence directe, mais au moyen d'un concept de l'objet absent servant de prémisse pour le raisonnement scientifique, tant et si bien que, grâce à l'étude, à laquelle s'ajoute une illumination surnaturelle, intermédiaire entre la foi et la gloire, les vérités de la foi pourront être connues rationnellement[1]. La lumière intermédiaire entre la foi et la béatitude permet la connaissance scientifique des vérités théologiques et c'est ainsi que la science théologique se trouve clairement séparée de la connaissance béatifique, qui opère par la présence directe de son objet à l'esprit du bienheureux, tout en accordant une connaissance distincte de ces vérités. Autrement dit, l'illumination surnaturelle est paradoxalement condition de l'acquisition d'une connaissance théologique tout à fait comparable aux sciences naturelles.

Une prise de position si explicite en faveur de la supériorité de la raison sur la foi était loin de déplaire à Scot. Elle apparaît de fait en singulière harmonie avec le travail accompli à Oxford sur la connaissance des anges. Scot leur avait accordé, avec la connaissance abstractive, la connaissance de l'essence divine, parvenant ainsi à la distinguer de la vision des bienheureux. C'est précisément ce qui aurait dû se produire, selon les intentions d'Henri, pour la connaissance scientifique des vérités de la foi, qui s'obtient par une illumination intermédiaire entre celle de la foi et celle de la gloire. La seule chose qui ne pouvait plaire à Scot, de façon prévisible, est le fait que ce soit une lumière surnaturelle qui garantisse la scientificité de la théologie. Le Docteur Subtil discutera la thèse d'Henri dans le *Commentaire des Sentences* parisien[2]. La stratégie que Scot mettra au point

eius debilitatem, quae in tam excellenti cognoscibili figi non potest, tum propter eius obtusitatem, quae illustratione generali et vi luminis naturalis illa inspicere non sufficit. Quare si talia debet scire necessario requiritur aliquid supernaturale, et speciale ei infusum, quo in virtute fortificetur et elevetur et in visu acuatur. Hoc autem est quod appellamus speciale lumen speciali illustratione infusum, quod est quasi sanitas spiritualium oculorum mentis, quod sufficit intellectui scibilia supernaturalia illustrate ut ipsa sciri possit ».

1. *Ibid*., qu. 6, vol. I, f. 94 b-e, e : « *Unde ad talem intellectum promerendum, primo credendum est auctorictati sacrae, deinde studio sacrae scriptinae diligenti investigatione insistendum ad hoc quod creditum est intelligendum, assistente nobis supernaturali illustratione divina [...]* ».

2. Scot revit également l'*Ordinatio* pendant ses années à Paris, toutefois les thèses d'Henri de Gand sur la scientificité de la théologie sont présentées seulement dans les *Reportata Parisiensia*. Pour la chronologie des œuvres de Scot, voir A. B. Wolter, « Reflections on the Life and Works of Scotus », *American Catholic Philosophical Quarterly* 67, 1993, p. 1-36 ; *Id*., *Duns Scotus at Oxford*, in *Via Scoti*, *op. cit*., I, p. 183-191 ; *Id*., « Reflections about Scotus's Early Works », *in* L. Honnefelder (dir.), *John Duns Scotus : Metaphysics and Ethics*, Leiden, E. J. Brill, 1996, p. 37-57 ; C. K. Brampton, « Duns Scotus

à cette occasion prévoit de faire sienne la thèse henricienne de la scientificité de la théologie mais de rejeter en même temps la nécessité d'une quelconque lumière surnaturelle pour la rendre possible. Scot poursuit son objectif au moyen d'une argumentation « par rétorsion ». Il suffira en effet de montrer que si l'on s'en tient aux présupposés henriciens, on ne peut avoir de connaissance théologique scientifique, mais que la connaissance abstractive de Dieu, élaborée par Scot à Oxford, la rend en revanche possible. Ainsi l'exigence d'une théologie scientifique posée par Henri se transforme-t-elle en une arme contre les thèses henriciennes elles-mêmes, rejetées par Scot, notamment celle de l'impossibilité de représenter Dieu par un concept fini. Or, selon Scot, si la connaissance scientifique de la théologie devient, chez Henri, impossible, c'est précisément à cause de son refus de penser une connaissance de Dieu par l'espèce (c'est-à-dire une connaissance abstractive), refus que l'auteur défendait à la fois dans la *Somme* et dans les *Quodlibeta*. Telle est donc la stratégie de Scot : présenter les thèses élaborées à Oxford contre Henri et Thomas comme les seules à même de satisfaire l'exigence d'une théologie scientifique pourtant établie par Henri lui-même.

La connaissance distincte de Dieu, qui devrait être le fondement d'une théologie scientifique, est ou bien garantie par la présence de Dieu lui-même, ce qui est impossible pour le *viator*, ou bien garantie par quelque chose qui représente Dieu, ce dont Henri nie précisément la possibilité. Le *lumen medium* dont parle Henri ne peut donc être un instrument capable de représenter Dieu. Mais puisque seul un moyen représentatif peut garantir la connaissance distincte quand l'objet n'est pas immédiatement présent à l'esprit, le *lumen medium* sera incapable de garantir au *viator* la connaissance distincte des vérités qui concernent Dieu, comme le voudrait au contraire Henri[1]. Mieux : pour qu'un principe soit intelligé, les termes qui le composent doivent être à leur tour intelligés. Or les principes de la foi dépendent de la connaissance de leur terme premier, c'est-à-dire Dieu, mais cette connaissance, selon Henri, est impossible, non pas pour l'intellect fini, mais en soi, en tant que Dieu ne peut être connu par un concept fini. Aucun *lumen* ne pourra donc réussir l'exploit qu'Henri prétend lui faire accomplir, celui d'acquérir une connaissance scientifique des vérités théologiques ; c'est comme s'il prétendait mener à terme une démonstration dont les axiomes resteraient inintelligibles :

at Oxford, 1288-1301 », *Franciscan Studies* 24, 1964, p. 5-20. On trouve une synthèse des résultats de ces recherches dans Th. Williams, *The Life and Works of John Duns the Scot*, in *The Cambridge Companion to Duns Scotus*, *op. cit.*, p. 1-14.

1. J. Duns Scot, *Reportata Parisiensia*, I, *Prologus*, qu. 2, n. 14, Wadding, XI. 1, p. 17b.

> [...] dans une lumière quelconque, on n'a pas de connaissance distincte des termes, comme les termes d'un principe, dans cette lumière il n'est pas possible d'intelliger distinctement ce principe. Mais dans cette lumière qu'ils présupposent, il n'est pas possible d'avoir une notion distincte de Dieu, comme terme du principe purement théologique, donc, etc. Je prouve la mineure : il est impossible d'avoir une notion distincte de Dieu, à moins que Dieu ne soit présent en soi à l'intellect ou en quelque chose d'autre qui le représente distinctement; mais cela n'est pas possible au *viator*, parce que s'il était présent par soi à l'intellect du *viator*, alors la béatitude serait en lui; et il n'est pas non plus possible qu'il y ait quelque chose d'autre qui le représente distinctement, parce que, selon eux, il n'y a rien qui puisse accomplir les fonctions de représentation d'une chose pour l'intellect du *viator*, sinon le fantasme; mais le fantasme ne peut représenter distinctement l'essence divine[1].

Pour le dire autrement, la possibilité d'une connaissance théologique scientifique échoue, en raison de l'impossibilité de représenter l'infini par un moyen fini. Il serait possible d'admettre la thèse d'Henri seulement si le *lumen* dont il est question était capable de représenter l'essence de Dieu. Mais c'est précisément cette possibilité qu'Henri niait, en reprenant les arguments par lesquels Thomas avait exclu la possibilité de connaître Dieu à travers une espèce finie et créée. La lumière surnaturelle augmente la capacité de l'intellect humain en lui permettant de traduire en langage rationnel les vérités de la foi mais ne représente pas directement Dieu ou les vérités qui le concernent; on devra donc dire que c'est *dans* cette lumière plutôt que *par* cette lumière que Dieu est connu[2]. Que ce moyen de représentation de Dieu soit au contraire possible, c'est ce que Scot pense avoir démontré dès l'époque d'Oxford, dans le travail accompli sur la connaissance angélique, et c'est à la lumière de ce résultat qu'il propose de bouleverser la théorie d'Henri, en transformant le *lumen medium* en un moyen de représenter Dieu, *à travers* lequel et non pas *dans* lequel Dieu est connu : « J'exclus qu'il soit possible d'avoir une science de Dieu grâce à une quelconque lumière, si Dieu n'est pas un objet présent en soi, ou

1. *Ibid.*

2. *Quodlibet* XII, d. 2, *op. cit.*, p. 26-27 : « *Quibus terminis cognitis [quid est Deus, quid est esse, quid trinus, quid unus], in ipsis statim cognoscuntur complexa ex quibus constituuntur, ut principia tam extrinseca quam intrinseca scientifica in theologia, ut quod Deus est, quod Deus est unus, quod Deus est trinus, quae sunt principia extrinseca in demonstratione theologica. Et consimili modo in eodem lumine virtute talium principiorum extrinsecorum cognoscuntur principia theologica intrinseca [...]. Et per hoc habetur habitus intellectivus de principiis tam extrinsecis quam intrinsecis theologiae, et scientifica de conclusionibus credibilibus* » (n. s.).

dans quelque chose qui le représente ; s'ils pensent ensuite que cette lumière joue un rôle de représentation, je l'accorde, mais alors on aura une science non pas dans cette lumière, <*in illo lumine*> mais à travers cette lumière <*per illud lumen*> »[1]. Le *lumen medium*, pour pouvoir accomplir le rôle qu'Henri lui a confié, doit assumer la fonction de représentation de l'infini, mais il n'y a alors aucune différence entre ce *lumen* et un concept fini, une espèce, capable de représenter Dieu, ce qui va contre ce qu'Henri, avec Thomas, a toujours affirmé.

À Paris, Scot a donc trouvé dans l'œuvre d'Henri lui-même un élément lui permettant de battre en brèche la thèse henricienne, qu'il voyait d'un mauvais œil et qu'il avait combattue dès l'époque de l'*Ordinatio* à Oxford. Si Henri veut défendre la possibilité d'une approche scientifique de la théologie, il doit renoncer à la position qu'il partage avec Thomas, et donc admettre que Dieu est représentable à travers une espèce finie. Pour que la théologie devienne à proprement parler une science, il est nécessaire de trouver une prémisse dont les connaissances qui la concernent soient déductibles, comme pour toute connaissance scientifique. Cette prémisse doit faire elle aussi partie de la science humaine, elle doit être un *concept clair et distinct de Dieu* : un « concept » et non une union avec Dieu, sans quoi on retomberait dans la vision béatifique et dans l'illumination surnaturelle ; « clair et distinct », et capable de représenter exactement l'essence de Dieu, et non une autre dont Dieu pourrait être inféré, faute de quoi l'on n'aurait pas une connaissance scientifique mais seulement une connaissance empirique, obscure et confuse, comme celle que Thomas avait théorisée en son temps. Autrement dit, pour avoir une science théologique, une connaissance intermédiaire entre celle qu'on attribue au *viator* et celle du bienheureux est nécessaire, et cette connaissance est ni plus ni moins la connaissance angélique, suivant les termes que Scot avait utilisés à Oxford. La bataille pour la connaissance angélique s'inscrit désormais dans un projet encore plus ambitieux et devient le pivot de l'établissement d'une théologie scientifique.

Thomas fait lui aussi l'objet d'une argumentation « par rétorsion ». Cette attaque contre Thomas se produit dans le contexte de la discussion sur la vision béatifique. Si vraiment il y avait une disproportion infinie entre l'esprit fini et Dieu, avance Scot, rien de fini ne pourrait jamais la combler ; même le *lumen gloriae*, que Thomas considère comme indispensable à la vision béatifique, en tant qu'il est une créature, est quelque chose de fini. De deux choses l'une, donc : ou bien le *lumen gloriae* ne suffit pas à

1. J. Duns Scot, *Reportata Parisiensia*, I, *Prologus*, d. 2, n. 17, Wadding, XI. 1, p. 18b.

assurer la vision béatifique, ou bien le fini peut représenter l'infini. Par conséquent, même la théorie de la connaissance béatifique suffit pour battre en brèche la thèse thomiste de l'inconnaissabilité de Dieu par l'intellect fini. À l'occasion de la discussion sur la nécessité du *lumen gloriae* pour la vision de Dieu, les arguments polémiques de Scot suivent une voie déjà parcourue, lorsqu'il s'agissait d'assurer la représentabilité de l'infini à travers une espèce finie. Et il n'y a rien de surprenant ici, étant donné que le problème est le même. Aussi Scot s'attache-t-il à nouveau, à cette occasion, à réfuter la thèse selon laquelle la connaissance s'adapte à la nature du connaissant, autrement dit à réfuter le principe dont Thomas s'était servi pour exclure la possibilité pour un être dont l'esprit est forme du corps de connaître les substances incorporelles et, pour un esprit fini, de connaître l'infini en tant qu'infini. Puisque le connu s'adapte à la nature du connaissant, dans le cas où la nature du connu dépasse la nature du connaissant, cette adaptation est impossible et la connaissance ne peut se produire de façon purement naturelle. Il ne peut y avoir aucune proportion entre Dieu et l'esprit, dès lors que l'un est infini et l'autre fini[1]. Si tel était bien le cas, réplique Scot,

> alors il ne serait pas possible, pour la créature, de voir Dieu, ni par la lumière de la gloire, ni par n'importe quel *habitus,* parce que l'être de Dieu est supérieur au mode d'être et de tout l'intellect et de l'*habitus* et de la lumière; et je dis, pour cette raison, qu'entre l'objet et la puissance, il n'est pas nécessaire qu'il y ait une égalité, mais une certaine proportion; or les choses entre lesquelles seule une proportionnalité est nécessaire, peuvent être au plus haut point dissemblables, comme il est évident de la matière et de la forme[2].

S'agissant de la disproportion entre fini et infini, il est vrai qu'il n'existe entre ces deux termes aucune proportion « géométrique », c'est-à-dire aucune proportion dans laquelle l'écart entre les termes puisse être quantifiable, mais cela n'empêche pas qu'existe un autre type de proportion, celle, par exemple, « de l'opération à son terme, de la connaissance à son objet [...], ou de la puissance à son objet »[3].

1. Cf. *ST*, I, qu. 12, art. 4, *resp.* : « *Cognitio [...] contingit secundum quod cognitum est in cognoscente. Cognitum autem est in cognoscente secundum modum cogno- scentis. Unde cuiuslibet cognoscentis cognitio est secundum modum suae naturae. Si igitur modus essendi alicuius rei cognitae excedat modum naturae cognoscentis, oportet quod cognitio illius rei sit supra naturam illius cognoscentis* ».

2. *Quaestiones in IV lib. Sententiarum*, IV, d. 49, qu. 11, Wadding, X, p. 545-546.

3. *Ibid.*, p. 546. Mais on note qu'ici Scot ne fait que reprendre la réponse que Thomas lui-même avait donnée, quand il s'agissait de défendre la possibilité que l'intellect créé

On le voit, le *lumen gloriae* de Thomas subit le même sort que le *lumen medium* d'Henri de Gand. Scot se sert de ces deux éléments comme d'armes pour invalider le refus que Thomas et Henri avaient opposé à la possibilité de représenter l'infini à travers le fini. Autrement dit, quand Thomas et Henri ont voulu accorder à l'esprit fini l'accès à l'infini – l'un aux seuls bienheureux, l'autre aux *viatores* également –, ils ont dû tous deux avoir recours à un instrument fini – le *lumen gloriae*, le *lumen medium* – en contradiction flagrante, selon Scot, avec le principe qui interdisait la représentation de l'infini à travers le fini. La technique de réfutation de Scot fait un large usage d'arguments « par rétorsion », qui mettent en relief l'incompatibilité, chez l'adversaire, de deux thèses, afin de convaincre de la nécessité d'abandonner l'une des deux. Dans ce cas spécifique, Thomas ne peut tenir ensemble la présence d'une lumière créée qui permet la vision de l'essence de Dieu avec l'impossibilité que quelque chose de créé puisse représenter l'essence divine, exactement comme Henri ne pouvait faire coexister son *lumen medium* avec l'incapacité de représenter l'infini à travers le fini[1]. Thomas et Henri avaient tous deux voulu accorder d'une certaine manière et à certains esprits finis la connaissance distincte de Dieu, et Scot a de solides arguments pour montrer que toutes ces tentatives constituent autant de coups de canif portés à l'interdiction de représenter l'infini par le fini.

puisse voir Dieu, bien que par voie surnaturelle, précisément contre l'objection qui rappelait le manque de proportion entre fini et infini. Cf. *ST*, I, qu. 12, art. 1, 4 : « *cognoscentis ad cognitum oportet esse aliquam proportionem, cum cognitum sit perfectio cognoscentis. Sed nulla est proportio intellectus creati ad Deum : quia in infinitum distant. Ergo intellectus creatus non potest videre essentiam Dei* » ; *ad* 4 : « *proportio dicitur dupliciter : Uno modo, certa habitudo unius quantitatis ad alteram ; secundum quod duplum, triplum et aequale sunt species proportionis. Alio modo, quaelibet habitudo unius ad alterum proportio dicitur. Et sic potest esse proportio creaturae ad Deum, inquantum se habet ad ipsum ut effectus ad causam, et ut potentia ad actum. Et secundum hoc, intellectus creatus proportionatus esse potest ad cognoscendum Deum* ». Scot utilise cette page, dans laquelle Thomas laissait ouverte la possibilité de la connaissance de Dieu par voie surnaturelle, pour soutenir la possibilité que *cette même connaissance* advienne au contraire par voie naturelle.

Sur la question, chez Thomas, il est toujours utile de se référer à l'étude de B. Montagnes, *La doctrine de l'analogie de l'être d'après saint Thomas*, Leuven, Publications universitaires, 1963.

1. L'usage de la vision béatifique comme *experimentum crucis* pour véhiculer des propositions épistémologiques innovantes n'était pas nouveau. Henri de Gand l'avait utilisée par contester la nécessité des espèces dans la connaissance. Évidemment – avait observé Henri – on peut faire sans l'espèce pour connaître son objet, dès lors que la vision béatifique se produit, précisément, sans espèce. Cf. *Quodlibeta*, *Quodl. IV*, qu. 7, f. 93 p-x.

ANTHROPOLOGIE ET THÉOLOGIE

Introduite grâce à la connaissance abstractive de Dieu accordée aux anges, la théologie comme science est, en principe, accessible au *viator* lui-même. « Le *viator* peut connaître les vérités par soi connaissables de Dieu en tant que Dieu <*de Deo sub ratione Deitatis*>, les connaître, dis-je, simplement et parfaitement ; simplement, c'est-à-dire non pas *a posteriori*, mais *a priori*, en tant qu'il est Dieu <*a priori sub ratione Deitatis*> ; parfaitement, c'est-à-dire avec une connaissance supérieure à la connaissance par foi »[1]. En principe, disions-nous, car Scot ne prétend pas que la connaissance claire et distincte de Dieu par un concept soit accessible à l'homme dans sa condition de *viator*. Pour que l'esprit puisse atteindre ce concept, une intervention de la grâce est nécessaire. Sur ce point, Scot reprochera même à Henri d'avoir rendu accessible, par un effort intellectuel, ce *lumen medium* permettant la connaissance scientifique de la théologie[2].

En effet, dans son état actuel, dans l'enveloppe corporelle dans laquelle il se trouve, l'esprit du *viator* ne peut atteindre la connaissance abstractive claire et distincte de Dieu ; sa connaissance porte sur les corps, comme l'avait soutenu Thomas, mais la limitation de la connaissance humaine aux choses matérielles doit être considérée comme contingente et, probablement, fruit du péché qui a créé une union entre le corps et l'esprit, laquelle n'est, par soi, ni nécessaire ni commandée par la nature[3]. Si on le considère indépendamment de cette condition, l'intellect humain n'est pas spécifiquement différent de celui de l'ange. Aussi peut-il, en principe, et considéré en lui-même, avoir accès au concept de Dieu :

1. J. Duns Scot, *Reportata Parisiensia*, I, *Prologus*, d. 2, n. 15, Wadding, XI. 1, p. 18a. Scot utilise ici explictement la distinction entre connaissance intuitive et connaissance abstractive : « *est sciendum, quod duplex est cognitio ; quaedam quidem est per speciem, quae est rei non in se praesentis, et haec vocatur cognitio rei abstractiva ; alia est cognitio rei ut habet esse in actuali existentia ; et haec dicitur cognitio intuitiva. [...]. Omne obiectum scientiae potest cognosci aliqua cognitione distincta abstractiva, licet non intuitiva ; sed Deus est subiectum in aliqua scientia [...] ; igitur Deus potest cognosci distincte cognitione abstractiva : sed talis cognitio Dei abstractiva non repugnat viatori, licet cognitio intuitiva sibi non competat ; igitur viator potest intelligere Deum distincte, licet non intuitive et clare : quia non omnis cognitio est clara et intuitiva* ».

2. *Ibid.*, n. 17, Wadding, XI. 1, p. 18b-19a : « *In alio etiam discordo, quia huiusmodi scientia de Deo sub ratione Deitatis, non habetur per studium, sed est donum gratis datum ad utilitatem ecclesiae* ». Scot pense au passage d'Henri de la *Somme*, art. XIII, p. 6, vol. I, f. 94 et cité *supra*, n. 1, p. 111.

3. La contingence de l'union de l'esprit et du corps a été bien vue par É. Gilson, *Jean Duns Scot*, *op. cit.*, p. 511-523.

> Je dis donc que, même si dans cet état, l'objet naturel, c'est-à-dire accessible par nature et adéquat à notre intellect, est l'essence de la chose matérielle, ou encore, plus spécifiquement, l'essence de la chose sensible, entendant par là non seulement proprement le sensible, mais aussi ce qui y est inclus essentiellement, ou virtuellement, cependant l'objet adéquat de notre intellect selon la nature de sa puissance n'est pas quelque chose de différent <*specialius*> eu égard à l'objet de l'intellect angélique, parce que ce que peut l'un, l'autre le peut aussi : du moins cela doit être accordé par la Théologie, qui soutient que cet état n'est pas naturel, et que cette faiblesse d'intelligence, par rapport à de nombreux êtres intelligibles, n'est pas non plus naturelle, mais est plutôt une conséquence de la peine[1].

Nous l'avons vu, le levier central de la théorie de la connaissance de Thomas était son anthropologie, et notamment la thèse selon laquelle le connu doit s'adapter à la nature du connaissant. Or la nature de l'homme, *in via*, est constituée de l'union substantielle entre âme et corps, union dans laquelle l'âme est la forme du corps. Il est essentiel, pour la construction de la théorie de la connaissance de Thomas, que le lien entre esprit et corps ne soit pas contingent mais constitutif de la nature humaine. C'est pourquoi l'homme ne peut connaître que par abstraction, et c'est pourquoi aussi la nature de son intellect est spécifiquement différente de la nature de l'ange[2], qui, purement immatériel, connaît à travers les idées innées. Au contraire, Scot prend précisément comme modèle des capacités de l'esprit fini les performances angéliques, et il peut le faire parce que l'union avec le corps, qui est contingente, a une incidence sur l'actualisation des capacités de l'esprit, mais non sur les capacités elles-mêmes, qui restent en possession de l'esprit même si la présence du corps en empêche le passage à l'acte[3].

1. J. Duns Scot, *Quaestiones quodlibetales*, *Qu. XIV*, Wadding, XII, p. 373. Ce point a été souligné non seulement par Dumont, mais aussi par S. J. Day, *Intuitive Cognition*, *op. cit.*, p. 84 et par É. Gilson, *Jean Duns Scot*, *op. cit.*, p. 56 *sq*.

2. Cf. *Somme contre les Gentils*, II, 94 et *ST*, I, qu. 75, art. 7.

3. Sur ce point, le professeur padouan Francisco Macedo se sentira même capable d'aller au-delà de Scot, en diminuant au maximum la différence entre intellect angélique et intellect humain, même dans l'état actuel d'union avec le corps. *Cf.* Francisco Macedo, *Collationes doctrinae S. Thomae, et Scoti*, *op. cit.*, I, p. 78-79 : « *Tam longe abest intellectus a dependentia et recursu ad phantasmata, ut omnino se opponat illis, nec ab illis quicquam accipiat, imo habeat ministrum intellectum agentem a se prorsus distinctum, ut sibi immediate suppeditet species intelligibiles immateriales, diversas a sensibilibus, et materialibus. Non est ergo determinatus ad quidditatem rei materialis [...]. Iam vero si intellectus agens datur in anima separata [...] manifeste patet ex natura sua intellectum cognoscere sine ulla dependentia, et recursu ad phantasmata, et illum statum societatis cum materia nihil detrahere ejus perfectioni, nec modo naturali cognoscendi. [...] Quidem censeo nihil aliud interesse inter cognitionem angelicam (omitto nobilitatem essendi) et humanam, nisi quod species angelicae sunt a Deo infusae, hominis vero acquisitae. Patet :*

Mais l'ange n'est pas le seul paradigme permettant de définir les capacités de l'esprit du *viator*. Le bienheureux est également utilisé par Scot à cette fin. La comparaison avec l'esprit du bienheureux joue en effet un rôle important dans la réfutation de la thèse thomiste selon laquelle l'objet premier de la connaissance humaine est l'être matériel, thèse que Thomas justifiait par son anthropologie. Scot oppose à la thèse thomiste selon laquelle l'objet de l'intellect humain est l'être matériel[1] sa théorie selon laquelle l'objet de l'intellect du *viator* est l'être[2]. Cette doctrine, véritable pilier de la métaphysique et de la théorie de la connaissance scotiste, est longuement élaborée par Scot, qui utilise pour ce faire un arsenal d'arguments d'essence purement philosophique. Mais Scot appuie également sa thèse sur un argument de foi, tiré de la doctrine de la connaissance béatifique. La limitation de l'intellect fini à la connaissance de l'être matériel « ne peut être soutenue par un théologien, puisque l'intellect, qui existe naturellement comme une même puissance, connaîtra par soi la quiddité de la substance immatérialle, comme il est manifeste selon la foi à propos de l'âme bienheureuse. Or une puissance qui demeure la même ne peut

quia cum utrique intellectus sit spiritualis omnino, et immaterialis, non est capax specierum materialium, et sensibilium ». Macedo tirait ainsi les conséquences les plus fortes de la thèse scotiste selon laquelle, dans la connaissance, l'intellect a un rôle actif par rapport à l'espèce sensible.

1. Cf. *ST*, I, qu. 84, art. 7, *resp.*

2. Cf. *Ordinatio*, I d. 3, pars 1, qu. 3, *Utrum Deus sit primum obiectum naturale adaequatum respectu intellectus viatoris, in* J. Duns Scot, *Opera Omnia*, III, p. 68 *sq*. Scot réfute également la thèse d'Henri de Gand, selon laquelle le « *primum cognitum* » serait Dieu. Cf. *Reportata Parisiensia*, I, d. 3, qu. 1, n. 4, Wadding, XI. 1, p. 42-43. Voir Bettoni, *Il problema della conoscibilità di Dio nella scuola francescana*, *op. cit.*, p. 324. Cf. *Somme*, art. 1, qu. 2, vol. I, f. 4 c. et art. 3, qu. 1 vol. I, f. 28 b. Sur cet aspect de la doctrine d'Henri de Gand, voir S. P. Marrone, « Matthew of Aquasparta, Henry of Ghent and Augustinian Epistemology after Bonaventure », *Franziskanische Studien* 65, 1983, p. 252-290, p. 279-283 et 284-285. Voir, du même auteur, l'importante analyse de la connaissance de Dieu chez Henri de Gand, « Henry of Ghent and Duns Scotus on the Knowledge of Being », *Speculum* 63, 1988, p. 22-57. Dans cette analyse, les positions de Scot et d'Henri paraissent plus étroitement liées, s'agissant du moins de la problématique de la connaissance de l'*ens*, qu'elles ne l'étaient dans les études classiques d'É. Gilson, « Avicenne et le point de départ de Duns Scot », *Archives d'histoire doctrinale et littéraire du Moyen Âge* 2, 1927, p. 89-149, repris dans *Pourquoi saint Thomas a critiqué saint Augustin*, *op. cit.*, et de Bettoni, *Il problema della conoscibilità di Dio nella scuola francescana*, *op. cit.* Marrone a de nouveau proposé un argument en faveur de la continuité entre Scot et Henri sur la connaissance de Dieu, sur la base d'un éloignement du même Henri de la nécessité de l'illumination divine pour la connaissance naturelle de Dieu, dans *The Light of thy Countenance*, *op. cit.*, II, *God and the Core of Cognition*, p. 489-536.

pas avoir d'acte envers quelque chose qui n'est pas contenu sous son objet premier »[1].

Les actes cognitifs du bienheureux sont également représentatifs des capacités de l'esprit humain, en tant que leur faculté intellective est la même et que les capacités qui s'actualisent dans la connaissance de l'un ne peuvent être exclues des capacités de l'intellect de l'autre, même si elles sont censés, chez ce dernier, ne jamais s'actualiser. S'agissant du bienheureux, Scot répète les arguments déjà présentés à propos de l'ange : si, de fait, le fantasme est toujours nécessaire pour la connaissance humaine, c'est probablement là une conséquence de la punition entraînée par le péché originel, ou d'une disposition divine limitant l'exercice de la puissance cognitive, mais cela ne doit pas être imputable à la nature de l'intellect en tant que tel, sans quoi le bienheureux ne pourrait pas non plus connaître sans fantasmes[2].

Scot construit cet argument antithomiste de façon très précise. Il entend même nier que la vision de Dieu par le bienheureux nécessite un *lumen* créé particulier. L'argument comporte donc une sorte de naturalisation de la vision béatifique. De même qu'il avait ouvert la voie à la connaissance intuitive intellectuelle, par extension de la connaissance intuitive sensible, Scot attribue à l'intellect humain la capacité de connaître Dieu intuitivement, posant ainsi les prémisses permettant d'écarter la nécessité du *lumen gloriae :*

1. *Ordinatio*, I, d. 3, pars I, qu. 3, *in* J. Duns Scot, *Opera Omnia*, III, p. 70 et *Sur la connaissance de Dieu et l'univocité de l'étant*, trad. fr. O. Boulnois, *op. cit.*, p. 131.

2. L'indépendance de la faculté intellective vis-à-vis du fantasme corporel, sur le modèle des substances séparées, en principe, est l'un des sujets qui manifestent le platonisme de Scot. Voir, à titre comparatif, Robert Grossetête, *Commentarius in posteriorum analyticorum libro*, P. Rossi (éd.), Firenze, Olschki, 1981, I, 14, p. 212-213 : « *Dico tamen quod possibile est quamlibet scientiam esse absque sensus adminiculo. In mente enim divina sunt omnes scientiae ad eterno et non solum est in ipsa cognitio universalium certa, sed etiam omnium singularium, licet mens divina noverit singularia per modum universalem, quia ipsa novit omnes singulares essentias per modum abstractum. [...] Similiter intelligentie recipientes irradiationem a lumine primo in ipso lumine primo vident omnes res scibiles universales et singulares ; et etiam in reflexione ipsius intelligentie supra se cognoscit ipsas res que sunt post ipsam per hoc quod ipsa est causa earum. Est igitur in his que carent sensu scientia completissima. Et similiter si pars suprema anime humane, que vocatur intellectiva et que non est actus alicuius corporis neque egens in operatione sui propria instrumento corporeo, non esset mole corporis corrupti obnubilata et aggravata, ipsa per irradiationem acceptam a lumine superiori haberet completam scientiam absque sensu adminiculo, sicut habebit cum anima erit exuta a corpore et sicut forte habent aliqui penitus absoluti ab amore et phantasmatibus corporalium* ».

> Bien que toute notre connaissance de Dieu soit naturellement obscure, il est possible que l'on en ait une connaissance claire : [...] en effet, ce qu'une puissance inférieure a de perfection, il n'est pas contradictoire qu'on le trouve dans la puissance supérieure; mais c'est une perfection dans la puissance sensitive, le pouvoir d'avoir une notion claire de l'existence de l'objet en l'intuitionnant, comme il est évident dans la puissance visuelle, ne répugne donc point à la puissance intellective; mais, comme on l'a montré, Dieu sous l'aspect de sa divinité est par soi objet de notre intellect, donc... [1].

Par conséquent, la nature humaine en tant que telle est « *beatificabilis* »[2]. Certes, pour que la béatitude s'actualise, l'âme a besoin que Dieu s'unisse à elle; mais c'est précisément parce que la béatificabilité est l'une de ses potentialités naturelles, et que Dieu suffit à engendrer la vision, que le passage à l'acte ne nécessite pas l'intervention du *lumen gloriae :* « Mais il ne me semble pas que le *lumen gloriae* soit nécessaire pour la vision »[3]. Scot s'approchait cette fois dangereusement des thèses mystiques qui avaient revendiqué la vision de Dieu comme naturelle à l'esprit humain et qui seront l'objet d'une condamnation formelle par le Concile de Vienne des années 1311-1312, où la nécessité du *lumen gloriae* pour la vision béatifique sera réaffirmée[4].

Une remarque pour conclure. On peut être surpris que Scot, dans la longue polémique qui l'oppose à Henri, se batte bien davantage et bien plus directement avec Henri qu'avec Thomas. Bien évidemment, certaines circonstances chronologiques et biographiques justifient la place centrale d'Henri dans la polémique scotiste, notamment le fait qu'Henri soit pour Scot un rival direct sur la scène académique parisienne. Il y a cependant une circonstance plus profonde – et plus noble, au fond – que celle-ci. Scot est un franciscain, il est donc très loin d'accepter pleinement les thèses aristotéliciennes, au contraire de Thomas; il est à l'inverse plus proche,

1. *Reportata Parisiensia*, I, *Prologus*, qu. III, art. 2, Wadding, XI. 1, p. 21b.

2. *Quaestiones in IV lib. Sententiarum*, d. 49, qu. 8, Wadding, I, p. 497 : « *natura humana est beatificabilis* ». *Ibid., qu. 11, Wadding, X, p. 553 : « natura humana ex puris naturalibus est immediatum susceptivum beatitudinis* ».

3. *Ibid.*, p. 561.

4. Les thomistes se feront ensuite les défenseurs de cette condamnation, pour réaffirmer la nécessité du *lumen gloriae*. Voir le ton menaçant du Cajétan, à ce propos, dans le *Commentaire de la Somme Théologique*, I, qu. 12, art. 5, *in* Thomas d'Aquin, *Opera Omnia*, IV, p. 125a : « *Et bene adverte quod Scotus, cum sequacibus, non potest amplius in hac materia sustineri : quoniam in Clementina Ad nostrum, de Haereticis, expresse erroris damnantur dicentes quod anima non indiget lumine gloriae elevante ipsam ad videndum Deum* ».

par tradition, du platonisme. On le constate aisément dans son interprétation très particulière de l'abstraction aristotélicienne, qui laisse une large place à l'activité de l'intellect[1]. On a déjà souligné le platonisme d'Henri de Gand. L'acharnement de Scot contre Henri correspond également à une lutte interne au platonisme, au sein de ses deux branches identifiées par Thomas en son temps : la branche innéiste, celle que choisit Scot, notamment pour l'idée de Dieu, innée à l'esprit angélique, et la branche augustinienne, celle que choisit Henri, avec sa reprise de la nécessité de l'illumination et de la participation à l'esprit divin. À cet égard, il ne faut pas oublier que, même pour Thomas, l'unique façon d'accéder à l'essence de Dieu était précisément la participation augustinienne, même si celle-ci se réalisait grâce à une intervention surnaturelle. Une fois encore, la naturalisation de la connaissance et la contestation d'Augustin se font donc grâce à cet instrument que constituent les idées innées. Avec Scot, c'est Dieu lui-même qui, grâce à l'idée innée qui le représente à l'esprit angélique, fait son entrée au sein de la science de l'esprit fini. L'innéisme déploie ainsi ses potentialités en deux projets, le projet thomiste et le projet scotiste, unis dans la volonté d'assurer la connaissance du vrai à l'intérieur des limites de l'esprit fini.

1. Sur cet aspect de la pensée de Scot, voir É. Gilson, *Jean Duns Scot*, *op. cit.*, p. 511-543 et O. Boulnois, *Être et représentation*, *op. cit.*, p. 79-88.

CHAPITRE III

LES ANGES DE DESCARTES

Thomas et Scot ont bâti leur philosophie en opposition au modèle participatif d'Augustin. Tous d'eux estiment que l'esprit fini, s'il ne reçoit pas de secours surnaturel, n'a pas de contact direct avec Dieu quand il produit une connaissance vraie. En outre, le travail de Thomas a donné naissance à des modèles cognitifs bien définis concernant les différents êtres finis – les *viatores*, les anges, les bienheureux. Scot, pour sa part, ainsi que nous l'avons vu, a fait de la connaissance angélique l'emblème d'une connaissance ayant pour objet tous les êtres, finis et infinis, sans participation à l'esprit divin. Nous allons à présent chercher à savoir quel fut le sort de ces théories de la connaissance chez Descartes et chez Malebranche, deux grands métaphysiciens modernes unis par la conviction que l'esprit humain, dans sa condition naturelle, peut connaître l'infini et atteindre une vérité stable et certaine.

Le rapport de Descartes à la scolastique, tantôt minimisé, tantôt exagéré, a été étudié de diverses manières au cours du siècle dernier[1]. Personne ne

1. Étienne Gilson avait posé la question de la dette de Descartes envers la scolastique dans une intention polémique, surtout dans *La liberté chez Descartes et la théologie*, Paris, Alcan, 1913. Dans l'esprit de Gilson, démontrer l'existence d'un rapport significatif entre la philosophie de Descartes et la scolastique revenait à défaire le mythe de l'originalité de la philosophie cartésienne et à montrer, en même temps, que l'unique métaphysique digne de ce nom est la philosophie chrétienne incarnée par Thomas. Dans les études de Jean-Luc Marion, surtout dans *Sur la théologie blanche de Descartes*, Paris, P.U.F., 1981 et *Sur le prisme métaphysique de Descartes*, Paris, P.U.F., 1986, le rapport à la scolastique devient significatif des choix métaphysiques de fond qu'opère Descartes, mais aussi de l'incohérence substantielle de sa métaphysique. D'autres études ont par la suite approfondi la recherche au sujet des dettes de la pensée cartésienne à l'égard de la scolastique, notamment A. Goudriaan, *Philosophische Gotteserkenntis bei Suárez und Descartes*, Leiden, E. J. Brill, 1999 et J. Secada, *Cartesian Metaphysics*, Cambridge, Cambridge University Press, 2000. Gilson avait privilégié la présence de Thomas dans la pensée de Descartes, même dans

doute plus du fait que la pensée de Descartes trouve ses racines dans la scolastique tardive (chez Suárez notamment), que son langage, ses définitions, son cadre de référence théorique sont, dans une large mesure, constitués par les thèses que le jeune Descartes avait étudiées à La Flèche, même s'il demeure un désaccord sur la question de savoir quel est le sens et le poids de ces héritages dans la construction de la philosophie cartésienne. Si nous reprenons ici cette question, c'est afin de voir dans quelle mesure le rapport à la scolastique non seulement éclaire un lexique ou détermine des sources, mais aussi, et surtout, permet de comprendre le projet cartésien de fondation de la connaissance vraie. Descartes connaissait au moins la pensée de Thomas d'Aquin et de Suárez[1]. Grâce à Suárez et à sa pratique constante de la discussion des opinions jugées les plus significatives sur toutes les questions débattues, Descartes était au courant des principales positions en jeu, y compris celles de nombreux auteurs qu'il n'avait pas directement lus. Les choix qu'il fit ne sont donc jamais innocents et n'opèrent pas dans le vide. Il est bon d'en tenir compte, dans la mesure où, si nous parvenons, après tout ce que nous avons vu, à montrer comment Descartes reprend l'un des modèles que nous avons précédemment analysés, nous disposerons alors d'éléments pour mieux définir la nature de son projet métaphysique.

L'esprit humain, selon Descartes – comme l'avait déjà noté Jacques Maritain il y a plus de trois quarts de siècle[2] – rappelle immanquablement les anges de Thomas. Descartes aurait commis le péché d'« angélisme » et, précisait Maritain, « le mot d'angélisme n'est pas un à-peu-près plus ou moins pittoresque, mais [...] désigne le caractère propre, dans l'ordre métaphysique, de la réforme cartésienne »[3]. Il ne s'agissait donc pas de signaler la présence, chez Descartes, de points de convergence occasionnels

l'*Index scolastico-cartésien*, Paris, Alcan, 1913, mais Roland Dalbiez avait ensuite montré l'antécédent scolastique de la doctrine de l'être objectif des idées chez Duns Scot, dans « Les sources scolastiques de la théorie cartésienne de l'être objectif », *Revue d'histoire de la philosophie* 3, 1929, p. 464-471. Aujourd'hui, l'influence de Scot est dûment valorisée par R. Ariew, « Descartes and the Scotists », in *Id.*, *Descartes and the Last Scholastics*, Itháki-London, Cornell University Press, 1998, p. 39-57. Voir également A. Goudrian, *Philosophische Gotteserkenntnis*, *op. cit.*, p. 203-230. Sur la présence du scotisme au XVIIe siècle, je renvoie à l'article savant de J. Schmutz, « L'héritage des Subtils », *Les études Philosophiques* 57, 2002, 1, p. 51-81, également pour son excellente bibliographie.

1. Descartes à Mersenne, 25 décembre 1639, II, 630, 3-6 : « Du reste, je ne suis point si dépourvu de livres que vous pensez, et j'ai encore ici une Somme de S. Thomas, et une Bible que j'ai apportée de France ». Descartes cite explicitement les *Disputationes metaphysicae* de Suárez dans les *Réponses aux quatrièmes objections*, AT VII, 235, 12-14.

2. J. Maritain, « Descartes ou l'incarnation de l'ange », dans *Trois réformateurs. Luther, Descartes, Rousseau*, Paris, Plon, 1925, p. 75-126.

3. *Ibid.*, p. 116.

avec les doctrines portant sur les anges ou de satisfaire la curiosité érudite de l'interprète : le projet cartésien lui-même serait en jeu dans son prétendu angélisme, projet d'un orgueil impudent, qui entend libérer l'esprit humain de sa dépendance à l'égard du monde et le rendre infaillible. Entre la connaissance humaine de Descartes et la connaissance angélique de Thomas, Maritain remarquait de nombreuses analogies, analogies qui se concentraient sur trois points : la réduction de la connaissance à l'intuition, l'innéisme, et l'indépendance consécutive de la connaissance des êtres matériels vis-à-vis du monde existant hors de l'esprit. Après trois quarts de siècle de rejet, de négociation ou de prise de distance vis-à-vis de l'angélisme de Descartes, nous pouvons mettre entre parenthèses l'agaçante rancœur antiscientifique du philosophe catholique et chercher à mettre calmement à l'épreuve cette affirmation de Maritain, selon laquelle : « L'angélisme de Descartes [...] est [...] la plus profonde intention spirituelle et métaphysique de sa pensée »[1].

Pour établir un parallèle entre les anges de Thomas et les esprits de Descartes, il importe de tenir compte d'un fait : l'esprit humain, selon Descartes, est porteur de connaissances qui ne dérivent pas des sens ; son union avec le corps est contingente et réversible. Si jamais Descartes avait voulu chercher dans la philosophie passée un modèle dont s'inspirer, il lui aurait été impossible de se tourner vers la nature humaine telle qu'elle avait été décrite par Aristote et reprise comme modèle par Thomas : il aurait dû alors se tourner vers des théories portant sur les modalités de la connaissance des esprits désincarnés. La tradition platonicienne, dans son ensemble, aurait certes pu lui être utile. Cette tradition avait en effet largement perduré, même chez les philosophes imprégnés d'aristotélisme. Si Thomas avait rejeté les thèses platoniciennes lorsqu'il s'était agi de construire une théorie de la connaissance pour le *viator*, il les avait cependant reprises en grande partie quand il fut question d'élaborer une théorie de la connaissance angélique, et avait ensuite utilisé le platonisme christianisé d'Augustin pour la connaissance béatifique. Mieux : Duns Scot avait repris, nous l'avons vu, les thèmes de la connaissance angélique et de la connaissance béatifique, en faisant de ces dernières le modèle des capacités de l'esprit humain, bien que l'union avec le corps en empêche l'exercice en l'homme. Descartes ne manquait donc pas de modèles dont s'inspirer – s'il l'avait voulu. Mais s'en est-il réellement inspiré ? Et, s'il l'a fait, qu'impliquent ses choix ? Pour répondre à ces questions, nous pouvons prendre comme

1. *Ibid.*, p. 119.

points de référence les passages signalés par Maritain comme emblématiques de la convergence entre les esprits cartésiens et les anges.

L'INNÉISME ET L'IDÉE DE DIEU

L'innéisme est la théorie de la connaissance choisie par Thomas pour expliquer comment les anges connaissent les choses matérielles, dès lors que ces derniers ne possèdent ni un corps leur permettant de véhiculer les sensations, ni un esprit uni à Dieu leur permettant de voir les essences des choses directement à la source. Or chez Descartes, non seulement les esprits sont dotés d'un bagage d'idées innées, mais l'auteur reprend en outre à Thomas la théorie permettant de rendre compte de la capacité qu'ont ces idées de produire une connaissance du monde. L'écho de la théorie de la connaissance angélique thomiste est perceptible dès la première présentation de la théorie innéiste, dans le *Monde*. Descartes introduit la thèse de l'impression dans l'esprit des idées mathématiques, en précisant comment ces mêmes essences sont imprimées aussi dans la matière. La correspondance entre esprit et chose est garantie par l'isomorphisme de la création :

> Mais je me contenterai de vous avertir, qu'outre les trois lois que j'ai expliquées, je n'en veux point supposer d'autres que celles qui suivent infailliblement de ces vérités éternelles, sur lesquelles les mathématiciens ont accoutumé d'appuyer leurs plus certaines et plus évidentes démonstrations : ces vérités, dis-je, suivant lesquelles Dieu même nous a enseigné qu'il avait disposé toutes choses en nombre, en poids, et en mesure; et dont la connaissance est si naturelle à nos âmes, que nous ne saurions ne les juger infaillibles, lorsque nous les concevons distinctement[1].

C'est de la même façon que Thomas avait expliqué comment les anges connaissent les choses matérielles : « l'intellect angélique s'assimile aux choses connues, parce que les formes, qui ont été imprimées par Dieu dans les choses en vue de les faire subsister, sont aussi imprimées chez l'ange afin qu'elles soient connues »[2]. Certes, la correspondance entre le passage

1. *Le Monde, ou Traité de la lumière*, AT XI, 47, 9-20.

2. Thomas d'Aquin, *Commentaire des Sentences*, II, d. 3, qu. 3, art. 1, *resp.* Cf. également *De la Vérité*, qu. 8, art. 9, *resp.* : « *angeli res materiales per formas innatas cognoscunt. Sicut enim ex rationibus aeternis in mente divina existentibus procedunt formae materiales ad rerum subsistentiam, ita procedunt a Deo formae rerum omnium in mentes angelicas ad rerum cognitionem [...] unde intellectus noster comparatur "tabulae in qua nihil est scriptum", intellectus autem angeli tabulae depictae vel speculo in quo rerum rationes resplendent* ».

du *Monde* et les textes de Thomas ne suffit pas à démontrer la présence d'une dette cartésienne envers l'angélologie thomiste. Au fond, Thomas lui-même utilisait cette explication à l'intérieur du modèle participatif platonicien[1], et l'innéisme cartésien pourrait avoir une origine indépendante de la théorie de la connaissance angélique thomiste. Cependant, à propos de l'idée innée de Dieu, l'évocation du modèle angélique est univoque et sans ambiguïté.

Nous le savons, dans la construction de l'innéisme angélique, Thomas s'était arrêté devant une idée, celle de Dieu. Certes, ce n'est pas le cas de Descartes. Au contraire, dans la *Troisième Méditation*, l'idée de Dieu est la première idée innée que l'on rencontre[2]. Dans la *Cinquième*, ensuite, l'idée de Dieu est placée au même niveau que les idées des mathématiques et de la géométrie[3]. Elle est soumise aux critères auxquels sont soumises toutes les idées dites innées pour pouvoir être considérées comme telles[4]. La thèse cartésienne selon laquelle il y a une idée innée de Dieu attire l'attention sur Scot plutôt que sur Thomas. Car si Thomas s'était arrêté devant l'idée innée de Dieu, Scot n'avait pas hésité, lui, à l'attribuer à l'esprit angélique. Mais le fait que l'idée de Dieu soit innée n'est pas la seule chose qui nous fasse penser aux anges de Scot. L'idée de Dieu que Descartes attribue à l'esprit humain est, comme toutes les autres idées, un mode fini de la pensée[5]. Cependant, au contraire des autres idées, elle est capable de représenter l'infini[6]. Elle fait connaître l'essence de Dieu, et

1. Voir *supra*, chap. I, n. 6, p. 23 et n. 2, p. 24.

2. *Méditations métaphysiques*, *Méditation III*, AT VII, 51, 6-14 : « *Superest tantum ut examinem qua ratione ideam istam a Deo accepi [...] ac proinde superest ut mihi sit innata, quemadmodum etiam mihi est innata idea mei ipsius* ».

3. *Méditation V*, AT VII, 65, 21-23 : « *Certe ejus ideam, nempe entis summe perfecti, non minus apud me invenio, quam ideam cujusvis figurae aut numeri* ».

4. *Ibid.*, AT VII, 66, 2-68, 20.

5. *Méditation III*, AT VII, 40, 7-10 : « *quatenus ideae istae cogitandi quidam modi tantum sunt, non agnosco ullam inter ipsas inaequalitatem, et omnes a me eodem modo procedere videntur* ». En tant que modes de la pensée, les idées sont assurément finies.

6. *Ibid.*, p. 40, 12-20 : « *proculdubio illae quae substantias mihi exhibent, majus aliquid sunt, atque, ut ita loquar, plus realitatis objectivae in se continent, quam illae quae tantum modos, sive accidentia, repraesentant ; et rursus illa per quam summum aliquem Deum, aeternum, infinitum, omniscium, omnipotentem, rerumque omnium, quae praeter ipsum sunt, creatorem intelligo, plus profecto realitatis objectivae in se habet, quam illae per quas finitae substantiae exhibentur* ». Sur la distinction cartésienne entre la réalité formelle et la réalité objective de l'idée, d'origine scotiste, on dispose désormais d'une littérature abondante, depuis l'article de R. Dalbiez, *Les sources scolastiques*, *op. cit.* Voir la mise au point de J.-F. Courtine, « La doctrine cartésienne de l'idée et ses sources scolastiques », dans O. Depré et D. Lories (dir.), *Lire Descartes aujourd'hui*, Leuven-Paris, Peeters, 1997,

c'est une idée claire et distincte[1]. Enfin, la connaissance qui en dérive est « abstractive », autrement dit, il s'agit d'un concept et non d'une vision de Dieu. En effet, Dieu n'est pas « vu » comme existant, mais son existence est déduite de l'idée de Dieu, sur le modèle des théorèmes mathématiques[2]. Autrement dit, l'idée de Dieu de Descartes est une sorte de concentré de la révolution métaphysique et épistémologique que Scot avait opérée en se confrontant à Thomas et en utilisant comme point de rupture la connaissance angélique. Qu'il soit possible de représenter Dieu à travers une espèce finie, c'est là une thèse antithomiste de Scot, comme l'est le fait que l'esprit angélique possède effectivement cette espèce, de façon innée. Comme dans la théorie de la connaissance angélique de Scot, chez Descartes, l'idée de Dieu que possède l'esprit humain est claire et distincte. Ce langage cartésien des idées claires et distinctes est d'ailleurs d'origine scotiste : la connaissance claire implique la présence à l'esprit de l'objet – même les sensations, en ce sens, sont claires – et la connaissance distincte est une connaissance de la nature de la chose[3]. Comme chez Scot, la connaissance positive précède

p. 1-20 et R. Ariew, M. Grene, « Ideas, in and before Descartes », *in* R. Ariew, *Descartes and the Last Scholastics*, *op. cit.*, p. 58-76.

1. *Méditation III*, AT VII, 46, 5-16.

2. *Méditation V*, AT VII, 65, 21-26 : « *Certe ejus ideam, nempe entis summe perfecti, non minus apud me invenio, quam ideam cujusvis figurae aut numeri ; nec minus clare et distincte intelligo ad ejus naturam pertinere ut semper existat, quam id quod de aliqua figura aut numero* demonstro *ad ejus figurae aut numeri naturam pertinere* » (n. s.). Que la preuve *a priori* de la *Cinquième Méditation* constitue une véritable démonstration, Descartes le réaffirmera également contre les objections de Gassendi (AT VII, 383, 25-384, 3), puis à Mersenne, le 16 juin 1641 (AT III, 383, 11-20). Ici, Descartes choisit Scot contre Suárez. Car Suárez avait certes accepté que Dieu puisse être connu à travers une espèce créée et finie, mais il avait ensuite soutenu que la connaissance de Dieu par l'intermédiaire d'une espèce était une connaissance plaçant l'esprit en contact direct avec Dieu, parce qu'en Dieu l'essence ne peut être distincte de l'existence. *Cf.* Suárez, *De Angelis*, e II, c. 7, *Utrum Angeli naturaliter habeant inditam speciem Dei propriam, per quam ipsius essentiam directe, et immediate cognoscant*, *Opera Omnia*, *op. cit.*, II, 112b-113a : « *In primis dicimus, in questione versari, an species creata Dei prout est in se, sit possibilis. Nam Thomistae negant esse possibilem [...]. Ego vero absolute loquendo, non censeo impossibile infundi speciem qua Deus quidditative cognoscatur. Dico tamen impossibile infundi speciem, quae sit principium quidditative cognitionis Dei, et non intuitive. [...] licet in aliis obiectis creatis abstractiva cognitio possit praescindere ab intuitiva, in Deo non potest propter specialem rationem, quam in hoc habet, quod est obiectum existens essentialiter* ».

3. *Ordinatio* I, d. 3, p. 1, qu. 1-2, *in* J. Duns Scot, *Opera Omnia*, III, p. 50, cité *supra*, p. 95, note 2. Cajétan, dans son commentaire de la *Somme théologique* de Thomas, fait sienne la terminologie utilisée par Scot, en identifiant la connaissance distincte à la connaissance de l'essence du connu. *Cf.* Thomas d'Aquin, *Opera Omnia*, V, cité *supra*, p. 108, note 1.

Henri de Gand identifiait déjà la connaissance « claire » avec la connaissance de la chose présente. *Cf.* Henri de Gand, *Somme*, art. XIII, d. 7, vol. I, f. 96 p : « *De cognitione autem visionis, quia ipsa propter rei praesentiam claram in seipsa, nulla in se patitur*

la connaissance négative et, partant, la connaissance de l'infini précède celle du fini[1]. Dans la logique de Descartes, toujours en accord avec le Docteur Subtil, la question de la nature de la chose précède la question de son existence[2]. Mieux : la connaissance de l'infini peut être distincte sans que l'infini soit pour autant compris[3]. Ce dernier point est particulièrement important. En effet, Scot avait réussi à défendre la possibilité de représenter

obscuritatem, sed est omnino clara et perfecta ». La définition que donne Descartes de l'hendiadys « claire et distincte » dans les *Principes de la philosophie*, I, 45, trahit sa proximité avec l'usage scotiste et henricien, s'agissant surtout de la « clarté » : « *Claram voco illam [perceptionem], quae menti attendenti praesens et aperta est : sicut ea clare a nobis videri dicimus, quae, oculointuenti praesentia, satis fortiter et aperte illum movent. Distincta autem illam, quae, cum clara sit, ab omnibus aliis ita sejuncta est et praecisa, ut nihil plane aliud, quam quod clarum est, in se contineat* ». Il faut pourtant noter que Scot réserve la clarté à la seule vision de la chose existante et présente, donc à la seule connaissance « intuitive », alors que Descartes utilise cette notion pour signaler la présence d'un objet à l'attention de l'esprit, et l'applique donc aussi à des objets non existants, mais auxquels on pense en fixant sur eux son attention. C'est pour cette raison que la clarté s'applique également, chez Descartes, à la connaissance que Scot avait définie comme « abstractive », et c'est pourquoi toutes les connaissances distinctes sont également claires. Cf. *Principes de la philosophie*, I, 46 : « *potest esse clara perceptio, quae non sit distincta ; non autem ulla distincta, nisi sit clara* ». Chez Scot, au contraire, la connaissance distincte peut ne pas être claire : « *non omnis distincta cognitio est clara et intuitiva* », *Reportata Parisiensia*, I, *Prologus*, q. 2, n. 15, Wadding, XI. 1, p. 18a. Cependant, l'exemple cartésien de connaissance « claire » montre bien que la clarté intellectuelle est tirée métaphoriquement de la clarté sensible, exactement comme chez Scot. *Principes de la philosophie*, I, 46 : « *Ita, dum quis magnum aliquem sentit dolorem, clarissima quidem in eo est ista perceptio doloris, sed non semper est distincta* ».

1. *Méditation III*, AT VII, 45, 23-29 : « *Nec putare debeo me non percipere infinitum per veram ideam, sed tantum per negationem infiniti [...] ; nam contra manifeste intelligo plus realitatis esse in substantia infinita quam in finita, ac proinde priorem quodammodo in me esse perceptionem infiniti quam finiti, hoc est Dei quam mei ipsius* », et *Ordinatio*, I, d. 3, pars 1, qu. 1-2, *in* J. Duns Scot, *Opera Omnia*, III, p. 4, cité *supra*, p. 98, note 1.

2. L'importance de la méditation suarézienne pour la connaissance que Descartes peut avoir eue de la littérature scolastique est, ici encore, démontrée. Descartes, en soutenant avec Caterus que la connaissance de l'essence doit précéder celle de l'existence, avait revendiqué le premier cette thèse comme une invention personnelle : « *Juxta leges Logicae meae* », mais avait ensuite prié Mersenne de corriger par « *juxta leges verae Logica* », ajoutant : « Et ce qui me fait ajouter *meae* ou *verae* au mot *Logicae*, est que j'ai lu des théologiens qui, suivant la Logique ordinaire, *quaerunt prius de Deo quid sit, quam quaesiverint an sit* ». *Cf.* Descartes à Mersenne, 31 décembre 1640, AT III, 272, 25-273, 3. Le plus probable est que Descartes, contraint par une référence explicite de Caterus à Suárez (AT VII, 95, 14), a feuilleté les *Disputationes metaphysicae*, et y a trouvé que Suárez lui-même avait soutenu qu'il est nécessaire de connaître la nature de Dieu avant de pouvoir affirmer que l'être dont on a montré l'existence est vraiment Dieu. Cf. *Disputationes metaphysicae*, *Disp.* XXIX, s. II et III. Mais, on l'a vu, le refus de la prescription aristotélicienne selon laquelle la question de l'existence doit précéder celle de l'essence est déjà présent chez Scot, et c'est de Scot que Suárez l'a dérivée. Cf. *supra*, p. 98.

3. Pour Scot, voir *supra*, p. 104-106, et Descartes, *Méditation III*, AT VII, 46, 18-28.

l'infini à travers le fini avec clarté et distinction, en rejetant précisément la nécessité de l'adéquation entre représentant et représenté. L'usage que fait Descartes de la distinction entre intelliger et comprendre va dans la même direction. Un instrument inadéquat comme un concept fini ne peut représenter de façon exhaustive un objet infini, c'est-à-dire qu'il ne peut le comprendre, mais peut le connaître distinctement comme infini, c'est-à-dire transmettre l'information positive concernant son infinité[1].

Il ne s'agit pas d'une somme de coïncidences. L'ensemble des caractéristiques que Descartes attribue à l'idée de Dieu dévoile les coordonnées du projet que Scot avait construit autour de la connaissance abstractive de Dieu, ou les fondements sur lesquels une théologie scientifique était censée avoir été érigée[2]. La comparaison cartésienne entre la démonstration de l'existence de Dieu et les démonstrations des mathématiques ne pourrait, en ce sens, être plus éloquente : « Il est certain que je ne trouve pas moins en moi son idée, c'est-à-dire l'idée d'un être souverainement parfait, que celle de quelque figure ou de quelque nombre que ce soit. Et je ne connais pas moins clairement et distinctement qu'une actuelle et éternelle existence appartient à sa nature, que je connais que tout ce que je puis démontrer de quelque figure ou de quelque nombre, appartient véritablement à la nature de cette figure ou de ce nombre »[3]. En soutenant

1. Cf. *Premières Réponses*, AT VII, 112, 20-25 : « *Itaque imprimis hic dicam infinitum, qua infinitum est, nullo quidem modo comprehendi, sed nihilominus tamen intelligi, quatenus scilicet clare et distincte intelligere aliquam rem talem esse, ut nulli plane in ea limites possint reperiri, est clare intelligere illam esse infinitam* ».

2. Descartes a pu trouver un compte-rendu exhaustif de tous les termes de la question dans cette œuvre de Suárez, bien connue de lui, que sont les *Disputationes metaphysicae*. Cf. *Disp.* XXX, s. XI, nn. 11-32, qui fait longuement référence à la discussion sur les anges. Pour les arguments de Scot contre Thomas et Henri, voir, en particulier, n. 27. S'agissant de la thèse selon laquelle il est possible de représenter distinctement sans comprendre, que Suárez fait sienne, voir le n. 28. Ce dernier passage est particulièrement intéressant. Suárez demande pourquoi l'adéquation est requise seulement entre l'espèce et son objet. À cette question, on répondra que c'est parce que l'espèce dérive de son objet. Mais cet argument ne peut valoir dans le cas où l'espèce, au contraire, ne dérive pas de l'objet, comme pour les idées produites par l'intellect agent et les idées innées de l'ange, où il peut y avoir *représentation sans adéquation, et donc, sans compréhension :* « *non est necesse omnem speciem intentionalem causari ab obiecto ut obiectum, sed potest effici ab alia causa, ut manifeste constat in nostro intellectu agente, et in speciebus inditis angelis in eorum creatione.* In quibus etiam cernitur non esse necessarium, ut species semper sit adaequata obiecto, seu comprehensiva eius » (n. s.). On remarque que Suárez met sur le même plan les idées produites par l'intellect agent humain et les idées innées de l'esprit angélique. Ainsi suggérait-il que l'adéquation entre espèce et objet pouvait être revendiquée seulement dans le cadre d'une théorie de l'abstraction aristotélicienne, mais ne pouvait prétendre s'imposer dans le cas où l'on adhèrerait à une forme d'innéisme. Cette suggestion est pleinement acceptée par Descartes.

3. *Cinquième Méditation*, AT VII, 65, 21-26.

que l'esprit humain possède une idée innée de Dieu, Descartes choisit Scot contre Thomas et fait sienne la thèse selon laquelle on connaît l'infini à travers les idées finies, thèse que Thomas n'avait pu défendre et que Scot avait tirée de sa réflexion sur l'esprit des anges. Si Scot avait soutenu que les propriétés de l'intellect angélique sont celles qui appartiennent en principe à l'esprit humain, Descartes se charge maintenant de rendre opérationnelles ces potentialités de l'esprit humain, dont le péché, selon Scot, aurait empêché l'actualisation[1]. S'il est d'ailleurs un auteur qui n'a pas estimé devoir prendre au sérieux l'idée d'une corruption de la nature humaine, c'est bien Descartes.

Toutefois, quand Descartes décide de faire comprendre au lecteur que l'esprit humain possède l'idée de Dieu de la même façon que les esprits angéliques la possèdent, il le fait au moyen d'une crypto-citation de Thomas, et non de Scot. Ainsi s'achève, dans la *Troisième Méditation*, la présentation de la thèse de l'innéité de l'idée de Dieu dans l'esprit humain :

> Et certes on ne doit pas trouver étrange que Dieu, en me créant, ait mis en moi cette idée pour être comme la marque de l'ouvrier empreinte sur son ouvrage ; et il n'est pas aussi nécessaire que cette marque soit quelque chose de différent de ce même ouvrage. Mais de cela seul que Dieu m'a créé, il est fort croyable qu'il m'a en quelque façon produit à son image et semblance, et que je conçois cette ressemblance (dans laquelle l'idée de Dieu se trouve contenue) par la même faculté par laquelle je me conçois moi-même ; c'est-à-dire que, lorsque je fais réflexion sur moi, non seulement je connais que je suis une chose imparfaite, incomplète, et dépendante d'autrui, qui tend et qui aspire sans cesse à quelque chose de meilleur et de plus grand que je ne suis, mais je connais aussi, en même

1. Même dans ce cas, Descartes choisit Scot contre Suárez, qui avait refusé d'admettre, contre Scot, qu'il n'y a pas de différence spécifique entre l'esprit humain et l'esprit angélique. C'est d'ailleurs Suárez qui avait fait connaître à Descartes la position anti-thomiste de Scot. *Cf.* Suárez, *De l'âme*, l. IV, chap. 1, n. 8, in *Id.*, *Opera Omnia*, *op. cit.*, II, p. 414a : « *De intellectu ergo angelico, et humano Scotus in 2. Distinct. 1, quaest. ultima, videtur sentire ejusdem esse speciei quod certe credibile non est, ut patet ex diverso satis modo intelligendi utriusque : dicendum ergo differre specie, tum ex diverso modo attingendi objectum, aut perfecte, et simplici intuitu, aut cum discursu, et imperfecte, tum ex parte objecti proportionati : angelicus enim intellectus rem spiritualem, ac praecipue propriam essentiam, ut proportionatum objectum sortitur, noster vero rem materialem* ». Descartes trouve dans ces passages, entre autres, une synthèse rapide du modèle platonicien utilisé par Thomas et Suárez pour les anges, modèle opposé au modèle aristotélicien utilisé pour l'esprit humain. Voir également Suárez, *De Deo Uno et Trino*, I, l. II, chap. 8, n. 3, in *Opera Omnia*, *op. cit.*, I, p. 44a : « *Sententia Scoti 2 dist. 3 qu. 9, ubi docet posse angelum per virtutem naturalem quidditative cognoscere essentiam Dei, prout in se est, per speciem sibi inditam repraesentantem Deum asbtractive sicuti est, quam speciem dicit esse naturalem angelo* ». Voir également *De Angelis*, l. II, chap. 17, *in Opera Omnia*, *op. cit.*, II, p. 111a-113a, où Suárez discute longuement la thèse scotiste portant sur la connaissance que l'ange a de Dieu.

> temps, que celui duquel je dépends, possède en soi toutes ces grandes choses auxquelles j'aspire, et dont je trouve en moi les idées, non pas indéfiniment et seulement en puissance, mais qu'il en jouit en effet, actuellement et infiniment, et ainsi qu'il est Dieu[1].

Ce passage est modelé de façon transparente sur celui de la *Somme contre les Gentils* dans lequel Thomas cherchait à prouver le caractère non discursif de la connaissance que l'esprit angélique a de Dieu. La connaissance que l'ange a de Dieu n'est pas quelque chose de différent de la connaissance que l'ange a de lui-même, de même que la connaissance de l'objet fabriqué n'est pas différente de celle de son artisan :

> Il y a, en effet, diverses façons de connaître la cause par son effet. [...] quand la ressemblance de la cause dans l'effet est la forme par laquelle l'effet connaît sa propre cause : par exemple, si le coffre avait un intellect, et connaissait par sa forme l'art dont est issue cette forme, comme sa ressemblance. [...] les substances séparées connaissent Dieu par leur substance [...] en tant que chacune voit Dieu en elle-même[2].

Dans les *Réponses aux Cinquièmes Objections*, Descartes reviendra sur cette page de la *Troisième Méditation* et y ajoutera la métaphore de l'artiste et de son tableau, qui fait écho à la comparaison avec le coffre, laquelle avait permis à Thomas d'illustrer le cas où la connaissance de la cause n'est pas distincte de la connaissance de l'effet : « [...] cet artifice par lequel les tableaux d'Apelle sont distingués d'avec les autres *n'est point différent des tableaux mêmes* »[3] ; si le coffre était doué d'intelligence, avait dit Thomas, la connaissance de son artisan ne serait pas différente de la connaissance qu'il aurait de lui-même. Comme Thomas, Descartes utilise l'image de Dieu imprimée dans l'esprit humain dans le but de montrer que la connaissance de Dieu et la connaissance de l'esprit qui en porte l'image sont *une seule chose*, ce qui rend univoque la référence à Thomas, eu égard à toute la littérature qui avait insisté sur la ressemblance entre l'esprit humain et Dieu[4].

Il est nécessaire, si l'on veut commenter correctement ces textes célèbres de Descartes, trop rarement confrontés aux textes de Thomas sur la

1. AT VII, 51, 15-29.
2. Thomas d'Aquin, *Somme contre les Gentils*, III, 49, *op. cit.*, p. 182-183. Voir *supra*, p. 62.
3. *Cinquièmes Réponses*, AT VII, 372, 4-17 (n. s.).
4. Cette caractéristique n'est pas présente dans les textes augustiniens, qui avaient pourtant souligné la ressemblance entre Dieu et l'esprit, textes auxquels renvoie S. Menn, *Descartes and Augustine*, Cambridge, Cambridge University Press, 1998, p. 299.

connaissance angélique[1], de faire quelques considérations générales sur la stratégie que déploie l'auteur pour affronter les autorités philosophiques ou théologiques, en particulier celle de Thomas. Pour se confronter à Thomas, Descartes élabore deux stratégies : la première consiste à montrer son accord avec les thèses thomistes, même quand Thomas semble très éloigné de lui. C'est particulièrement évident quand l'autorité de Thomas lui est explicitement opposée, comme dans les *Premières Objections* des *Méditations Métaphysiques*. Descartes est contraint par Caterus à affronter ce qui est le cœur de son désaccord avec Thomas : le fait de posséder une idée claire et distincte de Dieu, que Descartes revendique fièrement et que Thomas nie. Caterus l'affronte aussitôt sur ce thème : comment l'esprit humain peut-il prétendre posséder une connaissance claire et distincte de l'infini ? La réponse de Descartes est un chef-d'œuvre de dissimulation. Citons-la en entier :

> De même j'avoue avec tous les théologiens, que Dieu ne peut être compris par l'esprit humain, et même qu'il ne peut être distinctement connu par ceux qui tâchent de l'embrasser tout entier et tout à la fois par la pensée, et qui le regardent comme de loin : auquel sens saint Thomas a dit, au lieu ci-devant cité [*Somme Théologique* I, qu. 2, art. 1], que la connaissance de Dieu est en nous sous une espèce de confusion seulement <*sub quadam* tantum, *confusionem* nobis inesse>, et comme sous une image obscure ; mais ceux qui considèrent attentivement chacune de ses perfections, et qui appliquent toutes les forces de leur esprit à les contempler, non point à dessein de les comprendre, mais plutôt de les admirer, et reconnaître combien elles sont au-delà de toute compréhension, ceux-là, dis-je, trouvent en lui incomparablement plus de choses qui peuvent être clairement et distinctement connues, et avec plus de facilité, qu'il ne s'en trouve en aucune des choses créées. Ce que saint Thomas a fort bien

1. On ne trouve rien, à ce sujet, dans l'*Index scolastico-cartésien* de Gilson. On ne trouve rien non plus chez Gouhier, qui valorise pourtant au mieux la comparaison cartésienne entre l'idée de Dieu et l'œuvre d'art (*La pensée métaphysique de Descartes*, Paris, Vrin, 1969, p. 194 *sq.*), ni chez Marion, qui renvoie à ce propos à Gouhier (*Sur la théologie blanche de Descartes*, *op. cit.*, p. 395-396). Surtout, on ne trouve rien non plus dans l'étude de Goudriaan, dont le thème est pourtant le rapport entre la connaissance de Dieu dans la philosophie cartésienne et dans la scolastique (*Philosophische Gotteserkenntnis*, *op. cit.*). Font exception l'étude de Desmond Connell, injustement négligée par les études cartésiennes, *The Vision in God. Malebranche Scholastic Sources*, Leuven-Paris, Nauwelaerts, 1967, p. 223, qui renvoie à Thomas d'Aquin, *ST*, I, qu. 56, art. 3 et à Suárez, *De Angelis*, *op. cit.*, l. II, chap. 18. Cependant, le passage de Thomas le plus pertinent semble être celui de la *Somme contre les Gentils*, III, 49.

> reconnu lui-même en ce lieu-là, comme il est aisé de voir de ce qu'en l'article suivant il assure que l'existence de Dieu peut être démontrée[1].

Que l'essence de Dieu ne puisse être comprise, c'est là la position canonique de Descartes[2]. Mais, comme on le sait, elle coexiste avec le fait que nous avons une intellection claire et distincte de Dieu, si bien que l'idée que nous en avons est « *maxime clara et distincta* » et qu'elle est même « la plus claire et la plus distincte de toutes »[3]. Cette thèse cartésienne s'oppose comme en miroir à la thèse thomiste selon laquelle on sait seulement de Dieu qu'il existe, sans connaître sa nature et sans pouvoir avoir aucun concept distinct de son essence, mais en ayant seulement une connaissance confuse dérivée des traces que la création porte de lui. Or Descartes essaie de transformer cette opposition en accord : lui aussi, comme Thomas, pense que nous avons une notion confuse de Dieu – « sous une espèce de confusion ». Mais cette connaissance confuse est l'apanage de ceux qui ont la prétention de « l'embrasser tout entier et tout à la fois par la pensée », c'est-à-dire de ceux qui ont une mauvaise attitude à l'égard de la connaissance de Dieu; ceux qui se comportent plus sagement et considèrent les perfections divines une à une ont une connaissance « claire et distincte » de nombreuses choses divines. Or la connaissance claire et distincte des attributs essentiels de Dieu est précisément ce qui oppose Descartes et Thomas[4]. Et cependant, ici aussi, Descartes estime qu'il n'y a pas de désaccord avec l'Aquinate, parce que Thomas avait soutenu la même chose en affirmant que l'existence de Dieu pouvait être démontrée. Inutile de rappeler que la démonstration de l'existence de Dieu de Thomas n'impliquait aucune connaissance positive, ni encore moins de connaissance « claire et distincte » des attributs divins. Thomas était obligé de démontrer l'existence de Dieu à partir des effets, précisément parce qu'il considérait qu'il était impossible d'avoir une connaissance positive de l'essence divine[5].

1. *Premières Réponses*, AT VII, 113, 27-114, 14 et AT VII, 112, 21-22.
2. *Cf.* par exemple, *Méditations Métaphysiques*, AT VII, 46, 19, *Premières Réponses*, AT VII, 112, 21-25 et *Cinquièmes Réponses*, AT VII, 368, 2-4.
3. *Méditations Métaphysiques*, AT VII, 46, 8 et 27-28.
4. Cf. *ST*, I, qu. 2, art. 2, *ad* 2, en réponse à l'objection selon laquelle il n'est pas possible de démontrer que Dieu existe, dès lors que l'on ne connaît pas son essence : « *ad probandum aliquid esse, necesse est accipere pro medio* quid significet nomen, *non autem* quid quod est ». Sur la connaissance des attributs divins chez Descartes, voir L. Devillairs, *Descartes et la connaissance de Dieu*, Paris, Vrin, 2004 (pour la comparaison avec Thomas, voir surtout p. 68 *sq.*).
5. Le prétendu accord avec Thomas à propos de l'« *unum argumentum* » d'Anselme va dans le même sens. Nous nous permettons de renvoyer ici à notre ouvrage, *L'existence de Dieu. Histoire de la preuve ontologique de Descartes à Kant* [1994], Paris, Seuil, 2002, p. 126, n. a.

La mauvaise foi de Descartes, qui prétend être d'accord avec Thomas sur la clarté et la distinction de l'idée de Dieu, est si évidente qu'on pourrait lui reprocher d'user ici de dissimulation. Et pourtant Descartes ne fait rien d'autre, à l'égard de Thomas, que ce que Thomas ou Scot avaient fait à l'égard d'Augustin. Il ne fait rien d'autre que ce que Suárez avait fait à l'égard de Thomas[1] ; ou que ce qu'il avait lui-même fait à l'égard d'Augustin, en citant un passage des *Confessions* qui semblait affirmer l'indistinction de l'intellect et de la volonté divine pour cautionner sa doctrine la plus anti-augustinienne, à savoir la libre création des vérités éternelles[2]. Descartes n'invente pas cette technique consistant à renforcer ses propres thèses en déformant parfois violemment les autorités philosophiques. Il se conforme ici à une pratique de communication intellectuelle établie, une herméneutique désinvolte et téméraire qui découpe les phrases, les décontextualise, les réduit à des aphorismes utilisables à loisir, afin de montrer, même au prix d'interprétations contraires au sens général du texte, que l'autorité est du côté de celui qui écrit. La fréquentation des textes de Thomas et de Suárez a appris à Descartes que ces péripéties herméneutiques ne sont pas censées convaincre – ni encore moins choquer. Il s'agit plutôt d'afficher son respect pour une autorité, ou du moins son absence d'intention séditieuse, même quand des directions opposées sont empruntées. Descartes s'inscrit tranquillement dans cette herméneutique, comme si l'objecteur lui avait seulement proposé un « *sed contra* », sur le modèle de la dispute scolastique.

Mais dans le texte cartésien, Thomas, et avec lui tout un ensemble de voix philosophiques appartenant au passé, joue pour ainsi dire le rôle de partenaire caché dans le parcours de libération de l'erreur. Les *Méditations* sont constellées de crypto-citations s'inscrivant dans le style méditatif qui est celui de l'œuvre dans son programme. Les règles non écrites de ce style imposent de mettre en branle les « préjugés » du lecteur cultivé et de modifier peu à peu ces préjugés en amenant celui qui médite à penser le contraire de ce qu'il pensait au départ. On parvient progressivement à la nouvelle philosophie, en se défaisant peu à peu des préjugés qui occupent

1. *Cf.* les pages éclairantes de J.-L. Marion, *Sur la théologie blanche de Descartes*, *op. cit.*, p. 70-109.

2. *Cf.* Descartes au P. Mesland, 2 mai 1644, AT IV, 119, 12-14. Gilson soutient la thèse d'une origine néoplatonicienne de la doctrine de la libre création des vérités éternelles (voir É. Gilson, *La liberté chez Descartes et la théologie*, Paris, Alcan, 1913, rééd. Paris, Vrin, 1982, p. 157-210). Cette thèse est reprise par J.-L. Marion, *Sur la théologie blanche de Descartes*, *op. cit.*, p. 140 *sq*. La thèse d'une origine augustinienne de la doctrine cartésienne est aujourd'hui soutenue par Z. Janowski, *Cartesian Theodicy. Descartes's Quest for Certitude*, Dordrecht-Boston-London, Kluwer, 2000, p. 79 *sq*. Voir à ce sujet les remarques de M. Priarolo, *Visioni divine. La teoria della conoscenza di Malebranche tra Agostino e Descartes*, Pisa, ETS, 2004, p. 170-173.

initialement l'esprit de celui qui décide d'emprunter cette voie de libération. La physique et la métaphysique cartésiennes sont donc un point d'arrivée et non un présupposé du processus de la méditation. Les *Méditations* – dira Descartes à Mersenne – contiennent « tous les fondements de ma physique », mais on ne doit pas le révéler au lecteur imbu de préjugés aristotéliciens, parce qu'ainsi, il s'accoutumera « insensiblement à mes principes [...] avant que de s'apercevoir qu'ils détruisent ceux d'Aristote »[1]. Les *Méditations* entendent mener à la physique cartésienne sans qu'il soit nécessaire de renoncer préalablement à l'aristotélisme, mais en faisant surgir la vérité de cette physique, par modifications progressives, et par l'abandon des présupposés auxquels elle s'oppose. Le sujet des méditations doit se transformer de l'intérieur, avec son propre bagage culturel, et le lecteur, selon Descartes, doit ne faire qu'un avec lui : « je ne conseillerai jamais à personne de le [mon livre] lire, sinon ceux qui voudront *avec moi* méditer sérieusement »[2]. Les préjugés du passé ne sont pas combattus, mais comme érodés de l'intérieur, et ils accompagnent le parcours de la méditation, consolant pour ainsi dire le sujet méditant qui y trouve un appui et la force pour poursuivre son chemin. Autrement dit, celui qui médite n'est pas Descartes, mais le deviendra à la fin du parcours des *Méditations*. C'est pourquoi la trame des *Méditations* est tissée de références à la culture commune de tout philosophe, lesquelles sont naturellement plus nombreuses dans la *Première Méditation*, lorsque les préjugés sont encore bien présents et occupent entièrement son esprit, mais l'accompagnent jusqu'à la fin de la *Sixième Méditation*[3].

Quelques exemples suffiront à illustrer cette pratique. La *Première Méditation* est entièrement construite en référence aux anciennes certitudes : l'idée que tout le savoir dérive des sens, par exemple, est une thèse aristotélicienne partagée par le sujet méditant; mais les raisons de douter de cette opinions sont elles-mêmes empruntées aux réflexions de la scolastique et de la scolastique tardive sur l'omnipotence divine[4]. Dans la *Première Méditation* toujours, les hypothèses énumérées sur l'origine de l'*ego* – le destin, le hasard, ou une liaison continuelle des choses – font respectivement

1. Descartes à Mersenne, 28 janvier 1641, AT III, 297, 31-298, 7.

2. *Préface au lecteur*, AT VII, 9, 24-25 (n. s.).

3. Voir, plus longuement, *infra*, p. 164 *sq*. Dans la sixième *Méditation* encore, Descartes reprend d'anciennes théories pour exprimer un nouveau concept. C'est le cas lorsqu'il est question de l'union de l'âme et du corps, qui n'est pas comparable à l'union d'un pilote et son navire. *Cf.* AT VII, 81, 1-3, avec la reprise d'une comparaison célèbre par laquelle Thomas d'Aquin s'était référé au rapport corps/esprit théorisé par Platon. *Cf.* F. Manzini, « Comme un pilote en son navire », *Bulletin Cartésien*, XXXI, *Archives de philosophie* 66, 2003, p. 163-169.

4. Voir plus loin, p. 176 *sq*.

référence au stoïcisme, à l'épicurisme et à l'aristotélisme[1]. Dans la *Deuxième Méditation*, les théories que le sujet endosse au début, au sujet de l'âme, sont les théories stoïciennes et épicuriennes, autrement dit les théories concevant l'âme comme un corps[2], mais la théorie à laquelle il parvient, celle de l'immatérialité de l'esprit, est formulée dans des termes empruntés par les différentes traditions philosophiques qui se sont exprimées sur la séparation de l'âme, ou d'une partie de l'âme, et du corps – « *mens sive animus* » dans la tradition néo-platonicienne et augustinienne ; « *ratio* » et « *intellectus* » dans la tradition platonicienne et aristotélicienne[3].

La *Troisième Méditation* présente un cas particulièrement intéressant. Il s'agit de convaincre le sujet méditant que, bien que les idées soient causées par un être extérieur, elles ne sont pas nécessairement semblables au monde extérieur qui les a produites. Et cette réflexion est introduite par un exemple, celui des deux idées du soleil. On considère que la plus semblable au soleil est celle qui ne provient pas des sens :

> encore que je demeurasse d'accord qu'elles [les idées qui me semblent venir des objets extérieurs] sont causées par ces objets, ce n'est pas une conséquence nécessaire qu'elles doivent leur être semblables. [...] Comme, par exemple, je trouve dans mon esprit deux idées du soleil toutes diverses : l'une tire son origine des sens, et doit être placée dans le genre de celles que j'ai dit ci-dessus venir de dehors, par laquelle il me paraît extrêmement petit; l'autre est prise des raisons de l'astronomie, c'est-à-dire de certaines notions nées avec moi, ou enfin est formée par moi-même de quelque sorte que ce puisse être, par laquelle il me paraît plusieurs fois plus grand que toute la terre. Certes, ces deux idées que je conçois du soleil, ne peuvent pas être toutes deux semblables au même soleil; et la raison me fait croire que celle qui vient immédiatement de son apparence, est celle qui lui est le plus dissemblable[4].

Remarquons que Descartes, dans ce passage, ne se prononce pas sur la véritable origine de l'idée la plus semblable au soleil extérieur à l'esprit – « l'autre est prise [...] de certaines notions nées avec moi, ou enfin est formée par moi-même de quelque sorte que ce puisse être ». Ce qui est intéressant, c'est le fait que, quelle que soit l'origine de cette idée du soleil qui le représente beaucoup plus grand que la terre – l'idée de la science –, tout le monde s'accorde pour admettre qu'elle est plus semblable au soleil

1. AT VII, 21, 20-21.

2. *Ibid.*, 26, 7-10 : « *sed quid esset haec anima, vel non advertebam, vel exiguum nescio quid imaginabar, instar venti, vel ignis, vel aetheris, quod crassioribus mei partibus esset infusum* ».

3. *Ibid.*, 27, 14 : « *mens, sive animus, sive intellectus, sive ratio* ».

4. *Ibid.*, 39, 15-29.

existant en dehors de l'esprit que ne l'est l'idée dérivée de l'impression que le soleil produit sur les sens. Or l'exemple des deux soleils est tiré du traité *De l'âme* d'Aristote : « on a [...] ainsi des représentations fausses d'objets dont on a simultanément une idée vraie. Ainsi, le soleil apparaît avec la grandeur d'un pied, mais on est persuadé qu'il est plus grand que la terre habitée »[1]. Tout se passe comme si l'on disait : si même Aristote, le champion de la ressemblance entre idées sensibles et monde extérieur, pense que l'idée sensible ressemble moins au soleil réel que l'idée rationnelle, alors la thèse de la dissemblance entre perception et objet extérieur ne devrait pas être si difficile à admettre. C'est un exemple typique de la façon dont la méditation progresse : non seulement les idées à combattre proviennent de la culture pré-cartésienne, mais cette culture elle-même contient les arguments pour les combattre. La méditation n'envisage jamais une occupation *manu militari* du terrain de l'erreur par la vérité. Si l'on veut vraiment éliminer les préjugés en profondeur, il faut les combattre par des armes qui font elles-mêmes partie de la culture commune du sujet méditant, comme on le voit avec les idées de l'âme et du soleil, et comme on le verra plus loin avec le doute sur les mathématiques[2].

Parmi ces crypto-citations qui constellent les *Méditations*, on en trouve une qui permet à Descartes de revêtir l'idée innée de Dieu d'apparats thomistes : en reprenant l'argument de la non-distinction entre la cause (l'empreinte de Dieu) et l'effet (l'esprit fini), il fait référence à une thèse élaborée par Thomas au sujet de la connaissance de Dieu que possède l'esprit angélique. Cette référence, comme la référence à la double idée du soleil, a une fonction rassurante, dans la mesure où elle permet de montrer, tout en soutenant que l'esprit humain a une idée innée de Dieu, qu'on ne dit rien qui s'écarte de la tradition thomiste. On ne peut qu'admirer la prudence avec laquelle Descartes choisit la citation de Thomas : mieux qu'aucune autre, elle dissimule sa préférence pour Scot et son opposition

1. Aristote, *De l'âme*, III, 3, 428b, 2-4.

2. Dans la troisième *Méditation*, l'hypothèse que le *moi* pourrait être doté d'une faculté cachée qui maintienne dans l'être le *moi* lui-même est rejetée par l'argument selon lequel « *si quae talis vis in me esset, eius proculdubio conscius essem* », AT VII, 49, 17-18. Le lecteur cultivé pouvait y déceler une référence tacite à Aristote, *Seconds Analytiques*, II, 19, 99b, 28-29, où l'hypothèse selon laquelle la capacité d'appréhender les principes serait innée « alors que nous n'en avons aucune connaissance » est rejetée, « puisqu'il en résulte que tout en ayant des connaissances plus exactes que la démonstration nous ne laissons pas de les ignorer » (trad. fr. J. Tricot). Scot rapporte l'argument utilisé par Aristote pour rejeter l'innéité de la capacité d'appréhender les principes, sous la forme d'une sorte de lieu commun, dans les *Reportata Parisiensia*, I, *Prologus*, qu. 2, n. 7, Wadding, XI. 1, p. 16 : « *inconveniens est nos habere nobilissimos habitus, et nos latere* ».

à l'interdiction thomiste de connaître Dieu à travers une espèce finie, grâce à un renvoi au passage dans lequel Thomas avait élaboré un argument des plus subtils pour justifier la non-discursivité de la connaissance de Dieu, et rapprocher ainsi la connaissance à travers sa propre nature de la connaissance à travers l'espèce. Par cette référence, Descartes parvient à induire chez le lecteur l'impression que l'idée innée de Dieu provient entièrement du thomisme et que la thèse cartésienne consistant à attribuer à l'esprit humain un concept de Dieu – une espèce, aurait dit Thomas – est en parfait accord avec lui.

Sans l'interdiction de représenter l'infini à travers le fini, Thomas aurait très certainement conféré à l'esprit angélique une espèce de Dieu. Il a longuement cherché une issue à ce problème en donnant à la nature angélique le rôle que l'espèce est censée jouer dans la connaissance. Or c'est là précisément que tout se joue : en refusant, avec Scot, cette interdiction, Descartes utilise un passage de Thomas permettant mieux qu'un autre de soutenir la volonté thomiste d'assurer à l'esprit angélique une connaissance intermédiaire entre celle du *viator* et celle du bienheureux. Ainsi cherche-t-il, au lieu d'accuser Thomas d'incohérence, comme l'avait fait Scot, à s'en faire un allié, avec les moyens que Thomas lui-même lui fournit. C'est par le même procédé qu'il avait cherché, avec l'exemple des deux idées de soleil, à faire alliance avec Aristote, contre la thèse de la ressemblance entre perception et objet. De cette façon, Descartes achève sa théorie de la connaissance innée par un assemblage savant de la théorie thomiste et de la théorie scotiste. Il puise sa définition des idées innées des choses matérielles dans l'angélologie thomiste, et celle de Dieu dans l'angélologie scotiste, en présentant cette idée, nous l'avons vu, comme thomiste elle aussi.

La crypto-citation de Thomas présente dans la *Troisième Méditation* suffirait à elle seule à prouver que Descartes s'est inspiré des esprits angéliques de Thomas et de Scot pour sa philosophie de l'esprit humain, son innéisme ne renvoyant pas seulement à Platon, mais aussi aux anges de la scolastique. De fait, l'*Entretien avec Burman*, qui évoque explicitement la question des anges, montre bien que Descartes était parfaitement instruit des théories de la connaissance angélique. Burman demande à Descartes des éclaircissements sur un passage des *Réponses aux Secondes Objections* dans lequel l'auteur accorde à l'objecteur le fait qu'il n'est pas nécessaire que l'idée que nous avons de l'ange provienne de l'ange lui-même[1]. Ainsi Descartes précise-t-il sa pensée :

1. AT VII, 138, 27-138, 4.

> Pour ce qui est de l'idée d'un ange, il est certain que nous la formons à partir de l'idée de notre esprit, et que nous n'en avons aucune connaissance sinon à partir de l'idée de notre esprit; si bien que nous ne pouvons rien attribuer à l'être même de l'ange que nous ne puissions également remarquer en notre propre être[1].

Une objection évidente naît de cette remarque : « Mais alors un ange et notre esprit seront une seule chose, l'un et l'autre étant seulement une chose qui pense ». La réponse de Descartes commence par une concession et une précision : « les deux sont certainement deux choses qui pensent, mais cela n'empêche qu'un ange ait beaucoup plus de perfections que notre esprit, je veux dire qu'il les a à un degré supérieur ». Suit une apparente concession faite à Thomas – que la différence entre l'esprit humain et l'ange puisse même configurer une différence spécifique entre l'esprit humain et l'esprit angélique, c'est là, on s'en souvient, une thèse thomiste –, concession qui se transforme subitement en une prise de distance ironique très dure :

> [...] au point même qu'ils peuvent assurément être spécifiquement différents, dans le sens où saint Thomas voulait que tous les anges fussent entre eux spécifiquement différents et les a décrits un par un comme s'il avait été au milieu d'eux, ce qui lui a valu du reste le nom glorieux de *Docteur Angélique ;* mais si nulle part ou presque il ne s'est donné plus de peine, nulle part aussi il n'est plus vide. En effet la connaissance des anges nous est presque entièrement cachée, puisque, comme je l'ai dit, notre esprit ne nous fournit rien sur ce sujet[2], et dans ces conditions nous ignorons aussi tout ce qu'on a coutume de demander à leur propos, comme s'ils peuvent s'unir avec un corps, quels ont été ces corps que, dans l'*Ancien Testament*, ils revêtaient souvent, et choses semblables. Mieux vaut croire ce que nous en dit l'*Écriture*, à savoir qu'ils ont été de jeunes gens, qu'ils se sont manifestés comme tels, et choses semblables[3].

Nous ne savons donc rien, en réalité, sur les anges. Tout ce que nous en disons est une projection de la connaissance que nous avons de nous-mêmes sur ces êtres dont parlent les Écritures. Par conséquent, ce qu'en a dit Thomas est frivole et futile, pour autant qu'il s'agit d'une prétendue connaissance des créatures mystérieuses, mais peut néanmoins nous en

1. Descartes, *L'entretien avec Burman*, J.-M. Beyssade (éd.), Paris, P.U.F., 1981, p. 60-61 (AT V, 157). Nous sommes d'accord avec la remarque de Beyssade, qui rapporte cette observation à l'éclaircissement de Descartes et non à la demande de Burman.

2. *Ibid.* Le manuscrit porte « *eam ex mente non hauriamus* », que J.-M. Beyssade propose de remplacer par « *ex mente nostra* », correction parfaitement acceptable, étant donné que Descartes fait référence à la théorie exposée plus haut – « *ut dixi* » –, qui soutient précisément que tout ce que nous savons des anges provient de notre esprit.

3. *Ibid.*, p. 60-62.

apprendre beaucoup sur la façon dont sont faits les esprits humains. S'agissant de la question qui avait divisé thomistes et scotistes, celle de l'existence d'une différence spécifique entre intellect angélique et intellect humain, Descartes trouve refuge dans la foi, façon classique, pour lui, d'éviter de se risquer à traiter de questions théologiques[1]. Mais on notera qu'il ne s'abstient pas de préciser que l'éventuelle différence spécifique entre l'ange et l'homme ne serait pas distincte de la différence spécifique qui sépare, selon Thomas, chaque ange des autres, et qui ne l'a pas empêché d'élaborer une théorie globale de la connaissance valable pour la nature angélique[2]. Ce même *Entretien avec Burman* renvoie ensuite à *La Genèse au sens littéral* d'Augustin et à son angélologie, référence insuffisante pour établir une connaissance directe du texte augustinien, mais suffisante pour montrer la familiarité de Descartes avec la question de la connaissance angélique, du moins en tant qu'elle pouvait être tirée du texte thomiste[3].

Après qu'on a établi que Descartes songeait aux esprits angéliques quand il parlait des esprits humains, et que les crypto-citations qui y renvoyaient étaient très faciles à déceler, les autres éléments de la doctrine cartésienne de l'esprit s'assemblent avec précision, comme autant de pièces d'un puzzle. Ainsi en va-t-il de la thèse selon laquelle l'esprit se connaît lui-même et connaît son essence directement et immédiatement,

1. Voir, par exemple, Descartes à Mersenne, 27 mai 1630, AT I, 153, 9-13 : « je tiens que c'est faire tort aux vérités qui dépendent de la foi, et qui ne peuvent être prouvées par démonstration naturelle, que de les vouloir affermir par des raisons humaines, et probables seulement ».

2. Scot avait d'ailleurs explicitement affirmé que la théorie des esprits angéliques est le produit de la sublimation de la connaissance que le philosophe possède des esprits finis en général. Cf. *Ordinatio*, II, d. 3, pars 2, q. 2, *in* J. Duns Scot, *Opera Omnia*, VII, p. 560 : « *Quia non habemus regulam de intellectu angelico [...], quia rationabile est attribuere illi omnem perfectionem quae convenit intellectui creato et nulla repugnantia occurrit quare intellectus creatus haberet talem cognitionem distincte repraesentantem essentiam divinam (dum tamen non intuitive), talem videtur rationabile concedere* ». Ockham affirme clairement que la théorie de la connaissance de l'ange ne peut être qu'une transposition de ce que l'on connaît de l'homme. Cf. *Reportatio*, II, qu. XII-XIII, in *Opera Theologica*, V, *op. cit.*, p. 277 : « *Sed quod talia habitus sit in angelo non potest ratione naturali probari, sed per hoc quod talem habitum experimur in nobis* ».

3. *L'entretien avec Burman*, *op. cit.*, p. 111 : « *Quantum autem ad Genesin attinet, forsan illa creationis narratio, quae ibi habetur, est metaphorica, ideoque Theologiae relinquenda, nec tum sumi debet creatio tanquam sex diebus distincta, sed tantum hoc ob nostrum concipiendi modum ita distingui debet, quemadmodum Augustinus per cogitationes Angelicas illam distinxit* ». Sur la question de savoir si Descartes avait une connaissance directe du texte augustinien, la référence à *La Genèse au sens littéral* n'est en réalité pas décisive, dès lors qu'il était possible de tirer la doctrine augustinienne des textes thomistes, notoirement connus de Descartes. Cf. *De la Vérité*, qu. 8, art. 16, *resp.*, cité *supra*, p. 46, n. 1.

indépendamment, donc, des actes par lesquels il connaît les autres choses. La connaissance de son propre esprit, chez Descartes, rend possible la connaissance des corps extérieurs, au lieu d'en dépendre[1]; chez Thomas, les esprits angéliques, contrairement aux esprits humains, ont un accès direct à leur nature[2]. Mieux : pour Descartes, l'esprit pense toujours, même quand il ne se souvient pas de ses pensées, exactement comme les anges de Thomas, dont l'esprit n'est jamais en puissance : « la raison pour laquelle je crois que l'âme pense toujours, est la même qui me fait croire que la lumière luit toujours, bien qu'il n'y ait point d'yeux qui la regardent; que la chaleur est toujours chaude, <bien qu'on ne s'y chauffe point>; que le corps, ou la substance étendue, a toujours de l'extension; et généralement, que ce qui constitue la nature d'une chose est toujours en elle, pendant qu'elle existe »[3].

La pensée de l'ange est uniquement caractérisée, chez Thomas, par l'intellect et la volonté, puisque la nature de l'ange est entièrement immatérielle[4]. Or c'est ainsi qu'est caractérisé l'esprit humain chez Descartes, puisque la sensation et l'imagination, qui nécessitent l'intermédiaire du corps, sont accidentelles : « Je ne vois aussi aucune difficulté à entendre que les facultés d'imaginer et de sentir appartiennent à l'âme, à cause que ce sont des espèces de pensées; et néanmoins n'appartiennent qu'à l'âme en tant qu'elle est jointe au corps, à cause que *ce sont des sortes de pensées, sans lesquelles on peut concevoir l'âme toute pure* »[5].

1. *Méditations métaphysiques*, AT VII, 33, 3-6 : « *Quid, inquam, ego qui hanc ceram videor tam distincte percipere? Nunquid me ipsum non tantum multo verius, multo certius, sed etiam multo distinctius evidentiusque, cognosco?* ».

2. Voir *supra*, p. 36.

3. Descartes au P. [Gibieuf], Endegeest, 19 janvier 1642, AT III, 478, 12-20. Cf. *ST*, I, qu. 58, art. 1, *resp.* : « *intellectus angeli nunquam est in potentia respectu eorum ad quae eius cognitio naturalis se extendere potest* ».

4. *ST*, I, qu. 54, art. 5, *resp.* : « *Quaedam vero vires animae nostrae sunt, quarum operationes per organa corporea non exercentur, ut intellectus et voluntas : et huiusmodi non sunt actus aliquarum partium corporis. Angeli autem non habent corpora sibi naturaliter unita [...] Unde de viribus animae non possunt eis competere nisi intellectus et voluntas* ».

5. Descartes au P. [Gibieuf], Endegeest, 19 janvier 1642, AT III, 479, 10-16 (n. s.), à propos de la *Sixième Méditation*, AT VII, 73, 5-9 : « *Adhaec considero istam vim imaginandi quae in me est, prout differt a vi intelligendi, ad mei ipsius, hoc est ad mentis meae essentiam non requiri; nam quamvis illa a me abesset, procul dubio manerem nihilominus ille idem qui nunc sum* ». Cette thèse de Descartes ne va pas sans poser problème, étant donné la tension profonde entre la séparation de la substance corporelle et de la substance pensante, d'un côté, et l'union des deux substances de l'autre. La pensée comme intelligence convient bien à la distinction des deux substances, mais oblige ensuite Descartes à interpréter l'imagination et la sensibilité comme deux modes de la pensée et à soutenir qu'elles incluent une forme d'intellection dans leur concept. Cf. *Méditations métaphysiques*, AT VII,

Il n'était d'ailleurs pas nécessaire d'attendre Maritain pour comprendre que la voie empruntée par Descartes pour sa théorie de l'esprit était celle qu'avaient empruntée Thomas et Scot pour les anges. Géraud de Cordemoy s'en aperçut très vite et en tira les enseignements nécessaires dans son *Discours physique de la parole*, paru en 1668. Dans ce texte, en raison du choix occasionaliste qui libère l'âme de la causalité du corps, les hommes sont des anges ayant été unis par hasard à un corps. C'est pour cette seule raison que les esprits humains sont obligés de se servir de sons pour communiquer. N'était cette union, les esprits communiqueraient leurs pensées directement, du seul fait de le vouloir, exactement comme le font les anges chez Thomas :

> Si tandis qu'elles [nos âmes] sont unies à nos corps, nous ne pouvons exprimer les pensées qui nous viennent, qu'en remuant la langue, le gosier et la bouche, c'est par la nécessité que cette union [*scil.* avec le corps] nous impose : mais sitôt qu'il n'y aurait plus une semblable nécessité d'emprunter des mouvements pour exprimer ce qu'on pense, on n'aurait plus, pour le faire concevoir à d'autres esprits, qu'à vouloir qu'ils le connussent, et pour le cacher, on n'aurait qu'à ne vouloir pas qu'il leur fût connu[1].

78, 21-28 : « *Praeterea invenio in me facultates specialibus quibusdam modis cogitandi, puta facultates imaginandi et sentiendi, sine quibus totum me possum clare et distincte intelligere, sed non vice versa illas sine me, hoc est sine substantia intelligente cui insint : intellectionem enim nonnullam in suo formali conceptu includunt, unde percipio illas a me, ut modos a re, distingui* », et ce qui suit. Cette conception, qui identifie substance pensante et intelligence, entre en conflit avec une autre conception qui, dès la *Deuxième Méditation*, identifie la pensée avec la conscience, en faisant de toutes ses manifestations, intelligence comprise, des « modes » de la conscience, conception qui l'emporte ensuite dans les *Principes de la philosophie*, I, 65, où même l'intellection est citée comme un « mode » de la pensée : « *Eadem ratione, diversos cogitationum modos, ut intellectionem, imaginationem, recordationem, volitionem* ».

1. G. de Cordemoy, *Discours physique de la parole*, Paris, Florentin Lambert, 1668, p. 190-191. Le passage commence ainsi : « En effet, en l'état où nous sommes maintenant, pour découvrir nos pensées, nous ne faisons autre chose que le vouloir, et bien que ce vouloir soit joint à des mouvements, qui ne manquent point d'être en certaines parties de notre corps, sitôt que nous en avons besoin, pour signifier nos pensées, néanmoins nos âmes ne sont point cause de ces mouvements (suivant ce qui est montré dans le quatrième discours) et elles ne font autre chose pour s'exprimer, que de la vouloir ». Selon Thomas, les pensées des anges ne sont pas immédiatement accessibles aux autres anges, mais le deviennent s'ils le veulent. Cf. *Commentaire des Sentences*, II, d. 11, qu. 2, et 3 ; *ST*, I, qu. 107, art. 1, *resp.* Sur ce thème, voir C. Panaccio, « From Mental Word to Mental Language », *Philosophical Topics* 20, 1992, p. 125-147 ; *Id.*, « Angel's Talk, Mental Language, and the Transparency of the Mind », *in* C. Marmo, *Vestigia, imagines, verba. Semiotics and Logic in Medieval Theological Texts (XII-XIVth Century)*, Turnhout, Brepols, 1997, p. 324-335 ; *Id.*, *Le discours intérieur de Platon à Guillaume d'Ockham*, Paris, Seuil, 1999 ; C. Marmo, « Lo

On peut dès lors se demander si la reprise du modèle angélique pour les esprits humains révèle chez Descartes une « profonde intention métaphysique », comme le pensait Maritain. Devant l'évidence de la présence du modèle angélique dans les esprits de Descartes, il est toujours possible de donner une explication minimaliste. Après avoir décidé que l'essence de l'esprit humain est la pensée, que le lien avec le corps n'est pas nécessaire à la connaissance vraie, Descartes a pu se mettre en quête, dans ses souvenirs scolastiques, d'un modèle prêt à l'emploi, correspondant à ses exigences et à ses choix. Cette explication a bien un fond de vérité. Les thèses innovantes, en philosophie, utilisent souvent le langage de leurs adversaires pour être comprises, et l'anti-aristotélisme de Descartes s'exprime au travers d'un modèle platonisant élaboré par les aristotéliciens eux-mêmes pour rendre compte de la nature des esprits désincarnés. On le sait, les modèles à disposition, pour qui veut soutenir que la connaissance vraie ne passe pas par les sens, étaient au moins au nombre de deux : le modèle platonicien, que Thomas avait choisi pour ses anges, et le modèle participationniste augustinien. Il ne fait pas de doute que, au moins à ce niveau, un choix était possible, qui était loin d'être anodin, l'un impliquant la séparation de l'esprit humain et de l'esprit divin, l'autre impliquant au contraire la participation de l'esprit fini à la vérité increéée. Toute la partition théorique thomiste de la connaissance angélique – élaborée contre Augustin – était connue de Descartes, lecteur averti de l'angélologie thomiste, comme en témoigne l'*Entretien avec Burman*.

En choisissant le modèle angélique, Descartes choisissait, pour les esprits humains, la théorie de la connaissance sur laquelle s'étaient concentrés les efforts de Thomas et de Scot pour définir une connaissance à la fois indépendante de la sensibilité et distincte de la vision béatifique. À la lumière de ce contexte, une autre crypto-citation des *Méditations* prend une saveur particulière ; nous voulons parler du célèbre passage dans lequel Descartes introduit la théorie innéiste en faisant allusion à la réminiscence platonicienne du *Ménon :*

> Et je ne connais pas seulement ces choses avec distinction, lorsque je les considère en général ; mais aussi, pour peu que j'y applique mon attention, je conçois une infinité de particularités touchant les nombres, les figures, les mouvements et autres choses semblables, dont la vérité se fait paraître avec tant d'évidence et s'accorde si bien avec ma nature, que lorsque

statuto semiotico della comunicazione angelica nella teologia tra XIII e XIV secolo », *in* G. Manetti et A. Prato, *Animali, angeli, macchine. Come comunicano e come pensano*, Pisa, ETS, 2007, p. 133-153 (actes du colloque « Animali, angeli, macchine. Linguaggio e forme cognitive », Sienne, 12-14 sept. 2002).

> je commence à les découvrir, il ne me semble pas que j'apprenne rien de nouveau, mais plutôt que je me ressouviens, de ce que je savais déjà auparavant, c'est-à-dire que j'aperçois des choses qui étaient déjà dans mon esprit, quoique je n'eusse pas encore tourné ma pensée vers elles[1].

L'évocation du jeune garçon qui, dans le *Ménon* de Platon, fait une démonstration grâce à la réminiscence, sert ici à éclairer, pour le lecteur cultivé, la doctrine que Descartes expose et qu'il est sur le point de faire sienne. Mais, on le sait, la théorie innéiste de Descartes ne fait aucunement usage de la doctrine de la réminiscence, ce qui rend sa présence ici, en tant que signal de l'entrée en scène de la théorie des idées innées, d'autant plus significative. Autrement dit, Descartes, même s'il ne croit pas que l'innéisme entraîne la réminiscence, se range de son côté, c'est-à-dire du côté qu'Augustin avait rejeté quand il avait choisi, en se référant précisément au *Ménon*, la participation à l'esprit divin contre la réminiscence. Il est certes difficile de savoir avec certitude si et dans quelle mesure Descartes connaissait *La Trinité*[2]. Mais sans doute connaissait-il ce qui s'en était suivi, c'est-à-dire, chez Thomas toujours, l'opposition constante entre, d'un côté, la théorie platonicienne de la réminiscence et de l'innéisme, présentée comme la théorie plaçant la cause de la connaissance *dans* l'âme et, de l'autre, la théorie, rapportée à Platon, de la participation aux modèles idéaux, qui place au contraire l'origine de la connaissance *hors de* l'âme : « Certains soutiennent que les âmes humaines contiennent en elles-mêmes la connaissance de toutes les choses, [...] et ils disent qu'apprendre n'est rien d'autre que se souvenir »[3]. La référence au *Ménon* revêt ainsi une signification positive – le choix de l'innéisme – et une signification négative – le rejet du participationnisme augustinien – c'est-à-dire le contraire exact de l'adhésion à l'augustinisme que Gilson avait cru voir dans le choix de l'innéisme[4]. Les esprits de Descartes, comme les esprits angéliques de

1. AT VII, 63, 22-64, 5. Puis de nouveau dans l'*Epître à Voetius*, AT VIII. 2, 167, 2-7.

2. La question de la connaissance que Descartes avait des textes augustiniens a été ouverte par H. Gouhier, *Cartésianisme et augustinisme au* XVIIe *siècle*, Paris, Vrin, 1978, p. 173 *sq*. Voir la comparaison entre les textes augustiniens et cartésiens proposée par Z. Janowski, *Augustinian-Cartesian Index. Texts and Commentary*, South Bend (Indiana), St. Augustines's Press, 2004. L'augustinien André Martin, quelques années plus tard, témoigne de la conscience de cette opposition entre participation et réminiscence, comme trait typique de la pensée d'Augustin. Voir plus loin, p. 217-218.

3. *De la Vérité*, qu. 10, art. 6, *resp*. (n. s.). Cf. *supra*, p. 22, note 2.

4. É. Gilson, « Les origines théologiques de quelques doctrines cartésiennes », dans *Études sur le rôle de la pensée médiévale dans la formation du système cartésien*, Paris, Vrin, 1930, p. 27-50. Gilson, en rapportant l'innéisme à la théorie de la connaissance augustinienne, précisait, il est vrai, que « Nous raisonnons ici selon la perspective historique

Thomas et de Scot, *ne sont pas* les esprits des bienheureux : ils connaissent la vérité dans leur esprit et non pas en Dieu[1]. Enfin et surtout, les esprits de Descartes, comme ceux des anges de Scot, connaissent l'infini par une idée innée, c'est-à-dire par un concept fini et créé, sans vision ni contact avec Dieu. En réalité, l'entreprise métaphysique de Descartes s'aligne parfaitement avec le projet mené par Scot dans sa théorie de la connaissance angélique.

Le sens du choix cartésien s'éclaircit et se confirme dans la réflexion sur un autre sujet signalé par Maritain comme un point de contact avec l'angélologie thomiste : l'intuition.

L'INTUITION

La connaissance angélique, selon Thomas, se distingue également de la connaissance humaine par son caractère intuitif. Le *noûs*, l'intellect, est l'organe de la connaissance intuitive des anges, par opposition à la connaissance discursive de la raison humaine. Dans l'appréhension des premiers principes qui gouvernent toute la connaissance, l'esprit humain aussi a l'expérience d'une connaissance intuitive. Il s'agit du sommet, du point le plus élevé que puisse atteindre la connaissance humaine, dans lequel l'esprit a une expérience partielle de la modalité de connaissance de l'esprit angélique : « comme nous connaissons sans discours, par simple intuition les principes, de cette même façon les anges connaissent tout »[2].

du XVIIe siècle, qui interpréta volontiers dans le sens de l'innéisme la doctrine augustinienne de l'illumination. Nous ne prenons pas, pour autant, cette interprétation à notre compte » (*Ibid.*, p. 35, note 3). Cependant, le texte de Gilson ne fournit justement pas de preuve permettant de montrer que les auteurs du XVIIe siècle auraient interprété l'innéisme comme une forme d'augustinisme. Les citations de Gibieuf et de Pierre de Bérulle sont trop générales pour nous permettre de parler d'une véritable théorie innéiste et, surtout, l'œuvre de Bérulle contient de nombreux passages allant dans le sens du participationnisme. *Cf.* par exemple *Les six jours de la création*, V, I : « la lumière intellectuelle est la vérité qui rayonne sur l'intelligence humaine comme sur l'intelligence angélique et elle irradie inextinguiblement ». La théorie de l'illumination, dans sa reprise bérullienne, avait d'ailleurs été rejetée par Descartes dans sa lettre à Mersenne du 27 mai 1630, AT I, 152, 5-6 : « ces vérités éternelles, lesquelles je ne conçois point émaner de Dieu, comme les rayons du soleil ». Sur le rapport entre Descartes et Bérulle, voir la mise au point essentielle de J.-M. Marion, *Sur la théologie blanche de Descartes*, *op. cit.*, p. 140-159. Discutant la thèse de Gilson, G. Rodis-Lewis avait remarqué, du moins dans l'innéisme de Silhon, qu'« on ne saurait voir l'écho de la philosophie proprement augustinienne ». Voir G. Rodis-Lewis, *L'anthropologie cartésienne*, Paris, P.U.F., 1990, p. 101-125, p. 117.

1. *Cf.* O. Hamelin, *Le Système de Descartes*, Paris, Alcan, 1921^2, p. 176 : l'innéisme « c'est l'indépendance, l'aséité, la suffisance de la pensée ».

2. *De la Vérité*, qu. 8, art. 15, *resp.*, cité *supra*, p. 37, note 2.

Dans l'appréhension des premiers principes, l'esprit humain est aussi infaillible que celui de l'ange[1].

Il ne fait pas de doute que Descartes privilégie l'*intuitus* comme le modèle idéal vers lequel toute connaissance devrait tendre[2]. La déduction est alourdie par une chaîne de raisons et compte inévitablement sur les faibles ressources de la mémoire. L'*intuitus*, au contraire, est à l'abri des erreurs de la mémoire. Il convient donc de chercher à maîtriser toute la chaîne déductive, pour la réduire à un instant d'intuition unique et, partant, absolument certain[3]. On ne trouve pas seulement cette prise de position dans les *Règles pour la direction de l'esprit*. Dans les *Méditations*, la preuve

1. *ST*, I, qu. 58, art. 5, *resp.*, et II^{a} II^{ae}, qu. 180, art. 6, *ad* 2. Dans ce dernier article, Thomas s'occupe du mouvement des anges, qui ne peut être que circulaire, parce qu'il doit être uniforme. Il ne peut se produire de la même façon en l'homme : en effet, pour qu'il atteigne l'uniformité, on doit ôter les deux causes qui s'y opposent, l'une est la dépendance de la sensibilité, l'autre la discursivité : « *oportet quod removeatur seconda difformitas, quae est per discursum rationis. Et hoc autem contingit secundum quod omnes operationes animae reducuntur ad simplicem contemplationem intelligibilis veritatis [...] ut scilicet, cessante discursu, figatur eius intuitus in contemplatione unius simplicis veritatis.* Et in hac operatione animae non est error : sicut patet quod circa intellectum primorum principiorum non erratur, quae simplici intuitu cognoscimus » (n. s.).

2. Il ne semble pas que le mépris que Descartes a manifesté, à une occasion, envers la thèse scolastique du caractère intuitif de la connaissance angélique et divine constitue un problème de fond. Il s'agit d'une lettre adressée à Plempius par Froidmond du 3 octobre 1637 (AT I, 415, 12-23). Il y est question de l'âme des animaux, et on y discute les arguments de ceux qui attribuent aux animaux une âme substantielle différente du sang, de la chaleur et des esprits animaux, et qui pensent que la différence entre l'âme des animaux et l'âme des hommes se réduit au fait que la première est seulement sensitive, tandis que celle des hommes est rationnelle. Si la différence entre l'âme des animaux et celle des hommes consiste en cela seulement, observe Descartes, comme peuvent-ils ensuite soutenir que l'une est mortelle et que l'autre est immortelle ? Pour ne rien dire du fait que la différence qu'ils placent entre les hommes et les animaux devrait indiquer au contraire une supériorité des animaux. La connaissance sensible est en effet une connaissance intuitive comme celle des anges et de Dieu : « *In quo enim illi sensum a ratione distingui putant ? Nempe in eo quod cognitio sensus sit apprehensiva et simplex, nullique ideo falsitati obnoxia : cognitio vero rationis sit paulo magis composita, et per ambages syllogismorum ferri possit. Quod nullo modo maiorem eius perfectionem videtur arguere ; cum praesertim ijdem dicant Dei et Angelorum cognitiones simplicissimas etiam esse, et intuitivas, sive apprehensivas tantum, nullisque discursuum involucris alligatas ; adeo ut per ipsos, si fas est dicere, brutorum sensus ad Dei et Angelorum cognitionem magis quam humana ratiocinatio accedat* ». Le raisonnement par rétorsion de Descartes, tout entier consacré à la façon dont les autres jugent ce que sont le sens des brutes, la connaissance humaine, celle de Dieu et des anges, ne l'oblige à adhérer à aucune des thèses de ses adversaires, ni non plus au parallèle qui est fait entre connaissance animale et connaissance angélique et divine, à supposer que celles-ci soient toutes vraiment intuitives.

3. Cf. *Règles pour la direction de l'esprit, Règle XI*.

a priori de l'existence de Dieu constitue assurément une démonstration[1], et cependant celui qui la maîtrise parfaitement peut la ressaisir en une seule intuition[2]. Cependant, l'esprit humain doit toujours faire avec la déduction. La réduction de la chaîne des raisons à l'intuition est précisément un travail que l'esprit humain doit accomplir, au contraire de l'esprit angélique qui ne connaît pas l'effort de la discursivité. Le parallèle avec les anges, sous cet aspect, est donc plus suggestif que réel, mais les choses deviennent plus intéressantes si l'on considère ce qu'est l'*intuitus* dont Descartes parle quand il le propose comme idéal de la connaissance certaine.

Commençons donc par nous demander si Thomas et Descartes parlent de la même chose quand ils parlent d'*intuitus*. En admettant que l'idéal cartésien ait tendance à privilégier la connaissance intuitive, Descartes utilise-t-il cette notion dans le sens où l'utilisait Thomas quand il parlait des anges et du sommet de la connaissance humaine ? Il convient de se le demander, dès lors qu'au moment où Descartes donne sa définition de l'*intuitus*, dans la *Règle III*, il *oppose* cette notion à l'usage qui en a été fait dans les écoles :

> Par *intuition* j'entends, non point le témoignage instable des sens [...] ; mais une représentation qui est le fait de l'intelligence pure et attentive, représentation si facile et si distincte qu'il ne subsiste aucun doute sur ce que l'on y comprend ; ou bien, ce qui revient au même, une représentation inaccessible au doute, représentation qui est le fait de l'intelligence pure et attentive, qui naît de la seule lumière de la raison, et qui, parce qu'elle est plus simple, est plus certaine encore que la déduction ; celle-ci pourtant, nous l'avons noté plus haut, ne saurait, elle non plus, être faite de travers par un esprit humain. Ainsi, chacun peut voir par intuition qu'il existe, qu'il pense, que le triangle est délimité par trois lignes seulement, la sphère par une seule surface, et autres choses semblables, qui sont bien plus nombreuses que ne le remarquent la plupart des gens, parce qu'ils dédaignent de tourner leur esprit vers des choses si faciles.

1. *Cinquièmes Réponses*, AT VII, 383, 25-384, 3 : « *Et plane falleris, cum ais non demonstrari existentiam de Deo, ut demonstratur de triangulo quod eius tres anguli sint aequales duobus rectis : utriusque enim est par ratio* ».

2. Celui qui considère attentivement la nature de Dieu connaîtra qu'il existe « *absque ullo discursu* », l'existence de Dieu sera « *per se not[a]* » comme le fait que « *numerum binarium esse parem, vel ternarium imparem* », *Secondes Réponses*, AT VII, 163, 27-164, 2. Descartes à Mersenne, juillet 1641, AT, III, 396, 7-15 : « Et il vrai que la simple considération d'un tel être nous conduit si aisément à la connaissance de son existence, que c'est presque la même chose de concevoir Dieu, et de concevoir qu'il existe ; mais cela n'empêche pas que l'idée que nous avons de Dieu, ou d'un être souverainement parfait, ne soit fort différente de cette proposition : *Dieu existe*, et que l'un ne puisse servir de moyen ou d'antécédent pour prouver l'autre ».

> Au reste, pour éviter que certains peut-être ne s'alarment de cet usage nouveau du mot d'intuition, comme de celui de quelques autres, que par la suite je serai contraint de détourner de la même manière de leur signification courante, *j'avertis ici, d'une façon générale, que je ne me soucie guère de l'utilisation qu'on a faite de certains vocables dans les écoles ces derniers temps*[1].

On a cru identifier là, en se fondant sur cette prise de distance explicite vis-à-vis de l'usage scolastique de la notion d'*intuitus*, une véritable innovation conceptuelle de la part de Descartes. En renonçant explicitement à l'usage scolastique, Descartes aurait inauguré une nouvelle acception du terme *intuitus*[2]. S'il en était ainsi, le parallèle entre l'*intuitus* des anges et celui dont parle Descartes, comme idéal de la connaissance humaine, serait bâti sur une notion équivoque. Aussi Maritain serait-il tombé dans un piège sémantique en estimant que les anges de Thomas et les esprits de Descartes jouissaient du même type de connaissance ou y aspiraient.

Il convient, pour trancher la question, de revenir sur ce que l'on sait de l'évolution de la notion de connaissance intuitive. Thomas emploie la notion d'*intuitus* en l'opposant toujours et seulement à la déduction ou à l'inférence et au raisonnement. L'intuition comprend tous les cas de connaissance non discursive : de la perception sensible[3] à la connaissance des premiers principes[4], de la vision de Dieu des bienheureux à la vision

1. *Règles pour la direction de l'esprit*, AT X, 368-369, trad. fr. J. Brunschwig, Paris, Le Livre de poche, rééd. 2002, p. 85-86 (n. s.).

2. V. Carraud parle de l'*intuitus* cartésien comme d'un cas d'« innovation conceptuelle » et de « rupture terminologique ». Voir V. Carraud, « De la connaissance intuitive de Dieu selon A. T., V, p. 136-139 », *in* J.-R. Armogathe, G. Belgioioso, C. Vinti, *La biografia intellettuale di René Descartes attraverso la « Correspondance »*, Napoli, Vivarium, 1999, p. 301, n. 40, contre J.-L. Marion, qui, dans J.-L. Marion (dir.), *R. Descartes, Règles utiles et claires pour la direction de l'esprit en la recherche de la vérité*, Den Haag, Nijhoff, 1977, p. 296, et de façon plus modérée, avait parlé d'une reprise d'un terme scolastique dont Descartes aurait modifié le sens. Aucune de ces deux lectures ne tient compte de la remarque de Descartes selon laquelle la notion d'*intuitus* serait utilisée dans une acception différente de l'acception établie « ces derniers temps ». Ces commentaires ont cependant le mérite de démentir Leslie John Beck, qui trouvait peu utile cet avertissement de Descartes dans lequel il disait avoir une acception de la notion d'*intuitus* différente de l'acception scolastique. *Cf.* L. J. Beck, *The Method of Descartes. A Study of the* Regulae, Oxford, Clarendon Press, 1952, p. 48 : « *he adds, not very helpfully, a general rider to the effect that he will pay no attention to the way in which the word had been previously used in Scholastic philosophy* ». Il ajoutait, de manière surprenante, que le terme d'*intuitus* ne serait pas commun dans le langage de la scolastique.

3. *De la Vérité*, qu. 10, art. 8, *ad* 2, *contra* : « *Sicut enim visione corporali aliquis intuetur ipsum corpus* ». *Ibid.*, qu. 2, art. 9, *ad* 2 : « *Dicitur enim scientia visionis in Deo ad similitudinem visus corporalis, qui res extra se positas intuentur* ».

4. *Ibid.*, qu. 8, art. 5, *resp.* : « *unde sicut nos sine discursu principia cognoscimus simplici intuitu, ita et angeli omnia quae cognoscunt* ». *Ibid.*, qu. 10, art. 8, *resp.* : « *Hanc*

extatique[1]. L'apparition d'une nouvelle acception d'*intuitus* et d'un nouveau couple conceptuel, dans lequel la connaissance intuitive n'est plus opposée à la déduction, est due, comme on le sait et comme on l'a déjà rappelé, à Duns Scot. La connaissance intuitive, chez Scot, caractérise la connaissance de ce qui est présent en tant qu'il est présent et s'oppose à la connaissance abstractive, dans laquelle on fait abstraction de l'existence et de la non-existence de l'être étudié, pour en considérer seulement la nature. Cependant, Scot n'avait pas proposé de renommer « l'ancienne » connaissance intuitive, mais avait seulement demandé de bien faire attention au concept opposé, pour ne pas tomber dans un usage équivoque du terme :

> J'appelle « abstractive » la première [connaissance ou intellection] qui est connaissance qui concerne la quiddité [d'une chose], selon qu'elle fait abstraction de l'existence actuelle et de la non-existence. La seconde, c'est-à-dire celle qui est [connaissance] de la quiddité d'une chose selon son existence actuelle [...] je l'appelle « intellection intuitive » non point en tant que « intuitif » se contredistingue de « discursif » (car, en ce sens, une connaissance « abstractive » est intuitive), mais en prenant « intuitif » au sens absolu, à la façon dont on dit que nous intuitionnons <*intueri*> une chose telle qu'elle est en soi[2].

C'est donc le terme auquel on l'oppose qui est décisif pour établir le sens de la notion d'intuition. Quand elle s'oppose à la connaissance discursive, l'intuition continue à avoir le sens qu'elle a chez Thomas ; quand elle s'oppose à la connaissance abstractive, elle caractérise au contraire la connaissance de la chose présente en tant qu'elle est présente. Nous appellerons l'intuition qui s'oppose à la connaissance discursive intuition^{a} et l'intuition qui s'oppose à la connaissance abstractive intuition^{b}. La connaissance abstractive comprend à la fois des cas d'intuition^{a} et des cas

autem inviolabilem veritatem intuemur in sui similitudine, quae est menti nostrae impressa, in quantum aliqua naturaliter cognoscimus ut per se nota, ad quae alia examinamus, secundum ea de omnibus iudicantes ». Pour l'opposition entre connaissance intuitive et connaissance discursive, voir *Somme contre les Gentils*, III, 91 : « *non discurrendo ab effectibus in causam, aut e converso, sed simplici intuitu puram veritatem de rebus intuentur* » ; *De la Vérité*, qu. 12, art. 3, *resp.* : « *per prophetiam [...] elevatur mens hominis ut quodam modo conformiter substantiis separatis intelligat, quae sicut principia ita et conclusiones simplici intuitu, sine deductione unius ex altero, certissime vident* ».

1. *De la Vérité*, qu. 10, art. 11, *resp.* : « *Et ideo illi quibus hoc modo Deum videre per essentiam datur, omnino ab actibus sensuum abstrahuntur ut tota anima colligatur ad divinam essentiam intuendam* » ; *ST*, I^{a} II^{ae}, qu. 101, art. 2, *resp.* : « *In statu enim futurae beatitudinis, intellectus humanus ipsam divinam veritatem in seipsa intuebitur* ».

2. *Quaestiones in II lib Sent.*, d. 3, qu. 9, n. 6, Wadding, VI. 1, p. 453 et *Ordinatio* II, d. 3, pars 2, qu. 2, § 321, *in* J. Duns Scot, *Opera Omnia*, VII, p. 552-553, cité *supra*, p. 101, note 2.

de connaissance inférentielle, alors que l'intuition[b] est aussi une intuition[a], autrement dit elle est toujours une connaissance non inférentielle.

Scot attribue également à l'intellect l'intuition[b], c'est-à-dire le type de connaissance que tout le monde accorde à la connaissance sensible et à la vision béatifique. La position privilégiée de la connaissance sensible, qui devient le modèle de l'intuition[b], ressort dès que l'on donne une justification à ce type de connaissance. En effet, l'idée d'envisager une connaissance intellectuelle de la chose présente dans son existence actuelle était précisément née, chez Scot, d'une extension de la connaissance sensible. Une puissance supérieure telle que l'intellect – ainsi raisonne Scot – doit pouvoir faire tout ce que fait une puissance inférieure telle que les sens ; et de même que l'on a, par les sens, une expérience directe et immédiate des choses qui existent, de même l'intellect doit avoir une connaissance immédiate et directe de ce qui existe[1].

Au moment où Descartes écrit, l'usage le plus fréquent de la notion de « connaissance intuitive » est alors l'usage imposé par Scot[2]. Le succès de la nouvelle notion d'intuition proposée par Scot n'exclut aucunement le fait que, surtout dans la langue latine – les choses sont différentes pour le français, on le verra –, l'on continue à utiliser le mot *intuitus* dans son acception thomiste, mais il est tout à fait significatif que, lorsque cela se produit, on sente le besoin de le signaler. En ce sens, on peut citer le cas de Suárez, qui utilise la notion d'*intuitus* pour la connaissance – évidemment abstractive – des premiers principes, mais s'excuse presque de l'utiliser pour ce qui n'a pas d'existence : « en nous l'adhésion aux premiers principes [...] se fait sans discours <*sine discursu*>, parce qu'elle se fait par intuition immédiate de la vérité <*per modum intuitionis veritatis immediatae*>, *même si son existence n'est pas visible* <*licet non videatur existens*> »[3].

1. *Ibid.*, qu. 3, d. 9, n. 6, Wadding, VI. 1, p. 453 : « *quod est perfectionis in potentia inferiora, videtur eminentius esse in superiori, quae est ejusdem generis : in sensu autem, qui est potentia cognitiva inferior intellectu, perfectionis est, quod est cognitiva rei secundum quod in se existens est, et secundum quod est praesens secundum existentiam suam : igitur hoc est possibile in intellectu, qui est suprema vis cognitiva ; igitur potest habere cognitionem rei secundum quod est praesens* ».

2. Voir les *Conimbricenses*, *De anima*, 2, 6, 3, 11, cité par É. Gilson, *Index scolastico-cartésien*, *op. cit.*, n. 87 : « *Notitia intuitiva, quae etiam visionis dici consuevit [...] est notitia rei praesentis ut praesens est ; id est, cognitio qua ita rem attingimus, ut per eam cernatur praesentia objecti in se, et ex vi ipsius cognitionis, non vero quia aliunde comprobatur. Ejusmodi est notitia qua quis videt candorem in pariete et qua sonum audit, et qua beati divinam naturam intuentur, quam D. Paulus epist. Prima ad Corinth. appellat facie ad faciem* ». Voir également R. Goclenius, *Lexicon Philosophicum*, Frankfurt-am-Main, 1613, cité dans la note suivante.

3. F. Suárez, *De Angelis*, l. II, chap. 33, n. 11, in *Id.*, *Opera Omnia*, II, p. 187 a (n. s.). Le *Lexicon Philosophicum* de Goclenius ne mentionne pas le mot « *intuitus* », alors qu'il

Il ne fait aucun doute que l'usage que Descartes propose du terme « *intuitus* », dans les *Règles pour la direction de l'esprit*, n'a aucun rapport avec la notion scotiste de connaissance intuitive. Eu égard à « l'utilisation qu'on a faite de certains vocables dans les écoles ces derniers temps », l'usage cartésien peut donc être considéré comme novateur. Car Descartes oppose la notion d'*intuitus* non pas à la connaissance des choses absentes, mais à la déduction : l'*intuitus* est une « représentation inaccessible au doute, représentation qui est le fait de l'intelligence pure et attentive, qui naît de la seule lumière de la raison, et qui, parce qu'elle est plus simple, *est plus certaine encore que la déduction* »[1]. Mais le refus de la notion scotiste d'*intuitus* ne fait pas pour autant de son acception cartésienne une pure nouveauté. Le couple conceptuel utilisé par Descartes est en effet d'origine thomiste : l'intuition s'oppose à la déduction. On pourra éventuellement remarquer que le propos scotiste laisse aussi son empreinte dans ce retour au passé. Descartes exclut en effet explicitement la connaissance sensible de l'*intuitus* – « Par *intuition*, j'entends non point le témoignage instable des sens »[2] – et, on le verra, il réserve le même sort à la vision béatifique. L'*intuitus* cartésien caractérise *uniquement* la connaissance rationnelle non inférentielle, celle qui trouve son exemple dans les principes qui ne sont pas susceptibles d'erreur, et exclut les deux extrêmes qui étaient encore inclus dans la connaissance intuitive thomiste et qui composaient précisément, sous une autre acception, l'intuition scotiste : la connaissance sensible et la connaissance béatifique[3]. L'opération de Descartes ne propose aucune modification de sens par rapport à l'usage thomiste de l'*intuitus*, mais seulement un rétrécissement de son champ d'application. C'est pourquoi il oppose sa notion d'*intuitus* non pas à l'usage scolastique en général, mais à l'usage établi dans les écoles « ces derniers temps ». C'est là un autre signe de la victoire du scotisme dans la scolastique tardive :

mentionne le syntagme « *notion intuitive* », au sens scotiste, et le fait suivre de son acception théologique : « *Notitia Intuitiva est clara et certa rei [...] ut actu existit in particulari [...]. Notitia Intuitiva Dei est quidditativa cognitio, et clara [...] ipsius Dei, sicut ille est in se. Haec Beatum constituit, nec cadit in viatorem* ». Paradoxalement, la référence à l'intuition comme opposé de la déduction apparaît elle aussi, par la suite, mais l'unique exemple apporté est celui de la connaissance béatifique en tant que non discursive : « *Beatae mentes Intuitive cognoscunt res, quas nos sine discursu non cognoscimus, qui procedimus de uno ad aliud, ut a noto ad ignotum per ratiocinationem* ».

1. *Règles pour la direction de l'esprit*, AT X, 368, cité *supra* (trad. fr. p. 85).

2. *Ibid.*

3. La lettre à Pemplius citée *supra* (n. 3, p. 147), dans laquelle la connaissance angélique était assimilée à la sensation des animaux, montre clairement que Descartes est conscient du fait que la scolastique introduisait aussi la connaissance sensible dans la connaissance intuitive, opposée à la connaissance déductive.

Descartes considère comme « neuve », parce que non usitée dans les écoles ces derniers temps, l'acception de la notion d'intuition qui était l'acception classique avant la proposition terminologique de Scot. L'*intuitus* cartésien, en un mot, est l'intuition[a] et, pour reprendre le langage scotiste, il représente un cas de connaissance abstractive.

Maritain n'avait donc pas tort quand il attribuait à Descartes l'idéal d'une connaissance non déductive et exempte d'erreur, comme l'était l'*intuitus* que Thomas avait attribué aux anges[1]. Dans ce cas, on ne doit toutefois pas tant penser à une reprise à la lettre de la connaissance angélique, car l'*intuitus* valait aussi, chez Thomas, pour la perception des premiers principes dans l'esprit humain, qu'au choix conscient, de la part de Descartes, d'une conception de l'*intuitus* s'opposant à la connaissance intuitive de la connaissance béatifique, et donc, à nouveau, à la vision de Dieu d'origine augustinienne. Quand Thomas s'était employé à sauver le caractère non discursif de la connaissance de Dieu propre à l'esprit angélique, il avait pris soin de distinguer cette connaissance de la connaissance immédiate des bienheureux. La connaissance angélique, par la suite, était devenue ce cas exemplaire de connaissance non déductive, mais abstractive, donc opposée à l'intuition[b] des bienheureux, parce qu'opérant à travers des concepts et non par une vision directe. Descartes, en accord avec Scot, exclut que l'*intuitus*, proposé comme idéal de la connaissance, ait quelque

1. Dans la *Troisième Méditation* encore, les axiomes, connus intuitivement, sont le pivot de la dissolution du doute, dès lors qu'ils sont absolument fiables « *par la lumière naturelle* », comme le pensait Thomas. *Cf.* AT VII, 38, 27-39, 1 : « *quaecumque lumine naturali mihi ostenduntur, ut quod ex eo quod dubitem, sequatur me esse, et similia, nullo modo dubia esse possunt, quia nulla alia facultas esse potest, cui aeque fidam ac lumini isti, quaeque illa non vera esse possit docere* ». La raison alléguée de leur caractère indubitable est la même chez Thomas et Descartes. L'impossibilité de douter des axiomes pendant qu'on les considère est une caractéristique, déjà mise en évidence par Aristote, puis reprise par Thomas d'Aquin. C'est là la caractéristique typique des vérités simples. Puisqu'ils ne sont pas décomposables, ou bien l'on n'y pense pas du tout, ou bien, si l'on y pense, il est impossible de ne pas leur donner son assentiment. Cf. *ST*, I, qu. 58, art. 5, *resp.* : « *angelus non intelligit componendo et dividendo, sed intelligendo quod quid est. Intellectus autem circa quod quid est semper verus est, [...] intelligendo quidditates semplices, ut dicitur in IX Metaphys., non est falsitas : quia vel totaliter non attinguntur, et nihil intelligimus de eis ; vel cognoscuntur ut sunt* », que Descartes reprendra dans les *Secondes Réponses*, AT VII, 145, 22-146,4 : « *Ex hiis [quae clare ab intellectu percipiuntur] autem quaedam sunt tam perspicua, simulque tam simplicia, ut nunquam possimus de iis cogitare, quin vera esse credamus [...]. Non possumus enim de iis dubitare, nisi de iis cogitemus ; sed non possumus de iisdem cogitare, quin simul credamus vera esse, ut assumptum est ; ergo non possumus de iis dubitare, quin simul credamus vera esse, hoc est, non possumus unquam dubitare* ». Les axiomes, en tant qu'ils sont connus intuitivement, ne peuvent être faux, parce qu'ils sont simples, et cette simplicité fait ou bien que l'on n'y pense pas du tout, ou bien qu'il est impossible d'y penser sans les croire vrais.

rapport avec la perception sensible, mais aussi, et surtout, avec la vision béatifique.

Pour évaluer la position de Descartes au sujet de la vision intuitive des bienheureux, il faut avoir bien présent à l'esprit la prégnance de l'identification entre intuition et vision béatifique, notamment dans la langue française : comme en témoignent les dictionnaires[1], la « connaissance intuitive » est identifiée à la « *notitia intuitiva* » de Scot. Pour le latin, en revanche, on l'a vu avec Suárez, le mot *intuitus* recouvre les deux sens d'intuition. En fait, le texte latin des *Méditations* se sert des termes « *intuitus* » et « *intueri* »[2], mais la traduction française ne les rend jamais par « intuition », « connaissance intuitive », « connaître intuitivement ». Non que Descartes ignore l'expression « connaissance intuitive », puisqu'il l'utilise précisément pour caractériser la vision béatifique. Son absence du texte français des *Méditations* est un indice probant de l'absence, dans cette œuvre, de l'intuition[b].

Descartes est bien conscient de l'acception strictement théologique de l'expression « connaissance intuitive ». Devant l'insistance d'un interlocuteur inconnu, qui le provoque en rapprochant la connaissance intuitive des modalités par lesquelles il avait démontré les attributs divins, Descartes écrit dans une lettre que la connaissance humaine de Dieu et la « connaissance intuitive » des bienheureux sont clairement opposées[3]. Comme il ressort de la réponse de Descartes, l'interlocuteur inconnu a supposé que la connaissance des attributs divins, chez Descartes, pouvait être appelée intuitive parce qu'elle était déduite exclusivement de Dieu : « Il me semble voir que vous avez pris occasion de douter, sur l'opinion que vous avez que la connaissance intuitive de Dieu est celle où l'on connaît Dieu par lui-même. Et, sur ce fondement, vous avez bâti ce raisonnement : je connais que Dieu est un, parce que je connais qu'il est un Être nécessaire ; or cette

1. *Cf.* E. Huguet, *Dictionnaire de la langue française au seizième siècle*, Paris, Didier, 1946, « Intuition : Contemplation », suivent deux exemples de vision de l'essence divine extraits d'un texte de P. de Changy. Furetière, *Dictionnaire Universel :* « Intuitif. Terme dogmatique, qui se dit d'une vision ou connaissance claire et certaine de quelque chose. Les Bienheureux dans la gloire auront une connaissance intuitive de la Majesté de Dieu et des mystères, Ils en verront toute l'immensité ». Le sens théologique apparaît d'ailleurs encore en premier dans le *Dictionnaire* de Littré, à l'entrée « Intuition ».

2. Voir A. Robinet, *Descartes. La lumière naturelle. Intuition, disposition, complexion*, Paris, Vrin, 1999, p. 30-33. J.-L. Marion décide judicieusement d'exclure le champ sémantique de l'intuition pour traduire « *intuitus, intueri* » (J.-L. Marion, *Règles utiles et claires*, *op. cit.*, p. 296).

3. On ignore la date et le destinataire de cette lettre, on suppose qu'elle a été envoyée par Jean de Silhon en 1648. Sur la datation, voir les observations pertinentes de V. Carraud, *De la connaissance intuitive de Dieu*, *op. cit.*, p. 288-294. Voir la note concernant cette lettre dans R. Descartes, *Tutte le lettere*, dirigé par G. Belgioioso, Milano, Bompiani, p. 234-235.

forme de connaître ne se sert que de Dieu même ; donc je connais que Dieu est un, par lui-même ; et par conséquent je connais intuitivement que Dieu est un »[1].

La connaissance intuitive, selon l'interlocuteur de Descartes, est celle qui tire les conclusions concernant un être de la nature de ce même être. On connaît que Dieu est un « *per ipsum* », donc intuitivement, parce que la connaissance de l'unité de Dieu dépend seulement de Lui. Mais Descartes rejette l'interprétation de son interlocuteur, lui donnant une véritable leçon de théologie sur la « connaissance intuitive » et sur la façon dont celle-ci se limite à la vision béatifique, leçon qui le pousse vers les limites qu'il a lui-même assignées à sa philosophie, en tant qu'il a toujours voulu la séparer de la théologie. À la fin de sa lettre, Descartes ne manquera pas de souligner le caractère exceptionnel de la concession qu'il a faite à la curiosité de son interlocuteur : « vous voyez ce que vous pouvez sur moi, puisque vous me faites passer les bornes de philosopher que je me suis prescrites »[2]. Descartes est ainsi amené à enfreindre sa résolution de se tenir loin du champ de la théologie révélée, non qu'il désire apporter sa contribution en matière de théologie, mais plutôt parce qu'il entend poser des limites claires entre sa théorie de la connaissance humaine et les théories que les théologiens ont produites au sujet des fins dernières. Autrement dit, le parallèle que l'interlocuteur de Descartes a établi entre la connaissance de Dieu dans la philosophie cartésienne et la connaissance intuitive a contraint Descartes à aborder le sujet de la connaissance intuitive des bienheureux, mais c'est seulement afin de mieux faire comprendre la distance qui la sépare de la connaissance de Dieu au sein de sa propre philosophie.

Contre le raisonnement de son interlocuteur, Descartes observe en effet :

> Pour votre autre question, vous avez, ce me semble, fort bien répondu vous-même sur la qualité de la connaissance de Dieu en la béatitude, la distinguant de celle que nous en avons maintenant, en ce qu'elle sera intuitive. Et si ce terme ne vous satisfait pas, et que vous croyez que cette connaissance de Dieu intuitive soit pareille, ou seulement différente de la nôtre dans le plus et le moins des choses connues, et non en la façon de connaître, c'est en cela qu'à mon avis vous vous détournez du droit chemin. La connaissance intuitive est une illustration de l'esprit, par laquelle il voit en la lumière de Dieu les choses qu'il lui plaît lui découvrir par une impression directe de la clarté divine sur notre entendement, qui en cela n'est point considéré comme agent, mais seulement comme recevant les rayons de la Divinité. Or toutes les connaissances que nous pouvons

1. AT V, 138, 12-18.
2. *Ibid.*, 139, 6-10.

> avoir de Dieu sans miracle en cette vie, descendent du raisonnement et du progrès de notre discours, qui les déduit des principes de la foi qui est obscure, ou viennent des idées et des notions naturelles qui sont en nous, qui, pour claires qu'elles soient, ne sont que grossières et confuses sur un si haut sujet. De sorte que ce que nous avons, ou acquérons de connaissance par le chemin que tient notre raison, a, premièrement, les ténèbres des principes dont il est tiré, et de plus, l'incertitude que nous éprouvons en tous nos raisonnements[1].

Dans ce passage, Descartes fait état d'une double opposition : la connaissance intuitive s'oppose à la fois au « raisonnement » et aux « idées » et « notions naturelles ». La connaissance intuitive s'oppose ainsi à l'ensemble de la connaissance naturelle. Il se peut en effet que l'on ait une connaissance de Dieu qui ne fasse plus appel à la déduction, en réduisant par exemple la machine argumentative à la simple intuition[2]. Mais ce n'est pas pour autant que la connaissance que l'on aura de Dieu sera intuitive, au sens où l'on aurait une connaissance de Dieu à travers Dieu lui-même, ou une vision de Dieu sans médiation conceptuelle, comme celle qu'ont les bienheureux[3]. Comme l'avait souligné Scot, la notion d'intuition appropriée à la connaissance des choses existantes et à la vision béatifique n'est pas celle qui s'oppose à la déduction, « autrement une connaissance abstractive serait intuitive »[4], mais c'est celle qui s'oppose à l'abstraction qui est faite de l'existant. Toute la connaissance humaine de Dieu, selon Descartes, correspond à la connaissance que Scot avait appelée abstractive, qui peut être intuitive ou déductive. Or il ne peut en aller autrement, du moins si l'on veut distinguer la connaissance humaine de celle des bienheureux, comme Scot avait voulu le faire avec la connaissance angélique.

Toutefois, selon Descartes, les *viatores* ont aussi une expérience, dans leur vie, de la capacité de l'esprit à parvenir à une connaissance intuitive. Cela ne concerne cependant pas la connaissance de Dieu, mais l'expérience sensible et la connaissance de certaines notions, sans lesquelles l'esprit ne serait pas en mesure de raisonner. Peut-être Descartes pense-t-il aux axiomes comme exemples de connaissance intuitive ? Il semble qu'il faille l'exclure,

1. *Ibid.*, 136, 14-137, 10.

2. Voir les passages cités *supra*, n. 2, p. 148. Ce qui exclut la possibilité de comparer l'existence de Dieu à un axiome. Il s'agit plutôt du cas, prévu par la *Règle XI*, dans lequel la pleine maîtrise d'une inférence la rend susceptible d'être saisie en un seul regard par l'esprit.

3. *Cf.* Descartes à Mersenne, 16 juin 1641, AT III, 383, 13-20 : « *sed quod ex Idea innata aliquid eruam, quod quidem in ea implicite continebatur [...] ut [...] ex Idea Dei, quod existat, [...] tantum abest ut sit petitio principii, quin potius est etiam secundum Aristotelem, modus demonstrandi omnium perfectissimus, nempe in quo vera rei definitio habetur pro medio* ».

4. Voir *supra*, p. 150.

dès lors que les « notions naturelles » sont aussi opposées à la connaissance intuitive. De fait, Descartes donne un seul exemple de connaissance montrant la capacité de l'esprit humain à parvenir à la connaissance intuitive, celui du *cogito*, autrement dit d'une proposition qui, du point de vue de la certitude, a toujours eu un statut privilégié par rapport à l'ensemble de la connaissance naturelle :

> Or, que notre esprit, lorsqu'il sera détaché du corps ou que ce corps glorifié ne lui sera plus d'empêchement, ne puisse recevoir de telles illustrations et connaissances directes, en pouvez-vous douter, puisque, dans ce corps même, les sens lui en donnent des choses corporelles et sensibles, et que notre âme en a déjà quelques-unes de la bénéficience de son créateur, sans lesquelles il ne serait pas capable de raisonner ? J'avoue qu'elles sont un peu obscurcies par le mélange du corps ; mais encore nous donnent-elles une connaissance première, gratuite, certaine, et que nous *touchons* de l'esprit avec plus de confiance que nous n'en donnons au rapport de nos yeux. Ne m'avouerez-vous pas que vous êtes moins assuré de la présence des objets que vous voyez, que de la vérité de cette proposition : *Je pense, donc je suis ?* Or cette connaissance n'est point un ouvrage de votre raisonnement, ni une instruction que vos maîtres vous aident donnée ; votre esprit *la voit, la sent et la manie ;* et [...] elle vous est pourtant une preuve de la capacité de nos âmes à recevoir de Dieu une connaissance intuitive[1].

Remarquons, une fois encore, le « scotisme » de Descartes. De même que, chez Scot, la connaissance des bienheureux était révélatrice non pas de la façon dont l'esprit humain connaît en fait, mais de sa *capacité* à connaître, de même Descartes voit dans la sensibilité et dans le *cogito* la preuve que l'esprit humain est *capable* de connaître intuitivement[2]. On se

1. AT V, 137, 18-138, 11 (n. s.).

2. V. Carraud donne comme preuve du scotisme de Descartes, dans cette page, le fait que l'esprit, dans la connaissance intuitive de Dieu, a une connaissance des choses « qu'il lui plaît lui découvrir par une impression directe de la clarté divine sur notre entendement ». Scot avait en effet mis l'accent sur la volonté divine de montrer certaines vérités plutôt que d'autres dans la vision béatifique, ce qui distinguerait la théorie de la vision béatifique de Scot de celle de Thomas. *Cf.* V. Carraud, *De la connaissance intuitive*, *op. cit.*, p. 303 *sq.* Mais, comme on le sait, Thomas s'était exprimé dans ce sens dans le *Commentaire des Sentences ;* voir *supra*, p. 70, note 4. La théorie de la vision béatifique présente dans ces lettres semble donc représenter plutôt une opinion courante et non connotée par rapport à une école particulière. Pour la persistance de l'interprétation « volontariste » de l'accès aux idées en Dieu, ainsi que la mise en évidence, typiquement thomiste, de la diversité des capacités des esprits, voir Scipion Dupleix, *La métaphysique* (1610), III, VII, chap. 2, Paris, Fayard, 1992, p. 495-496 : « Je ne doute nullement que les bienheureux esprits ne voyent en Dieu comme en un tres-clair miroir choses innombrables [...] : mais c'est autant qu'il plaît à Dieu leur en découvrir et manifester selon la capacité d'un chacun ». D'ailleurs, si la thèse

souvient en outre que Scot considérait la connaissance sensible comme une preuve de la possibilité d'une intuition intellectuelle, cette même intuition qui permet aux bienheureux de voir Dieu. Or le *cogito* est un bon exemple de connaissance intuitive, dans la mesure où c'est une connaissance que l'esprit « voit », « sent », « manie », c'est-à-dire une connaissance qui, bien qu'intellectuelle, a toutes les caractéristiques de l'expérience sensible. Ce n'est pas tant l'immédiateté par laquelle la vérité du *cogito* s'éprouve qui compte ici, mais plutôt le fait que la perception de sa vérité soit semblable à une expérience sensible. Le *cogito* est un exemple de connaissance immédiate et indubitable, qui est non seulement évidente mais d'une clarté particulière, étant donné qu'elle est liée à une expérience directe; autrement dit, c'est une vérité qui se « sent », parce qu'elle concerne le sujet qui la formule[1]. Ce n'est d'ailleurs pas du tout le caractère infaillible de la *notitia intuitiva*, mais bien plutôt son caractère expérientiel, qui vient au premier plan. Car certaines connaissances sensibles, comme celles qui proviennent des sens, peuvent être à la fois intuitives et trompeuses[2].

d'une reprise de la vision béatifique comme modèle de la connaissance sera convaincante chez Malebranche (voir plus loin, chap. V), on pourra voir comment cet auteur place dans un cadre clairement thomiste la mise en évidence de la volonté divine dans la manifestation des idées aux esprits humains, à propos de la vision en Dieu. Voir Malebranche, *Recherche de la vérité*, dans *Œuvres*, I, *op. cit.*, p. 437 : « l'esprit peut voir en Dieu les ouvrages de Dieu, *supposé que Dieu veuille bien lui découvrir* ce qu'il y a dans lui qui les représente » (n. s.).

1. Dans une lettre de mars 1637 (AT I, 353), Descartes, s'excusant de n'avoir pas bien montré, dans le *Discours de la méthode*, qu'il n'y a rien de plus sûr au monde que l'existence de Dieu et de l'âme humaine, se justifie en précisant que, pour ce faire, il aurait dû accorder une place trop importante aux raisons des sceptiques, ce qui lui a paru imprudent. Il aurait en effet dû montrer que l'existence des choses matérielles est incertaine, puis « montrer que celui qui doute ainsi de tout ce qui est matériel, ne peut aucunement pour cela douter de sa propre existence : d'où il suit que celui-là, c'est-à-dire l'âme, est un être, ou une substance qui n'est point du tout corporelle, et que sa nature n'est que de penser, et aussi qu'elle est la première chose qu'on puisse connaître certainement. Même en s'arrêtant assez longtemps sur cette méditation, on acquiert peu à peu une *connaissance très claire, et si j'ose ainsi parler, intuitive, de la nature intellectuelle en général*, l'idée de laquelle, étant considérée sans limitation, est celle qui nous représente Dieu, et limitée, est celle d'un ange ou d'une âme humaine » (n. s.). Il semble difficile de concevoir une connaissance « générale » comme intuitive au sens scotiste, et il est certain que la connaissance de Dieu ne peut l'être. Outre l'ensemble de la doctrine cartésienne de la *Troisième Méditation* et de la lettre à l'inconnu sur la vision béatifique, c'est le caractère représentatif qui est ici attribué à la connaissance « qui nous représente Dieu » qui l'exclut. On doit plutôt penser qu'il s'agit d'un cas d'intuition[a], mais que Descartes, qui doit utiliser le vocabulaire français qui prévaut alors pour l'intuition[b], use de prudence – « si j'ose ainsi parler » – comme l'avait fait Suárez, quand il avait appelé intuitive la connaissance des axiomes, bien qu'ils ne désignent rien d'existant. Voir *supra*, p. 151-152.

2. On se souvient que Descartes précisait dans les *Règles pour la direction de l'esprit* qu'il ne pouvait pas utiliser la notion d'*intuitus* pour parler du témoignage incertain des sens

Il n'aura échappé à personne que Descartes oppose la connaissance intuitive de la béatitude – et du *cogito* – à la connaissance acquise par enseignement (« une instruction que vos maîtres vous aient donnée ») et à la connaissance acquise par le raisonnement (« cette connaissance n'est point un ouvrage de votre raisonnement »). Il reprend ce faisant la distinction platonicienne entre *pistis* – interprétée ici comme « croyance » à l'enseignement du maître –, *dianoia*, et *noûs*, distinction qui passera dans la réflexion augustinienne sur la science et la sagesse, puis dans le platonisme reversé dans les discussions sur la vision béatifique, pour arriver jusqu'à Spinoza[1]. Toute la science du divin que Descartes estime accessible à l'esprit humain dans son exercice naturel appartient au raisonnement, à la *dianoia*, et seul le *cogito* procure à l'esprit une forme de connaissance suprême qui est l'expérience et la vision du vrai.

Une autre remarque, pour compléter le tableau. Quand Descartes fait référence aux connaissances, qui, dès cette vie, témoigneraient de la capacité de l'esprit à atteindre une connaissance intuitive, il les définit comme « très claires » et n'ajoute pas « distinctes ». La clarté, on le sait, caractérise toutes les perceptions présentes à l'esprit attentif, même les perceptions confuses du sensible. Descartes reprend à Scot l'usage de l'adjectif « clair ». Chez Scot, la clarté signale la présence de l'objet de la perception et s'applique donc par antonomase à l'appréhension sensible[2]. Le langage de la vision béatifique, reproduisant la phénoménologie de la perception sensible, met toujours au premier plan cette qualité de « clarté », même quand il s'agit de la vision de Dieu. Cette dernière, en tant qu'appréhension d'un être dans lequel l'être et l'existence coïncident, est une vision de l'essence, donc nécessairement une vision également distincte. S'agissant du caractère intuitif du *cogito*, le langage cartésien reprend donc celui de l'expérience sensible. Ainsi, Descartes ne fait qu'employer la sémantique de la connaissance béatifique, qui emprunte son vocabulaire à la connaissance sensible, alors que le langage de la connaissance scientifique (abstractive,

(*supra*, p. 148). Voir également le passage des *Conimbricenses* cité *supra*, n. 2, p. 151. On trouve le même rapprochement entre *intuitus* et expérience sensible chez Ockham et Suárez. Voir les textes cités par J.-L. Marion, *Règles utiles et claires*, *op. cit.*, p. 120-121.

1. Voir plus loin, p. 270-271. Nous n'entendons pas nier l'existence d'une confluence, dans cette problématique, de la réflexion aristotélicienne sur la connaissance discursive et la connaissance des premiers principes; mais il se trouve, en l'occurrence, qu'elle aussi a une dette envers l'analyse platonicienne. *Cf.* K. Oehler, *Die Lehre von noetischen und dianoetischen Denken bei Platon und Aristoteles*, München, C. H. Beck'sche Verlagsbuchhandlung, 1963.

2. Voir *supra*, n. 3, p. 128.

aurait dit Scot) fait abstraction de l'existence de son objet. Il suffira ici de citer un passage de Leonardus Lessius :

> La béatitude est la perfection extrême et suprême de l'esprit, par laquelle l'esprit s'unit parfaitement à Dieu, et *le sent, le goûte, et jouit de sa douceur* le plus parfaitement <*ipsumque perfectissime sentit et gustat, eiusque dulcedine perfruitur*>, c'est pourquoi elle exige une connaissance absolument parfaite. Mais la connaissance la plus parfaite est la vision claire, par laquelle la chose est vue en elle-même clairement et distinctement, sans aucune médiation, comme présente <*clara visio, qua res ipsa in se clare et distincte medio cernitur tamquam praesens*>[1].

Le *cogito* constituait l'exemple d'une vérité saisie par l'*intuitus* ou par l'intuition[a] même dans la troisième *Règle* quand, à propos de la notion d'*intuitus* opposée à l'usage théologique, et en opposition à l'incertitude de l'expérience sensible, Descartes avait énuméré une série de propositions saisies intuitivement : « Ainsi, chacun peut voir par intuition qu'il existe, qu'il pense, que le triangle est délimité par trois lignes seulement, la sphère par une seule surface, et autres choses semblables ». Descartes soulignait précisément le manque de discursivité de ces propositions. En effet, le *cogito* se prête aux deux acceptions de l'intuition : c'est une connaissance non discursive et c'est aussi une expérience directe. Car il va de soi que l'intuition[b] est toujours également une intuition[a], alors que l'inverse n'est pas vrai. Ainsi, le *cogito* satisfait les deux genres de connaissance, il peut être cité comme exemple de connaissance intuitive[b] dans la lettre à l'inconnu et comme exemple d'intuition[a] dans les *Règles pour la direction de l'esprit*[2].

1. L. Lessius, *De summo bono et aeterna beatitudine hominis libri quatuor*, apud Balthasarem et Ionnanem Moretos, Anversa, 1616, p. 105 (n. s.).

2. J.-L. Marion s'était dit tenté de parler de deux intuitions cartésiennes, la première qui aurait pour objet Dieu et l'autre qui aurait au contraire pour objet les étants finis. Cf. *Règles utiles et claires*, *op. cit.*, p. 297-298. Il avait ensuite exclu cette possibilité à cause de « l'ambiguïté […] qui fait osciller la *cognitio intuitiva* de Dieu à d'autres objets ». Mais il ne s'agit pas d'une ambiguïté, étant donné que l'intuition de Dieu appartient au même type d'intuition que celle qui a pour objet les choses sensibles, selon l'enseignement de Scot. Cf. *Conimbricenses*, *De anima*, 2, 6, 3, 11, cité *supra*, n. 2, p. 151. Ce qui n'implique pas du tout une anticipation, en cette vie, de la connaissance qui sera celle des bienheureux (*ibid.*, p. 298). Il est au contraire extrêmement opportun de parler d'une double acception de l'intuition – d'après la proposition de Scot, naturellement –, non pas pour séparer l'intuition des étants finis dans l'expérience sensible et l'intuition de Dieu, mais plutôt pour distinguer l'intuition qui s'oppose à la discursivité et celle qui s'oppose à l'abstraction de l'existence. Voir, à ce sujet, L. Devillairs, *Descartes et la connaissance de Dieu*, *op. cit.*, p. 142-153. Le risque est en effet de faire coïncider toute connaissance non discursive avec l'intuition qui s'oppose à l'abstraction, et donc de faire de toute connaissance non discursive un cas de connaissance béatifique.

La lettre sur la vision béatifique complète le sens du choix cartésien en faveur du modèle angélique : entre les deux platonismes – celui de la participation à la vérité increéée, christianisé par Augustin, et celui de l'innéisme, privilégié par Thomas pour les êtres finis immatériels – Descartes a choisi le second, précisément parce qu'il s'oppose à la participation à l'esprit divin, exclut la vision de Dieu et sauvegarde la possibilité, pour l'esprit fini, de saisir le vrai[1]. Dans le cas de l'intuition, il ne s'agit donc pas tant de supposer qu'il y aurait là un calque de la connaissance angélique, comme dans le cas de l'innéisme, mais plutôt de constater que la réflexion sur la connaissance intuitive est le lieu où se manifeste clairement le refus cartésien de fonder la connaissance vraie sur une participation à l'esprit divin, refus qui avait guidé Thomas et Scot dans leur théorie de la connaissance angélique[2].

Maritain avait donc raison : la présence du modèle angélique dans la théorie de la connaissance cartésienne contribue à révéler la véritable

Il faut par ailleurs tenir compte de l'insensibilité à l'ensemble de l'opération cartésienne dont témoigne Goudriaan, *Philosophische Gotteserkenntis*, *op. cit.*, p. 229. Goudriaan se voit contraint de considérer que l'opposition entre connaissance béatifique et connaissance humaine de Dieu, dans la lettre dont nous avons parlé, est un cas isolé et non significatif dans la philosophie première Descartes, pour pouvoir précisément soutenir ensuite qu'il existe une proximité entre la doctrine cartésienne de la connaissance de Dieu et la vision béatifique.

1. Cet aspect profondément anti-augustinien de la philosophie cartésienne va de pair avec cet autre aspect relevé par Gouhier à propos de la séparation nette, dans la métaphysique cartésienne, entre la philosophie et la religion. *Cf.* H. Gouhier, *La pensée religieuse de Descartes*, Paris, Vrin, 1972[2], p. 258 et 290-291. Les résonances augustiniennes du *cogito* et du privilège accordé à la connaissance de l'esprit et de Dieu dans la métaphysique cartésienne ne peuvent avoir d'incidence sur cette position de fond, ni encore moins nous autoriser à mettre sur le compte de l'augustinisme de Descartes ses thèses les plus manifestement anti-augustiniennes, comme celle de la libre création des vérités éternelles, comme le propose à nouveau S. Menn, *Descartes and Augustine*, *op. cit.*, p. 337 *sq.*

2. À la lumière de la lettre sur la connaissance intuitive, l'occurrence d'intuition à propos de la connaissance de Dieu dans la *Troisième Méditation* – « *placet hic aliquandiu in ipsius Dei contemplatione immorari, [...] et immensi hujus luminis pulchritudinem, quantum caligantis ingenii mei acies ferre poterit,* intueri, *admirari, adorare* » (AT VII, 52, 12-16, n. s.) – doit être soigneusement distinguée de la vision béatifique, pour ne pas risquer de contredire tout le cadre de la connaissance abstractive dans laquelle elle s'inscrit. Sans oublier que la traduction française du duc de Luynes, approuvée par Descartes, se garde bien de traduire l'« *intueri* » par « connaître intuitivement » et choisit d'utiliser plus modestement le verbe « considérer » (AT IX, 412). Sur le caractère mystico-extatique de cette page, au contraire, voir J.-L. Marion, *Sur la théologie blanche de Descartes*, *op. cit.*, p. 401 et P. Rodano, *L'irrequieta certezza. Saggio su Cartesio*, Napoli, Bibliopolis, 1995, p. 267-269. V. Carraud, *De la connaissance intuitive*, *op. cit*, p. 311 et L. Devillairs, *Descartes et la connaissance de Dieu*, *op. cit.*, p. 148 s'opposent à l'idée de voir dans cette page une anticipation de la vision béatifique.

« intention métaphysique » de la philosophie cartésienne, et si Maritain avait saisi jusqu'au bout cette intention, son antipathie pour Descartes n'en aurait certes pas été moindre. Le projet cartésien est en effet celui d'une théorie de la connaissance pour des esprits séparés des corps, et nous n'hésiterons pas, eu égard à la théorie de la connaissance augustinienne présente dans la vision béatifique, à définir ce projet comme « laïque », malgré le paradoxe consistant à définir comme tel un projet qui se sert des anges pour atteindre son but. En un mot, Descartes affirme que l'esprit trouve la vérité en lui-même et non en dehors de lui, en Dieu.

CHAPITRE IV

DESCARTES AU-DELÀ DES ANGES

« Or, les formes qui existent dans l'esprit de l'ange sont tout à fait semblables aux idées qui existent dans l'esprit de Dieu en tant qu'elles sont immédiatement tirées d'elles comme de modèles »[1]. Tels étaient les mots de Thomas lorsqu'il discutait, pour penser l'innéisme angélique, du rapport que les idées présentes dans l'esprit de l'ange ont avec les idées présentes dans l'esprit divin. On le sait, c'est sur ce point que Descartes juge que l'innéisme, en lui-même, ne garantit pas suffisamment la séparation entre l'esprit fini et Dieu. Il faut aller plus loin, il faut nier également la ressemblance entre les idées de l'esprit humain et les idées de l'esprit divin. Bref, il faut parvenir à affirmer que les vérités éternelles « ne sont pas plus nécessairement conjointes à son essence, que les autres créatures »[2]. Le 15 avril 1630, Descartes écrivait à Mersenne que les vérités éternelles auxquelles l'esprit humain a accès ont été librement créées par Dieu : « les vérités mathématiques, lesquelles vous nommez éternelles, ont été établies de Dieu et en dépendent entièrement, aussi bien que tout le reste des créatures »[3]. Le 27 mai de la même année, il déclare que les vérités éternelles ne viennent pas de Dieu comme les rayons viennent du soleil : « ces vérités éternelles, lesquelles je ne conçois point émaner de Dieu, comme les rayons du soleil »[4]. La rupture majeure avec l'illumination augustinienne s'est faite, chez Descartes, avec ce que l'on a appelé la doctrine de la libre création des vérités éternelles.

1. Thomas d'Aquin, *In II Sent.*, d. 3, qu. 3, art. 3.
2. Descartes à Mersenne, 27 mai 1630, AT I, 152, 23-25.
3. *Ibid.*, 15 avril 1630, AT I, 145, 7-10.
4. *Ibid.*, 27 mai 1630, AT I, 152, 5-6.

En effet, Descartes ne s'est pas contenté d'établir l'autonomie de l'esprit humain vis-à-vis de Dieu, que le choix du modèle angélique garantissait ; il a voulu faire davantage. Il a également voulu couper le lien de participation à l'esprit infini que garantissait le rapport de ressemblance entre la faculté raisonnante de l'homme et l'esprit divin, et entre les idées des choses imprimées dans l'esprit humain et les mêmes idées en Dieu. Et il l'a fait en accord avec le modèle innéiste angélique : « et elles sont toutes *mentibus nostris ingenitae* »[1], affirme-t-il lorsqu'il présente à Mersenne la doctrine de la libre création des vérités éternelles, avertissant ce dernier que cette doctrine a également un rôle dans sa physique : « Mais je ne laisserai pas de toucher en ma physique plusieurs questions métaphysiques, et particulièrement celle-ci : que les vérités mathématiques, lesquelles vous nommez éternelles, ont été établies de Dieu et en dépendent entièrement, aussi bien que tout le reste des créatures. […] Ne craignez point, je vous prie, d'assurer et de publier partout, que c'est Dieu qui a établi ces lois en la nature, ainsi qu'un roi établit des lois en son royaume »[2].

En associant la libre création des vérités éternelles à l'innéisme, Descartes nous donne un indice très clair permettant d'identifier le passage de son œuvre dans lequel il avait initialement pensé placer cette doctrine, à savoir le chapitre du *Monde* dans lequel il reprenait précisément le modèle innéiste en parlant des « vérités éternelles » :

> Mais je me contenterai de vous avertir, qu'outre les trois lois que j'ai expliquées, je n'en veux point supposer d'autres, que celles qui suivent infailliblement de ces vérités éternelles, sur qui les mathématiciens ont accoutumé d'appuyer leurs plus certaines et plus évidentes démonstrations : ces vérités, dis-je, suivant lesquelles Dieu même nous a enseigné qu'il avait disposé toutes choses en nombre, en poids, et en mesure ; *et dont la connaissance est si naturelle à nos âmes*, que nous ne saurions ne les pas juger infaillibles, lorsque nous les concevons distinctement[3].

Seul ce passage du *Monde* de Descartes nomme les vérités éternelles, les associe aux vérités mathématiques et les définit comme « naturelles à nos âmes ». Il ne fait pas de doute qu'il s'agit bien du passage de sa *Physique* dans lequel il pensait faire référence à ladite « libre création des vérités éternelles ». Il avait donc bien l'intention de redoubler la séparation entre esprit humain et intellect divin déjà garantie par l'usage du modèle innéiste angélique. Or il y a renoncé. Rien, là-dessus, dans le *Monde*, où l'on aurait

1. *Ibid.*, 15 avril 1630, AT I, 145, 18-19.
2. *Ibid.*, 5-16.
3. *Le Monde* ou *Traité de la lumière*, AT XI, 47, 9-20 (n. s.).

pourtant dû trouver cette théorie. Aucune mention non plus de la théorie dans les œuvres éditées de son vivant, excepté les réponses aux observations que Gassendi et, compte tenu des réponses qui furent données à celles-ci, les auteurs des *Sixièmes Objections*, adressèrent aux *Méditations*[1]. Il s'agit alors de voir si, à cette présence manquée de la libre création des vérités éternelles dans la lettre du texte, correspond une présence théorique cachée, en un mot, de voir si la métaphysique de Descartes requiert, pour être bien comprise, d'être lue à la lumière de cette doctrine. Il est pour cela nécessaire de revenir sur les passages classiques dans lesquels on s'attendrait à la trouver et où, de fait, sa présence a été évoquée par les interprètes, qui ont vu dans la libre création des vérités éternelles une clé de lecture privilégiée pour la compréhension de la métaphysique cartésienne : nous voulons parler des passages où il est question de la nature des mathématiques et du doute qui les concerne. Il faudra alors se référer à la formulation des *Méditations métaphysiques*, Descartes lui-même ayant souligné le caractère atténué du doute tel qu'il était présenté dans le *Discours de la méthode*[2].

L'ORDRE DES *MÉDITATIONS*

Lire les *Méditations* à la lumière de la doctrine de la libre création des vérités éternelles exige que l'on tienne compte de la difficulté que pose l'organisation même des *Méditations*. Un des présupposés implicites de tous les interprètes qui invoquent à des niveaux divers la doctrine de la libre création des vérités éternelles pour comprendre la nature et l'objet du doute sur les mathématiques de la *Première Méditation*, consiste à considérer qu'une lecture « naïve » de la *Première Méditation* et des *Méditations* en général – lecture ignorant tout de la physique et de la métaphysique cartésiennes – est vouée à l'échec, et qu'il est nécessaire, pour comprendre les *Méditations*, de connaître toute la pensée cartésienne, y compris les thèses comme celles de la libre création des vérités éternelles, qui n'avaient pas encore reçu de formulation publique. Telle est en effet l'idée sous-jacente à la question de la présence ou non de la doctrine de la libre création des vérités éternelles dans la *Première Méditation :* dans quelle mesure est-il nécessaire de connaître Descartes pour comprendre les *Méditations ?* Si l'on s'en tient à la lettre de ce que dit Descartes sur la structure des *Méditations*, on répondra que ce n'est aucunement nécessaire. Descartes compose des méditations et non un traité, pour faire émerger la philosophie

1. AT VII, 380, 1-13 ; AT VIII, 435, 22-36, 25.
2. Descartes à ***, mars 1637, AT I, 353, 1-20.

nouvelle du bagage ordinaire de connaissances du savant et des préjugés communs, comme on a pu déjà le souligner. Or, si l'on prend au sérieux le genre de la méditation, on doit affirmer que « l'ordre des raisons » ou « l'ordre analytique » sur lequel reposent les *Méditations* doit être interprété de façon beaucoup plus souple et complexe qu'on ne l'admet communément. Il ne s'agit pas seulement d'éviter une pétition de principe dans l'ordre démonstratif, en s'assurant que ce qui est démontré ne dépend pas de connaissances qui seront acquises par la suite[1] ; il ne s'agit pas seulement de disposer les notions selon l'ordre de la découverte plutôt que selon l'ordre logique[2], mais il s'agit aussi d'accepter que les notions utilisées changent de signification et renvoient à des doctrines différentes au cours du processus[3].

On ne s'étonnera pas que tous les interprètes ayant explicitement rejeté le recours à la doctrine de la libre création des vérités éternelles aient fait appel à la logique de l'ordre des raisons. Martial Gueroult le premier, rejetait, contre Émile Bréhier, la présence du Dieu libre créateur des vérités éternelles dans la *Première Méditation*, au motif que, dans l'ordre des raisons, l'idée claire et distincte de Dieu n'est pas encore apparue. Toutefois, l'ordre des raisons de Gueroult était surtout un ordre logique, dans lequel, conformément à ce que dit Descartes, ce qui précède ne dépend pas logiquement de ce qui suit. Gueroult n'était pas contre l'idée de voir les notions présentes dans la *Première Méditation* comme l'expression de la véritable pensée cartésienne[4]. Henry Frankfurt a proposé une lecture de la *Première Méditation* épousant davantage l'ordre méditatif : le protagoniste des *Méditations* n'est pas seulement un homme qui ne possède pas encore les théories cartésiennes, mais il est surtout un homme disposant d'autres théories, notamment celles, naïves et pré-philosophiques, du sens commun. Tout ce qui est affirmé dans la *Première Méditation* ne peut être interprété à la lumière de la pensée du Descartes de la maturité, ni encore moins pris

1. *Secondes Réponses*, AT VII, 155, 11-20.

2. *Ibid.*, 155, 22-156, 5.

3. Ce procédé a été très bien montré par Foucault, dans « Mon corps, ce papier, ce feu », qui figura en appendice de l'*Histoire de la folie à l'âge classique* : « La méditation implique un sujet mobile et modifiable par l'effet même des événements discursifs qui se produisent » (M. Foucault, *Histoire de la folie à l'âge classique*, Paris, Gallimard, 1972, Appendice II, p. 593-594).

4. La théorie des éléments simples de la réalité, par exemple, serait déjà la théorie cartésienne. Voir M. Gueroult, *Descartes selon l'ordre des raisons*, Paris, Aubier Montaigne, 1968, vol. I, p. 34-35. Voir, sur ces pages, les observations pertinentes de H. G. Frankfurt, *Demons, Dreamers, and Madmen. The Defense of Reason in Descartes's Meditation*, Indianapolis-New York, The Bobbs-Merrill Company, 1970, p. 56-58.

en considération pour interpréter une quelconque doctrine cartésienne, sous peine de confondre le système pré-philosophique du lecteur-méditant avec la véritable philosophie cartésienne[1].

Il est cependant réducteur de ne voir dans le lecteur-acteur des *Méditations* qu'un porte-parole ingénu du sens commun. Trop de doctrines savantes sont invoquées afin d'illustrer ses croyances initiales pour que cette ingénuité puisse être vraiment prise à la lettre[2]. Le lecteur-acteur de la *Première Méditation* est plutôt un homme cultivé, au fait des doctrines philosophiques de son temps, en particulier – mais non exclusivement – des doctrines aristotélico-scolastiques, ces ténèbres dont les *Méditations* vont l'éloigner pour le conduire vers la lumière cartésienne. Si le sens commun est présent, il l'est en tant que l'aristotélisme est, selon Descartes, une systématisation érudite des préjugés contractés dans l'enfance, et dont le sens commun se nourrit; mais c'est à un système de croyance philosophiquement sophistiqué que l'on doit avoir recours pour reconstruire la personnalité intellectuelle du méditant, et c'est à ce système de croyance seul qu'il est légitime de faire appel pour comprendre les thèses et la formulation des problèmes exposés, notamment au début du parcours méditatif. C'est là que l'on trouve le thème ayant donné lieu, mieux que tout autre, à des interprétations reposant sur la libre création des vérités éternelles : celui du doute portant sur les mathématiques.

Dieu trompeur et libre création des vérités éternelles

C'est dans la *Première Méditation* que Descartes introduit le doute métaphysique, menace la plus puissante contre le pouvoir de la science. Toutes les *Méditations métaphysiques* s'emploient à éloigner une telle menace, comme en témoignent ces mots célèbres :

> Toutefois il y a longtemps que j'ai en mon esprit une certaine opinion, qu'il y a un Dieu qui peut tout, et par qui j'ai été créé et produit tel que je suis. Or qui me peut avoir assuré que ce Dieu n'ait point fait qu'il n'y ait aucune terre, aucun ciel, aucun corps, aucune étendue, aucune figure, aucune grandeur, aucun lieu, et que néanmoins j'aie les sentiments de toutes ces choses, et que tout cela ne me semble point exister autrement que je le vois? Et même, comme je juge quelquefois que les autres se méprennent, même dans les choses qu'ils pensent savoir avec le plus de certitude, il se peut faire qu'il ait voulu que je me trompe toutes les fois

1. *Cf.* H. Frankfurt, *Demons, Dreamers, and Madmen*, *op. cit.*, p. 48, 58-59, 61-67.
2. Voir *supra*, p. 136-157.

> que je fais l'addition de deux et de trois, ou que je nombre les côtés d'un carré, ou que je juge de quelque chose encore plus facile, si l'on se peut imaginer rien de plus facile que cela[1].

Le doute métaphysique est invoqué pour remettre en question la vérité des propositions simples concernant les mathématiques et la géométrie. Mais que signifie le fait que je puisse me tromper « toutes les fois que je fais l'addition de deux et de trois », dès lors que je ne peux concevoir que 2 + 3 ne fassent pas 5 ?

Pour rendre intelligible ce doute sur les propositions dont le contraire implique manifestement contradiction – comme le dira explicitement Descartes[2] –, on a souvent invoqué la libre création des vérités éternelles, doctrine selon laquelle Dieu aurait pu établir comme vraies des propositions clairement contradictoires[3]. Cette doctrine considère, entre autres choses, que l'esprit humain est capable de concevoir que Dieu aurait pu établir que 2+3 ne fassent pas 5, bien qu'il reste inconcevable pour ce même esprit humain que 2+3 ne fassent pas 5 – condition qui semble s'ajuster de façon fort heureuse à un doute sur la vérité des propositions dont l'opposé est inconcevable. Cette circonstance donne d'ailleurs une raison supplémentaire d'invoquer la libre création des vérités éternelles pour rendre compte du doute hyperbolique de la *Première Méditation*. Elle offre en effet une clé de lecture pour distinguer l'indubitabilité psychologique et l'indubitabilité métaphysique : même quand on ne parvient pas à penser l'opposé d'une proposition, on peut penser que Dieu, en vertu de sa puissance infinie, aurait pu établir sa fausseté. La présence de la libre création des vérités éternelles dans le doute hyperbolique est donc particulièrement opportune

1. Descartes, *Méditations métaphysiques*, AT VII, 21, 1-11.

2. L'énumération des propositions dont on peut douter si on les considère sous la catégorie générale d'idées claires et distinctes, au nom de l'existence d'un Dieu trompeur, et dont au contraire on ne parvient pas à douter alors qu'on les considère directement, s'achève par une formule récapitulative qui comprend précisément toutes les propositions « dans lesquelles on reconnaît une claire contradiction » (AT VII, 36, 20-21).

3. Descartes lui-même se réfère explicitement à la liberté, pour Dieu, de faire ainsi qu'il ne soit pas vrai « que les contradictoires puissent exister ensemble ». Descartes à Mesland, 2 mai 1644, AT IV, 118, 9-10. Le premier interprète ayant soutenu l'idée que le doute cartésien serait inintelligible si l'on faisait abstraction de la théorie de la libre création des vérités éternelles est É. Bréhier. Voir « La création des vérités éternelles dans le système de Descartes », *Revue philosophique de la France et de l'étranger* 62, 1937, p. 15-29. Contre la thèse de Bréhier, voir M. Gueroult, *Descartes selon l'ordre des raisons*, *op. cit.*, vol. I, p. 42-49. On doit à J.-L. Marion la défense la plus importante et engagée du rôle de la libre création des vérités éternelles dans la métaphysique cartésienne, et de sa présence dans le doute de la *Première Méditation* (J.-L. Marion, *Sur la théologie branche de Descartes*, Paris, P.U.F., 1981). Toute la question est aujourd'hui discutée par D. Kambouchner, *Les Méditations métaphysiques de Descartes*, Paris, P.U.F., 2005, p. 307-328.

pour les interprètes qui refusent toute superposition entre le doute psychologique et le doute métaphysique, et qui estiment que le doute porte toujours sur l'évidence présente[1].

On doit reconnaître que la tentation d'introduire le Dieu créateur des vérités éternelles dès l'hypothèse du Dieu trompeur est relativement fondée. Car la doctrine cartésienne de la libre création des vérités éternelles considère que Dieu a un pouvoir absolu dans la constitution du vrai, notamment dans la constitution de ces vérités dont le contraire implique contradiction. Or l'exemple récurrent, sinon exclusif, de ce type de proposition, est précisément tiré des vérités mathématiques : « Les vérités mathématiques [...] ont été établies par Dieu et en dépendent entièrement, aussi bien que tout le reste des créatures »[2], affirme Descartes dans la première formulation de la doctrine contenue dans la lettre à Mersenne du 15 avril 1630, qui répète ensuite, dans la lettre suivante, datée du 6 mai[3], qu'il se réfère aux « vérités mathématiques » ; le premier exemple de ces vérités, présenté dans la lettre datée du 27 mai, est en revanche repris de Thomas et tiré de la géométrie : « et je dis qu'il a été aussi libre de faire qu'il ne fût pas vrai que toutes les lignes tirées du centre à la circonférence fussent égales, comme de ne pas créer le monde »[4].

Les vérités mathématiques figurent donc au premier rang des objets sur lesquels s'exerce la libre création, et le doute soulevé dans la *Première Méditation* au nom d'un Dieu qui peut tout est illustré lui aussi par des propositions fort simples concernant les mathématiques et la géométrie – l'addition de 2 et 3, le dénombrement des côtés d'un carré. Il s'agit alors de voir, en premier lieu, si le fait que les vérités mathématiques dépendent du pouvoir divin autorise à douter de celles-ci et si ce doute, en second lieu, peut coïncider avec le doute suscité par le Dieu trompeur de la *Première Méditation* ou s'y ajouter. La réponse à la première question est offerte par Descartes lui-même à l'occasion de la première formulation de la thèse affirmant la dépendance des vérités mathématiques à l'égard du pouvoir divin. Dans la lettre du 15 avril 1630, Descartes s'était mis à la place du

1. Mais il se trouve aussi des interprètes qui mènent leur analyse du doute et de la certitude en se plaçant de façon programmatique à un niveau psychologique ou épistémologique, et réintroduisent ensuite la libre création des vérités éternelles pour expliquer un aspect du doute ou de la conquête de la vérité. *Cf.* J. Tlumak, « Certainty and Cartesian Method », *in* M. Hooker (dir.), *Descartes. Critical and Interpretative Essays*, Baltimore-London, Johns Hopkins University Press, 1978, p. 40-73, p. 62-63.

2. Descartes à Mersenne, 15 avril 1630, AT I, 145, 7-10.

3. Descartes à Mersenne, 6 mai 1630, AT I, 150, 14.

4. *Ibid.*, 27 mai 1630, AT I, 152 20-23. L'exemple des rayons du cercle est repris de Thomas d'Aquin, qui s'en était servi pour illustrer les limites infranchissables de la puissance divine. Cf. *Somme contre les Gentils*, II, 25.

lecteur qui se trouverait pour la première fois devant l'affirmation selon laquelle Dieu aurait pu établir comme vrai le contraire de ce qui lui paraît nécessairement vrai, et avait réfuté préalablement, dans un dialogue imaginaire, l'objection que ce lecteur lui aurait certainement adressée : si Dieu a établi librement les vérités éternelles, il peut aussi les changer. Il était donc clair, même pour Descartes, que sa théorie inédite pouvait engendrer un doute sur les propositions nécessairement vraies, et ce doute, dans la présentation cartésienne, concernait la *permanence* du vrai. Or Descartes avait immédiatement rejeté un tel doute : puisque Dieu est immuable, ces vérités, une fois instituées comme immuables, ne peuvent plus changer[1]. Toutefois, la nécessité d'écarter le doute concernant la permanence du vrai apparaît déjà comme une acceptation de sa légitimité. Il existe donc au moins un type de doute portant sur le vrai qui est pensable au sein du cadre de la doctrine de la libre création des vérités éternelles. On doit alors se demander s'il s'agit du doute évoqué par Descartes avec l'hypothèse du Dieu trompeur de la *Première Méditation* et, en tout état de cause, si le doute de la *Première Méditation* peut être pensé grâce au recours à la doctrine de la dépendance du vrai vis-à-vis de la libre institution divine.

DIEU ET LES MATHÉMATIQUES DANS LA *PREMIÈRE MÉDITATION*

Deux conditions sont nécessaires pour établir la doctrine de la libre création des vérités éternelles : il faut que l'on ait une idée claire et distincte[2] de la puissance divine, et que l'on ait une conception des vérités éternelles, et donc des vérités des mathématiques, telle qu'il soit légitime d'invoquer cette puissance à leur sujet. En effet, toute conception des mathématiques ne permet pas de les soumettre au pouvoir créateur de Dieu, quand bien même l'on aurait une idée claire et distincte de ce pouvoir. Descartes soulignera le fait que les essences des mathématiques et de la géométrie ne peuvent qu'avoir été créées par Dieu, parce qu'elles « sont quelque

1. Descartes à Mersenne, 15 avril 1630, AT I, 145, 28-146, 3 : « On vous dira que si Dieu avait établi ces vérités, il les pourrait changer comme un roi fait ses lois ; à quoi il faut répondre qu'oui, si sa volonté peut changer. – Mais je les comprends comme éternelles et immuables. – Et moi je juge le même de Dieu ».

2. L'appel à l'idée claire et distincte de l'infinie puissance divine est un présupposé constant de la doctrine, chez Descartes, dès la lettre du 15 avril 1630, dans laquelle il demande à Mersenne de donner la plus grande publicité à la nouvelle doctrine pour que « le monde s'accoutume à entendre parler de Dieu plus dignement [...] que n'en parle le vulgaire, qui l'imagine presque toujours ainsi qu'une chose finie » (AT I, 146, 16-19).

chose »[1], et dépendent donc de Dieu comme tout ce qui fait partie de la réalité. Autrement dit, une conception platonicienne des mathématiques et de la géométrie, qui attribue une réalité aux essences géométrico-mathématiques, est indispensable pour invoquer leur dépendance vis-à-vis du décret divin. Si les objets des mathématiques étaient des entités fictives ou des notions abstraites à partir de l'expérience des corps extérieurs, autrement dit, s'ils existaient seulement en tant qu'existe un esprit qui les pense ou un corps qui les exemplifie, ils n'auraient pas de réalité en eux-mêmes et les penser comme des créations de Dieu n'aurait pas de sens. On le sait, la conception platonicienne des mathématiques sera explicitement mentionnée par Descartes dans la *Cinquième Méditation*. Reste à voir si elle est déjà présente dans la *Première Méditation*. Et pour savoir si la doctrine de la libre création des vérités éternelles est présente dans la *Première Méditation*, on devra s'interroger sur la présence ou non de ses réquisits.

S'agissant de l'idée claire et distincte de l'infinie puissance de Dieu, son absence dans le texte est évidente. Le lecteur-acteur ne possède pas d'idée claire et distincte de Dieu mais seulement une « *vetus opinio* » : « Il y a longtemps que j'ai dans mon esprit une certaine opinion, qu'il y a un Dieu qui peut tout »[2]. Une idée claire et distincte de l'infinie puissance divine n'est pas la condition nécessaire pour formuler l'hypothèse de ce type de tromperie, dès lors que des entités « inférieures » comme le destin ou le hasard ou la liaison des choses, peuvent la provoquer, ou plutôt : « d'autant moins puissant sera l'auteur qu'ils attribueront à mon origine, d'autant plus sera-t-il probable, que je suis tellement imparfait que me trompe toujours »[3], alors que seule l'infinie puissance divine justifie la dépendance des vérités nécessaires à l'égard de Dieu. En ce qui concerne les mathématiques, la question est plus délicate, parce que le lecteur ne trouve pas, dans le texte de la *Première Méditation*, d'éléments aussi explicites permettant d'identifier la conception des mathématiques à l'œuvre dans ce passage. Mais le mystère vaut seulement pour le lecteur d'aujourd'hui. Comme l'a bien montré Mark Olson, le contemporain de Descartes n'aurait pas eu de difficulté à reconnaître dans la *Première Méditation* la théorie

1. Voir 27 mai 1630, AT I, 152, 7-8 : « je sais que Dieu est Auteur de toutes choses, et que ces vérités sont quelque chose, et par conséquent qu'il en est Auteur ». Dans la même lettre, on trouve l'identification explicite entre essence et vérités éternelles : « car il est certain qu'il est aussi bien Auteur de l'essence comme de l'existence des créatures : or cette essence n'est autre chose que ces vérités éternelles » (152, 2-5).

2. AT VII, 21, 1-2.

3. AT VII, 21, 20-26.

des mathématiques d'origine aristotélicienne, partagée par une grande partie de la pensée scolastique[1].

La philosophie des mathématiques dérivée d'Aristote, qui se trouve codifiée chez Thomas d'Aquin, considère les concepts mathématiques comme des notions abstraites de l'expérience des corps extérieurs. À partir des corps singuliers, perçus dans la sensation à travers leurs caractéristiques qualitatives, la connaissance procède en séparant l'espèce, c'est-à-dire la description universelle des classes d'individus, et les « sensibles communs », c'est-à-dire les caractéristiques que les corps possèdent en tant que sujets à la quantité, et qui constituent la condition de possibilité des « sensibles propres », à savoir les qualités qui provoquent immédiatement la sensation[2]. On obtient ainsi la connaissance des caractéristiques quantitatives communes aux corps singuliers, en faisant abstraction de la « matière sensible individuelle » et en faisant de la seule « mathématique sensible commune » un objet de connaissance. C'est à ce niveau qu'opère la science physique. La connaissance mathématique se situe à un autre niveau d'abstraction. Car il est possible de faire abstraction également de la matière sensible commune, en considérant seulement la « matière commune intelligible »[3]. Alors que dans le cas de la matière sensible commune, la réalité existant à l'extérieur de l'esprit était encore objet de connaissance (même si elle était réduite aux composants communs à tous les corps), quand on opère avec la seule matière intelligible commune, on abandonne la référence à l'existence extérieure. Les mathématiques considèrent les éléments communs à tous les corps qui sont aussi objets de la science physique, non pas en tant que composants des corps extérieurs, mais plutôt en tant que concepts dont relève la notion de substance, quand elle est analysée exclusivement dans son aspect quantitatif. La matière commune qui, dans la physique, était encore « sensible », est à présent une matière « intelligible ». La physique abstrait à partir des corps singuliers, et non à partir de la matière commune existante tandis que les mathématiques abstraient à partir de la matière commune existante et non à partir du concept de substance et de ses déterminations quantitatives ; enfin, la métaphysique, au dernier niveau, fait également abstraction de la matière intelligible commune[4].

1. M. A. Olson, « Descartes' First Meditation : Mathematics and the Laws of Logic », *Journal of the History of Philosophy* 26, 1998, p. 407-439.

2. Thomas d'Aquin, *ST*, I, qu. 78, art. 3, *ad*2 : « Tous les sensibles communs se réduisent à la quantité ». Thomas l'illustre avec la grandeur, le nombre, la figure, le mouvement et le repos.

3. *Ibid.*, qu. 85, art. 1, *ad*2.

4. *Ibid.* La source est naturellement Aristote, *Métaphysique*, XI. 3, 1061 a 29-1061 b 3.

La théorie thomiste de l'abstraction est reparcourue au fil des étapes du doute de la *Première Méditation*, lorsque toute la connaissance des choses matérielles est remise en question, notamment par le dépouillement progressif que subit la connaissance des corps extérieurs, avec l'hypothèse selon laquelle toutes les perceptions du monde ne sont en réalité qu'un songe. Selon cette hypothèse, on doit admettre que l'esprit compose des images sans correspondance extérieure à partir d'éléments simples qu'il ne peut cependant pas inventer tout seul. C'est pourquoi, quand bien même toute notre expérience ne serait qu'un rêve continu, il y a des choses « fort simples et fort générales » qui restent malgré tout vraies, autrement dit qui existent à l'extérieur de l'esprit. Même si les corps singuliers n'existaient pas, même si leurs parties, les yeux, la tête, les mains, étaient le fruit de l'imagination, « il faut toutefois avouer qu'il y a des choses encore plus simples et plus universelles, qui sont vraies et existantes [...]. De ce genre de choses est la nature corporelle en général, et son étendue ; ensemble la figure des choses étendues, leur quantité ou grandeur, et leur nombre ; comme aussi le lieu où elles sont, le temps qui mesure leur durée, et autres semblables »[1]. Le protagoniste tire de ces éléments simples et universels une connaissance privée de toute référence à ce qui existe et qui, en cela, reste vraie « soit que je dorme ou que je veille », soit une connaissance, précisément, des opérations mathématiques : « car, soit que je veille ou que je dorme, deux et trois joints ensemble formeront toujours le nombre de cinq »[2]. L'hypothèse du rêve destitue ainsi de leur vérité les connaissances qui attribuent une réalité extérieure aux images issues de la composition d'éléments simples, mais laisse intacte l'existence de ces éléments et les opérations que l'esprit accomplit quand il les considère comme de purs concepts, sans aucune référence à ce qui existe.

Le moment suivant du doute, motivé par l'hypothèse d'une tromperie opérée par un Dieu « qui peut tout », concerne, sans solution de continuité, les croyances qui avaient résisté à l'argument du rêve ; il permet de douter à la fois de l'existence des composants ultimes de la réalité et de la vérité des opérations mathématiques[3]. Or l'énumération cartésienne des choses

1. AT VII, 20, 10-19.

2. *Ibid.*, 20, 28-29.

3. *Ibid.*, 21, 3-10. « Or qui me peut avoir assuré que ce Dieu n'ait point fait qu'il n'y ait aucune terre, aucun ciel, aucun corps, aucune étendue, aucune figure, aucune grandeur, aucun lieu, et que néanmoins j'aie les sentiments de toutes ces choses, et que tout cela ne me semble point exister autrement que je le vois ? Et même, comme je juge quelquefois que les autres se méprennent, même dans les choses qu'ils pensent savoir avec le plus de certitude, il se peut faire qu'il ait voulu que je me trompe toutes les fois que je fais l'addition de deux et de trois [...] ? ».

simples et universelles sur lesquelles s'exerce le pouvoir du Dieu trompeur se superpose à la liste thomiste des caractéristiques quantitatives communes à tous les corps et connues par abstraction des corps eux-mêmes. *Figura, quantitas, magnitudo et numerus, locus, tempus*, énumère Descartes ; *magnitudo, numerus, figura, motus et quies*, avait énuméré Thomas[1]. Que les « choses forts simples et forts générales » dont traitaient les mathématiques ne soient pas les natures mathématiques dont il sera question dans la *Cinquième Méditation* mais les caractéristiques abstraites de la matière sensible commune de la tradition aristotélicienne, on le devine en premier lieu par le mode de connaissance qui s'y applique : elles s'obtiennent lorsque l'on extrait les éléments simples et généraux de l'analyse de la connaissance des corps extérieurs, et non de façon innée. En second lieu, le même passage, autrement mystérieux, des éléments simples dotés d'une existence extérieure aux opérations des mathématiques, d'abord dans l'hypothèse du rêve puis dans celle du Dieu trompeur, s'explique de manière satisfaisante seulement si ces connaissances concernent, à deux niveaux différents d'abstraction, les *mêmes* éléments, comme dans la théorie thomiste. Enfin, la terminologie cartésienne elle-même confirme la présence de la théorie scolastique. La matière, considérée comme une chose simple et générale, est désignée comme la « nature corporelle *in communi* »[2], soit le terme technique par lequel Thomas désignait la matière commune à tous les corps singuliers, connue par abstraction de ceux-ci : « la matière est double, à la fois commune <*communis*> et figurée, ou individuelle »[3].

La conception scolastique et la conception cartésienne des mathématiques ne sont pas seulement différentes : elles sont radicalement incompatibles. Dans la théorie scolastique, seuls les corps singuliers existent hors de l'esprit, alors que les objets de la science mathématique n'ont aucune existence réelle indépendamment des corps dont ils ont été abstraits : ils

1. *ST*, I, qu. 78, art. 3, *ad* 2.
2. AT VII, 20, 15-16.
3. *ST*, I, qu. 85, art. 1, *ad* 2. Quand il voudra se référer à la nature corporelle, distincte des corps singuliers et connue indépendamment de ceux-ci, c'est-à-dire à la notion de nature corporelle, Descartes parlera plutôt de *corpus in genere* (AT VII, 14, 57 et 15, 13-14). Il parlera au contraire de *corpora in communi* quand il fera explicitement référence à la notion abstraite de matière, suivant la doctrine scolastique, notion qui, parce qu'abstraite, est aussi plus confuse que celle de matière individuelle, ce qui ne vaut évidemment pas pour l'idée cartésienne d'étendue. *Cf.* dans la *Deuxième Méditation* (AT VII, 30, 4-7) : « *corpora scilicet, quae tangimus, quae videmus ; non quidem corpora in communi, generales enim istae perceptiones aliquanto magis confusae esse solent, sed unum in particulari* » et, plus loin, se référant toujours à l'opposition entre les corps singuliers (la cire, ici) et les notions abstraites : « *hanc in particulari, de cera enim in communi clarius est* » (*ibid.*, 31, 18-19).

existent seulement dans l'esprit de celui qui accomplit l'opération d'abstraction. Dans la théorie cartésienne, au contraire, les essences des mathématiques et de la géométrie sont indépendantes à la fois de leur exemplification dans les corps et du fait qu'elles soient pensées : « je trouve en moi une infinité d'idées de certaines choses, qui ne peuvent pas être estimées un pur néant, quoique peut-être n'ayant aucune existence hors de ma pensée, et qui ne sont pas feintes par moi, bien qu'il soit en ma liberté de les penser ou ne les penser pas ; mais elles ont leurs natures vraies et immuables »[1]. La première conception est une conception *empiriste* des mathématiques, la seconde est une conception *platonicienne*, à laquelle on ne parvient qu'après avoir réduit à néant les exigences du premier modèle cognitif, qui imposait de tirer toute connaissance des sens. Descartes ne le découvrira que dans la *Cinquième Méditation*, lors de la « mise entre parenthèses » totale des corps extérieurs. Or seul le modèle platonicien, on le sait, permet de penser un rapport de création entre Dieu et les essences mathématiques.

Le fait que la philosophie des mathématiques de la *Première Méditation* soit fondée sur la théorie thomiste de l'abstraction, théorie reprise dans toutes les écoles, devrait déjà suffire à nous convaincre qu'un lecteur cultivé était censé voir dans les mathématiques de la *Première Méditation* la théorie aristotélico-thomiste et non la théorie cartésienne, conformément, du reste, au projet qu'avait Descartes d'entreprendre son parcours méditatif à partir d'un bagage culturel commun. S'ajoute toutefois à cela le témoignage d'un texte venant presque un demi-siècle après les *Méditations*, dont il ressort non seulement que la théorie commune de l'abstraction était encore, en 1701, la théorie aristotélico-thomiste mise en scène dans la *Première Méditation*, mais encore que celle-ci était considérée comme irréductible et opposée à la théorie cartésiano-platonicienne de la *Cinquième Méditation*. Il s'agit d'un texte de John Norris, philosophe malebranchiste profondément lié à la scolastique[2]. Dans son œuvre la plus importante, l'*Essay towards the Theory of the Ideal or Intelligible World*, Norris oppose le caractère abstrait des essences idéales des choses, lesquelles sont, comme chez Malebranche, connues en Dieu, à la « doctrine commune de l'abstraction ». Selon cette doctrine, il existe une triple abstraction de la matière permettant d'élaborer une triple distinction des sciences : « On dit que la physique

1. AT VII, 64, 6-11.

2. Norris nourrit surtout une discussion constante avec Suárez. Sur Norris et la scolastique, voir M. Baldi, « Platonismo e "filosofia delle scuole" nella teoria del mondo intelligibile di John Norris of Bemerton », *Rivista di storia della filosofia* 52, 1997, p. 457-494.

abstrait de la matière, mais seulement de la matière singulière [...]. On dit que la mathématique abstrait non seulement de la matière singulière, mais aussi de la matière commune, non pas réellement, mais plutôt seulement *secundum rationem*, dès lors que dans la réalité elle s'occupe des choses matérielles, mais n'est pas définie en rapport aux choses considérées comme matérielles ». La métaphysique, au contraire, abstrait à partir de n'importe quelle matière, à la fois singulière et commune. On note ici que non seulement les mathématiques sont présentées selon le modèle thomiste, c'est-à-dire comme le fruit d'une abstraction opérée à partir de la matière commune sensible, mais aussi que la terminologie est restée la même depuis Thomas jusqu'à Descartes et Norris : *materia communis* (Thomas), *natura corporea in communi* (Descartes), *matter in common* (Norris).

Les mathématiques, suivant cette théorie de l'abstraction, existent uniquement dans l'esprit ; seuls les corps singuliers existent dans la réalité. Il n'y a de figures « dans la réalité » que s'il y a des corps ; toutefois, celles-ci peuvent devenir objet de connaissance indépendamment des corps par « la façon par laquelle elles sont considérées », c'est-à-dire en abstrayant mentalement à partir des corps des caractéristiques qui, dans la réalité, ne se trouvent jamais isolément. La conception cartésiano-malebranchiste des mathématiques s'oppose précisément, selon Norris, à la théorie commune de l'abstraction. En effet, si les essences mathématiques sont considérées comme les objets d'une connaissance intelligible, et non comme abstraites de la connaissance sensible, la géométrie abstrait de la matière « non seulement selon le mode par lequel elle est conçue, mais aussi en fait et en réalité, et ainsi elle est en tout une science abstraite comme la métaphysique, dès lors qu'elle traite, comme la métaphysique, d'objets immatériels du monde intelligible »[1]. Selon la doctrine commune de l'abstraction, cette dernière se fait en séparant par l'esprit ce qui est séparé en réalité, alors que la théorie cartésiano-malebranchiste considère les entités mathématiques dans leur séparation réelle des corps dans lesquels ils peuvent être exemplifiés : les deux théories sont donc irréductibles l'une à l'autre.

Par sa proximité chronologique avec le texte cartésien, l'*Essay* de Norris apporte un témoignage précieux pour comprendre ce que le lecteur cultivé de l'époque pouvait lire dans les *Méditations* : la théorie scolastique des mathématiques fondée sur le présupposé selon lequel toute connaissance découle de l'expérience sensible dans la *Première Méditation*, et une théorie des mathématiques platonicienne opposée à la précédente dans la *Cinquième*

1. J. Norris, *Essay towards the Theory of the Ideal or Intelligible World*, London, S. Manship and W. Hawes, 1701-1704, réimpr. anast., New York-London, Garland Publishing, 1978, vol. I, p. 59-60.

Méditation. Le Dieu trompeur et les mathématiques dont il est question dans la *Première Méditation* ne sont donc pas issus du corpus philosophique cartésien, mais s'y opposent : le Dieu de la *Première Méditation* est un Dieu trompeur, auteur d'une tromperie qui n'exige pas de puissance infinie, le Dieu cartésien est un Dieu vérace et infiniment puissant ; la théorie des mathématiques de la *Première Méditation* est aristotélicienne, la théorie cartésienne est platonicienne et idéaliste. Il ne semble donc pas possible de faire reposer une doctrine à ce point liée à la métaphysique et à la théorie cartésienne comme l'est la libre création des vérités éternelles sur des piliers précartésiens, sinon anti-cartésiens.

LA NATURE DU DOUTE

Si les conditions pour constituer la doctrine de la libre création des vérités éternelles ne sont pas réunies dans la *Première Méditation*, la tromperie exercée par le Dieu de la *vetus opinio* ne peut avoir aucun rapport avec une tromperie possible seulement pour le Dieu créateur des essences et ne peut, de manière générale, être liée aux fondements de la nouvelle science cartésienne, pour laquelle il est indispensable que soit instaurée la philosophie des mathématiques de la *Cinquième Méditation*. La tromperie de la *Première Méditation*, d'une part, doit être une tromperie précartésienne, « traditionnelle », comme les connaissances qu'elle met en doute et, d'autre part, elle doit être en mesure de rendre incertaine n'importe quelle connaissance humaine. Mais si les mathématiques dont il s'agit dans la *Première Méditation* existent *seulement* dans l'esprit – ce qui veut dire, on l'a vu, qu'elles sont le produit de l'abstraction – ce qui importe, dans la tromperie portant sur les mathématiques, est alors *seulement* le pouvoir que Dieu a sur l'esprit, et non le pouvoir qu'il a sur les choses qui sont objets de la connaissance.

Or ce Dieu qui a du pouvoir sur les esprits mais non sur les vérités éternelles, et qui, en vertu de ce pouvoir, peut produire une tromperie irrémédiable, correspond au Dieu de la tradition ockamienne, ce qui a d'ailleurs été parfaitement montré par les fameuses recherches de Tullio Gregory sur les origines scolastiques du Dieu trompeur cartésien[1]. Mais il n'est sans doute pas nécessaire de remonter si loin dans le temps, comme l'avait fait Gregory. Dans le riche dossier concernant les origines possibles du Dieu trompeur cartésien, une source a longtemps été négligée, alors

1. *Cf.* T. Gregory, « Dio ingannatore e genio maligno », *Giornale critico della filosofia italiana* 53, 1974, p. 477-516.

même que sa proximité chronologique et la connaissance attestée qu'en avait Descartes auraient dû lui conférer un statut privilégié : il s'agit de la discussion sur la possible origine divine de l'erreur que Francisco Suárez mène dans la neuvième de ses *Disputationes metaphysicae*, et qui a pour titre « *De falsitate* »[1]. Descartes a certainement bien présente à l'esprit cette *Disputatio* de Suárez : il la rappelle en effet à Antoine Arnauld pour appuyer sa théorie de la fausseté matérielle des idées[2]. Mais ce texte de Suárez ne mérite pas seulement d'être sollicité au sujet de la doctrine de la fausseté matérielle des idées, d'ailleurs marginale dans la philosophie cartésienne. En effet, dans la deuxième section de la *Disputatio* « *De falsitate* », Suárez énonce une thèse bien autrement significative pour la fondation cartésienne de la science : la thèse selon laquelle l'erreur est toujours volontaire, alors que la vérité produit dans l'esprit un assentiment invincible.

Suárez s'interroge sur l'origine de l'erreur et déclare d'emblée vouloir travailler la question d'un point de vue philosophique et non théologique, c'est-à-dire en se passant du recours au péché originel et en cherchant seulement la cause naturelle de l'erreur[3]. C'est le fait que l'on ne parvienne pas toujours à une connaissance évidente de l'objet de son jugement qui rend l'erreur possible. Dans ce cas, en effet, l'assentiment n'est plus nécessaire, mais volontaire, et quand l'assentiment est volontaire, l'erreur peut se produire :

> L'intellect peut être nécessité à la vérité, mais non à la fausseté, en un sens absolu et abstraction faite de toute autre considération, et l'idée dans son acte ne peut jamais s'exposer à un jugement faux, sinon par le libre mouvement de la volonté; en effet, si l'on exclut la nécessité, l'intellect peut être déterminé au jugement seulement par la volonté, dès lors qu'il n'est pas libre. […] Donc la fausseté actuelle, c'est-à-dire la fausseté qui

1. Ce passage de Suárez a été d'abord relevé par N. J. Wells, « Material Falsity in Descartes, Arnauld, and Suárez », *Journal of the History of Philosophy* 22, 1984, n. 10, p. 26.

2. Cf. *Quatrièmes Réponses*, AT VII, 235, 12-14.

3. F. Suárez, *Disputationes metaphysicae*, Disp. IX, *De Falsitate*, s. II, *Quae sit falsitas origo*, n. 3 : « *suppono, posse huius falsitatis radicem, et Theologicae, et Philosophicae investigari. Priori enim modo dicet Theologus, radicem omnis erroris et falsitatis in hominibus esse originalem peccatum* ». En effet, poursuit Suárez, puisque celui qui explique l'erreur de cette manière interprète le péché originel comme privation de la justice infusée de façon surnaturelle, et non comme une entité positive qui s'ajoute à la nature humaine, même la théologie doit finalement s'occuper de l'aspect philosophique de la question, et supposer dans la nature humaine en tant que telle une cause de l'erreur, « *et hoc est quod philosophice inquiri potest, sive illud sit aliquod internum principium in ipso homine existens, sive aliquod externum, quod possit hominem in falsitate inducere* ».

fait suite à un jugement faux, a toujours sa cause prochaine dans la volonté humaine[1].

La raison de cette différence de comportement de l'esprit selon qu'il se trouve devant le vrai ou devant le faux doit être recherchée dans le fait que l'intellect est nécessairement déterminé dans son jugement par la seule évidence de la chose connue, et que cette évidence ne peut jamais être vectrice de fausseté, « dès lors qu'elle se fonde dans la chose connue elle-même telle qu'elle est en soi, ou qu'elle doit nécessairement se résoudre en un principe connu par soi et manifeste »[2]. En discutant de l'origine de l'erreur, Suárez a ainsi trouvé dans la nécessité de l'assentiment le critère permettant de reconnaître la vérité.

Contre cette thèse, Suárez avance une objection, pour mieux la rejeter, sous la forme de l'hypothèse d'une tromperie qui obligerait de l'extérieur à l'assentiment. Dans ce cas, l'erreur serait involontaire et l'assentiment invincible ne serait plus un signe certain de vérité. On le voit, la problématique suarézienne de cette *Disputatio* est bien celle qui deviendra centrale dans les *Méditations :* l'indubitable est le seul signe naturel qu'ait l'esprit humain pour discerner le vrai du faux, mais l'indubitable est-il vrai ? L'hypothèse d'une erreur invincible induite par un agent extérieur prend chez Suárez, comme chez Descartes par la suite, les apparences d'un diable (un *angelus malus*) – un malin génie, dira Descartes – et d'un Dieu trompeur, capable de créer dans l'esprit un assentiment irrésistible au faux : « Tu diras : parfois l'intellect peut être nécessité par une cause extérieure, Dieu ou un ange, qui, s'il est malveillant, peut proposer quelque chose de faux de telle sorte que l'intellect ne puisse pas ne pas y assentir »[3]. L'hypothèse d'une tromperie invincible opérée par une créature supérieure n'est en rien, selon Suárez, un exercice d'imagination philosophique ; elle est la traduction métaphysique d'un cas dont on fait souvent l'expérience lorsqu'on est obstinément convaincu par des opinions fausses qui paraissent pourtant irrésistiblement vraies : « pour le confirmer, on observera que parfois la même évidence est seulement apparente <*apparens tantum*>, c'est pourquoi, dans ce cas, elle peut avoir pour objet le faux, et cependant nécessite l'intellect non moins qu'elle le ferait si elle était vraie ». Si Dieu ou l'ange malveillant avait un tel pouvoir, il serait à jamais impossible de distinguer la connaissance vraie de la connaissance fausse selon le critère énoncé par Suárez, c'est-à-dire selon la présence ou non d'un assentiment invincible.

1. *Ibid.*, s. II, n. 6 et 9.
2. *Ibid.*, s. II, n. 6.
3. *Ibid.*, s. II, n. 7 ; les citations suivantes sont également issues de cette section.

Suárez rejette l'hypothèse d'une tromperie irrésistible opérée dans l'esprit par Dieu ou par un ange malveillant au moyen de deux arguments différents. Dans le cas de Dieu, la tromperie supposée constituerait une action surpassant l'ordre naturel, mais possible si l'on considère seulement la puissance divine : « certes Dieu peut nécessiter l'intellect, même à propos de ce qui n'est pas évident : mais cette opération suit des voies qui transcendent et surpassent la nature de l'intellect, alors que nous parlons à présent seulement de ce qui advient selon la nature ». En outre, comme Dieu est souverainement bon, sa bonté rend impossible l'exercice de ce pouvoir, et donc Dieu ne peut en aucune façon être l'origine première du faux : « Mais même en concédant ce miracle, la doctrine vraie et droite des théologiens enseigne que Dieu ne peut conduire l'intellect à la fausseté, parce que cela répugne à sa bonté non moins que le mensonge. C'est pourquoi il ne se peut absolument faire que l'origine première du faux soit référée à Dieu et que Dieu induise ou produise le faux par une intervention visant expressément ce but ». Dans le cas de l'*angelus malus*, ensuite, la tromperie supposée est absolument impossible, parce que l'ange n'a aucun pouvoir sur l'intellect humain et ne peut donc jamais produire un assentiment irrésistible. Au mieux, l'ange malveillant peut incliner vers un faux jugement par des stratagèmes rhétoriques, mais il est cependant toujours possible de refuser son assentiment :

> Au contraire, pour ce qui concerne l'ange, on doit dire qu'il ne peut déterminer l'intellect au jugement ou à un acte second de manière immédiate, en se servant de son pouvoir naturel ; en effet, cela, Dieu seul peut le faire, qui en est l'auteur. Par conséquent, l'ange malveillant peut encore moins nécessiter l'intellect à assentir au faux, mais il peut au maximum induire un faux assentiment par des enseignements qui suggèrent ou persuadent, cependant l'homme peut toujours ne pas donner son assentiment et suspendre son assentiment, s'il le veut.

L'action de l'ange malveillant ne soulève aucune difficulté pour la doctrine suarézienne, tandis que si Dieu n'était pas bon en plus d'être omnipotent, la théorie selon laquelle l'assentiment irrésistible est toujours un signe certain de vérité deviendrait insoutenable.

De nombreux éléments nous invitent à confronter de près ce texte avec celui des *Méditations*. La théorie de l'erreur énoncée par Suárez anticipe à la lettre la théorie cartésienne de la *Quatrième Méditation :* l'erreur est toujours le fruit d'un choix libre – elle est donc évitable, conclura Descartes

– et seule la vérité nécessite à l'assentiment[1]. De manière générale, la question soulevée par Suárez sur la possibilité de considérer le caractère irrésistible de l'assentiment comme un signe certain de vérité deviendra le problème central du texte cartésien. Et cette fondation quelque peu rhapsodique de la vérité de ce dont il est impossible de douter sur la nature même de Dieu apparaît comme une sorte d'abrégé « avant la lettre » des *Méditations*. S'agissant de l'hypothèse du Dieu trompeur, il est frappant que la discussion de Suárez sur la tromperie possible opérée par Dieu ou un ange n'ait pas lieu dans le contexte classique de l'analyse de la puissance divine, mais à l'intérieur de la discussion sur la différence entre vérité et fausseté et sur la possibilité de trouver un signe certain du vrai ; il est frappant aussi que l'hypothèse du Dieu trompeur soit évoquée seulement en ce qu'elle constituerait un obstacle insurmontable à la découverte d'un critère certain pour la distinction du vrai et du faux. Aussi certaines questions de détails valent-elles la peine d'être soulignées.

En premier lieu, Suárez distingue le pouvoir de Dieu du pouvoir du démon, d'une façon dont le texte cartésien rend pleinement compte. Il ne s'agit pas tant ou pas seulement d'une différence concernant le domaine de la tromperie – les croyances sur les objets extérieurs dans le cas du démon, les croyances sur les matières dénuées d'implication existentielle dans le cas de Dieu – que d'une différence concernant la qualité de la tromperie : on peut toujours résister à la tromperie du malin génie, alors qu'il est impossible d'éviter la tromperie de Dieu, dans la mesure où elle s'exerce en créant un assentiment irrésistible dans l'esprit : « L'homme peut toujours refuser d'assentir ou au moins suspendre son assentiment,

1. Dans la section suivante, « *Unde oriatur difficultas veritatem assequendi* », Suárez, à la suite des « théologiens », se rapproche, s'agissant du problème de l'erreur, d'une position voisine de la solution thomiste, selon laquelle il est impossible « d'éviter toute erreur, même dans les choses naturelles et spéculatives », à cause des limites de notre intellect et de la dépendance vis-à-vis des sens, ce qui a conduit E. Faye (*Philosophie et perfection de l'homme*, Paris, Vrin, 1998, p. 304-305 et 335) à parler d'une rupture de Descartes avec cette *Dispute* suarézienne. Ce qui revient à négliger tout ce qui précède, à savoir l'affirmation du caractère volontaire de l'erreur qui, en toute rigueur, va exactement dans le sens contraire, c'est-à-dire dans le sens du caractère évitable de toute erreur, comme le dira par la suite Descartes. Or la thèse du caractère volontaire de l'erreur est évidemment une alternative à celle qui place l'origine de l'erreur dans les limites de la nature humaine, et que l'on doit faire remonter plutôt à Ockham (*In II Sent.*, qu. 25, L et Y). Suárez juxtapose donc deux explications incompatibles du phénomène de l'erreur. Mais il procède toujours de cette façon, en lançant une thèse audacieuse, du moins par rapport aux coordonnées thomistes, pour ensuite y revenir dans les lignes suivantes et s'aligner en général sur les positions de Thomas. Pour un exemple de ce procédé suarézien, qu'il faut saisir dans toute sa précision si l'on veut cerner les nouveautés profondes qui émergent derrière l'hommage à la tradition, voir J.-L. Marion, *Sur la théologie blanche de Descartes*, *op. cit.*, p. 70-109.

s'il le veut », déclare Suárez à propos de la tromperie de l'*angelus malus*. Et Descartes, devant la tromperie du malin génie, affirmera aussi le pouvoir de ne pas accorder son assentiment : « Je demeurerai obstinément attaché à cette pensée ; et si, par ce moyen, il n'est pas en mon pouvoir de parvenir à la connaissance d'aucune vérité, à tout le moins il est en ma puissance de suspendre mon jugement. C'est pourquoi je prendrai garde soigneusement de ne point recevoir en ma croyance aucune fausseté, et préparerai si bien mon esprit à toutes les ruses de ce grand trompeur, que, pour puissant et rusé qu'il soit, il ne me pourra jamais rien imposer »[1]. La tromperie divine, au contraire, empêcherait précisément de refuser l'assentiment, comme le montre bien l'impossibilité de concevoir la fausseté des propositions évidentes évoquée au début de la *Troisième Méditation :* « Me trompe qui pourra, si est-ce qu'il ne saurait jamais faire que je ne sois rien, tandis que je penserai être quelque chose, ou que quelque jour il soit vrai que je n'aie jamais été, étant vrai maintenant que je suis, ou bien que deux et trois joints ensemble fassent plus ni moins que cinq, ou choses semblables, que je vois clairement ne pouvoir être d'autre façon que je les conçois »[2].

En deuxième lieu, Suárez admet la possibilité de la tromperie si l'on considère l'omnipotence divine, et la nie si l'on considère sa bonté : « Dieu ne peut conduire l'intellect à la fausseté, parce que cela répugne à sa bonté non moins que le mensonge ». Et Descartes de répéter : « Mais peut-être que Dieu n'a pas voulu que je fusse déçu de la sorte, car il est dit souverainement bon »[3]. L'appel cartésien à la bonté de Dieu et non à son omnipotence, pour rejeter en première instance l'hypothèse d'une tromperie divine, est un signe évident de l'origine précartésienne du Dieu de la *Première Méditation*. Descartes préfèrera rejeter la tromperie divine en faisant jouer contre l'omnipotence divine l'omnipotence elle-même, ou la véracité, ou encore, plus généralement, la perfection[4], en accord, dans ce cas, avec le Dieu de la libre création du vrai et du bon. La bonté divine, comme le Dieu trompeur dont parle la *Première Méditation*, est d'ailleurs présentée comme une *vetus opinio :* Dieu n'« est » pas bon, mais il « est dit » souverainement bon. Descartes est ensuite obligé d'introduire l'expérience quotidienne de l'erreur, qui est, autant que la tromperie, en conflit apparent avec la bonté divine, pour laisser ouvert le travail méditatif que l'appel suarézien à la bonté divine avait clos trop rapidement : « Toutefois,

1. *Méditations métaphysiques*, AT VII, 23, 4-9.
2. *Ibid.*, 36, 15-21.
3. *Ibid.*, 21, 11-12.
4. *Ibid.*, 52, 6-9.

si cela répugnerait à sa bonté, de m'avoir fait tel que je me trompasse toujours, cela semblerait aussi lui être aucunement contraire de permettre que je me trompe quelquefois »[1]. De fait, la *Quatrième Méditation* sera entièrement consacrée à la réfutation de cette incompatibilité prétendue entre erreur et véracité divine, laquelle avait servi, au moment de la *Première Méditation*, à ne pas étouffer dans l'œuf le processus méditatif.

En troisième lieu, si, chez Suárez, l'hypothèse de la tromperie divine est concevable et crédible, c'est grâce au parallèle avec la tromperie naturelle, produite par l'apparence de l'évidence. La tromperie divine serait de même nature que les cas d'erreur obstinée devant le faux, c'est-à-dire les cas dans lesquels l'apparence de vérité arrache l'assentiment, comme si l'on se trouvait devant le vrai : « l'évidence elle-même est parfois seulement apparente : si bien qu'elle peut avoir pour objet le faux et toutefois ne pas moins nécessiter l'intellect que si elle était vraie ». Or, chaque fois que Descartes soulève l'hypothèse de la tromperie divine, cette hypothèse se trouve consolidée au moyen du même exemple : « comme je juge quelquefois que les autres se méprennent, même dans les choses *qu'ils pensent savoir avec le plus de certitude*, il se peut faire qu'il ait voulu que je me trompe toutes les fois que je fais l'addition de deux et de trois »[2]. L'analogie entre la tromperie divine et la tromperie naturelle explique fort bien l'interchangeabilité concernant la cause de la tromperie présentée dans la *Première Méditation* : ou bien la puissance divine, ou bien une nature imparfaite.

Enfin, la tromperie divine est une véritable tromperie, comme le mensonge, et non l'exercice d'une omnipotence moralement neutre. Qu'il s'agisse d'une véritable tromperie, le texte de Descartes le souligne à plusieurs reprises : *fallat me quisquis potest; aliquem Deum [...] deceptorem*[3] ; *me deludat*[4]. C'est pour cela seulement que la tromperie, comme le mensonge,

1. *Ibid.*, 21, 13-15.

2. *Ibid.*, 21, 7-9.

3. *Ibid.*, 36, 15 et 22-23.

4. *Ibid.*, 29, 2. La véracité qui accompagne, dans la doctrine de la libre création des vérités éternelles, le pouvoir divin sur le vrai, constitue un obstacle majeur à l'identification du Dieu cartésien au Dieu trompeur de la *Première Méditation*. M. Gueroult avait précisément pointé cela, contre Bréhier, pour rejeter la lecture du Dieu de la *vetus opinio* à la lumière du Dieu omnipotent cartésien. J.-L. Marion, *Sur la théologie blanche de Descartes*, *op. cit.*, p. 329-346, pour rendre la présence du Dieu libre créateur des vérités éternelles compatible avec le Dieu du doute hyperbolique, a proposé d'ôter la fonction trompeuse au Dieu du texte cartésien : le Dieu de la *vetus opinio* est un Dieu qui peut tout mais qui ne trompe pas. Toutefois, les expressions fort claires citées ci-dessus s'opposent à l'idée que le Dieu de la *Première Méditation* soit dénué de la capacité et de la volonté de tromper. L'objection

peut – chez Suárez – ou pourrait – chez Descartes – être contrecarrée par la bonté.

Or, si la tromperie supposée par Suárez est la même tromperie que celle dont parle Descartes, il s'ensuit que la tromperie de la *Première Méditation* implique un pouvoir absolu de Dieu sur l'esprit en tant qu'il est créé par lui – Suárez comme Descartes, on l'a vu, insiste sur le fait que la tromperie de l'esprit est possible parce que l'esprit est une œuvre divine : « l'ange ne peut déterminer l'intellect au jugement [...], Dieu seul peut le faire, *qui en est l'auteur* » (Suárez) ; « un Dieu qui peut tout, et *par qui j'ai été créé et produit* tel que je suis » (Descartes)[1]. Mais il s'ensuit aussi que la tromperie divine dont parle Descartes n'implique pas nécessairement un pouvoir divin sur le vrai et le faux. Aussi la source suarézienne de la tromperie divine supposée par Descartes ajoute-t-elle une difficulté supplémentaire au rapprochement entre le Dieu trompeur de la *Première Méditation* et le Dieu libre créateur des vérités éternelles. S'il est une chose que l'on peut considérer comme acquise à ce sujet, c'est que l'adversaire majeur de Descartes, dans la doctrine de libre création des vérités éternelles, est Suárez. Suárez est en effet l'auteur qui a défini les vérités éternelles comme absolument indépendantes du vouloir divin, au point de supposer qu'elles resteraient valides même si Dieu n'existait pas[2]. Et il semble improbable que Suárez soit en même temps l'adversaire de la doctrine de la libre création des vérités éternelles et la source de l'hypothèse d'une tromperie divine à laquelle puiserait cette doctrine. Un Dieu qui a un pouvoir absolu sur l'esprit, mais qui est soumis au vrai, suffit pour rendre la vérité de la science inaccessible à l'esprit humain. Pour que la science soit interdite à l'esprit humain, il n'est pas nécessaire que Dieu puisse établir des vérités différentes de celles qui sont actuellement en vigueur ou qu'il puisse rendre vrai demain ce qui est faux aujourd'hui ; il suffit qu'il puisse faire en sorte que ce qui est vrai *semble* faux à l'esprit humain.

selon laquelle ces expressions ne se trouvent pas dans la *Première Méditation*, mais dans la *Troisième*, a peu de poids ici, dans la mesure où celles-ci se réfèrent manifestement toutes au doute conçu dans la *Première*, qui n'a pas encore été résolu. La thèse selon laquelle la « véracité divine » serait un « fantasme » des interprètes n'est pas non plus plausible. Voir J.-L. Marion, *Questions cartésiennes II*, Paris P.U.F., 1996, « La "règle générale" de vérité », p. 49-83. Sur la véracité divine, voir les remarques pertinentes de L. Devillairs, *Descartes et la connaissance de Dieu*, Paris, Vrin, 2004, p. 197 *sq*.

1. AT VII, 21, 2-3 (n. s.).

2. *Cf.* le passage de Suárez, *Disputationes metaphysicae*, *Disp.* XXXI, s. XII, n. 47, que Descartes reprend à la lettre, pour s'y opposer, dans la lettre à Mersenne du 6 mai 1630, AT I, 149, 30-150, 2 : « Il ne faut donc pas dire que *si Deus non esset, nihilominus istae veritates essent verae* ».

La présentation même du doute dans les *Méditations* confirme qu'il s'agit là de la possibilité ébauchée avec l'hypothèse du Dieu trompeur. L'hypothèse de Suárez, on l'a vu, est que la tromperie divine s'exerce en créant dans l'esprit une apparence d'évidence : « la même évidence est parfois seulement apparente <*apparens*> ». Or c'est précisément là le doute explicitement invoqué au début de la *Troisième Méditation* pour maintenir ouverte la possibilité d'un écart entre indubitabilité et vérité. En effet, dans ce passage, le doute nous fait craindre non pas que ce qui « est » évident soit faux, mais que ce qui « apparaît » comme évident ne le soit pas en réalité : « que je me trompasse toujours même touchant les choses qui me *semblent* <*viderentur*> les plus manifestes » (et non pas « qui sont les plus manifestes ») ; « que je m'abuse même dans les choses que je crois <*puto*> connaître avec une évidence très grande » (et non pas « que je connais avec une évidence très grande ») ; « que je me tourne vers les choses que je pense <*arbitror*> concevoir clairement » (et non pas « que je conçois clairement »)[1]. L'écart possible entre évidence et vérité est exprimé par Descartes comme par Suárez dans les termes d'un écart possible entre apparence d'évidence et évidence. Au-delà de la présentation du Dieu trompeur et du malin génie, la nature même du doute tel qu'il est décrit par Descartes montre qu'il s'agit du même doute que celui que Suárez avait introduit comme objection à la correspondance entre assentiment irrésistible et vérité.

UNE MÉTAPHYSIQUE SANS CRÉATION DES VÉRITÉS ÉTERNELLES

Une fois que l'on a mis au jour le fait que la libre création des vérités éternelles ne joue pas de rôle décisif dans le problème de la certitude de la science, à savoir dans le doute métaphysique, il est ensuite difficile de supposer que cette doctrine serait utilisée pour garantir cette certitude. Du reste, d'autres passages des *Méditations* confirment le fait que la problématique de la libre création des vérités éternelles est relativement étrangère à ce texte. Prenons le cas, particulièrement significatif, de la théodicée de la *Quatrième Méditation*[2]. Une fois établi que Dieu existe et qu'il n'est pas trompeur, Descartes doit surmonter un dernier obstacle avant de garantir la certitude des idées claires et distinctes ainsi obtenue. Si Dieu est vérace, d'où vient l'erreur ? Pourquoi Dieu l'a-t-il permise ? Dans sa théodicée épistémologique, Descartes répond à cette question, à la suite de Suárez,

1. AT VII, 36, 8, 11, 13.

2. Il s'agit d'un passage thématiquement central dans les *Méditations métaphysiques*, aujourd'hui mis en lumière par Z. Janowki, *Cartesian Theodicy*, *op. cit.*

en reprenant la structure de la théodicée augustino-thomiste : l'erreur est le fruit de la volonté, donc du libre choix de l'homme. Par conséquent, c'est l'homme qui en porte l'entière responsabilité, et non Dieu. Comme dans la théodicée augustino-thomiste, toutefois, cette première réponse donne aussitôt lieu à une autre question. Pourquoi Dieu a-t-il permis que l'homme fasse ainsi mauvais usage de son libre arbitre ? Et certes « il n'y a point de doute que Dieu n'ait pu me créer tel, que je ne me pusse jamais tromper ; il est certain aussi qu'il veut toujours ce qui est le meilleur ; m'est-il donc plus avantageux de faillir, que de ne point faillir[1] ? ». Descartes, avant de répondre à cette question dans le style de la théodicée augustino-thomiste, avance un argument qui devrait rendre la question en elle-même vide de sens. Il s'en remet en effet à l'impénétrabilité des fins de Dieu ; or si les fins de Dieu sont impénétrables, il n'y a pas de sens à se demander pourquoi Dieu a permis l'erreur, ou si l'erreur est compatible avec le projet divin de créer le meilleur des mondes : « car il ne me semble pas que je puisse sans témérité rechercher et entreprendre de découvrir les fins impénétrables de Dieu »[2].

Le rôle central que joue, pour la science cartésienne, ce principe affirmant le caractère illégitime de l'enquête sur les fins de Dieu nous amène à penser que la position authentiquement cartésienne, s'agissant de la théodicée, est précisément celle qui se trouve mentionnée dans le texte : Descartes considère comme incongrue la demande concernant la compatibilité de l'erreur et du mal avec les fins de Dieu. Cette thèse serait d'ailleurs en accord avec la théorie cartésienne de l'incompréhensibilité de Dieu et de l'incommensurabilité de la logique humaine avec la logique divine. Il n'est pas nécessaire de penser que Dieu a librement créé le vrai et le bien pour juger que ses fins ne peuvent être connues[3], mais la doctrine de la libre création des vérités éternelles rend assurément la demande concernant ces fins encore plus inappropriée. Quel sens y aurait-il à adresser à un Dieu situé par-delà le bien et le vrai, ayant même librement établi le bien et le vrai, et dont les fins ne peuvent donc par définition être univoquement comprises par la logique et les valeurs humaines, une question sur la compatibilité de l'erreur avec son dessein de créer le monde le plus parfait possible ? Comme si l'idéal de perfection du monde était une chose dont Dieu avait à rendre compte, qui s'imposerait à lui, pour ainsi dire, alors qu'au contraire aucune valeur ne peut préexister à la libre volonté divine.

1. AT VII, 55, 10-11.

2. *Ibid.*, 55, 25-26.

3. Descartes répètera que les fins de Dieu sont inconnaissables dans les *Principes de la philosophie*, III, 2.

Ce que Dieu fait est bon et parfait, parce qu'il le fait, mais on ne peut dire inversement que Dieu le fait parce que cela est bon et parfait, comme Descartes l'affirmera en répondant aux *Sixièmes Objections* : « car si quelque raison ou apparence de bonté eût précédé sa préordination, elle l'eût sans doute déterminé à faire ce qui était de meilleur ; mais, tout au contraire, parce qu'il s'est déterminé à faire les choses qui sont au monde, pour cette raison, comme il est dit en la *Genèse : elles sont très bonnes*, c'est-à-dire que la raison de leur bonté dépend de ce qu'il les a ainsi voulu faire »[1]. Si la doctrine de la libre création des vérités éternelles étaient opérante dans le cadre de la théodicée de la *Quatrième Méditation*, on s'attendrait à ce que Descartes affirme alors que ce n'est pas parce qu'il a vu qu'un monde comprenant l'erreur était plus parfait qu'un monde privé d'erreur que Dieu l'a décidé ainsi, mais, au contraire, que c'est parce que Dieu a permis l'erreur qu'un monde qui la comprend est plus parfait qu'un monde qui en serait privé. Au contraire, Descartes s'emploie à essayer de démontrer que l'erreur fait partie du projet divin de réaliser le meilleur monde possible : « je ne puis pas [...] nier, que ce ne soit en quelque façon une plus grande perfection dans tout l'univers, de ce que quelques-unes de ses parties ne sont pas exemptes de défauts, que si elles étaient toutes semblables »[2].

Il n'est pas anodin que cette solution au problème de la compatibilité entre erreur et véracité divine ait attiré l'attention d'un des destinataires des lettres consacrées à l'élaboration de la doctrine de la libre création des vérités éternelles, le jésuite Pierre Mesland. Ce dernier fut en effet très étonné de voir Descartes considérer comme un présupposé le fait que Dieu ait été guidé, dans son choix, par la considération du meilleur. La réponse de Descartes aux doutes exprimés par le jésuite est, par certains aspects, surprenante : « Je ne sache point avoir déterminé que Dieu fait toujours ce qu'il connaît être le plus parfait, et il ne me semble pas qu'un esprit fini puisse juger de cela. Mais j'ai tâché d'éclaircir la difficulté proposée, touchant la cause des erreurs, *en supposant* que Dieu ait créé le monde très parfait ; pour ce que, supposant le contraire, cette difficulté cesse entièrement »[3]. Autrement dit, Descartes ne partage pas du tout le présupposé au sein duquel il a conduit sa justification de l'erreur, selon lequel le critère

1. AT VII, 435, 28-436, 3.

2. *Ibid.*, 61, 19-23. À moins d'aller jusqu'à nier l'évidence, en soutenant par exemple que, la libre création des vérités éternelles étant présente dans les *Méditations*, alors la *Quatrième Méditation* ne peut contenir de théodicée, ce que fait G. Olivo, *Descartes et l'essence de la vérité*, Paris, P.U.F., 2005, p. 353 *sq*.

3. Descartes à Mesland, 2 mai 1644, AT IV, 113, 5-11 (n. s.).

du meilleur aurait guidé le choix divin ; ou plutôt : « il ne [lui] semble pas qu'un esprit fini puisse juger de cela » et, si l'on adoptait un tel point de vue, il n'y aurait pas non plus de sens à se demander si l'erreur est compatible avec la véracité divine. En effet, si l'on exclut que Dieu, dans son œuvre, ait suivi le modèle du meilleur, « cette difficulté cesse entièrement ». La théodicée de la *Quatrième Méditation* doit donc être interprétée comme une sorte de théodicée hypothétique : en admettant, même sans l'accorder, que l'on puisse pénétrer les fins de Dieu, et donc partir du présupposé que Dieu a voulu créer le meilleur, en admettant, par conséquent, qu'il y ait un sens à demander raison à Dieu de la présence de l'erreur, même alors, il est possible de démontrer l'innocence de Dieu. S'il était au contraire impossible de connaître les fins de Dieu ou, mieux encore, si Dieu n'était soumis ni à ce qu'est le vrai pour nous, ni à ce que nous jugeons être bon, comme Descartes le répète à Mesland dans sa lettre en démêlant la question plus épineuse de la supériorité de Dieu sur le principe de non contradiction[1], la *Quatrième Méditation* n'aurait tout simplement pas été écrite.

Mais pourquoi Descartes a-t-il choisi la voie d'une théodicée hypothétique alors qu'il avait à sa disposition cette arme puissante qu'est la libre création des vérités éternelles, qui aurait entièrement résolu le problème ? Il y a là une seule explication possible, qui consiste à dire que la métaphysique tout entière des *Méditations* n'entend *jamais* faire jouer cette théorie, que la soumission de Dieu au vrai et au bien – ce que Descartes, dans la lettre du 15 avril 1630, appelait le « destin » et dont il voulait libérer son Dieu[2] – représente l'unique préjugé dont Descartes ne vise pas à libérer le sujet des *Méditations* ; autrement dit, que, d'une certaine manière, toute la métaphysique officielle de Descartes est une métaphysique « hypothétique », comme l'est explicitement la théodicée, c'est-à-dire une métaphysique construite « comme si » Dieu était soumis aux lois du vrai et du bien, au *fatum*, comme tous les précartésiens l'ont toujours pensé.

La *Sixième Méditation* confirme cette hypothèse : « Car il n'y a point de doute que Dieu n'ait la puissance de produire toutes les choses que je suis capable de concevoir avec distinction ; et je n'ai jamais jugé qu'il lui fût impossible de faire quelque chose <*nihilque unquam ab illo fieri non*

1. *Ibid.*, 118, 6-119, 14 : « Pour la difficulté de concevoir, comment il a été libre et indifférent à Dieu de faire qu'il ne fût pas vrai que les trois angles d'un triangle fussent égaux à deux droits, ou généralement que les contradictoires ne peuvent être ensemble, on la peut aisément ôter, en considérant que la puissance de Dieu ne peut avoir aucune borne », et ce qui suit.

2. *Ibid.*, I, 145, 10-13 : « C'est en effet parler de Dieu comme d'un Jupiter ou Saturne, et l'assujettir au Styx et aux destinées, que de dire que ces vérités sont indépendantes de lui ».

posse judicavi>, qu'alors que je trouvais de la contradiction <*repugnaret*> à la pouvoir bien concevoir »[1]. Dieu « ne peut » donc faire ce qui implique contradiction. C'est la première fois que Descartes le déclare, dans un contexte – celui de la *Sixième Méditation* – où il restreint même les limites de la puissance divine : Dieu ne peut faire en sorte que l'hydropique ne ressente la soif, et ne soit donc poussé par sa nature à faire ce qui nuit à sa santé, mais on ne peut reprocher à Dieu de n'avoir pas empêché qu'un profond désordre se révèle dans une nature pourtant orientée vers le bien de l'homme.

Or le « *fieri non posse* » de la *Sixième Méditation* est bien différent des tentatives que fera Descartes dans les réponses à Mesland, Arnauld et Henry More pour rendre la thèse selon laquelle la puissance de Dieu n'est pas limitée par le principe de non contradiction compatible avec une physique où le vide ne peut exister, dans la mesure, précisément, où une étendue non matérielle serait un concept contradictoire[2]. Quand le problème du lien à la puissance divine que pose l'impossibilité supposée qu'il y ait du vide dans la nature sera explicitement présenté à Descartes, celui-ci ne dira jamais que Dieu « ne peut » faire le vide, mais, plus prudemment, il se contentera d'affirmer que cela « implique contradiction » pour l'esprit humain et tiendra même à souligner « ne pas oser » affirmer que Dieu ne puisse faire ou ne pas faire quelque chose[3]. Dans la *Sixième Méditation*, au contraire, on trouve clairement affirmé le fait que Dieu « ne peut » faire ce qui implique contradiction. Mais il faut noter la tournure phrastique que choisit Descartes pour exprimer sa thèse : « *nihilque unquam ab illo fieri non posse judicavi* »[4]. Non pas un apodictique « *ab illo fieri non potest* », mais une référence à ce que le « je » méditant a toujours jugé[5]. Ce n'est

1. *Ibid.*, VII, 71, 16-20.

2. Cf. *Principes de la philosophie*, II, 18.

3. Descartes à Arnauld, 29 juillet 1648, AT V, 223, 31-224, 9 : « *Mihi autem non videtur de ulla unquam re esse dicendum, ipsam a Deo fieri non posse ; nam cum enim omnis ratio veri et boni ab ejus omnipotentia dependeat, nequidem dicere ausim, Deum facere non posse ut mons sit sine valle, vel ut unum et duo non sint tria ; ed tantum dico illum talem mentem mihi indidisse, ut a me concipi non possit mons sine valle, vel aggregatum ex uno et duobus quod non sint tria, etc., atque talia implicare contradictionem in meo conceptu* ». À More, 5 février 1649, AT V, 272, 16-18 : « *Ego vero, cum sciam meum intellectum esse finitum et Dei potentiam infinitam, nihil unquam de hac determino* ».

4. *Ibid.*, VII, 71, 89-90.

5. On trouve la même tournure dans la lettre à Regius de juin 1642, dans le commentaire du passage de la *Sixième Méditation* qui nous intéresse, AT III, 567, 17-21 : « *Et sane potest Deus efficere quidquid possumus clare intelligere ; nec alia sunt quae a Deo* fieri non posse dicuntur, *quam quod repugnantiam involvunt in conceptu* » (n. s.).

pas Descartes qui parle, c'est encore le sujet de la méditation, qui parvient à ses propres conclusions à partir de l'un de ses derniers préjugés, en l'occurrence celui selon lequel la puissance de Dieu serait limitée par le principe de non contradiction. Mais il n'existe pas de *Septième Méditation* dans laquelle ce préjugé tombe ; ce que Descartes voulait obtenir, il l'a obtenu sans jamais remettre en question ce préjugé. Il reviendra aux lettres d'essayer, péniblement, d'élaborer une métaphysique qui puisse affirmer exactement le contraire, et qui, en même temps, n'altère pas la fiabilité des idées claires et distinctes. Or cette métaphysique ne verra jamais le jour. Peut-être Descartes n'en fut-il jamais vraiment satisfait. Mais ce n'est pas, ou pas seulement, la raison pour laquelle il décida de ne pas la faire intervenir dans les *Méditations métaphysiques*. Le fait est que le projet de fonder la certitude de la science pouvait aisément se développer au sein d'une métaphysique qui n'étendait pas le pouvoir divin jusqu'aux lois de la logique : c'était d'une métaphysique de ce genre qu'était partie l'attaque la plus inquiétante à l'encontre de la certitude de la science, à savoir l'hypothèse, précisément, d'un Dieu rendant la vérité inaccessible à l'esprit humain, et il s'agissait de combattre cette hypothèse à l'intérieur du cadre théorique dans lequel elle était née.

UNE NATURE NON CORROMPUE

À deux reprises, dans le texte des *Méditations*, le doute se confronte directement à l'hypothèse d'un Dieu créant une illusion impossible à corriger par l'esprit ou, en tout cas, d'une nature humaine intrinsèquement fallacieuse : au début de la *Troisième Méditation*, puis dans la *Cinquième*. Les deux passages sont séparés, s'agissant de la théorie des mathématiques, par un abîme : la théorie cartésienne des mathématiques n'a pas encore été formulée dans la *Troisième Méditation*, alors qu'elle est pleinement mise en place dans la *Cinquième*, en même temps que la théorie innéiste qui seule la rend possible.

Au début de la *Troisième Méditation*, la tromperie divine ne peut être que celle qui, à la suite de Suárez, s'exerce sur l'esprit et non sur le vrai : cela est dû à l'absence, à ce stade des *Méditations*, des conditions nécessaires à l'établissement de la théorie de la libre création des vérités éternelles. Mais, on le sait, le doute est réactivé par Descartes dans la *Cinquième Méditation*, pour rappeler que c'est seulement une fois l'existence de Dieu démontrée que la science peut être entièrement certaine et fondée. Or, dans la *Cinquième Méditation*, on trouve tous les éléments permettant d'établir la libre création des vérités éternelles : une idée de Dieu claire et distincte et une théorie platonicienne des mathématiques. Cependant, le doute de la *Cinquième Méditation* revient avec les mêmes caractéristiques que dans la *Première* et le début de la *Troisième :* « Car je puis me persuader d'avoir été fait tel par la nature que je me puisse aisément tromper, même dans les choses que *je crois <puto>* comprendre avec le plus d'évidence et de certitude ; vu principalement que je me ressouviens *d'avoir souvent estimé beaucoup de choses pour vraies et certaines, lesquelles après d'autres raisons m'ont porté à juger absolument fausses* »[1].

Au cours des *Méditations*, nombreux sont les événements qui introduisent un changement radical dans les notions que le lecteur-acteur avait au début de son parcours. Le changement de théorie sur Dieu, notamment, permet de rendre inopérant le doute sur les mathématiques conçu dans la *Première Méditation.* Mais ce doute, au cours des *Méditations*, est resté inchangé, et a toujours regardé la possibilité que l'esprit humain puisse ne pas posséder de critères suffisants pour distinguer le vrai du faux, à cause d'un défaut naturel ou d'une intervention surnaturelle.

Ces réflexions obligent à conclure que, chez Descartes, ce qui menace la certitude et la fiabilité de la science se joue *seulement* sur le terrain de l'intégrité de la nature humaine, et donc à l'échelle du rapport entre le créateur et l'esprit, et non entre le créateur et l'objet de la connaissance. La crainte de Descartes n'est pas que l'univers qui fait l'objet d'un exercice de la raison soit « truqué », selon la célèbre expression d'Henri Gouhier[2], ou que Dieu change le vrai au cours du temps, mais c'est uniquement que la nature humaine soit imparfaite ; et pour concevoir une telle éventualité, il n'est aucunement nécessaire de penser que Dieu a un pouvoir sur les essences et les vérités, si bien que l'athée ne peut jamais être exempt de cette crainte[3].

Cette conclusion a beaucoup de poids dans le jugement que l'on peut porter sur le sens général des *Méditations*. Dans la stratégie fondationnelle mise en place dans cette œuvre, l'enjeu décisif réside dans la possibilité de démontrer que l'esprit humain a une origine absolument parfaite – un Dieu vérace – et qu'il est pour cette raison parfait lui-même, comme tout ce qui est sorti des mains du même artisan : « il répugne que quelque chose vienne de lui, qui tende positivement à la fausseté »[4]. La conséquence en est que l'esprit humain est en mesure d'atteindre la vérité par ses seules forces, sans secours surnaturel. Le paradoxe – mais mieux vaudrait dire

1. AT VII, 70, 5-9 (n. s.).
2. H. Gouhier, *La pensée métaphysique de Descartes*, Paris, Vrin, 1969, p. 118.
3. *Secondes Réponses*, AT VII, 141, 3-17.
4. *Ibid.*, 144, 5-6.

l'audacieuse cohérence – de la métaphysique cartésienne réside dans le fait qu'elle revendique pour l'esprit fini une connaissance claire et distincte de la nature divine, acceptant par là de rompre frontalement avec la tradition thomiste, pour se libérer de la nécessité de toute intervention surnaturelle – la grâce, la révélation – dans la conquête du vrai. On ne s'étonnera pas que ceux qui ont le plus lutté contre la thèse cartésienne affirmant que la nature humaine peut, par elle-même, atteindre le vrai, furent les théologiens (en réalité Mersenne qui leur prêta sa voix), auteurs des *Secondes Objections*, sensibles, naturellement, à la possibilité de rendre l'esprit humain autosuffisant dans la recherche de la vérité :

> Pouvez-vous dire que nous ne pouvons être trompés par lui ? [...] Car si Dieu nous montrait la vérité toute nue, quel œil ou plutôt quel esprit aurait assez de force pour la supporter ? Combien qu'à dire vrai il ne soit pas nécessaire de feindre un Dieu trompeur, afin que vous soyez déçu dans les choses que vous pensez connaître clairement et distinctement [...]. Car que savez-vous si votre nature n'est point telle qu'elle se trompe toujours, ou du moins fort souvent ? Et d'où avez-vous appris que, touchant les choses que vous pensez connaître clairement et distinctement <*in iis, quae clare et distincte putas te cognoscere*>, il est certain que vous n'êtes jamais trompé et que vous ne le pouvez être ? Car combien de fois avons-nous vu que des personnes se sont trompées en des choses qu'elles pensaient voir plus clairement que le soleil[1] ?

Nous reconnaissons dans l'objection adressée à Descartes le doute qui avait traversé toutes les *Méditations*, ainsi que l'exemple qui lui est lié, tiré de l'expérience de l'évidence apparente : doute que la nature humaine soit imparfaite ou trompée de façon surnaturelle, métaphore d'une barrière dressée entre la vérité – évidemment divine, selon les théologiens, l'œil humain n'étant pas capable d'en supporter la vue – et l'esprit fini.

La réponse de Descartes sera nette : « dans nos jugements très clairs et très exacts, lesquels, s'ils étaient faux, ne pourraient être corrigés par d'autres plus clairs, ni par l'aide d'aucune autre faculté naturelle, je soutiens hardiment <*plane affirmo*> que nous ne pouvons être trompés »[2]. Il faut souligner la force tranquille avec laquelle Descartes défend un point central de sa philosophie, cette assurance avec laquelle il revendique le pouvoir de l'esprit humain, qui n'a nul besoin d'un secours surnaturel. Celui qui, au contraire, semble avoir été mal à l'aise devant tant d'assurance fut le traducteur des *Objections et Réponses*, Clerselier, sous la plume duquel

1. *Secondes Objections*, AT VII, 126, 1-15.
2. *Secondes Réponses*, AT VII, 143-144.

« *plane* » devient « hardiment »[1]. Et il était certes hardi d'effacer de la nature humaine toutes les taches – y compris celle du péché originel, bien entendu – qui pouvaient faire obstacle à la recherche de la vérité. La référence, qui suit immédiatement, à une possible fausseté absolue de la certitude parfaite atteinte par l'esprit humain apparaît comme un défi plein de provocation adressé aux théologiens qui lui avaient soumis leurs objections : « Car que nous importe, si peut-être quelqu'un feint que cela même, de la vérité duquel nous sommes si fortement persuadés, paraît faux aux yeux de Dieu ou des Anges, et que partant, absolument parlant, il est faux ? Qu'avons-nous à faire de nous mettre en peine de cette fausseté absolue, puisque nous ne la croyons point du tout, et que nous n'en avons pas même le moindre soupçon[2] ? ». Cela revient à dire : puisque l'on a atteint cette certitude inébranlable et cette indubitabilité complète qui coïncide avec la résolution de toutes les raisons de douter pensables, il n'est plus besoin de parler de fausseté absolue concernant ce dont il est impossible de douter. Les objections contre la science humaine, pour être de véritables objections, doivent être pensables et défendables, et si les théologiens s'enferment dans une formule qu'ils ne sont pas en mesure de défendre rationnellement, comme celle d'une possible fausseté absolue de ce qui résiste à toute raison de douter pensable, leur opposition est aussi obstinée que dénuée de pertinence[3].

Pour le lecteur d'aujourd'hui, un projet de fondation de la science qui place cette dernière à l'abri des caprices d'un Dieu libre instaurateur des lois de la logique peut sans doute sembler plus fascinant ; et ce qui peut sembler plus fascinant encore, c'est l'échec du projet qui condamne l'esprit humain à un divorce métaphysique avec la vérité. Mais les théologiens contemporains de Descartes, qui ne savaient rien d'un Dieu libre créateur du vrai, lisaient autre chose dans les *Méditations*, et y reconnaissaient à

1. *Méditations Métaphysiques*, AT IX-1, 113, 4-5.

2. *Secondes Réponses*, AT VII, 145, 1-9.

3. Ce célèbre passage, extrait de son contexte polémique, a été au contraire utilisé comme preuve du fait que Descartes accepterait, finalement, un divorce possible entre les idées claires et distinctes et la vérité, c'est-à-dire exactement ce que pensaient les théologiens-objecteurs quand ils rappelaient le cas de ceux qui se sont trompés dans des choses « qu'ils pensaient voir plus clairement que le soleil ». *Cf.* H. G. Frankfurt, « Descartes on the Consistency of Reason », in *Descartes. Critical and Interpretative Essays*, *op. cit.*, p. 37. Sur ce point, voir la mise au point et les observations de D. Kambouchner, *Les Méditations métaphysiques de Descartes*, *op. cit.*, p. 223-225. De nouveau, et sans discuter les autres lectures avancées par la suite, G. Olivo propose la thèse d'une « relativité » de la vérité humaine et d'une « fausseté absolue » de ce que l'esprit humain juge irrésistiblement vrai comme clé de lecture de ce texte cartésien. *Cf.* G. Olivo, *Descartes et l'essence de la vérité*, *op. cit.*, p. 404-412.

raison le projet de libérer la recherche de la vérité de l'imperfection naturelle de l'esprit et de la nécessité du secours surnaturel. C'est contre eux, et pour résoudre *leur* doute, ou mieux, pour mettre sous la forme d'un doute réfutable une de leurs certitudes, que les *Méditations*, texte programmatiquement tourné vers la conversion d'un lecteur dominé par les préjugés, ont été écrites. Car si les théologiens avaient raison, si la nature ou la surnature avaient produit une raison humaine imparfaite ayant besoin d'un secours extérieur, le programme cartésien de fonder la science à l'intérieur des limites de la raison finie aurait échoué dès le départ.

À l'époque de la rédaction du *Monde*, Descartes devait avoir réalisé à quel point sa doctrine inédite de la libre création des vérités éternelles compliquait son projet de fonder la vérité de la science. Une métaphysique qui étend la puissance divine jusqu'à menacer le principe de non contradiction risquait de jeter de l'huile sur le feu, comme Descartes l'avait en effet craint dès la première lettre énonçant cette doctrine : « On vous dira que si Dieu avait établi ces vérités, il les pourrait changer comme un Roi fait ses lois »[1]. Pour sa métaphysique « hypothétique », Descartes se contente d'élaborer une théorie de la connaissance à l'intérieur de la doctrine assurant à l'esprit humain la plus grande indépendance à l'égard de Dieu, à savoir l'innéisme, et décide de ne pas se prononcer sur le rapport que les idées de cet esprit ont avec l'esprit divin. Dans ses lettres, Descartes continue au contraire à travailler à une autre métaphysique, entièrement sienne, et qui rejoue la séparation de l'esprit humain et de l'esprit divin en rompant avec le principe d'une ressemblance entre axiomes humains et divins ; il réitère ainsi, en l'exacerbant, le choix anti-augustinien qui l'avait conduit à opter pour l'innéisme et non pour la doctrine de la participation à la vérité increée.

Que l'innéisme et la libre création des vérités éternelles constituent deux niveaux distincts dans la distance instaurée entre esprit fini et esprit infini – deux niveaux d'anti-augustinisme, donc –, cela apparaîtra clairement au véritable augustinien de l'Âge classique que fut Malebranche, qui, bien qu'horrifié par la doctrine de la libre création des vérités éternelles, choisira cependant comme première cible, au sein de la philosophie de Descartes, l'innéisme, autrement dit la théorie de la connaissance qui, en tout état de cause, rend l'esprit fini capable d'atteindre la vérité à l'intérieur même de ses limites, sans aucun contact avec le divin.

1. Descartes à Mersenne, 15 avril 1630, AT I, 145, 28-29.

CHAPITRE V

LES BIENHEUREUX DE MALEBRANCHE

DOXOGRAPHIE MALEBRANCHIENNE

Un index scolastico-malebranchien pourrait très légitimement faire suite à l'index scolastico-cartésien d'Étienne Gilson. La quantité de crypto-citations qui constellent l'œuvre de l'Oratorien est en effet impressionnante. Elles sont pourtant restées cachées aux yeux des interprètes, en raison du « préjugé » selon lequel la polémique explicite que Malebranche dirige contre les scolastiques réduirait à néant la question de sa dette à l'égard de la philosophie médiévale[1]. Or la mise au jour de ces références implicites est d'autant plus importante qu'il est fort probable qu'elles aient été transparentes aux yeux de ses contemporains, et qu'elles fassent donc partie intégrante de la compréhension du texte.

S'agissant plus particulièrement de notre propos, il se trouve que Malebranche pose la question de la connaissance des corps extérieurs en ayant recours aux schémas conceptuels et aux mots mêmes que Thomas d'Aquin avait utilisés. Nous faisons référence ici à la subdivision des hypothèses concernant l'origine de la connaissance des corps extérieurs, que Malebranche discute dans le troisième livre de la *Recherche de la*

1. Font exception l'étude pionnière de D. Connell, *The vision in God. Malebranche's Scholastic Sources*, New York, Humanities Press, 1967 ; Ch. Trottmann, *La vision en Dieu chez Malebranche, Thomas d'Aquin et Suárez* ; B. Pinchard (éd.), *La Légèreté de l'être. Études sur Malebranche*, Paris, Vrin, 1998, p. 73-93 ; et le beau livre de M. Priarolo, *Visioni divine. La teoria della conoscenza di Malebranche tra Agostino e Descartes*, Pisa, ETS, 2004.

vérité, en la présentant comme une subdivision exhaustive de toutes les théories possibles en la matière :

> Nous assurons donc qu'il est absolument nécessaire que les idées que nous avons des corps et de tous les autres objets que nous n'apercevons point par eux-mêmes, viennent de ces mêmes corps, ou de ces objets ; ou bien que notre âme ait la puissance de produire ces idées ; ou que Dieu les ait produites avec elle en la créant, ou qu'il les produise toutes les fois qu'on pense à quelque objet, ou que l'âme ait en elle-même toutes les perfections, qu'elle voit dans ces corps ; ou qu'enfin elle soit unie avec un Être tout parfait, et qui renferme généralement toutes les perfections intelligibles ou toutes les idées des êtres créés.
> Nous ne saurions voir les objets que de l'une de ces manières[1].

On trouve, dans cet inventaire, trois causes possibles à nos idées des corps extérieurs : les corps eux-mêmes (première hypothèse), notre âme (seconde et quatrième hypothèses), Dieu (troisième et cinquième hypothèses). Si l'âme était la cause des idées, elle le serait ou parce qu'elle aurait la puissance de les produire (seconde hypothèse), ou parce qu'elle contiendrait en elle-même toutes les perfections des corps (quatrième hypothèse). Si, en revanche, Dieu causait les idées des corps, ce serait ou par la production de ces idées dans l'esprit (troisième hypothèse), ou par une union de l'esprit avec Dieu, union qui permettrait de voir en Dieu les idées des corps (cinquième hypothèse).

Le projet de subdiviser les idées des corps extérieurs selon leur origine fait en lui-même écho à l'intention qu'avait eue Thomas, dans *De la Vérité* et dans la *Somme Théologique*[2], d'entreprendre la construction d'un tableau général et exhaustif des hypothèses sur l'origine des idées, en se référant aux opinions des philosophes « antiques ». Par ailleurs, si l'on suit dans le détail les cinq hypothèses sur l'origine des idées des corps extérieurs proposées par Malebranche, on s'aperçoit qu'elles sont précisément calquées sur le schéma de la *Somme Théologique*. La première hypothèse repose sur une présentation de la théorie scolastique de la connaissance à travers les espèces abstraites des corps, que l'on retrouve dans l'œuvre de Fracastor : « Les objets matériels n'envoient point d'espèces qui leur ressemblent »[3].

1. Nicolas Malebranche, *Recherche de la Vérité* (désormais abrégé *Recherche*), dans Malebranche, *OC* I, p. 417.

2. Voir *supra*, p. 21-25.

3. *Recherche*, *OC* I, p. 418. Voir R. Descartes, *Dioptrique*. Discours I, AT V, p. 85 et L. de La Forge, *Traité de l'esprit de l'homme, in* L. de La Forge, *Œuvres philosophiques*, Paris, P.U.F., 1974, p. 159 *sq*., avec une référence à Fracastor. *Cf.* les remarques de G. Rodis Lewis, dans *Recherche*, *OC* I, p. 521, note 330.

La seconde hypothèse de Malebranche reprend la thèse discutée dans la cinquième hypothèse examinée par Thomas, selon laquelle les sens seraient la cause occasionnelle de la production des espèces[1]. La troisième se réfère à la thèse de l'innéisme, discutée par Thomas dans la seconde doctrine examinée[2]. La quatrième hypothèse malebranchienne discute la première thèse analysée par Thomas, selon laquelle l'esprit connaîtrait les corps extérieurs à travers son essence[3]. Enfin, la cinquième hypothèse – la seule que Malebranche reconnaisse comme valide – reprend la quatrième thèse discutée par Thomas : nous voyons les êtres matériels dans les raisons éternelles, et puisque les raisons éternelles sont en Dieu, comme l'a montré Augustin, nous voyons donc les choses en Dieu[4].

Malebranche ne discute pas l'hypothèse démocritéenne, pourtant présente dans le schéma thomiste[5] : cette dernière a été éliminée dès le départ, quand il avait cherché à montrer que l'on ne connaît pas les corps à travers les corps eux-mêmes, mais à travers leurs idées : « [...] mais pour les choses qui sont hors de l'âme, nous ne pouvons les apercevoir que par le moyen des idées [...] »[6]. La thèse avicennienne de la médiation des intelligences séparées permettant à l'âme de participer aux espèces intelligibles, que Thomas avait présentée comme une alternative platonicienne à la théorie innéiste[7], n'est pas discutée non plus, probablement parce qu'elle est alors complètement « démodée ». Mais toutes les autres hypothèses, qui servaient chez Thomas à subdiviser les théories sur l'origine de la connaissance des corps, sont présentes dans le schéma doxographique malebranchien. Malebranche est bien conscient d'avoir repris là en substance une autorité : cela doit nous aider à comprendre pourquoi il se dit si convaincu d'avoir épuisé toutes les hypothèses possibles sur l'origine des idées des corps, et si sûr de nous en convaincre[8].

Non seulement il reprend la classification thomiste dans sa typologie des modes de connaissance des corps extérieurs, mais il utilise, au moins dans un cas, les mots exacts de Thomas, pour rejeter une hypothèse portant sur l'origine de cette connaissance. Il s'agit de la quatrième hypothèse malebranchienne, qui reprend la première hypothèse thomiste, selon laquelle

1. Thomas d'Aquin, *ST* I, qu. 84, art. 6.
2. *Ibid.*, qu. 84, art. 3.
3. *Ibid.*, art. 2.
4. *Ibid.*, art. 5.
5. *Ibid.*, art. 6, *resp.*
6. *Recherche*, *OC* I, p. 415.
7. *ST*, I, qu. 84, art. 4.
8. *Recherche*, *OC* I, p. 417 : « Nous ne saurions voir les objets que de l'une de ces manières ».

l'âme verrait l'essence et l'existence des objets extérieurs en considérant ses perfections. Seul Dieu, précise Malebranche dès le titre, les voit de cette manière : « Que l'esprit ne voit ni l'essence ni l'existence des objets en considérant ses propres perfections. Qu'il n'y a que Dieu qui les voie en cette manière »[1]. C'est exactement ce que Thomas avait objecté à cette même thèse : « Or c'est le propre de Dieu de contenir immatériellement en son essence toutes les réalités, en tant que les effets préexistent virtuellement dans leur cause. Donc Dieu seul comprend tout dans son essence. Mais ce n'est pas vrai de l'âme humaine, ni même de l'ange »[2].

Le fait que les hypothèses sur l'origine des idées des corps extérieurs constituent une reprise de la doxographie thomiste explique la difficulté qu'il peut y avoir à donner un nom clair et univoque aux auteurs des positions critiquées par Malebranche, difficulté dont la critique malebranchienne a pris acte depuis longtemps[3]. C'est que Malebranche verse du vin nouveau dans de vieilles bouteilles, et modèle ainsi les thèses de ses adversaires à partir de schémas hérités de Thomas : ce ne sont donc pas les auteurs qu'il doit réfuter qui déterminent le schéma malebranchien ; c'est au contraire le schéma thomiste à disposition, que Malebranche reprend, qui commande la présentation des thèses, et auquel elles doivent s'adapter. Aussi n'est-il pas étonnant que certaines d'entre elles rappellent un peu Descartes, un peu Arnauld, un peu La Forge, un peu Hobbes et un peu Gassendi[4]. N'oublions pas que Thomas avait mentionné Platon et les platoniciens dans au moins trois thèses différentes. Or, de même que Thomas retrouvait Platon dans plusieurs hypothèses sur l'origine des idées des corps, de même Malebranche insère des affirmations cartésiennes en trois endroits.

Cependant, l'opération de Malebranche n'est pas complètement extrinsèque. Le fait est que les philosophes avaient continué à produire leurs théories de la connaissance en restant, de manière plus ou moins consciente, dans la lignée de Thomas. Cela se vérifie aisément dans le cas de la deuxième hypothèse sur l'origine des idées des corps extérieurs, suivant laquelle l'âme aurait le pouvoir de produire des idées en présence de sensations causées par les objets extérieurs[5], pouvoir que Malebranche

1. *Recherche*, *OC* I, p. 433.

2. Thomas d'Aquin, *ST* I, qu. 84, art. 2.

3. Voir, à titre d'exemple, la variété des auteurs invoqués par G. Rodis-Lewis pour illustrer la deuxième hypothèse de Malebranche, dans *Recherche, OC* I, p. 524, n. 344.

4. Voir également les notes 361 et 362 de G. Rodis-Lewis, dans *Recherche*, *OC* I, p. 528, reprises, en substance, dans D. Moreau, *Malebranche*, Paris, Vrin, 2004, p. 67.

5. *Recherche*, *OC* I, p. 422 : « Que l'âme n'a point la puissance de produire les idées ».

entend au contraire refuser à l'âme humaine : « Que l'âme n'a point la puissance de produire les idées. Cause de l'erreur où l'on tombe sur ce sujet »[1]. Malebranche reprend ici à la lettre, pour la réfuter, l'hypothèse discutée par Thomas dans un contexte analogue. Cela devient manifeste si l'on confronte les deux passages respectifs :

Thomas, *De la Vérité,* qu. 10, art. 6	Malebranche, *Recherche,* I, *op. cit.*, p. 422
Alii vero dixerunt quod anima sibi ipsi est scientiae causa : non enim a sensibilibus	La seconde opinion est de ceux qui croient, que nos âmes ont la puissance de produire les idées des choses auxquelles elles veulent penser : qu'elles sont excitées à les produire par des impressions que les objets font sur le corps, quoique ces impressions ne soient pas des images semblables aux objets qui les causent.

Alors que dans *La vérité*, Thomas ne faisait pas référence à un auteur particulier pour illustrer la thèse selon laquelle l'esprit produirait de son propre effet les idées des corps à l'occasion de l'action des sens, dans la *Somme Théologique*, il attribue cette thèse à Platon, en l'opposant à l'empirisme radical de Démocrite : « Platon, au contraire, mettait une différence entre l'intelligence et le sens [...]. Étant une force spirituelle, le sens non plus ne pouvait être modifié par les choses sensibles. Ce sont les organes des sens qui recevaient cette modification par laquelle l'âme serait en quelque sorte excitée à former en elle les espèces des réalités sensibles »[2]. Il n'est naturellement pas exclu que Thomas ait voulu discuter en réalité certaines reprises plus récentes de la position platonicienne, mais, le cas échéant, il s'agit précisément de reprises d'une conception qu'il fait remonter de manière emblématique à Platon, et qui cautionne une citation du livre XII de *La Genèse au sens littéral* d'Augustin[3]. Les références explicites,

1. *Ibid.* Malebranche y reviendra dans l'*Éclaircissement X*, *OC*, III, p. 144-147, en attribuant explicitement à « Messieurs les Cartésiens » l'opinion selon laquelle l'âme serait dotée d'une « faculté » de penser.

2. *ST* I, qu. 84, art. 6, *resp.*

3. D'ailleurs, Guillaume d'Auvergne, philosophe qui, après Avicenne, avait élaboré une théorie de ce type, renvoyait aussi à ce texte d'Augustin. Cf. *De anima*, VII, 9. Voir É. Gilson, *Pourquoi Saint Thomas a critiqué Saint Augustin*, *op. cit.*, p. 73-75, et *Id.*, « Sur

dans *La vérité*, concernent, outre Platon et les platoniciens, Avicenne[1] ; et, de fait, la thèse selon laquelle l'intellect agent entre en fonction à l'occasion d'une stimulation sensible a une saveur avicennienne.

Dans son commentaire de la présentation malebranchienne de l'opinion qui fait des sensations la cause occasionnelle de la production des idées, Geneviève Rodis-Lewis notait : « cette présentation très générale vise toutes les thèses empiristes ayant rompu avec la similitude des "espèces" »[2], et considérait comme tout à fait dépassée l'hypothèse de Gouhier (reprise par Gueroult), qui voyait dans ce passage « la condamnation de l'abstraction des péripatéticiens », puisqu'il lui semblait « que ce chapitre [était] lui aussi dirigé contre la scolastique »[3]. Bien que ces trois commentateurs n'aient pas identifié avec précision l'objectif polémique de Malebranche, ils se trouvaient tout de même d'accord pour repérer ici une forme d'empirisme ; et il faut sans doute attribuer cela au fait que le passage de Malebranche, comme celui de Thomas, met en évidence le rôle de l'expérience sensible comme condition occasionnelle de la production des idées. Et pourtant la source thomiste, qui rattachait cette opinion à Platon pour l'opposer à l'empirisme démocritéen, permet de voir clairement que Malebranche, au moment où il la reprend, peut difficilement avoir à l'esprit une conception empiriste. Pour ne rien dire du fait que cette même opinion avait été ensuite reprise dans la version scotiste du rapport entre fantasme et espèce intelligible, et qu'elle avait reçu un accueil favorable de la part des *Conimbricenses* et de Suárez, dans le cadre d'un projet de révision de l'abstraction aristotélicienne visant à attribuer une nette autonomie à l'esprit dans la production des idées[4].

quelques difficultés de l'illumination augustinienne », *Revue néoscolastique de philosophie* 36, 1934, p. 321-31.

1. *De la Vérité*, qu. 10, art. 6, *resp.*

2. Malebranche, *Recherche*, *OC* I, p. 524, note 344. Dans les textes cités, nous traduisons le latin « *similitudo* » par « ressemblance » et non « similitude » (n.d.l.t.).

3. Respectivement : H. Gouhier, *La philosophie de Malebranche*, Paris, Vrin 1948, p. 226, et M. Gueroult, *Malebranche*, 3 vol., Paris, Aubier, 1955-59, I, p. 104.

4. *Cf.* É. Gilson, *Études sur le rôle de la pensée médiévale dans la formation du système cartésien*, Paris, Vrin, 1930, p. 29-30. Gilson avait fait de ce point, de façon un peu exagérée, la preuve du succès de l'hypothèse innéiste dans la culture précartésienne. L'allusion à la dissemblance entre sensations et idées, dans la présentation malebranchienne de l'hypothèse selon laquelle les sensations seraient seulement causes occasionnelles de la production des idées, exclut la possibilité que Malebranche ait eu à l'esprit Suárez, auteur qui correspond pourtant bien à la typologie de ceux qui attribuent à l'âme le pouvoir de former les idées, et seulement le rôle de cause occasionnelle à la sensation. Suárez, en portant à la limite l'épistémologie scotiste, soutenait que la sensation et le fantasme ne déterminaient pas l'intellect par une influence directe et fournissaient à l'intellect agent « *materiam et quasi*

Cependant, Malebranche ne se contente pas de reproduire la présentation thomiste de la thèse suivant laquelle les sens ne sont que l'occasion de la production des idées, mais il y ajoute une caractéristique qui n'était pas présente, et qui ne pouvait l'être, dans le texte de Thomas : les âmes sont incitées à produire les idées « par les impressions que les objets font sur le corps, *quoique ces impressions ne soient pas des images semblables aux objets qui les causent* ». La révision scotiste de l'abstraction aristotélicienne et sa reprise par Suárez annonçaient une accentuation notable de la dissemblance entre espèce et objet connu[1]. Or Malebranche semble avoir en vue une chose plus spécifique et plus récente : la dissemblance entre objets extérieurs et impressions sensibles, sur laquelle Descartes s'était appuyé pour construire sa thèse de la dissemblance entre objets extérieurs et idées[2]. Et s'il est un Moderne qui correspond bien au portrait que dresse Malebranche, c'est Antoine Arnauld. Dans la *Logique*, après avoir parlé de la « faculté » qu'a l'âme de « former de soi-même » l'idée de l'être et de la pensée, Arnauld concluait, *contre les empiristes*, et en particulier contre Gassendi :

> Il est donc faux que toutes nos idées viennent de nos sens; mais on peut dire, au contraire, que nulle idée qui est dans notre esprit ne tire son origine des sens, sinon par occasion, en ce que les mouvements qui se font dans notre cerveau, qui est tout ce que peuvent faire nos sens, donnent occasion à l'âme de se former diverses idées qu'elle ne se formerait pas sans cela, *quoique presque toujours ces idées n'aient rien de semblable à ce qui se fait dans les sens et dans le cerveau* [...][3].

Dans ce passage, Arnauld adhérait explicitement à la théorie de la connaissance scotisto-suarézienne, et la complétait en soulignant la dissemblance qui existe entre les impressions sensibles et les idées, dissemblance soutenue par Descartes, qui la rapporte à la dissemblance entre objets extérieurs et impressions sensibles. Aussi est-il fort probable

exemplar » pour la connaissance. Cf. *De anima*, IV, 2, 12 : « *[...] arbitror intellectum possibilem de se nudum esse speciebus, inesse tamen animae rationali vim spiritualem ad efficiendas in intellectu possibili species earum rerum, quas per sensum cognoscit, ipsa sensibili cognitione minime concurrente efficienter ad eam actionem, sed habente se instar materiae, aut excitans animam, aut vero ad instar exemplaris : atque ita fit, ut anima cum primum phantasiando cognoscit rem aliquam, per virtutem spiritualem, quam intellectum agentem vocamus, quasi depingat rem eandem in intellectu possibili, atque adeo per actionem transeuntem, quae proinde cognitio non est* ».

1. Voir plus loin, le chapitre VI.

2. Cf. *La Dioptrique*, Discours IV, AT VI, 112-114.

3. A. Arnauld et P. Nicole, *La logique ou l'art de penser*, Paris, Vrin, 1993, I, 1, p. 46 (n. s.).

que Malebranche ait pensé à Arnauld comme au défenseur, pour l'époque moderne, de la thèse de la production des idées par l'âme à l'occasion des impressions sensibles[1].

Arnauld ne s'est jamais vraiment décidé à embrasser l'innéisme platonicien, ni, à tout le moins, à produire une théorie complète de l'origine des idées[2]. Sa position anti-empiriste est claire et remonte à la *Logique*, où, réfutant la thèse gassendiste d'une origine sensible des idées, il avait adopté une position opposée, mais modérée : les sens ne sont pas à l'origine des idées, mais sont toutefois la cause occasionnelle de leur production. Il s'agit d'une thèse anti-empiriste, mais distincte de l'innéisme, thèse qu'Arnauld a pu trouver, précisément, chez Thomas d'Aquin. Ainsi, le fait que la cible immédiate de Malebranche corresponde à une doctrine exposée dans la *Logique* ne témoigne pas en faveur de la modernité de la thèse discutée, puisque les contemporains de Malebranche continuaient probablement à faire ce qu'avait fait Descartes lui-même, à savoir chercher

1. On peut être surpris que G. Rodis-Lewis cite précisément ce passage, que Malebranche reproduit quasiment à la lettre, pour identifier les auteurs de la *Logique* comme les défenseurs de la troisième position critiquée par Malebranche, celle qui attribue entièrement à l'âme la production des idées, en se débarrassant du secours de la cause occasionnelle fournie par les sens. Voir Malebranche, *Recherche*, *OC* I, p. 527-28, n. 359. L'équivoque naît du fait que Malebranche, répondant au *Des Vraies et des fausses idées* d'Arnauld, affirme qu'il a pris en considération et rejeté la thèse d'Arnauld dans ce passage de la *Recherche*. Voir *Recueil de toutes les réponses à Monsieur Arnauld*, *OC* VI-VII, p. 53-54. Mais Malebranche fait plutôt référence à la thèse qu'Arnauld oppose, dans *Des Vraies et des fausses idées*, à celle qui voudrait que les idées soient une modalité de l'âme représentative des objets extérieurs, opinion que Malebranche avait rapportée dans la *Recherche*, en se servant des termes cartésiens de la *Troisième Méditation*, lorsqu'il réfutait ceux qui voient dans l'âme seule l'origine des idées. Voir *OC* I, p. 433 : « Mais la difficulté est de savoir, si les idées qui représentent quelque chose qui est hors de l'âme [...] ne sont que des modifications de l'âme ». Dans sa réponse à Arnauld, Malebranche affirmera l'avoir eu à l'esprit, dans ce passage, « comme par hasard ». En effet, l'opinion d'Arnauld serait « fort éloigné[e] de cel[le] des philosophes ordinaires », alors que, dans la *Recherche*, Malebranche aurait plutôt eu l'intention de « délivrer l'esprit des préjugés ordinaires » (*OC* VI-VII, p. 54). Arnauld n'est donc pas la cible de la critique visant ceux qui voient dans l'âme seule l'origine des idées ; seule lui est adressée, incidemment, la pointe dirigée contre ceux qui pensent que les idées sont des modifications de l'âme, opinion sans doute partagée par ceux qui estiment que l'esprit est l'unique cause des idées, mais qui ne leur appartient pas exclusivement. À cette occasion, Malebranche déclare lui-même que, dans le schéma de la *Recherche*, les opinions réfutées peuvent se rapporter à une typologie dénombrant les opinions « ordinaires ». Notre hypothèse est qu'il s'agit de celle qu'avait déjà faite Thomas.

2. Voir les observations pertinentes de D. Moreau sur l'absence d'une théorie arnaldienne de l'origine des idées dans l'excellente étude intitulée *Deux cartésiens. La polémique Arnauld-Malebranche*, Paris, Vrin 1999, p. 146-49. D. Moreau proteste précisément contre l'attribution fréquente à Arnauld d'une « théorie de la connaissance d'inspiration empiriste » (p. 148 et note).

dans la pensée scolastique des modèles de théorie de la connaissance, pour les reprendre et les adapter éventuellement à de nouvelles exigences. Dans son opposition à l'empirisme, et alors qu'il hésite à adhérer pleinement à l'innéisme, Arnauld s'aligne, dans le tableau des thèses discutées par Thomas, sur celle qui pose comme nécessaire la présence de la sensation pour la connaissance du monde extérieur, et qui, sans rendre explicite l'usage des idées innées, recourt cependant à l'activité de l'esprit dans la production des idées. Malebranche, à son tour, reproduit la cartographie des prises de position possibles concernant la connaissance du monde extérieur élaborée par Thomas, et la met à jour en reprenant les mots d'un auteur comme Arnauld, lequel se plaçait dans la continuité de la thèse anti-empiriste que Thomas faisait remonter à Platon.

La présence forte du schéma scolastique dans la cartographie des théories sur l'origine des idées dessinée par Malebranche permet d'identifier plus clairement encore la présentation de la vision en Dieu au sein de la cinquième hypothèse, celle que Malebranche fera sienne après avoir critiqué et éliminé toutes les autres : « que nous voyons toutes choses en Dieu »[1]. Il s'agit en effet de la reprise de l'hypothèse que Thomas avait présentée comme consistant à envisager la connaissance des choses au moyen de la vision des « raisons éternelles » contenues dans l'essence divine[2]. On peut ainsi situer avec précision le choix de Malebranche dans les limites de la cartographie dessinée par Thomas. L'Oratorien, contrairement à Descartes, choisit une théorie de la connaissance qui place l'origine des idées *hors de* l'âme et non *dans* l'âme[3]. On l'a vu, Thomas s'attaquait à la thèse augustinienne selon laquelle la connaissance vraie se produit par la vision des « raisons éternelles », en ouvrant deux fronts : d'un côté, il affaiblissait, pour les *viatores*, la signification de l'expression « voir dans les raisons éternelles », de l'autre, il réservait la véritable vision en Dieu à la connaissance

1. *Recherche*, *OC* I, p. 437.

2. *ST* I, qu. 84, art. 5.

3. Arnauld fera explicitement le choix opposé dans *La Dissertation en deux parties sur la vision des vérités en Dieu et l'amour de la vertu* de 1693. Arnauld cite les *Confessions* d'Augustin, XII, 25, 35 : « *"Si ambo videmus verum esse quod dicis, et ambo videmus verum esse quod dico, ubi quaeso id videmus ? Nec ego utique in te, nec tu in me, sed ambo in ipsa quae supra mentes nostras est, incommutabili veritate". At solus Deus supra mentes nostras est. Ergo illa incommutabilis veritas Desu est* ». Arnauld répond ainsi : « *Nec ego in te, nec tu in me id videmus, fateor, sed nego inde sequi quod id videamus in ipsa, quae supra mentes nostras est, incommutabili veritate. Uterque enim nostrum in sua mente id videt : ego in mea, tu in tua* ». A. Arnauld, *Œuvres,* Lausanne, Sisismond d'Arnay, 1775-1783, vol. 40, p. 136-37, maintenant disponible dans A. Arnauld, *Œuvres philosophiques*, Bristol, Thoemmes Press, 2003, vol. 4, p. 136-137 (n. s.). Voir aussi, pour la traduction française, A. Arnauld, *Textes philosophiques*, D. Moreau (éd.), Paris, P.U.F., 2001 (n.d.l.t.).

béatifique. Or Malebranche, après avoir discuté et rejeté quatre modes possibles de connaissance des choses matérielles, conclut que « nous voyons toutes les choses en Dieu », reprenant à la lettre cette vision dans les raisons éternelles que Thomas avait réservée aux bienheureux.

VISION EN DIEU ET VISION DE DIEU

Pour introduire sa thèse – qui figurera parmi ses plus célèbres –, Malebranche démontre d'abord la possibilité de la vision des idées en Dieu. Dieu a créé le monde en connaissance de cause, il s'est donc appuyé sur les idées des choses qu'il entendait produire[1]. Mais puisqu'il n'existait rien d'autre que Dieu avant la création du monde, « ces idées que Dieu en a eues ne sont point différentes de lui-même » et ainsi toutes les créatures, même les plus matérielles, « sont en Dieu » ; « Dieu voit donc au dedans de lui-même tous les êtres, en considérant ses propres perfections qui les lui représentent »[2]. Puisque Dieu possède en lui-même les idées de tous les êtres créés, il s'ensuit que « l'esprit peut voir en Dieu les ouvrages de Dieu, supposé que Dieu veuille bien lui découvrir ce qu'il y a dans lui qui les représente »[3].

Malebranche fournit ensuite des raisons visant à montrer que la vision en Dieu n'est pas seulement possible, mais réelle : Dieu veut que l'on voie les idées des choses dans son essence, et ne veut pas créer un nombre infini d'idées en chaque esprit. La première raison repose sur l'économie plus grande qu'offre la vision en Dieu par rapport à la production d'un nombre infini d'idées en chaque intellect ; la seconde a trait à la plus grande dépendance qui s'instaure entre Dieu et l'homme grâce à la vision en Dieu, par comparaison avec la connaissance par les idées créées dans l'intellect ; la troisième repose à la fois sur la nécessité d'admettre une forme de connaissance de tous les êtres qui précède la pensée effective de la chose particulière à laquelle nous voulons penser, et sur l'impossibilité d'expliquer autrement la présence dans l'esprit des idées universelles des genres et espèces et des idées abstraites[4]. Le quatrième argument s'articule autour de deux passages. Le premier repose sur la « preuve de l'existence de Dieu, la plus belle, la plus relevée [...] », à savoir celle qui est déduite de la connaissance de l'infini[5]. Il s'agit de la preuve que Malebranche appellera

1. Malebranche s'aligne ici sur *Les Idées* d'Augustin, pour les aspects que Thomas s'était déjà appropriés. Voir *supra*, p. 35-36.
2. Malebranche, *Recherche*, *OC* I, p. 434-37.
3. *Ibid.*, p. 437.
4. *Recherche*, *OC* I, p. 440-41.
5. *Ibid.*, p. 441.

« de simple vue », preuve qui suppose la présence directe de Dieu à l'intellect fini, unique moyen permettant d'expliquer la connaissance que l'intellect fini a de l'infini. Dès lors que l'intellect humain a une connaissance de l'infini et, cependant, qu'il « ne peut concevoir que l'idée que nous avons de Dieu soit quelque chose de créé », il faut conclure que nous connaissons Dieu par vision directe, et donc que Dieu existe. Le second passage repose sur la reprise d'une thèse cartésienne : la connaissance de l'infini précède celle du fini, donc le fini n'est connu que par négation de l'infini. Il s'agit d'un argument cartésien par excellence, repris presque mot pour mot d'une lettre à Clerselier, où Descartes revenait sur un thème de la *Troisième Méditation* : la précédence de la connaissance de l'infini sur la connaissance du fini[1]. Pourtant, la conclusion que Malebranche tire de sa preuve est nettement anti-cartésienne : puisque nous voyons Dieu et puisque la connaissance de l'infini précède celle du fini, nous devons conclure que nous connaissons les choses à travers des idées qui sont les archétypes incréés du monde contenus dans l'essence divine, et non pas à travers les modifications de l'intellect, comme le sont les idées dont Descartes a parlé[2]. L'usage anti-cartésien de l'argument selon lequel la connaissance de l'infini précède celle du fini n'a de pertinence qu'au moment de la preuve « de simple vue ». En effet, la seconde partie de l'argumentation ne peut en aucune manière exclure la thèse établie par Descartes et réfutée par Malebranche, selon laquelle nous connaissons l'infini, et le fini qui en dérive, non par vision en Dieu, mais à travers les idées de l'intellect. Si, au contraire, nous pouvons garantir que ce que nous voyons est Dieu en personne et non l'idée de Dieu, et que la connaissance de l'infini précède celle du fini, la conclusion s'impose : nous voyons ce que nous voyons non dans l'idée de Dieu mais en Dieu lui-même. Ainsi, ce que l'esprit connaît, ce sont les idées-archétypes des choses contenues dans l'essence divine, comme Malebranche le précisera peu après, en faisant la lumière sur le point central de la thèse qu'il pense avoir démontrée : « [...] on connaît Dieu par lui-même [...] et [...] on connaît les choses corporelles par leurs idées, c'est-à-dire en Dieu, puisqu'il n'y a que Dieu qui renferme le monde

1. À Clerselier, 23 Avril 1649, AT V, p. 353-357, p. 356 : « Or je dis que la notion que j'ai de l'*infini* est en moi avant celle du *fini*, pour ce que, de cela seul que je conçois l'*être* ou *ce qui est*, sans penser s'il est fini ou infini, c'est l'être *infini* que je conçois ; mais, afin que je puisse concevoir un être *fini*, il faut que je retranche quelque chose de cette notion générale de l'être, laquelle par conséquent doit précéder ». Sur ce point, voir H. Gouhier, *La philosophie de Malebranche et son expérience religieuse*, Paris, Vrin, 1948, p. 338.

2. Descartes était d'ailleurs bien conscient d'avoir transféré la notion d'idée de l'esprit divin à l'esprit humain, afin d'accentuer l'immatérialité de l'esprit. Voir *Troisièmes Objections, avec les Réponses de l'auteur*, AT VII, p. 181, 10-14.

intelligible, où se trouvent les idées de toutes choses »[1]. En réalité, la théorie des idées-archétypes fait son entrée à ce moment-là seulement, après que Malebranche a exclu la possibilité de connaître Dieu à travers une modification finie de l'esprit.

La preuve « de simple vue » repose sur l'hypothèse selon laquelle la connaissance que l'intellect fini a de l'infini ne peut se faire que si l'intellect fini voit l'infini dans l'infini lui-même; par conséquent, il suffit d'avoir une connaissance de l'infini pour être certain que l'infini existe. Cette hypothèse s'impose à son tour par exclusion : la solution que Descartes avait élaborée pour expliquer la connaissance de l'infini – à travers l'idée créée – est jugée impossible. La conviction que Dieu ne peut être connu à travers une idée finie et créée ne provient pas, chez Malebranche, d'une réflexion sur la nature des idées, c'est-à-dire d'une interprétation malebranchienne, et anti-cartésienne, de l'idée comme archétype incréé de l'idéat. En effet, on l'a vu, la conception même des idées comme archétypes incréés *découle* de la conclusion déjà établie selon laquelle l'esprit voit les choses en Dieu, conclusion qui, à son tour, dépend de la preuve de simple vue, et ne la précède pas. Ou plutôt, c'est précisément l'acception cartésienne de l'idée qui permet d'exclure que Dieu puisse être connu à travers une idée : « [...] on ne peut concevoir que l'idée d'un être infiniment parfait [...] soit quelque chose de *créé* ».

Le point important ici est que Malebranche conjugue la connaissance de l'infini revendiquée par Descartes avec le monde théologique auquel Descartes s'était opposé en la formulant, c'est-à-dire avec la thèse selon laquelle il est impossible de connaître Dieu à travers une idée finie. En cela, Malebranche renoue de façon nette avec la thèse thomiste que Scot, et Descartes à sa suite, avaient refusée : « il est donc impossible que quelque chose de créé permette de voir la substance divine [...] il n'est donc pas possible que par une ressemblance créée soit pensée la substance divine » ; « l'essence de la substance séparée n'est donc pas un moyen suffisant pour que Dieu puisse être vu par essence »[2], avait affirmé Thomas. Malebranche répète : « [...] on ne peut pas concevoir que l'idée d'un être infiniment parfait [...] soit quelque chose de créé. [...] On ne peut concevoir que quelque chose de créé puisse représenter l'infini »[3]. Comme chez Thomas, l'impossibilité de représenter Dieu à travers une idée finie est liée à la nature même de Dieu. Car Dieu étant infini et ne pouvant être circonscrit en un genre, il ne peut donc être défini à travers un concept. Dieu, à

1. *Recherche*, *OC* I, p. 450-460.
2. *Somme contre les Gentils*, III, 49, *op. cit*., p. 184 et *De la Vérité*, qu. 10, art. 11, *resp.*
3. *Recherche*, *OC* I, p. 441 et 449.

proprement parler, n'appartient pas non plus au genre auquel l'avait rapporté toute la tradition occidentale, celui de la pure spiritualité, qui introduirait en lui des différences spécifiques auxquelles Dieu ne peut être sujet. En lui-même, Dieu est être et infinité, il est non définissable, et connu comme tel, dès lors qu'il n'est pas connu à travers le miroir déformant des instruments cognitifs de l'intellect fini. Le choix malebranchien de nommer Dieu « tout-être », être en général, de même que le refus, si étonnant en apparence, de considérer Dieu comme un esprit, trouve ses racines dans cette problématique : « [...] de même que [Dieu] contient en lui les perfections de la matière sans être matériel, [...] de même il comprend en lui aussi les perfections des esprits créés sans être un esprit de la façon dont nous concevons les esprits : son vrai nom est CELUI QUI EST, c'est-à-dire l'être sans restriction, le tout être, l'être infini et universel »[1]. Puisque Dieu n'est pas définissable, et qu'il n'appartient pas à un genre, pas même à celui des esprits, c'est à Dieu qu'est réservé le nom de ce qui est au-delà de la différence des genres et des espèces : celui de l'Être. C'est ainsi, du reste, que Dieu s'était nommé lui-même, dans l'*Exode* – et Thomas l'avait pris au mot : « ce nom "*Celui qui est*" est plus que tous les autres, le nom propre de Dieu »[2].

En réfutant la possibilité de connaître l'infini au moyen d'instruments finis, Malebranche ne fait en réalité que rejeter le projet cartésien de fonder la connaissance sur l'esprit fini et non en Dieu. On l'a vu, ce projet avait une dette envers le travail théorique accompli par Duns Scot, lequel avait ouvert la voie à une connaissance permettant d'accéder à l'infini au sein du fini comme alternative à la vision directe du bienheureux, dans la continuité de ce que Thomas avait fait pour la connaissance angélique, mais qu'il n'avait pu achever, en raison précisément du principe selon lequel l'infini ne peut être connu à travers le fini. Or le refus de la connaissance de Dieu à travers une idée créée, chez Malebranche, est un indice clair du refus de ce projet, propre à Scot et à Descartes, d'accéder à la vérité sans contact avec le divin. Aussi la reprise de Thomas, contre Descartes, est-elle, chez lui, fort paradoxale. Car Malebranche fait siens les arguments thomistes selon lesquels il est impossible de représenter l'infini à travers le fini, dans le but, cependant, de replacer dans les limites de l'esprit humain cet accès à Dieu de type augustinien, que Thomas avait délibérément rejeté hors de l'horizon naturel des esprits finis.

Avec la reprise du participationisme augustinien, c'est le modèle de la vision béatifique qui est à nouveau proposé pour décrire cette fois la connaissance naturelle de l'esprit humain. Pour les bienheureux de Thomas,

1. *Ibid.*, p. 473.
2. *ST* I, qu. 13, art. 11, *ad* 1.

comme pour les *viatores* de Malebranche, la connaissance de Dieu n'est possible que par l'union immédiate avec l'essence divine[1]. Thomas et Malebranche font tous deux la démonstration de la vision en Dieu *par exclusion* de la connaissance à travers l'idée créée. Pour Malebranche : « [...] il est constant que l'esprit aperçoit l'infini [...] ; et qu'il a une idée très distincte de Dieu, qu'il ne peut avoir que par l'union qu'il a avec lui, puisqu'on ne peut pas concevoir que l'idée d'un être infiniment parfait, qui est celle que nous avons de Dieu, soit quelque chose de créé »[2]. Ainsi ne fait-il que reprendre Thomas : « [...] la substance divine ne peut être vue intellectuellement grâce à une espèce créée. L'essence de Dieu ne peut être vue par une intelligence à travers une espèce créée. Pour que l'essence divine soit vue, il faut par conséquent que l'intellect la voie par cette même essence divine [...] »[3].

Peu attentif à la précision terminologique, Malebranche, dans la *Recherche*, parle « d'idée » pour désigner la connaissance que l'esprit fini a de Dieu. Il est cependant évident qu'il entend par « idée » de l'infini, quand il l'attribue à l'esprit humain, autre chose que ce qu'entendait Descartes par là. Car, selon Malebranche, Dieu ne peut être connu à travers

1. Voir Thomas d'Aquin, *Somme contre les Gentils*, III, 51, *op. cit.*, p. 189-190 : « pour que l'essence divine soit vue, il faut par conséquent que l'intellect la voie par cette même essence divine » ; Malebranche, *Recherche, OC*, I, p. 441 : « [L'esprit] a une idée très distincte de Dieu, qu'il ne peut avoir que par l'union qu'il a avec lui ».

2. *Ibid.*

3. *Somme contre les Gentils*, III, 51, *op. cit.*, p. 189-190 : « *[...] divina substantia non potest videri per intellectum aliqua specie creata. Unde oportet, si Dei essentia videatur, quod per ipsammet essentiam divinam intellectus ipsam videat* ». Cf. *De la Vérité*, qu. 10, art. 11, *resp.* : « *[...] nulla species creata po[test] inveniri sufficiens ad eam [scil. essentiam divinam] repraesentandam. Unde oportet, quod si Deus per essentiam videri debeat, per nullam creatam speciem videatur : sed ipsa eius essentia fiat intelligibilis forma intellectus eum videntis [...]* ».

Selon Malebranche, l'infini est donc connaissable par vision directe dans le cas de Dieu, et par idée incréée dans le cas des autres idées infinies : les idées en tant qu'universelles et l'étendue intelligible. Mais la logique de l'argument dérivé de Thomas – il n'y a pas de troisième voie entre connaissance par idée créée et vision immédiate – conduit ensuite Malebranche à étendre l'alternative entre connaissance par idée créée et connaissance directe et sans idée à *toutes* les idées de l'infini. Cf. *Réponse aux vrayes et fausses Idées*, *OC*, VI, p. 51-52 : « [...] je prétens [...] que l'étendue intelligible, les nombres, l'infini, en un mot, toutes les *natures immuables*, que Dieu renferme dans l'immensité et la simplicité de sa substance infiniment infinie, peuvent sans *idée*, s'unir à l'âme de manière qu'elle les contemple ». L'insistance sur le fait que ce qui est vu en Dieu est vu à travers Dieu lui-même et non à travers les espèces provient également de Thomas. Cf. *ST* I, qu. 12, art. 9, *resp.* : « *[...] videntes Deum per essentiam, ea quae in ipsa essentia Dei vident, non vident per aliquas species, sed per ipsam essentiam divinam intellectui eorum unitam* », cité en entier plus loin, n. 3, p. 213.

un concept, c'est-à-dire à travers ce qui, chez Descartes, était précisément « l'idée » de Dieu. Dieu même est présent à l'esprit, et c'est pour cette raison que la preuve de son existence est une preuve de « simple vue » : « [...] l'infini ne se peut voir qu'en lui-même; car rien de fini ne peut représenter l'infini; [...] car l'Être n'a point d'idée qui le représente. Il n'y a point d'archétype qui contienne toute sa réalité intelligible »[1]. Malebranche oppose l'idée de Dieu qui sert de prémisse à sa preuve de simple vue – « [...] l'esprit [...] a une idée très distincte de Dieu, qu'il ne peut avoir que par l'union qu'il a avec lui » – à l'idée créée : « on ne peut pas concevoir que l'idée [...] que nous avons de Dieu soit quelque chose de créé ». L'idée de Dieu dont parle Malebranche, lorsqu'il l'attribue à l'esprit humain, n'est pas un concept mais, de manière très générale, c'est la *connaissance* que l'esprit humain a de l'infini grâce à un contact direct avec l'infini lui-même. Par conséquent, la preuve de Malebranche s'oppose à la démonstration *a priori* que Descartes avait formulée dans la *Cinquième Méditation*, preuve qui entendait précisément utiliser comme prémisse majeure la définition de Dieu : « Il est certain que je ne trouve pas moins en moi son idée, c'est-à-dire l'idée d'un être souverainement parfait, que celle de quelque figure ou de quelque nombre que ce soit. Et je ne connais pas moins clairement et distinctement qu'une actuelle et éternelle existence appartient à sa nature, que je connais que tout ce que je puis démontrer de quelque figure ou de quelque nombre, appartient véritablement à la nature de cette figure ou de ce nombre »[2].

On se souvient qu'il n'y avait, chez Scot, que deux manières d'attribuer à l'esprit une connaissance distincte de Dieu : ou par présence directe, ou par concept. Pour lui, ainsi que pour Descartes par la suite, la connaissance par concept était devenue pensable. C'est contre le choix scotiste, et en accord avec Thomas, que Malebranche exclut à présent la connaissance de Dieu par concept. Mais tous, qu'il s'agisse de Thomas, de Scot ou de Descartes, étaient d'accord pour réserver aux seuls bienheureux la connaissance de Dieu au moyen de la présence directe de son essence. C'est donc contre toutes ces autorités que Malebranche attribue au *viator*

1. *Entretiens sur la métaphysique, OC*, XII, p. 53-54.

2. Descartes, *Méditations métaphysiques*, AT VII, p. 65, 21-26. Il semble donc impossible de considérer la philosophie de Malebranche comme une philosophie de la représentation, dans laquelle tout contact avec la réalité est empêché par l'universalité du médium représentatif, comme le fait J.-Ch. Bardout, *Malebranche et la métaphysique*, Paris, P.U.F., 1999. Selon lui, Dieu, comme tout autre chose, serait, chez Malebranche, « atteint par concept » (*ibid.*, p. 101). Nous avons analysé les différences et l'opposition entre la preuve de simple vue de Malebranche et la preuve *a priori* de Descartes dans *L'Existence de Dieu. Histoire de la preuve ontologique de Descartes à Kant, op. cit.*, p. 180-185.

la connaissance de Dieu par la présence de l'essence divine dans l'esprit, en reprenant la théorie thomiste de la connaissance béatifique.

La proximité entre la pensée de Malebranche et la théorie de la vision béatifique ne se limite pas à l'explication de la connaissance de Dieu. Chez Malebranche, comme chez Thomas, la vision *de* Dieu rend possible la vision *en* Dieu, et pour les mêmes raisons. On se souvient que la prémisse de la démonstration de la vision en Dieu reposait, chez Malebranche, sur la preuve de sa possibilité, et que la vision en Dieu était rendue possible et démontrée par le fait que l'essence divine contient en elle les idées de toutes les choses créées. En effet, l'essence divine doit contenir les archétypes des créatures pour rendre la création possible : « Dieu voit [...] au dedans de lui-même tous les êtres, en considérant ses propres perfections qui les lui représentent. [...] il est absolument nécessaire que Dieu ait en lui-même les idées de tous les êtres qu'il a créés, puisqu'autrement il n'aurait pas pu les produire, et [...] ainsi il voit tous ces êtres en considérant les perfections qu'il renferme, auxquelles ils ont rapport »[1]. Or Malebranche ne fait que reprendre ici la doctrine thomiste de l'exemplarisme. Chez Thomas, les idées des êtres finis sont inscrites dans l'essence divine, ou plutôt *sont* l'essence divine elle-même. Car la création se fait à partir du modèle que l'essence divine elle-même, en tant qu'elle est participable par les créatures, offre à l'intellect divin. La connaissance que Dieu a de sa propre essence, non telle qu'elle est en elle-même, mais telle qu'elle est participable par les créatures, constitue l'ensemble des idées de ce qui est créable par Dieu[2]. Malebranche hérite donc également de Thomas cette conception de la nature des idées. Les idées ne sont pas des modifications de l'esprit représentatives des choses, mais des archétypes – ou des idées incréées, ainsi que Thomas les appelait en reprenant le vocabulaire platonicien – à partir desquelles Dieu crée. L'appropriation des idées-exemples de Thomas met au jour la façon dont, dès la première édition de la *Recherche*, les idées sont interprétées par Malebranche comme des archétypes *incréés* des choses[3]. Le passage des idées cartésiennes, modes finis de l'esprit capables

1. *Recherche*, *OC* I, 435 et 437.

2. Cf. *ST* I, qu. 1, art. 2, *resp*. Mais voir aussi F. Suárez, *Commentaria ac Disputationes in Primam partem D. Thomae, De Deo Uno, et Trino*, in *Opera Omnia*, *op. cit.*, vol. I, III, V, *An in Divina scientia practica sint Ideae creaturarum omnium, et quot, quarumque rerum sint*.

3. Gueroult était au contraire convaincu qu'en 1674, les idées étaient finies et *créées*, et citait à l'appui l'un des nombreux changements des *Éclaircissements*, dans la lignée de ce qu'avait déjà observé A. Arnauld, *Des vraies et des fausses idées* [1683], Paris, Fayard, 1986, p. 245-246. Voir M. Gueroult, *Malebranche*, I, *La vision en Dieu*, *op. cit.*, p. 65. Mais Gueroult cite comme unique preuve les passages dans lesquels Malebranche exclut que

de représenter le monde extérieur, aux idées malebranchiennes, archétypes incréés des choses, est structurellement impliqué dans le choix d'expliquer la connaissance humaine par sa participation au divin : si l'esprit connaît ce qu'il connaît parce qu'il le voit en Dieu, l'objet de sa connaissance ne sera rien d'autre que l'ensemble des idées par lesquelles Dieu lui-même connaît le monde créable.

Comme les essences des choses créables sont inscrites dans l'essence divine, celui qui voit l'essence divine voit également les idées ou les archétypes de toutes les choses en Dieu, à travers l'essence divine elle-même, exactement comme cela se produisait pour les bienheureux de Thomas par la vision en Dieu : « La capacité naturelle de tout intellect s'étend à la connaissance de tous les genres et espèces et de l'ordre des choses. Quiconque voit Dieu connaît donc ces choses dans la substance divine »[1], affirmait Thomas au sujet de la connaissance des bienheureux. « Nous voyons toutes les choses en Dieu », reprend Malebranche[2]. Chez Thomas, la présence des archétypes de la création en Dieu rendait possible la vision des choses en Dieu pour celui qui aurait accès à la vision de Dieu. Or c'est exactement ce qui adviendra chez Malebranche. Et il n'est pas

Dieu soit connaissable par une idée *créée*. La reconstruction de l'itinéraire de Malebranche que nous proposons impose au contraire de conclure que, dès 1674, les idées ont été interprétées par Malebranche comme des archétypes *incréés* des choses. Dans la preuve de la vision en Dieu à travers la vision de Dieu, Malebranche a certainement raisonné de cette façon : Dieu ne peut être connu par une idée créée, il est donc vu en lui-même ; mais comme Dieu contient en lui-même les archétypes des choses, les idées entendues comme modalités créées de l'esprit ne sont plus du tout nécessaires ; pour expliquer la connaissance des étants finis, il suffit d'idées entendues comme exemplaires incréés et visibles en Dieu, et le Dieu de Malebranche, comme on le sait, ne multiplie pas les instruments et « ne fait jamais par des voies très difficiles, ce qui se peut faire par des voies très simples et très faciles » (*Recherche*, *OC* I, p. 438). La connaissance à travers les idées-images, impossibles dans le cas de Dieu, s'avère finalement superflue, dans le cas des étants finis, après que l'on a prouvé, à travers la vision en Dieu, que l'esprit humain a accès aux idées-archétypes. L'idée créée est ainsi une simple hypothèse, envisagée seulement pour être écartée : dans le cas de Dieu, comme impossible, et dans le cas des étants finis, comme superflue. Naturellement, une fois établi le fait que la connaissance s'effectue au moyen d'idées-archétypes, ce point constituera un nouvel argument visant à exclure le fait que Dieu soit connu par une idée, puisqu'il n'a pas d'archétype : « L'infini est à lui-même son idée. Il n'a point d'archétype », *Entretiens sur la métaphysique et sur la religion*, *OC*, XII-XIII, p. 53. D. Connell exprimait déjà des réserves sur le changement à propos des idées increées signalé par Gueroult. Voir D. Connell, *The Vision in God*, *op. cit.*, p. 258.

1. Thomas d'Aquin, *Somme contre les Gentils*, III, 59, *op. cit.*, p. 210-211 : « *Capacitas [...] naturalis cuiuslibet intellectus se extendit ad cognoscenda omnia genera et species et ordinem rerum. Haec igitur quilibet Deum videntium in divina substantia cognoscet* ». *Cf.* aussi *ST*, I, qu. 12, art. 8.

2. C'est le titre du chapitre VI, partie II, livre III de la *Recherche*.

anodin que l'Oratorien cite précisément la *Quaestio XIV*, que Thomas avait consacrée à la *scientia Dei* pour illustrer la thèse selon laquelle « ces idées que Dieu en a eues ne sont point différentes de lui-même et [...] ainsi, toutes les créatures, même les plus matérielles et les plus terrestres, sont en Dieu, quoique d'une manière toute spirituelle et que nous ne pouvons comprendre »[1] : il s'agit d'illustrer ce qui était, du point de vue de Malebranche, la prémisse de la vision en Dieu et, pour Thomas, la prémisse permettant de démontrer que les bienheureux peuvent voir en Dieu tout ce qu'ils connaissent. Les bienheureux, en tant qu'ils voient l'essence de Dieu, n'ont pas besoin des idées créées, c'est-à-dire des concepts inscrits dans l'intellect, pour connaître les choses : « ceux qui voient Dieu par son essence, voient les choses qu'ils voient non à travers une espèce mais par l'essence divine elle-même en tant qu'elle est unie à leur intellect »[2]. Le modèle de la vision béatifique permet ainsi de se défaire des idées créées pour expliquer à la fois la connaissance de Dieu et la connaissance des êtres finis.

Par bien des aspects, la théorie de la connaissance de Malebranche semble modelée sur la connaissance béatifique de Thomas ; aussi leur comparaison pourrait-elle servir à éclairer certains points de la théorie malebranchienne des idées[3]. Quel est l'objet de la connaissance chez Malebranche, les idées ou les choses ? Les passages dans lesquels il apparaît que ce sont les idées et non les corps qui constituent l'objet de l'acte cognitif sont fort nombreux[4]. Toutefois, Malebranche affirme également que nous

1. Malebranche, *Recherche*, *OC*, I, p. 434-35 avec la citation de *ST*, I, qu. 14, art. 6. On trouve dans la même question la thèse, reprise elle aussi par Malebranche, selon laquelle Dieu connaît les corps non en eux-mêmes, mais par les idées contenues dans son essence. Cf. art. 5, *resp.* : « *[...] dicendum est quod Deus seipsum videt per essentiam suam, alia autem a se videt non in ipsis, sed in seipso, inquantum essentia sua continet similitudinem aliorum ab ipso* ».

2. *ST*, I, qu. 12, art. 9, *resp.*

3. Voir S. M. Nadler, *Arnauld and the Cartesian Philosophy of Ideas*, Manchester, Manchester University Press, 1989, p. 72 *sq.*, et en particulier, p. 77-78, note, pour un bref compte-rendu sur l'état de la question.

4. *Cf.*, par exemple, *Recherche*, *OC*, I, p. 413-14 : « [...] l'objet immédiat de notre esprit, lorsqu'il voit le Soleil [...] n'est pas le Soleil, mais quelque chose qui est intimement uni à notre âme ; et c'est ce que j'appelle *idée* ». C'est sur ce genre de passages que se fonde l'interprétation qu'Arnauld et Locke donnèrent dès le départ de la théorie de Malebranche, et qui, précisément, supposait que l'unique objet de la connaissance, pour Malebranche, était constitué par les idées. Dans la première édition de la *Recherche*, on peut toutefois également trouver l'affirmation contraire. Cf. *ibid.*, p. 439 : « [...] on peut dire, qu'on ne voit pas tant les idées des choses, que les choses mêmes que les idées représentent ». Mais ces ambiguïtés tomberont complètement avec les *Éclaircissements*, en particulier le VIe et le Xe. *Cf.* aussi, naturellement, le premier des *Entretiens sur la métaphysique et sur la religion*.

connaissons les choses mêmes, bien que nous les connaissions indirectement. Dès lors que les corps ne peuvent être connus par eux-mêmes, ce sont les idées qui sont l'objet direct de la connaissance ; mais ces dernières sont indirectement sources d'information sur les corps, qui deviennent ainsi l'objet indirect de la connaissance[1]. Cependant, c'est surtout le rôle de la médiation des idées qui devient ainsi plus clair. Car si l'on soutient que les idées constituent *le moyen* de la connaissance des choses, en établissant une comparaison avec la thèse thomiste selon laquelle les espèces sont ce *par quoi* (*quo*) l'intellect du *viator* connaît *ce qu'*il (*quod*) connaît, on perd le sens de la thèse malebranchienne. Dans ce cas, en effet, les idées *ne* sont en aucun sens *objets*, mais seulement *instruments* de la connaissance[2].

Si l'on en revient à la connaissance béatifique, on comprend plus clairement comment il est possible que les idées soient véritablement un objet de la connaissance tout en permettant de connaître de manière indirecte et médiate les choses qu'elles représentent. La connaissance que les bienheureux ont des choses s'oppose, chez Thomas, à leur connaissance directe, qui est assurée au contraire par la présence dans l'esprit des espèces intelligibles abstraites des choses. Ce ne sont pas les choses mais les idées contenues dans l'essence divine qui sont l'objet direct de la connaissance béatifique. Pourtant, Thomas soutient que ce sont les choses elles-mêmes que les bienheureux connaissent par l'intermédiaire de l'essence divine. La connaissance que les hommes ont *in via*, dans laquelle les choses sont connues par l'intermédiaire des espèces abstraites des corps, peut être comparée à la vision directe d'un étant, par exemple d'un homme. En revanche, la connaissance des bienheureux, dans laquelle les idées contenues dans l'essence divine constituent l'objet de la connaissance, est semblable à la contemplation du portrait de ce même homme[3]. Il est manifeste que,

1. Cf. *Réponse du Père Malebranche à la troisième Lettre de M. Arnauld*, *OC*, VIII, p. 959 : « Je crois qu'on voit les corps, mais non en eux-mêmes immédiatement et directement [...] car on les voit souvent, mais indirectement [...] ».

2. *Cf.* S. M. Nadler, *Arnauld and the Cartesian Philosophy of Ideas*, *op. cit.*, p. 77, avec le renvoi à Thomas, *ST*, I, qu. 85, art. 2, où Thomas réfute la thèse selon laquelle les espèces elles-mêmes seraient objet de la connaissance. Les espèces, pour lui, sont *seulement* des moyens de la connaissance, en sorte que l'objet *unique* de la connaissance, ce sont les choses représentées par les idées. Or la théorie des idées de Malebranche *s'oppose* précisément à cette thèse thomiste, dès lors que les idées constituent elles-mêmes l'objet immédiat de l'acte cognitif.

3. *ST*, I, qu. 12, art. 9, *resp.* : « *[...] videntes Deum per essentiam, ea quae in ipsa essentia Dei vident, non vident per aliquas species, sed per ipsam essentiam divinam intellectui eorum unitam. Sic enim cognoscitur unumquodque, secundum quod similitudo eius est in cognoscente. Sed hoc contingit dupliciter. Cum enim quaecumque uni et eidem sunt similia, sibi invicem sint similia, virtus cognoscitiva dupliciter assimilari potest alicui*

si l'on regarde le portrait d'un homme, l'objet immédiat de la connaissance est le portrait lui-même, et, cependant, si le portrait est fidèle, il est réellement source d'information sur cet homme, si bien que l'on peut affirmer le connaître indirectement. La médiation offerte par le portrait pour la connaissance du modèle original est compatible avec le fait que l'objet direct et unique de l'acte cognitif demeure le portrait lui-même. Chez Malebranche, les idées sont l'objet de la connaissance ; et si elles sont des portraits fidèles des choses – et elles le sont assurément, dès lors qu'elles en sont, à proprement parler, le modèle original –, elles sont alors riches d'informations sur les objets eux-mêmes. Ou plutôt, puisque, dans ce cas, l'objet de la connaissance est l'exemplaire éternel à partir duquel le monde est façonné, nous avons alors affaire à une connaissance indirecte et médiée, qui ne contient toutefois pas l'obscurité propre à la connaissance spéculaire ; les choses sont connues comme Dieu les connaît lui-même, ou comme l'ange les connaît selon cette connaissance matinale dont avait parlé Augustin : « Connaître les choses par leurs ressemblances existant dans le connaissant, c'est les connaître en elles-mêmes, dans leurs propres natures ; mais les connaître selon que leurs ressemblances préexistent en Dieu, c'est les voir en Dieu <*videre eas in Deo*> »[1]. Thomas avait construit pour les bienheureux un modèle de connaissance des êtres finis, que Malebranche reproduit. La « nouvelle » théorie des idées malebranchienne – elles-mêmes objet final de la connaissance, et cependant source de connaissance de ce qu'elles représentent – trouve ses racines dans l'exemplarisme thomiste et dans la théorie scolastique de la connaissance béatifique[2].

cognoscibili. Uno modo secundum se, quando directe eius similitudine informatur : et tunc cognoscitur illud secundum se. Alio modo, secundum quod informatur specie alicuius quod est ei simile ; et tunc non dicitur res cognosci in seipsa, sed in suo simili. Alia enim est cognitio qua cognoscitur aliquis homo in seipso, et alia qua cognoscitur in sua imagine. Sic ergo, cognoscere res per earum similitudines in cognoscente existentes, est cognoscere eas in seipsis, seu in propriis naturis : sed cognoscere eas prout earum similitudines praeexistunt in Deo, est videre eas in Deo. Et hae duae cognitiones differunt. Unde secundum illam cognitionem qua res cognoscuntur a videntibus Deum per essentiam in ipso Deo, non videntur per aliquas similitudines alias ; sed per solam essentiam divinam intellectui praesentem, per qua et Deus videtur ».

1. Thomas, *ST* I, qu. 12, art. 9, *resp.* (trad. légèrement modifiée). *Cf.* Augustin, *La Genèse au sens littéral*, *op. cit.*, IV, 23, 40, p. 339 : « Il y a une si grande différence entre la connaissance d'une chose dans le Verbe de Dieu et la connaissance de cette chose en sa nature qu'il est légitime d'assimiler l'une au jour, l'autre à la nuit. Car, en comparaison de cette lumière contemplée dans le Verbe de Dieu, toute connaissance par laquelle nous connaissons n'importe quelle créature en elle-même, peut, non sans raison, être qualifiée de nuit ».

2. Nous ne voulons pas exclure par là une influence de la théorie cartésienne des idées. Bien au contraire. Il ne fait aucun doute que, dans la théorie de la connaissance

Vision en Dieu et vision de Dieu ramènent sur le devant de la scène philosophique la connaissance par participation au divin que Thomas, puis Scot et Descartes, avaient effacée de l'horizon des esprits finis. La reprise du modèle participatif se fait en deux temps. Pour la connaissance de Dieu, Malebranche choisit les bienheureux de Thomas, contre les anges, auxquels Scot avait accordé la connaissance de l'infini à travers un concept, et dont s'était inspiré Descartes pour la connaissance de Dieu; concernant la connaissance des choses finies, Malebranche choisit à nouveau les bienheureux de Thomas, mais cette fois-ci contre les anges du même Thomas et, à nouveau, contre les esprits de Descartes. Car c'était grâce à l'innéisme que Thomas était parvenu à garantir, pour les esprits séparés de la matière, une connaissance du monde sans contact avec le divin. Or c'est cet innéisme que Malebranche rejette fermement dès la première édition de la *Recherche de la vérité*. La vision en Dieu, au contraire de la connaissance au moyen d'idées innées et créées dans l'esprit, répond en effet au projet malebranchien d'instituer la plus grande dépendance possible entre l'esprit divin et Dieu : « La seconde raison qui peut faire penser que nous voyons tous les êtres à cause que Dieu veut que ce qui est en lui qui les représente nous soit découvert, et non point parce que nous avons autant d'idées créées avec nous que nous pouvons voir de choses, c'est que cela met les esprits créés dans une entière dépendance de Dieu, et la plus grande qui puisse être »[1]. Cette raison avancée pour justifier le refus de l'innéisme n'a pas été mentionnée quand, un peu auparavant, Malebranche discutait de

de Malebranche, la doctrine cartésienne de la réalité objective – c'est-à-dire du contenu représentatif – des idées claires et distinctes occupe une place privilégiée. La réalité objective des idées claires et distinctes des choses matérielles coïncide, selon Descartes, avec les essences des corps (voir la *Cinquième Méditation*), et c'est cette même réalité objective qui devient, chez Malebranche, l'idée ou l'objet de la connaissance. Mais il convient de rappeler que la doctrine de la réalité objective des idées est née des tentatives de la scolastique pour expliquer la connaissance des choses par Dieu, autrement dit, pour expliquer la possibilité d'une connaissance indépendante de l'existence de ce qui est connu (voir T. J. Cronin, *Objective Being in Descartes and in Suárez*, Roma, Gregorian University Press, 1966, p. 37 *sq*.). Or Malebranche, en replaçant en Dieu les essences des choses matérielles, c'est-à-dire, en termes cartésiens, la réalité objective des idées claires et distinctes, et en rejetant fermement l'hypothèse innéiste, est reconduit à la problématique initiale de la réalité objective des idées, et au modèle de la connaissance divine ou béatifique, laquelle, pour être expliquée, avait nécessité une théorie de l'existence mentale de l'objet connu.

1. *Recherche*, *OC* I, p. 439. Le texte n'a pas beaucoup changé par rapport à la première édition : « La seconde raison qui peut faire penser, que nous voyons tous les êtres à cause que Dieu veut, que ce qui est en lui qui les représente nous soit découvert, et non point parce que nous avons autant d'idées créées avec nous, que nous pouvons voir de choses, c'est que cela met les esprits créés *dans une entière dépendance de Dieu et la plus grande qui puisse être* » (n. s.).

l'hypothèse innéiste. Nous en comprenons à présent la raison. C'est qu'il ne s'agit plus d'évaluer l'innéisme du point de vue de sa capacité à expliquer l'origine des idées, mais de le juger sur la base d'un critère pour ainsi dire extérieur à sa valeur épistémologique, celui de la dépendance ou non à l'égard de Dieu. Ce critère renvoie à une valeur fondamentale dans la philosophie de Malebranche, un préjugé philosophique comparable à celui qui avait conduit Descartes à emprunter la direction opposée. Autrement dit, l'innéisme se distingue par l'indépendance qu'il accorde aux esprits à l'égard de Dieu, par opposition à l'hypothèse qui instaure au contraire une dépendance maximale de la créature envers le créateur, à savoir le participationnisme. Si le participationnisme se trouve rejeté, ce n'est pas tant parce qu'il ne fournirait pas une bonne explication de l'acquisition des connaissances vraies, comme Malebranche avait pourtant cherché à le montrer quand il débattait de l'innéisme, mais c'est parce qu'il existe par chance une hypothèse – celle de la vision en Dieu – qui satisfait à l'exigence essentielle d'instaurer une dépendance stricte entre l'esprit humain et Dieu, exigence que l'innéisme n'est pas en mesure de satisfaire, et à laquelle Malebranche ne peut évidemment pas renoncer. Malebranche et Descartes s'opposent sur un problème de fond, qui concerne ce type de choix qui guident les projets philosophiques sans être pourtant justifiables philosophiquement. Malebranche est né « religieux » comme Descartes est né « laïque ». Et l'anti-cartésianisme de Malebranche trouve ses racines dans cette question à laquelle l'Oratorien est le plus sensible, celle de l'indépendance de l'esprit humain à l'égard de Dieu, question qui le dirigea vers Augustin.

Lorsqu'il s'intéressa à l'anti-innéisme malebranchien, Gouhier observa que l'innéisme, en général, place l'esprit dans une position d'indépendance vis-à-vis de la matière, mais qu'il prend, chez Malebranche, un tout autre sens : celui d'une indépendance à l'égard de Dieu[1]. Or nous savons que Malebranche n'inaugure aucunement la valorisation de cet aspect de l'innéisme. L'opposition entre innéisme et participationnisme, sur la question de la dépendance ou non de l'esprit à l'égard de Dieu, remonte à Augustin, et c'est chez Augustin que Thomas l'a trouvée, faisant de celle-ci un critère discriminant à l'intérieur de sa théorie de la connaissance. Sans faire directement appel aux textes augustiniens, pourtant tellement répandus et

1. H. Gouhier, *La philosophie de Malebranche et son expérience religieuse*, Paris, Vrin, 1948, p. 275 : « [...] nous disons volontiers que l'innéité signifie l'indépendance et la suffisance de la pensée ; en parlant ainsi, nous entendons l'indépendance de la pensée par rapport à la matière, l'esprit tirant de son propre fonds des connaissances que les sens ne sauraient lui apporter. Du point de vue de Malebranche, la formule prend un autre sens : elle affirme l'indépendance de la pensée par rapport à Dieu ».

cités, le recueil augustinien d'Ambrosius Victor reprenait le dossier complet des positions qu'Augustin avait adoptées à ce sujet, depuis les *Soliloques* et *La dimension de l'âme*, en passant par *La Trinité*, jusqu'aux *Révisions*[1]. Descartes, en son temps, avait fait son choix. Malebranche opère à présent le sien, de façon violemment anti-cartésienne, et il le fait, comme il est important de le noter, avant même de discuter et de rejeter la théorie de la création des vérités éternelles, laquelle deviendra, on le sait, l'objet d'un rejet radical dans les *Éclaircissements* sur la *Recherche*[2].

Toute la reprise de la problématique de la vision béatifique marque d'ailleurs un retour clair à Augustin, mais qui ne peut ignorer tout ce qu'a subi la théorie de la connaissance augustinienne depuis Thomas. La reprise de l'exemplarisme thomiste comme prémisse de la vision en Dieu et la présence évidente de Thomas dans la construction de la preuve de simple vue nous amènent à penser que le retour à Augustin, sur lequel Malebranche insiste pour renforcer sa thèse, et l'appel à l'autorité du Père de l'Église, se font au travers du « filtre » thomiste[3]. Tout se passe comme si Malebranche avait adhéré à l'interprétation et à l'usage que Thomas avait fait d'Augustin. Si Augustin est, pour Thomas, la source de l'exemplarisme, c'est l'exemplarisme même, pour Malebranche, qui exprime l'augustinisme. Si la vision dans les raisons éternelles augustinienne est, pour Thomas, la vision des modèles increés, il en va de même pour Malebranche[4]. Enfin, si Thomas a rangé Augustin du côté de la théorie de la vision béatifique, c'est de ce côté que Malebranche ira le rechercher[5]. Mais il s'agit, en

1. Ambrosius Victor (André Martin), *Philosophia christiana*, *op. cit.*, p. 18-28, chap. VII, au titre significatif : *Scientiam non quidem Platonis, sed alio quodam sensu ideo reminiscentiam esse, quia veritas etiam antequam discatur iam menti presto est, ut cogitatione possit intelligi.*

2. *Éclaircissements VIII*e et *X*e, *OC*, III, p. 85 *sq.* et 129 *sq.* La rupture avec Descartes sur ce point date donc de 1678.

3. La présence de plus en plus importante d'Augustin à partir des *Éclaircissements* avait déjà été admise par Gueroult, avant d'être analytiquement prouvée par D. Connell. *Cf.* M. Gueroult, *Malebranche* I, *La Vision en Dieu*, *op. cit.*, p. 74 *sq.*

4. Malebranche lui-même souligne la différence, sur ce point, entre sa doctrine et celle d'Augustin. Pour Augustin, selon Malebranche, on connaît en Dieu les « vérités » et les « lois éternelles » et non « les choses corruptibles ou sujettes au changement, comme sont tous les objets qui nous environnent » (*Première lettre au P. Malebranche touchant la défence de M. Arnauld, OC* VI-VII, p. 199). Voir également *Recherche, OC* I, p. 443 *sq.* Or la vision en Dieu des « choses corruptibles ou sujettes au changement », que Malebranche conçoit, en connaissance de cause, comme une alternative à la vision en Dieu augustinienne, est précisément la vision de Dieu garantie aux bienheureux, selon Thomas.

5. Les limites de l'étude de Desmond Connell sur l'influence de la doctrine scolastique dans la constitution de la théorie malebranchienne de la vision en Dieu résidaient dans le fait qu'il cherchait la source de la théorie de la connaissance de l'Oratorien dans la connaissance angélique exposée par Suárez dans le *De Angelis*. Mais la connaissance angélique ne peut

substance, d'un retour à Augustin. À la vision en Dieu malebranchiste fait en effet défaut cette caractéristique qui avait marqué en profondeur l'opération de Thomas contre le Père de l'Église, le transfert de l'accès à Dieu du côté du surnaturel. Les esprits humains de Malebranche voient les exemplaires des êtres finis en Dieu par nature, sans le secours d'un *lumen gloriae*, ou d'une quelconque intervention surnaturelle, exactement comme cela se produisait pour les esprits ayant accès à la sagesse dans *La Trinité*. Cela aide au moins à comprendre le fait que Malebranche ait affirmé à plusieurs reprises n'avoir en réalité pas voulu attribuer aux hommes la vision de Dieu réservée aux bienheureux.

avoir été utile à Malebranche dans la construction de la thèse de fond de sa théorie de la connaissance, c'est-à-dire la vision en Dieu. En effet, selon Suárez, comme selon Thomas, les anges, par nature, ne voient pas les choses en Dieu, mais connaissent à travers les idées innées, forme de connaissance immuablement rejetée par Malebranche. S'il est vrai, ensuite, que la vision en Dieu est, chez Malebranche, strictement liée, de la façon que nous savons, à la vision de Dieu, il faut abandonner Suárez et se tourner résolument vers Thomas. Car c'est Thomas qui fournit la thèse dont Malebranche s'inspire pour prouver la vision de Dieu : la connaissance de Dieu est possible seulement à travers Dieu lui-même, parce que la connaissance de Dieu à travers une idée créée est absolument impossible. Sur ce point, Suárez rejette explicitement Thomas : la connaissance de Dieu par une idée créée n'est pas contradictoire, elle est donc possible, bien qu'elle puisse être accordée aux intellects finis seulement par la puissance absolue de Dieu. Voir Suárez, *De Deo Uno et Trino, op. cit.*, l. II, chap. XIII, 1-11 et *ibid.*, II, XIII. Or Suárez assimile précisément, du moins dans ce passage, la connaissance que les bienheureux ont de Dieu à la connaissance à travers une idée. Cf. *Disputationes metaphysicae*, XXV, I, XLII : « *[...] beati [...] formant in se conceptum formalem, quo sibi repraesentant Deum prout in se est [...]. Addo praeterea, Beatum videndo Deum et creaturam in Deo, etiam videre ideam quam Deus habet de creaturis, et ideo ipsummet conceptum formalem Dei posse quodammodo subire rationem ideae [...]* ». Le point essentiel est que les anges et les bienheureux connaissent de façon différente à la fois les étants finis et l'infini. La présence de la connaissance angélique, chez Malebranche, est seulement apparente, puisque les passages censés la révéler concernent des aspects de la connaissance communs aux esprits des anges et aux esprits des bienheureux. C'est le cas de l'universel entendu non comme abstraction des individus, mais comme principe de connaissance des individus, auquel Connell donne beaucoup de poids dans son renvoi au *De Angelis* de Suárez comme source de Malebranche. Voir D. Connell, *The Vision in God, op. cit.*, p. 181-82 et 191-92, et « Malebranche et la scolastique », *Revue Internationale de Philosophie* 107-8, (1974), p. 449-62, p. 452. À mettre en regard avec Thomas, *Somme contre les Gentils*, III, 59.

Le fait d'avoir insisté sur les anges et non sur les bienheureux a précisément été déterminant par la suite dans la thèse de Connell, selon laquelle la source véritablement significative pour la pensée malebranchienne serait la scolastique et non Augustin. Si, au contraire, on reconnaît dans la vision béatifique le modèle à partir duquel la théorie malebranchienne de la connaissance est configurée, le bénéfice est alors de pouvoir valoriser la présence d'Augustin *par l'intermédiaire* de la scolastique, laquelle avait déplacé la pensée d'Augustin du côté de la vision béatifique. Sur ce point, voir les remarques de M. Priarolo, *Visioni divine, op. cit.*, p. 241-245.

CHAPITRE VI

CONNAISSANCE DE DIEU ET REPRÉSENTATION SANS RESSEMBLANCE

Il est des philosophes éclectiques qui construisent leur pensée par l'assemblage d'éléments de diverses provenances et ne se soucient guère de la possibilité de les faire coexister. Mais les grands philosophes nous offrent le plus souvent des systèmes cohérents, où les conséquences théoriques d'une affirmation se répercutent sur les autres. Le choix initial peut bien être déterminé par des mouvements peu contrôlables philosophiquement – c'est le cas du choix « laïque » de Descartes et du choix « religieux » de Malebranche – mais, une fois ce choix initial effectué, un auteur n'est plus tellement libre, dans la suite des opérations, à moins de tomber dans une forme d'éclectisme. Les théories, par certains aspects, dominent leurs auteurs. C'est le cas du choix que fait Duns Scot lorsqu'il tente, contre Thomas d'Aquin et Henri de Gand, d'attribuer au fini la capacité de représenter l'infini. Ce choix implique un ajustement épistémologique général, qui oriente la théorie de la connaissance en un sens opposé à la direction aristotélico-thomiste. Autrement dit, si l'on veut voir les choses d'un autre point de vue, seule une théorie de la connaissance opposée à la théorie aristotélico-thomiste pouvait faire que la représentation de l'infini à travers le fini soit pensable.

Thomas s'était servi de nombreux arguments pour rejeter la possibilité de connaître Dieu à travers un concept. Un premier ordre de raisons se référait à l'impossibilité de représenter ce qui est immatériel à travers un concept dérivé de quelque chose de matériel. Comme tous les concepts sont tirés, par abstraction, des corps, aucune substance immatérielle ne peut être connue par leur intermédiaire. Les espèces abstraites des corps

« sont d'une autre nature <*alterius rationis*> que les essences des substances immatérielles créées et plus encore que l'essence divine »[1]. Thomas avait également exclu, par un argument de ce type, que la nature de la substance séparée du corps soit suffisante pour représenter l'infini :

> La ressemblance intelligible par laquelle une chose est pensée selon sa substance doit être de la même espèce que cette chose ou, mieux, être son espèce. Par exemple, la forme de la maison qui est dans l'esprit de l'artisan est de la même espèce que la forme de la maison qui est dans la matière, ou plutôt elle est son espèce ; ce n'est pas, en effet, par l'espèce de l'homme que l'on pense, à propos de l'âne ou du cheval, ce qu'il est. Mais la nature de la substance séparée n'est pas de la même espèce que la nature divine, ni même de son genre [...]. Il n'est donc pas possible que la substance séparée pense la substance divine par sa propre nature[2].

Entre n'importe quel concept, ou n'importe quel être fini, et Dieu, manque une commune mesure permettant au premier terme de représenter le second. Tous les arguments utilisés par Thomas pour exclure la possibilité de connaître Dieu à travers un concept se rejoignent sur ce point : il n'est pas possible de connaître ce qui est supérieur au moyen d'une chose inférieure ; il n'est pas possible de représenter un être dont l'essence n'est pas distincte de l'existence au moyen d'une chose créée, parce qu'en chaque être créé l'essence est distincte de l'existence ; il n'est pas possible de représenter ce qui n'a pas de limites par quelque chose de créé, car tout ce qui est créé est déterminé et limité[3].

Comme on le sait, Thomas ne pensait pas qu'un esprit matériel fût nécessaire pour connaître un être matériel, ou qu'un concept dût être matériel pour représenter un corps ; mais pour attribuer à l'esprit immatériel la capacité de connaître les corps, il avait protesté contre une application rigide du principe de ressemblance. Thomas s'était servi, entre autres, d'une distinction dont la fortune fut grande : pour que la représentation soit

1. *De la Vérité*, qu. 10, art. 11, *resp.*, trad. fr. K. S. Ong-Van-Cung, Paris, Vrin, 1998, p. 157. Sur le concept de « *ratio* » chez Thomas, voir R. Busa, « *Vocis "ratio" quae in Thomae AQ. propriis operibus 36.335 vocibus occurrit rationes atque numeros paucis hic conabar absolvere verbis* », dans M. Fattori et M. L. Bianchi (dir.), *Ratio, actes du VII*^e^ *Colloque International, Rome, 9-11 janvier 1992*, Firenze, Olschki, 1994, p. 173-195 et L. M. de Rijk, *A special Use of « ratio » in 13th and 14th Century Metaphysics*, *ibid.*, p. 197-218. L'acception thomiste de « *ratio* » qui nous intéresse ici est celle que De Rijk signale à la p. 207 : « *Thomas'use of the phrase "eiusdem rationis esse" is also of interest for our present discussion. It means "having some (ontic or logical) aspect in common" rather than "being of entirely the same nature"* ».

2. *Somme contre les Gentils*, III, 49, *op. cit.*, p. 183-184. Voir *supra*, p. 64.

3. *ST*, I, qu. 12, art. 2, *resp.*

possible, il n'est pas nécessaire qu'il y ait une ressemblance par nature, alors qu'il est nécessaire qu'il y ait une ressemblance par représentation : « La connaissance ne requiert pas une ressemblance par conformité dans la nature mais seulement une ressemblance par représentation, comme la statue en or d'un certain homme nous conduit à nous souvenir de lui »[1]. Il n'est donc pas nécessaire que l'esprit ou le concept soient matériels pour qu'ils puissent représenter ce qui est immatériel.

Mais qu'est-ce qui donne au concept immatériel la capacité de représenter ce qui est matériel ? En d'autres termes, en quoi consiste la ressemblance par représentation ? La réponse se situe dans la théorie de l'abstraction : l'esprit abstrait des corps connus une espèce immatérielle qui coïncide avec la forme des corps. L'espèce, bien que différente, dans sa nature, des corps dans lesquels la forme est incarnée, conserve sa relation de mêmeté avec la forme du corps dont elle provient. Cette relation est la « *ratio* », le rapport qui existe entre l'espèce et l'objet matériel et qui donne à l'espèce la capacité de le représenter. De même que la statue d'or partage la forme avec l'homme et, pour cette raison, est en mesure de le représenter, de même l'espèce de l'homme, dans l'esprit du sujet connaissant, est en mesure de représenter l'homme et non pas l'âne ou le cheval. On le voit encore mieux dans le cas opposé, celui de la connaissance des êtres immatériels. Même quand l'abstraction du corps matériel annule la dissemblance de nature entre l'être immatériel et l'espèce elle-même, demeure entre eux la différence de « *ratio* », c'est-à-dire le rapport que l'espèce entretient avec l'être dont elle est extraite, et cette dissemblance empêche que l'espèce puisse être considérée comme véritablement semblable à la substance immatérielle, et donc capable de la représenter : « notre intelligence pourra abstraire aussi parfaitement que ce soit ces essences de la matière sans atteindre jamais quelque chose de semblable <*ad aliquid simile*> à une substance immatérielle »[2]. La ressemblance par représentation s'oppose à la ressemblance par nature, seulement au sens où l'espèce, après l'abstraction, ne fait plus partie d'un composé de matière et de forme, et n'est donc plus un composant d'une substance individuelle matérielle, mais la ressemblance

1. *De la Vérité*, qu. 2, art. 5, *ad* 5, trad. fr. S.-T. Bonino légèrement modifiée, Freiburg-Paris, Université de Freiburg-Le Cerf, 1996, p. 292. *Cf.* aussi qu. 10, art. 4, *resp.*, cité *supra*, n. 1, p. 106. Et *ibid.*, *ad* 4 « *quamvis in mente non sint nisi immateriales formae, possunt tamen esse similitudines materialium rerum : non enim oportet quod* eiusmodi esse *habeat similitudo et id cuius est similitudo, sed solum quod* in ratione *conveniant, sicut forma hominis in statua aurea, quale esse habet forma hominis in carne et ossibus* » (n. s.).

2. *ST*, I, qu. 88, art. 2, *resp.*, p. 765. *Cf.* aussi art. 3

entre espèce et objet représenté reste quelque chose d'objectif. Bref, la capacité de représentation est fondée *in re.*

Le rapport unissant l'espèce à son objet joue un rôle majeur dans la théorie de la connaissance thomiste – comme, du reste, dans la théorie aristotélicienne – dans la mesure où c'est précisément ce rapport qui garantit le fait que le concept décrive exactement un objet déterminé extérieur à l'esprit. Autrement dit, c'est ce rapport qui garantit le réalisme et la capacité de représenter la réalité extérieure : « Toute connaissance suppose une forme qui est dans le connaissant principe de connaissance. Or une forme de cette sorte peut être considérée de deux façons : 1° selon l'être qu'elle possède dans le connaissant, 2° selon le rapport qu'elle entretient avec la chose dont elle est la ressemblance. Sous le premier rapport, elle fait connaître en acte le connaissant, mais sous le deuxième rapport, elle ordonne la connaissance à quelque chose de connaissable déterminé »[1]. C'est pourquoi aucune espèce finie ne pourra jamais avoir la capacité de représenter l'infini. Elle conservera toujours un rapport de « *ratio* » seulement avec les êtres finis dont elle provient. Même quand les espèces ne sont pas abstraites des corps, comme cela arrive dans le cas des esprits angéliques, celles-ci restent liées à la représentation du fini, parce que la nature de Dieu n'a rien en commun avec les caractéristiques de l'espèce : Dieu n'est pas définissable, en lui l'essence n'est pas distincte de l'existence, alors que l'espèce est l'instrument grâce auquel on définit l'essence de la chose. Les caractéristiques générales de l'espèce lient cependant sa capacité de représentation à ce qui est définissable, donc au fini.

Quand il avait voulu garantir la représentation de l'infini par l'intermédiaire du fini, Scot avait explicitement contesté la nécessité d'une commune mesure entre représentant et représenté, au sens thomiste. Dans ce but, il avait forcé l'opposition, théorisée par Thomas, entre ressemblance par nature et ressemblance par représentation, pour parvenir à une position exactement opposée à celle de Thomas. La ressemblance naturelle de l'être, affirmait Scot, n'est pas la condition de la représentation. Une chose blanche est plus semblable à une autre chose blanche qu'au concept de blanc, et cependant c'est le concept de blanc qui est en mesure de représenter cette chose blanche : même s'il y a une disparité absolue de nature entre le concept et la chose, il existe une proportion entre le représentant et le représenté. Jusqu'ici, Thomas aurait été d'accord. Mais il ne l'aurait pas

1. *De la Vérité*, qu. 10, art. 4, *resp.*, *op. cit.* (trad. légèrement modifiée), p. 59. *Cf.* aussi *Commentaire des Sentences*, II, d. 3, qu. 3, art. 1, *resp.* et *ad* 2, sur l'assimilation de l'intellect à la chose dans l'acte d'abstraction. Sur ce point voir *supra*, n. 4, p. 37.

été avec la conséquence que Scot en tira aussitôt après à propos de la possibilité de représenter l'infini à travers une espèce finie : « Ainsi, bien que l'espèce – en raison de sa finitude –, dans son être et dans son essence, convienne plus à l'essence créée qu'à l'essence divine, cependant elle ne lui convient pas plus de cette convenance de proportion "qui existe entre le représentant et le représenté" »[1]. On le voit, Scot se servait de l'opposition thomiste entre ressemblance par représentation et ressemblance par nature pour libérer la première de tout lien de « *ratio* » avec l'objet représenté. C'est parce que la capacité de représenter n'est plus liée à la « *ratio* » que le fini peut représenter l'infini et, une fois ce point accordé, le muable peut représenter l'immuable, et ainsi de suite[2]. La proportion entre représentant et représenté dont parle Scot est indépendante de tout lien fondé dans la réalité des choses.

Devant l'usage inattendu, et résolument anti-thomiste, que Scot avait fait de la distinction entre ressemblance par nature et ressemblance par représentation, où la seconde prenait le sens de capacité de représentation en l'absence de tout lien de ressemblance naturelle entre représentant et représenté, Cajétan vit le besoin de faire une précision importante. Il le fit dans son commentaire de la *Somme Théologique* de Thomas, qui fit autorité, en exposant les raisons par lesquelles Thomas avait justifié l'impossibilité de connaître Dieu à travers un concept, et en répondant, à cette occasion, aux arguments de ceux qui considéraient au contraire la représentation de l'infini à travers le fini possible :

> toute la force des raisons [contre Thomas] consiste à soutenir que les arguments avancés [par Thomas] pèchent en ne distinguant pas, ou du moins en mettant sur le même plan, l'espèce *in essendo* et *in repraesentando*, alors qu'il y a une grande différence entre ces deux [aspects de l'espèce]. Par où l'espèce qui appartient à un ordre inférieur dans l'être, qui a l'existence distincte de l'essence et qui est finie dans l'être, appartient dans la représentation à l'ordre suprême, et elle a l'existence non distincte de l'essence et est infinie : ces caractéristiques lui appartiennent objectivement, les autres formellement[3].

Or cette thèse bouleverse toute la théorie aristotélicienne de la représentation. Les espèces, répond Cajétan, ne représentent pas comme un signe représente, car de cette façon, toute chose pourrait en signifier

1. *Ordinatio*, II, d. 3, pars 2, qu. 2, *in* J. Duns Scot, *Opera Omnia*, VII, p. 563 (cité *supra*, n. 2, p. 105).

2. Voir *supra*, p.85-86 et 104 *sq*.

3. Thomas d'Aquin, *Opera omnia*, *ad ST*, I, qu. 12, art. 2, p. 117.

une autre – « *non per modum signi, quoniam quodlibet potest significare quodcumque* » –, mais elles représentent par ressemblance, et la ressemblance consiste dans le partage de l'essence du représenté. L'espèce, pour pouvoir représenter cet objet et non un autre, doit coïncider avec l'essence de cet objet : « notre âme connaît l'essence de la maison seulement si elle a en elle l'espèce de la maison, c'est-à-dire le *quod quid est* de la maison »[1]. S'agissant ensuite de la possibilité de représenter Dieu, la distinction entre être et représenter ne sert à rien, parce que l'espèce, dans son être propre, doit être le « *quod quid est* » de la chose représentée, et doit par conséquent appartenir au même ordre que la chose, y compris selon le mode d'être. Il est donc évident que la distinction de l'être et du représenter est seulement une distinction entre différentes conditions d'être[2], et comme il n'y a aucune communauté d'être entre le fini et l'infini, le premier ne peut représenter le second.

La précision de Cajétan – la distinction entre être et représenter, dans le cas de l'espèce, est seulement une distinction entre deux modes d'être différents – est d'autant plus opportune qu'il existe une équivoque possible, selon laquelle la distinction entre nature et représentation, chez Thomas, autoriserait la représentation là où il n'y a aucun lien de ressemblance avec le représenté[3]. Aussi cette intervention de Cajétan permet-elle de mieux comprendre la prise de position de Suárez sur ce thème.

1. *Ibid.*, p. 118a : « *Verum per se exigit talis species, quod sit repraesentativum alterius, non per modum signi (quoniam quodlibet potest significare quodcumque), sed per modum similitudinis. [...] Et si cognitio debet esse quidditativa, oportet speciem esse similem non solum secundum genus, sed speciem specialissimam, formaliter vel eminenter. Unde quam enim anima nostra domum quidditative novit, nisi apud se speciem domus quae sit quod quid est domus, habeat. Oportet igitur speciem qua videnda est res, esse quod quid est ipsius rei ; non secundum modum essendi naturalem rei visae, sed in alio essendi modo* ».

2. *Ibid.*, p. 118a-b : « *Deus [...] adeo elevatae est naturae, ut omnis quovis modo dearticulata species, qualem oportet creatam quamcumque esse, inferioris sit ordinis per se, inquantum scilicet species. Nec obstat distinctio, quod in essendo vel in repraesentando [...] quoniam oportet speciem, secundum proprium esse, esse quod quid est rei visae, et consequenter eiusdem ordinis cum re [...]. Unde patet quod distinctio de esse et repraesentari, contracta ad repraesentare per modum similitudinis, non est distinctio nisi diversarum conditionum essendi* ». On trouve le même concept dans le commentaire de la *Somme contre les Gentils*, III, 49, de Sylvestre de Ferrare. *Cf.* Thomas d'Aquin, *Opera Omnia*, XIV, p. 136 : « *non potest aliquid apud intellectum adaequari intelligibili in repraesentando nisi adaequatur illi secundum rationem naturae, inquantum scilicet est forma intelligibilis* ».

3. Mais ensuite, pour répondre adéquatement aux objections de Scot, Cajétan réduisait la ressemblance au fait que le connu, en quantité de réalité, ne dépasse pas le connaissant. Thomas d'Aquin, *Opera Omnia*, IV, *ad ST* I, qu. 12, art. 4, p. 122b : « *Nec est verum quod Scotus imponit litterae, scilicet quod velit aequalitatem seu similitudinem inter cognitum et naturam cognoscitivam secundum se. Hoc enim nec somniavimus. Sed littera hic docuit*

Comme on le sait, Suárez est largement redevable à la réinterpréation de l'abstraction aristotélicienne par Scot, dans laquelle l'esprit est actif dans la production de l'espèce, en présence du fantasme sensible. Dans ce contexte, Suárez avait également adhéré à la thèse scotiste concernant la possibilité de représenter l'infini par un moyen fini comme un concept[1]. Pour fonder cette possibilité, Suárez considère qu'il est nécessaire de rejeter le principe sur lequel Thomas s'était appuyé quand il avait soutenu la position contraire, c'est-à-dire la nécessité d'une ressemblance de « *ratio* » entre représentant et représenté : les espèces, selon Suárez, n'ont pas un rapport de proportionnalité avec leurs objets[2]. Sur ce point, même le rival historique de Suárez, Gabriel Vázquez, est de cet avis : « il n'y a aucune raison qui puisse prouver que l'espèce et son objet doivent avoir le même rapport et être de la même nature <*eiusdem rationis, et natura inter se*> »[3]. La notion qui représente l'infini ne doit pas être à son tour infinie : « *Est igitur infiniti, sed non infinita* »[4].

Suárez défend la possibilité d'une représentation de l'infini par le fini, contre l'autorité de Thomas ou, au moins, contre l'usage que « de nombreux auteurs » auraient fait de l'autorité de Thomas. De nombreux thomistes, selon Suárez, soutiennent qu'il doit y avoir, entre le représentant et le représenté, une ressemblance par nature, alors que, selon Suárez, les espèces représentent leurs effets « non pas formellement mais seulement

quod inter cognitum et naturam cognoscitivam secundum se, exigitur non excessus ex parti cogniti » (n. s.). De cette façon, Cajétan limitait l'interdiction de la représentation au cas où le connu excéderait par quantité de réalité la nature du connaissant.

1. Voir *supra*, n. 5, p. 217-218.

2. F. Suárez, *De Anima*, l. III, chap. II, n. 9, in *Id.*, *Opera Omnia*, *op. cit.*, III, p. 247b : « *species non sunt ejusdem rationis cum objectis suis. Conclusio est Aristotelis lib. 2 de Anima, c. 12 dicentis sensus recipere species sine materia : materiam vocat ipsam naturam realem qualitatis, quod est dicere, visum non recipere ipsum colorem materialiter, sed quandam speciem illius repraesentatricem : significat ergo aperte speciem et colorem differre specifice. Praeterea de speciebus intelligibilibus constat conclusio. Sunt enim accidentia spiritualia, res autem cognita saepe est substantia, vel res materialis* ».

3. G. Vázquez, *Commentaria ac disputationes in primam partem sancti Thomae*, d. XXXVIII, chap. IV, *in* G. Vázquez, *Opera Omnia*, Lyon, H. Cardon, 1619, I, p. 149b : « *nulla ratione probari [potest], speciem et obiectum illius debere esse eiusdem rationis, et naturae inter se [...]. Nam similitudo repraesentans substantiam, vel Angelum, non debet esse substantia, aut Angelus : id quod de ipsa cognitione manifestum est* ».

4. *Ibid.*, p. 150b : « *ex eo quod aliqua repraesentatio, vel cognitio sit infiniti obiecti non sequi ipsam, sive in genere repraesentationis, sive cognitionis, quod est proprium esse ipsius in seipsa intrinsece, et formaliter infinitam esse : sed solum circa infinitum versari, vel illud repraesentando, vel cognoscendo. Est igitur infiniti, sed non infinita : quare non sequitur, eiusdem fore naturae cum Deo, sed multo inferioris ordinis* ».

opérativement »[1], non grâce à leur nature, mais par une capacité de représentation qui ne provient pas de leur mode d'être. Or les passages thomistes qui, selon Suárez, auraient donné lieu à la thèse selon laquelle il doit y avoir une ressemblance par nature entre représentant et représenté sont *exclusivement* ceux qui se réfèrent à l'impossibilité de connaître Dieu à travers un concept[2]. Dans ces passages, pour justifier l'impossibilité de connaître conceptuellement l'infini, Thomas aurait assimilé à tort la capacité de représentation, c'est-à-dire la condition de toute connaissance, à la ressemblance par nature. La « *ratio* » dont parle Thomas n'est rien d'autre que la nature de l'espèce. Selon Suárez, c'est la seule manière de comprendre pourquoi Thomas exclut que le fini puisse représenter l'infini. Si, au contraire, on renonce à la nécessité, pour la représentation, d'une ressemblance par nature, la représentation de l'infini à travers le fini ne pose plus de problème. Pour le dire autrement, Suárez s'adapte à l'opération de Scot et prétend que la distinction entre *être* et *représenter* doit être prise au sens le plus fort, c'est-à-dire au sens où la représentation ne demande aucune communauté d'être entre représentant et représenté. Celui qui, au contraire, soutient la nécessité d'une forme de communauté, refuse simplement la distinction entre être et représenter et utilise la « *ratio* », censée créer un lien entre représentant et représenté, comme s'il s'agissait d'un type d'être, d'une nature[3].

Au premier abord, l'accusation de Suárez semble très inappropriée. On l'a vu, Thomas fut le premier à accepter la distinction entre ressemblance par nature et ressemblance par représentation. Cependant, Suárez a en substance raison, et le texte de Cajétan le montre. Seul un lien de nature – un lien tout particulier, comme celui qui unit l'espèce immatérielle dans

1. Suárez, *De Anima*, l. III, chap. 2, n. 20, in *Id.*, *Opera Omnia*, *op. cit.*, l. III, p. 259b. Dans les *Disputationes metaphysicae*, la discussion sur la représentation sans ressemblance est insérée à l'intérieur de la question de la possibilité d'une connaissance distincte de Dieu à travers une espèce finie. Cf. *Disp.* XXX, s. XI, n. 27-35.

2. *ST*, I, qu. 12, art. 2 et *Somme contre les Gentils*, II, 98 et III, 49.

3. Suárez prend aussi le parti de Scot lorsqu'il tire un argument en faveur de la possibilité de représenter Dieu à travers une espèce de la thèse thomiste selon laquelle l'esprit fini peut accéder à la vision de Dieu seulement grâce au *lumen gloriae*. Cf. *Disputationes metaphysicae*, *Disp.* XXX, s. XI, n. 27. Suárez ajoutait qu'il était inutile d'objecter que le cas était différent, dans la mesure où il faudrait, dans l'espèce, une ressemblance avec le connu, qui n'est pas nécessaire dans le cas du *lumen gloriae*. Cette objection « *videtur [...] supponere speciem esse imaginem, et formalem similitudinem, quod falsum est* » (*Ibid.*, n. 30). L'absence de ressemblance entre l'espèce et l'objet qu'elle représente est ainsi utilisée par Suárez pour renforcer l'argument de la possibilité de représenter l'infini à travers le fini, que Scot avait tiré des fonctions que Thomas avait attribuées au *lumen gloriae*. Sur cette section de la *Disp.* XXX, voir également *supra*, chap. III, n. 2, p. 130.

l'esprit et la forme incarnée dans la chose – rend possible la représentation du monde extérieur de façon sélective et ciblée, pensait le thomiste Cajétan (la distinction entre être et représentation « est seulement une distinction entre différentes conditions d'être »[1]). Si cette ressemblance tombe, n'importe quelle chose peut représenter n'importe quelle autre, et la correspondance entre concept et chose sera purement arbitraire, c'est-à-dire qu'il n'y aura plus représentation mais signification, et de surcroît signification arbitraire. À la représentation par ressemblance, Suárez opposait la production du concept à travers un acte de l'esprit autonome par rapport à l'impression de l'objet. Il révélait ainsi cet autre présupposé présent dans le refus de la représentation à travers des images : l'abandon d'une position rigoureusement empiriste – comme l'avait été celle de Thomas, le premier entre tous à avoir vraiment suivi de près Aristote –, et le fait d'opter pour un rôle actif de l'esprit dans la production du concept[2].

Tel est le contexte théorique dans lequel le choix de représenter l'infini à travers un concept fini devient possible : le renoncement à la représentation par ressemblance, rendu à son tour possible par la prise de distance vis-à-vis de l'abstraction aristotélicienne et de la passivité de l'esprit devant le fantasme sensible. Que la représentation par ressemblance et l'impossibilité de représenter l'infini par le fini aillent ensemble, on peut le constater grâce à cet autre grand philosophe ayant accepté la thèse scotiste selon laquelle il est possible de représenter l'infini à travers un concept fini, à savoir Descartes. Certes Descartes refuse également l'idée d'une représentation par ressemblance et fait explicitement référence à l'institution de la nature, donc à un événement arbitraire originaire, dont l'arbitraire réside précisément dans le fait de lier des événements différents, pour expliquer la connexion entre les mouvements corporels et les idées correspondantes ; le rapport entre représentant et représenté est ensuite assimilé à celui qui existe entre signe et signifié, entre parole et chose, rapport arbitraire où la capacité de

1. Thomas d'Aquin, *Opera Omnia*, IV, p. 118, cité *supra*, n. 2, p. 224.

2. F. Suárez, *Disputationes metaphysicae*, *Disp.* XXX, s. XI, n. 32 : « *vera repraesentatio, quae per cognitionem fieri dicitur, solum est intentionalis, et in hoc solum consistit, quod res ita apprehenditur vel concipitur, sicut est. Et a nobis ita explicari potest ; quia per cognitionem ita inter nos ipsos res conceptas formamus, ut ex vi talis conceptus possimus res ipsas quasi depingere vel declarare quales sint. Haec autem repraesentatio formaliter dicitur per ipsum actum intelligendi, seu verbum, non quia in eo sit formalis convenientia, ut bene refutatum est, sed quia ipse actus est forma, quae informando intellectum, intentionaliter seu intelligibiliter illi refert obiectum : et hoc est formaliter repraesentare illud : species autem intelligibilis in hoc genere, potius effective, quam formaliter repraesentare dicetur, quia est primum principium efficiens actum, et determinans illum ad dictam formalem repraesentationem* ». Voir aussi, *supra*, n. 2, p. 130.

signifier ne doit rien à une relation fondée dans la nature des choses[1]. Le modèle linguistique proposé par Descartes pour remplacer celui de la représentation par ressemblance et l'idée de l'institution arbitraire de la nature illustrent bien la situation que Cajétan avait dénoncée, à l'encontre de Scot : si l'on renonce à la ressemblance, n'importe quelle chose peut en représenter une autre, le lien de représentation devenant aussi arbitraire que celui qui existe entre signe et signifié.

Malebranche est un cas atypique dans ce paysage philosophique. On a vu comment l'Oratorien acceptait l'interdiction thomiste d'une représentation de l'infini par le fini. C'est à Pierre-Sylvain Régis, qui adopta au contraire la thèse cartésienne, que l'Oratorien eut à se confronter sur ce point. Il eut alors à faire face à la fameuse distinction entre ressemblance par représentation ou par nature, à laquelle Régis avait fait référence en la considérant avec une forme de condescendance irrévérencieuse[2]. Malebranche n'avait

1. Cf. *Le Monde ou Traité de la lumière*, AT XI, 4, 3-17 : « Vous savez bien que les paroles, n'ayant aucune ressemblance avec les choses qu'elles signifient, ne laissent pas de nous les faire concevoir [...]. Or, si des mots, qui ne signifient rien que par l'institution des hommes, suffisent pour nous faire concevoir des choses, avec lesquelles ils n'ont aucune ressemblance : pourquoi la Nature ne pourra-t-elle pas aussi avoir établi certain signe, qui nous fasse avoir le sentiment de la Lumière, bien que ce signe n'ait rien en soi, qui soit semblable à ce sentiment ? ». On note que Descartes assimile explicitement les modifications physiques aux « signes », comme l'avait suggéré Cajétan, quand il avait voulu opposer la signification, où toute chose peut en représenter une autre, à la représentation par ressemblance. Sur la question, voir G. Cantelli, *La parola come similitudine dell'uomo. Una interpretazione del rapporto mente-corpo in Cartesio*, Napoli, Morano, 1992, et E. Angelini, *Somiglianza e dissomiglianza. La teoria della rappresentazione di Descartes tra realismo e idealismo*, *in* C. Ginzburg et E. Scribano (dir.), *Conversazioni per Alberto Gajano*, Pisa, ETS, 2005, p. 9-39.

2. *Cf.* P.-S. Régis, *Cours entier de philosophie*, Amsterdam, Huguetan, 1691, I, p. 194 : « On demande comment l'idée de Dieu qui est finie, peut représenter Dieu, qui est infini, puisqu'il n'y a aucune proportion du fini à l'infini. Nous répondons que l'idée de Dieu est à la vérité finie, quand on la considère selon son être formel, en tant qu'elle consiste dans la substance même de l'esprit; mais qu'il ne s'ensuit pas de là qu'elle ne doive passer pour infinie quant à la propriété qu'elle a de représenter son objet ». Dans sa *Réponse à M. Régis* de 1693, Malebranche répète que « le fini n'a point assez de réalité pour représenter immédiatement l'infini » (*OC* XVII-1, p. 286). Malebranche est conscient que son argument suivant lequel un être particulier comme une modalité de l'âme ne peut représenter quelque chose de général et d'infini « n'embarrasserait point un jeune homme qui soutient thèse, et qui sait se tirer d'affaire par un *distinguo*. Il répondrait hardiment : l'idée du cercle en général n'est rien de particulier : *Distinguo. In repraesentando : Concedo. In essendo : Nego.* Cela terminerait la dispute et tout le monde sortirait content. Mais si M. Régis me répondait sérieusement, qu'une modalité, quoique particulière de l'âme, peut représenter une figure en général, de même qu'il soutient qu'une idée finie peut représenter l'infini, ou une étendue qui n'a point de bornes, je lui répondrais que je ne suis pas satisfait. Car par ces mots, l'idée de cercle en général, ou l'idée de l'infini, je n'entends que ce que je vois,

aucunement l'intention d'adopter une position définie sur la question, ni de défendre par conséquent la représentation par ressemblance, pour la simple raison que, chez lui, les idées, dans la connaissance qu'elles permettent, ne sont pas différentes des choses elles-mêmes. Les idées ne représentent pas quelque chose, elles sont l'objet de la connaissance, et c'est pourquoi il n'y a pas de véritable théorie de la représentation chez Malebranche : « à l'égard de mes idées, je crois qu'elles ne me représentent qu'elles directement »[1]. Mais que le raisonnement par lequel Malebranche, à la suite de Thomas, exclut que le fini puisse représenter l'infini, fasse référence à une épistémologie aristotélicienne régie par le principe de la représentation par ressemblance, cela a été parfaitement compris par Fénelon, quand il entreprit de reprendre la preuve « de simple vue » de Malebranche.

Il ne fait aucun doute que Fénelon est très proche de Malebranche. La seconde et la quatrième preuve de l'existence de Dieu qu'il développe dans la seconde partie du *Traité de l'existence de Dieu*, dédiée à la preuve métaphysique de l'existence de Dieu, sont reprises de Malebranche[2]. La définition de Dieu comme « tout être » et la conséquence que Fénelon en tire, à savoir que Dieu n'est ni corps ni esprit, sont assurément malebranchistes[3]. Enfin, le chapitre sur l'immensité de Dieu, dans le même *Traité*, est très proche de la doctrine de l'étendue intelligible de Malebranche[4]. Et ce malgré le fait que Fénelon ait ensuite consacré une œuvre entière à la réfutation de Malebranche[5]. Or cette présence de Malebranche, dans un passage central et crucial de la métaphysique de Fénelon, est aussi le signe d'un choix anti-cartésien. À son tour, le choix en faveur de Malebranche, contre Descartes, est en même temps un choix en faveur de certains aspects du thomisme que Descartes avait rejetés, et que Malebranche et Fénelon,

quand je pense au cercle ou à l'infini. Or, ce que je vois actuellement est général ou infini. Certainement l'idée du cercle en général ne me représente rien qu'elle-même. Car il est évident qu'il n'y a point au monde de cercle en général » (*ibid.*, p. 302).

1. *Ibid.*, p. 303.

2. F. Fénelon, *Traité de l'existence de Dieu*, in *Id.*, *Œuvres*, J. Le Brun (éd.), Paris, Gallimard, 1983-1997, vol. II, p. 615 : « Seconde preuve. Tirée de l'idée que nous avons de l'infini » ; p. 632 : « Nouvelle preuve de l'existence de Dieu, tirée de la nature des idées ».

3. *Ibid*, chap. v, p. 642, *De la nature et des attributs de Dieu :* « Dieu [...] a tout l'être du corps, sans être borné au corps ; tout l'être de l'esprit, sans être borné à l'esprit [...]. Il est tellement tout être, qu'il a tout l'être de chacune de ses créatures, mais en retranchant la borne qui la restreint ».

4. *Ibid*, p. 667 *sq*.

5. *Réfutation du Système du P. Malebranche sur la nature et la grâce*, *in* Fénelon, *Œuvres*, *op. cit.*, II, p. 327-505.

au contraire, partagent[1]. C'est ce qui se produit dans la seconde preuve de l'existence de Dieu développée dans le *Traité de l'existence de Dieu*[2].

L'analyse la plus complète des preuves de l'existence de Dieu de Fénelon est encore celle d'Henri Gouhier. Selon lui, les trois premières preuves de Fénelon constitueraient une reprise des trois preuves élaborées par Descartes dans les *Méditations*. La deuxième preuve, tirée de l'idée de l'infini, serait une reprise de la première preuve élaborée par Descartes dans la *Troisième Méditation*, la preuve *a posteriori*, qui cherche la cause de l'idée de l'infini présente dans l'esprit. La preuve de Fénelon présenterait cependant un développement la rapprochant également de Malebranche : en effet, celle-ci reprend la thèse malebranchienne selon laquelle l'infini ne peut être représenté par une idée finie, ce qui l'apparente à la preuve « de simple vue ». Gouhier présentait le tournant malebranchien de Fénelon comme une torsion naturelle, une conséquence logique de l'adhésion à la preuve *a posteriori* cartésienne. L'attitude mystique de Fénelon, d'un côté, et le fait, d'un autre côté, que « l'idée de Dieu n'est pas une idée comme les autres »[3], chez Descartes, porterait Fénelon à passer naturellement de la présence en moi de l'idée de Dieu à la présence de Dieu lui-même en l'esprit. En somme, il n'y aurait pas de conflit entre l'inspiration cartésienne et l'inspiration malebranchienne, en vertu d'une continuité originaire entre Descartes et Malebranche, déjà soulignée par Ferdinand Alquié[4], sur la singularité de l'idée de Dieu.

Mais, ainsi que nous avons tenté de le montrer, la preuve « de simple vue », chez Malebranche, s'oppose radicalement à la preuve cartésienne, et l'argumentation par laquelle Fénelon la fait sienne souligne encore plus l'étrangeté de la preuve malebranchienne à l'égard de toute la philosophie de Descartes. Le développement de la deuxième preuve fénelonienne suit fidèlement les étapes de la preuve « de simple vue » chez Malebranche. Fénelon commence par constater la présence, dans l'esprit, d'une idée positive de l'infini : « Il est [...] constant que j'ai une idée précise de l'infini [...]. L'idée même que j'ai de l'infini n'est ni confuse ni négative »[5]. Ensuite, il constate l'impossibilité qu'une chose finie représente l'infini :

1. D'ailleurs, Fénelon rejette ensuite Malebranche quand il lui semble que l'Oratorien s'éloigne de Thomas. Nous renvoyons à notre article intitulé « Fénelon contro Malebranche sulla contingenza del mondo », *in* L. Simonutti (dir.), *Dal necessario al possibile*, Milano, Franco Angeli, 2001, p. 245-263.

2. Fénelon, *Œuvres*, *op. cit.*, II, p. 506-682.

3. H. Gouhier, *Fénelon philosophe*, Paris, Vrin, 1977, p. 150.

4. F. Alquié, *Le cartésianisme de Malebranche*, *op. cit.*

5. Fénelon, *Œuvres*, *op. cit.*, II, p. 515.

« Rien de ce qui est fini ne peut me la donner : car le fini ne représente point l'infini, dont il est infiniment dissemblable »[1]. Pour qu'une chose puisse représenter l'infini, elle devrait être elle-même infinie, dès lors que seul l'infini peut représenter l'infini. Il s'agirait alors d'un second Dieu. Mais ce second Dieu qui devrait représenter le premier ne pourrait être contenu dans le moi fini : « Si ce que j'aperçois est l'infini même immédiatement présent à mon esprit, cet infini est donc ; si au contraire ce n'est qu'une représentation qui s'imprime en moi, cette ressemblance de l'infini doit être infinie ; car le fini ne ressemble en rien à l'infini, et n'en peut être la vraie représentation »[2]. C'est pourquoi l'hypothèse selon laquelle Dieu serait connu par représentation est exclue, et Fénelon conclut, avec Malebranche, que c'est Dieu lui-même qui est présent à l'esprit. Comme chez Malebranche, l'impossibilité d'une connaissance représentative de Dieu porte à conclure, à partir de la connaissance de Dieu, à l'existence de Dieu : « Il faut donc conclure invinciblement que c'est l'être infiniment parfait qui se rend immédiatement présent à moi quand je le conçois, et qu'il est lui-même l'idée que j'ai de lui »[3].

Comme chez Malebranche, la preuve de Fénelon concerne l'impossibilité de représenter l'infini par le fini. Cela suffirait à qualifier d'anti-cartésienne la preuve de Fénelon, comme l'était celle de Malebranche. Toutefois, les raisons que Fénelon donne pour justifier l'impossibilité de représenter l'infini par le fini ne reprennent pas à la lettre celles de Malebranche. L'Oratorien avait insisté sur le caractère créé de l'idée l'empêchant de représenter l'infini : « On ne peut concevoir que quelque chose de créé puisse représenter l'infini »[4] et, ensuite, sur la disproportion entre la réalité du fini et celle de l'infini : « rien de fini ne peut avoir assez de réalité pour représenter l'infini »[5]. À ces raisons s'ajoutait un argument lié à la nature des idées. Comme les idées sont des archétypes et que Dieu n'a pas d'archétype, Dieu ne peut être représenté par une idée. Fénelon, au contraire, avance une seule raison : le fini ne peut représenter l'infini parce qu'*il ne ressemble pas à l'infini :* « tout ce qui n'est point précisément l'infini, de quelque grandeur énorme qu'il soit, est infiniment éloigné de lui ressembler »[6] ; « le fini ne représente pas l'infini, dont il est infiniment différent ; [...] le

1. *Ibid.*, p. 617.
2. *Ibid.*
3. *Ibid.*, p. 618.
4. *Recherche*, *OC*, I, p. 449.
5. *Entretiens sur la métaphysique et sur la religion*, *OC*, XII-XIII, p. 55.
6. Fénelon, *Traité de l'existence de Dieu*, dans *Œuvres*, *op. cit.*, II, p. 616.

fini ne ressemble en rien à l'infini, et ne peut en être la vraie représentation »[1]. La ressemblance entre le représentant et le représenté est donc la condition de la représentation, or c'est cette condition qui manque dans le cas de la relation entre tout concept et Dieu.

La raison avancée par Fénelon pour exclure le fait que le fini puisse représenter l'infini peut s'étendre à tous les cas dans lesquels il n'y a pas de ressemblance. De fait, quelques pages plus loin, dans la quatrième preuve de l'existence de Dieu, Fénelon fournit la même raison à l'envers : cette fois, c'est l'universel qui ne peut représenter l'individuel, parce qu'il ne lui ressemble pas : « Les idées universelles, nécessaires et immuables, ne peuvent les représenter [les individus] *parce qu'elles ne ressemblent en rien aux individus*, qui sont contingents, muables et particuliers »[2].

Le mot qui n'était pas apparu sous la plume de Malebranche – le manque de *ressemblance* entre fini et infini – est au centre de l'argumentation de Fénelon, indice éloquent de l'épistémologie au sein de laquelle est née l'interdiction d'une représentation de l'infini par le fini. Ainsi insérée dans un contexte où l'impossibilité de connaître Dieu par un concept est justifiée par l'acceptation de la représentation par ressemblance, la preuve de Fénelon révèle toute la distance qu'elle maintient irréductiblement, non seulement avec la théologie cartésienne, mais avec tout ce contexte philosophique dans lequel la représentation de l'infini par le fini avait été pensée et justifiée.

Certes, Fénelon n'est pas un philosophe de premier rang. On doit s'attendre par conséquent à une forme d'éclectisme de sa part, qui se vérifie dans la reprise, à côté de la preuve « de simple vue » malebranchienne, de la preuve *a priori* que Descartes avait élaborée dans la *Cinquième Méditation*[3]. Mais on doit noter que Fénelon ne se sert en aucune manière de la première preuve *a posteriori* de la *Troisième Méditation*, celle qui prenait pour prémisse la présence en moi de l'idée de Dieu, où le caractère créé de l'idée de Dieu était partie intégrante de la preuve même. Dans la *Troisième Méditation*, Descartes avait repris cette même preuve sous une forme adaptée à l'esprit du lecteur ordinaire, qui aurait pu hésiter devant le caractère inédit de cette recherche de la cause d'une idée. Essayons de chercher, avait alors suggéré Descartes, non pas la cause de l'idée de Dieu, mais la cause du fait que je possède en moi l'idée de Dieu. Or Fénelon, dans la

1. Fénelon, *Traité de l'existence de Dieu*, dans *Œuvres*, *op. cit.*, II, p. 617.

2. *Ibid.*, p. 638 (n. s.).

3. *Ibid.*, p. 619 : « Troisième preuve. Tirée de l'idée de l'être nécessaire », mais elle aussi, avec une inflexion malebranchienne, p. 622-623 : « Qui l'y a mise [l'idée d'un être nécessaire et infiniment parfait], si ce n'est vous ? *Ou plutôt cette idée n'est-elle pas vous-même ?* » (n. s.).

première preuve « purement intellectuelle » de son *Traité de l'existence de Dieu*, non seulement ne reprendra pas la première formulation de la preuve *a posteriori* de Descartes, mais, en reprenant la seconde formulation, éliminera complètement la présence de l'idée de Dieu[1]. C'est du moi et seulement du moi que Fénelon cherche la cause. Ayant décidé, avec Malebranche, d'identifier l'idée de Dieu avec Dieu lui-même, et de rejeter fermement la possibilité de représenter l'infini par le fini, Fénelon n'a pas su où placer cette preuve qui mettait l'idée de Dieu parmi les effets finis de Dieu. Il a préféré supprimer cette idée créée, là où il lui était possible de le faire.

1. *Ibid.*, p. 612 *sq*.

CHAPITRE VII

LES BIENHEUREUX DE SPINOZA

L'*Éthique* est le point d'aboutissement d'un long parcours de réflexion sur la possibilité d'accéder au salut et à la béatitude par la connaissance. Ce parcours commence avec le *Traité de la Réforme de l'Entendement* et se poursuit avec le *Court Traité*. Dans le *Traité de la Réforme de l'Entendement*, Spinoza énonce ainsi son programme : il s'agit de rechercher l'amour « pour une chose éternelle et infinie », parce que ce dernier « repaît l'âme uniquement de joie »[1]. Ce programme ne changera pas jusqu'à l'*Éthique :* l'amour pour Dieu est le souverain bien[2]; la connaissance intuitive engendre « l'amour envers une chose immuable et éternelle »[3]. La fin ultime de la philosophie spinozienne se situe dans cet accès à la dimension de l'éternité et – ajoute l'*Éthique* – de l'immuabilité. Le programme spinozien, dans son énonciation, évoque la sagesse augustinienne ou, si l'on veut, l'accès au divin de la philosophie néoplatonicienne. Car il ne s'agit pas seulement d'avoir une connaissance immuable du muable, comme dans la science dont Aristote fut considéré comme le parangon; il s'agit plutôt de réaliser l'union avec l'éternel et l'immuable, union dont Platon, par excellence, s'était fait l'interprète.

1. *Traité de la Réforme de l'Entendement* § 9 : « *Sed amor erga rem aeternam, et infinitam sola laetitia pascit <animum>* ». Pour les citations du *Traité de la Réforme de l'Entendement* et du *Court Traité*, nous utilisons l'édition suivante : Spinoza, *Premiers écrits*, F. Mignini (éd.), trad. fr. M. Beyssade et J. Ganault, Paris, P.U.F., 2009 (n.d.l.t.).

2. Spinoza, *Éthique*, V, 20, dém. Le texte figure dans Spinoza, *Opera*, hrsg, C. Gebhardt, C. Winter, Heidelberg, 1925, vol. II. Pour la traduction française de l'*Éthique*, nous utilisons l'édition suivante : Spinoza, *Éthique*, édition bilingue latin-français, présentation et traduction de B. Pautrat, Paris, Seuil, 2010 (n.d.l.t.).

3. *Éthique*, V, 20, scolie.

LE *COURT TRAITÉ*. DIEU ET LE CORPS

Dès le *Traité de la Réforme de l'Entendement*, on l'a vu, le chemin de la béatitude passe par la connaissance. Pour identifier le type de connaissance qui, mieux que tout autre, est en mesure de procurer la béatitude, Spinoza propose pour la première fois de diviser la connaissance en différents genres et d'analyser ensuite leurs caractéristiques[1]. Il s'agit d'un procédé qui sera repris dans le *Court Traité* et dans l'*Éthique*. Dans son œuvre majeure, on le sait, Spinoza distinguera trois genres de connaissance : la première, inadéquate, est issue du témoignage écrit ou oral, ou de la perception sensible ; la deuxième, adéquate, est la connaissance rationnelle inférentielle qui procède des notions universelles et des propriétés communes ; enfin, la troisième, adéquate, est la connaissance intuitive, qui se révèlera par la suite être le moyen du salut : elle part de la connaissance de Dieu et en dérive la connaissance des étants particuliers.

La théorie des genres de connaissance présente dans le *Traité de la Réforme de l'Entendement* n'est pas superposable mécaniquement aux efforts de théorisation des œuvres suivantes[2]. C'est dans le *Court Traité* que les genres de connaissance prennent leur forme définitive. Ils sont au nombre de trois. Le premier genre est inadéquat et les deuxième et troisième sont adéquats : « ces concepts, ou 1) nous les obtenons simplement par croyance (laquelle naît ou par expérience ou par ouï-dire) ; 2) ou encore nous les recevons par une croyance vraie ; 3) ou nous les avons par une compréhension claire et distincte. Le premier cas est communément sujet à l'erreur. Les deuxième et troisième, bien qu'ils diffèrent l'un de l'autre,

1. *Traité de la Réforme de l'Entendement*, § 18.

2. Voir ce que dit F. Mignini, « Pour la datation et l'interprétation du "*Tractatus de intellectus emendatione*" de B. Spinoza », *La Cultura* 17, 1979, p. 87-160. F. Mignini s'appuyait aussi sur les caractéristiques des genres de connaissance tels qu'ils sont théorisés dans le *Traité* pour proposer de situer la rédaction du *Traité de la Réforme de l'Entendement* avant celle du *Court Traité*. Nous nous en tenons ici aux résultats de cet essai.

Malgré la diversité de leurs interprétations, les commentateurs s'accordent cependant pour voir dans le quatrième genre de connaissance du *Traité de la Réforme de l'Entendement* la connaissance intuitive, c'est-à-dire le troisième genre de connaissance de l'*Éthique*, et dans le troisième genre de connaissance du *Traité* la connaissance rationnelle, c'est-à-dire le second genre de l'*Éthique*, G. H. R. Parkinson, *Spinoza's Theory of Knowledge*, Oxford, Clarendon Press, 1954, p. 182-185 ; E. E. Harris, *Salvation from Despair. A Reappraisal of Spinoza's Philosophy*, Den Haag, M. Nijhoff, 1973, p. 107 *sq.* ; E. M. Curley, « Experience in Spinoza's Theory of Knowledge », *in* M. Grene (dir.), *Spinoza. A Collection of Critical Essays*, New York, Garden City, 1979, p. 25-29, et S. Carr, « Spinoza's Distinction between Rational and Intuitive Knowledge », *The Philosophical Review* 87, 1978, repris dans V. Chappell, *Baruch de Spinoza*, New York-London, Garland Publishing, 1992, p. 1-12.

ne peuvent cependant pas se fourvoyer »[1]. On trouve deux exemples permettant d'illustrer ce qu'est la connaissance inadéquate : le cas de celui qui a entendu dire que, pour trouver le quatrième nombre proportionnel, il faut multiplier le second nombre par le troisième et diviser le résultat par le premier, et accomplit cette opération comme un perroquet, sans en comprendre le sens. On trouve, au contraire, le cas de celui qui déduit la règle de certains calculs particuliers. Celui-ci se montre plus avisé, mais n'est pas à l'abri de l'erreur, parce que le raisonnement inductif ne permet pas d'accéder à la connaissance universelle : « comment peut-il être certain que l'expérience de quelques cas particuliers puisse lui donner une règle pour tous les cas[2] ? ». Le second genre de connaissance, la croyance vraie, est l'œuvre de la raison. Elle se sert, comme prémisse du raisonnement, des propriétés universelles, comme on le voit dans l'exemple du quatrième proportionnel : « Un troisième [...] demande [la règle] à la vraie raison. Celle-ci alors lui dit que pour la propriété de la proportion entre tels nombres il n'en peut résulter qu'ainsi et pas autrement »[3]. Pour la première fois, Spinoza utilise le terme de « raison » pour désigner la faculté qui préside à ce genre de connaissance. La connaissance rationnelle dont il est question dans le *Court Traité* avait déjà été prise en considération, en tant que troisième genre de connaissance, dans le *Traité de la Réforme de l'Entendement*, mais elle comprenait alors également le raisonnement *a posteriori*, ce qui empêchait de la considérer comme une connaissance adéquate[4]. Dans le second genre de connaissance du *Court Traité*, au contraire, toute référence à la connaissance *a posteriori* disparaît, et la connaissance par les propriétés universelles devient pleinement adéquate. Si, dans le *Traité de la Réforme de l'Entendement*, on rappelait les limites du raisonnement *a posteriori* en mentionnant la description du syllogisme du « *to hoti* » aristotélicien[5], cette fois, ce sont les avantages de la connaissance

1. *Court Traité*, II, I, 2.
2. *Ibid.*, II, I, 3.
3. *Ibid.*
4. *Traité de la Réforme de l'Entendement*, § 19 : « Il y a perception où l'essence d'une chose est conclue à partir d'une autre chose, mais de manière non adéquate ; ce qui a lieu soit quand à partir de quelque effet nous inférons une cause, soit quand on tire une conclusion de quelque universel toujours accompagné de quelque propriété ».
5. Cf. *Traité de la Réforme de l'Entendement*, § 20, note : « Lorsque cela a lieu, nous n'avons de la cause aucune compréhension en dehors de ce que nous considérons dans l'effet. Ce qui se voit assez du fait que la cause n'est alors expliquée qu'en termes très généraux comme ceux-ci, *Donc il y a quelque chose, Donc il a quelque puissance, etc.* ; ou encore du fait qu'on l'exprime de manière négative, *Donc ce n'est pas ceci, ou cela, etc.* ». *Cf.* Aristote, *Seconds analytiques*, I, 13, 78a, 22-23, trad. fr. J. Tricot, Paris, Vrin, 2012, p. 81 : « La connaissance du *fait* diffère de la connaissance du *pourquoi* ». C'est du

rationnelle qui se trouvent soulignés, avec un rappel du syllogisme scientifique aristotélicien : « nous appelons la deuxième *croyance* parce que nous ne voyons pas les choses que nous comprenons uniquement par la raison, mais nous les saisissons seulement par une conviction intellectuelle qu'il doit en être ainsi et non autrement »[1]. Nécessité et universalité sont les caractéristiques du savoir produit par la raison grâce aux propriétés universelles des choses, par opposition aux limites de l'induction. La voie de la science, à travers son instrument privilégié, la raison, a trouvé une place clairement définie.

La connaissance rationnelle est opposée à la connaissance immédiate ; cette dernière trouve un exemple, comme dans le *Traité de la Réforme de l'Entendement*, dans la perception immédiate du quatrième nombre proportionnel : « un quatrième, cependant, possédant la connaissance la plus claire, n'a besoin ni du ouï-dire, ni de l'expérience, ni de l'art de raisonner, car par son intuition il voit immédiatement la proportion et tous les calculs »[2]. La connaissance intuitive, appelée « connaissance claire » dans le *Court traité*, est assimilée à une expérience sensible produisant des émotions : « mais nous appelons *connaissance claire* celle qui ne consiste pas en une conviction de la raison, mais en un sentiment et une jouissance de la chose elle-même, et qui va bien au-delà des autres »[3].

Une hiérarchie de valeur très nette s'est établie entre les deux formes de connaissance adéquate : la connaissance intuitive surpasse la connaissance déductive. En effet, la connaissance discursive « nous montre bien ce qu'il convient que soit la chose, mais non ce qu'elle est véritablement. Et c'est la raison pour laquelle elle ne peut jamais nous faire nous unir avec la chose en laquelle nous croyons »[4], et elle n'est bonne « que par cela seul qu'elle est la voie vers la connaissance vraie, nous éveillant aux choses véritablement dignes d'amour, en sorte que la fin dernière que nous recherchons et la plus élevée que nous connaissions est la *connaissance vraie* »[5].

syllogisme *a posteriori* d'Aristote, comme on le sait, qu'est née la théologie négative de Thomas.

1. *Court Traité*, II, II, 2. *Cf.* Aristote, *Seconds analytiques*, I, 2, 71b, *op. cit.*, p. 19 : « Nous estimons posséder la science d'une chose d'une manière absolue, et non pas, à la façon des Sophistes, d'une manière purement accidentelle, quand nous croyons que nous connaissons la cause par laquelle la chose est, que nous savons que cette cause est celle de la chose, et qu'en outre *il n'est pas possible que la chose soit autre qu'elle n'est* » (n. s.).

2. *Ibid.*, II, I.

3. *Ibid.*, II, II, 3.

4. *Ibid.*, II, IV, 2.

5. *Ibid.*, II, IV, 9.

Bien que la science discursive soit reconnue comme étant pleinement adéquate, il n'en reste pas moins impossible de s'en remettre à elle pour atteindre la béatitude, qui n'est accessible que par la connaissance immédiate. Spinoza cherche dans la connaissance une voie qui mène à la perfection. Autrement dit, il exige que la connaissance ait des effets pratiques. Or, dans le *Court Traité* apparaît une doctrine qui rend impossible la quête de la béatitude par la connaissance rationnelle et inférentielle : on comprend alors pourquoi, bien qu'elle soit adéquate, la connaissance rationnelle est incapable d'engendrer la béatitude. La connaissance rationnelle n'est pas une expérience directe et, comme telle, elle ne peut produire l'union avec la chose connue. Le second genre de connaissance n'a pas l'immédiateté du « sentir » et du « jouir ». La connaissance rationnelle concerne une chose qui reste « hors de nous », alors que, dans le troisième genre de connaissance, la chose se trouve « à l'intérieur » de nous. Le fait que la raison nous montre « ce qu'il convient que soit la chose, mais non ce qu'elle est véritablement » est précisément le motif pour lequel « elle ne peut jamais nous faire nous unir avec la chose en laquelle nous croyons »[1]. La raison fournit bien « la connaissance du bien et du mal et nous indique toutes les passions qui doivent être supprimées »[2], mais elle est incapable d'agir sur elles. Le fait est que les passions sont une expérience directe, alors que la raison ne l'est pas et, comme Spinoza le répètera dans l'*Éthique*, on ne peut combattre les passions par des raisonnements[3]. La raison produit la connaissance que Scot aurait appelée « abstractive ». Cette connaissance permet d'agir sur les passions qui proviennent du « ouï-dire », mais ne peut rien sur celles qui sont provoquées par une expérience directe[4]. Bref, la connaissance rationnelle n'a pas d'effet sur les émotions et ne peut combattre, pour cette raison, les passions en acte. Le raisonnement « n'est pas ce qu'il y a en nous de plus important, mais n'est qu'une sorte d'escalier par lequel nous montons jusqu'à l'endroit souhaité »[5].

Là où la raison échoue, l'entendement, au contraire, réussit[6], précisément parce que la connaissance intellectuelle « ne dérive d'aucune autre chose,

1. *Ibid.*, II, IV, 2.
2. *Ibid.*, II, IV, 4.
3. *Éthique*, IV, 7 et 14.
4. *Court Traité*, II, XXI, 2 : « Et parce que ce que nous rencontrons en nous-mêmes a plus de pouvoir sur nous que ce qui nous vient de l'extérieur ; il s'ensuit que la raison peut être la cause de la destruction de ces opinions que nous ne tenons que du ouï-dire [...] mais en aucun cas de celles que nous tenons de l'expérience ».
5. *Ibid.*, II, XXVI, 6.
6. *Ibid.*, II, XIV, 2 : « Et lorsque nous démontrerons que la cause première et principale de toutes ces passions est la connaissance, il apparaîtra clairement que, usant bien de notre

sinon d'une manifestation immédiate de l'objet lui-même à l'entendement »[1]. Elle a donc toutes les caractéristiques de l'expérience directe et peut ainsi combattre les passions qui dérivent de l'expérience. Seul le troisième genre de connaissance conduit à une intellection claire « par laquelle nous aimons Dieu »[2].

Les deux objets que Spinoza indique comme exemples de connaissance immédiate dans le *Court Traité* sont le corps et Dieu, et c'est avec ces deux objets que s'instaure une alternative radicale[3], puisqu'ils possèdent tous deux la même caractéristique : s'ils sont connus, ils le sont par expérience et par contact immédiat. La caractéristique qui importe, dans le troisième genre de connaissance, n'est pas son adéquation, mais sa présence immédiate; Spinoza se contente même, dans le cas de Dieu, d'une connaissance qui

entendement et de notre raison, nous ne pourrons jamais tomber dans une de celles que nous devons rejeter. Je dis notre entendement, car je ne pense pas que la raison soit capable à elle seule de nous en libérer, comme nous le prouverons plus loin, en son lieu ».

1. *Ibid.*, II, XXII, 1.

2. *Ibid.*, II, IV, 3. Contre le fait que seule la connaissance intellectuelle puisse mener à l'union et à l'amour de Dieu, on peut citer ce passage du *Court Traité*, II, 4, 3 : « Le deuxième effet de la croyance vraie est qu'elle nous conduit à une claire compréhension, par laquelle nous aimons Dieu, et nous fait ainsi percevoir intellectuellement les choses qui ne sont pas en nous, mais en dehors de nous ». C'est en s'appuyant sur ce passage que H. G. Hubbeling a pu soutenir que l'amour de Dieu pouvait être également atteint par le second genre de connaissance – la croyance vraie –, ce qui semble en effet être le sens le plus évident de ce passage (H. G. Hubbeling, « The Third Way of Knowledge (Intuition) in Spinoza », *Studia spinozana* 2, 1986, p. 219-231). Toutefois, s'il en était ainsi, tout ce qu'affirme Spinoza par la suite au sujet des limites de la raison serait bien incongru. C'est pourquoi F. Mignini, dans son commentaire du *Court Traité*, propose, malgré quelques hésitations, de renvoyer l'amour de Dieu à la connaissance du troisième genre. *Cf.* Spinoza, *Korte Verhandeling/ Breve Trattato*, intro, éd., trad. et comment. F. Mignini, L'Aquila, L. U. Japadre editore, p. 600 : « *Sembra [...] che il testo non sia da intendere nel senso che la stessa convinzione possa divenire quella 'conoscenza chiara mediante la quale amiamo Dio', ma nel senso che essa è una 'via alla conoscenza chiara', come si afferma nel § 9 dello stesso capitolo* ».

3. *Ibid.*, II, IV, 10 : « Mais cette connaissance vraie diffère encore selon les objets qui se présentent à elle; de telle manière qu'elle est d'autant meilleure qu'est meilleur l'objet avec lequel elle s'unit. Et c'est pourquoi est le plus parfait l'homme qui s'unit à Dieu (qui est l'être le plus parfait) et jouit ainsi de lui ». B. Rousset trouve dans ce passage la certitude que les objets de la connaissance du troisième genre sont indéterminés. *Cf.* B. Rousset, *La perspective finale de l'*Éthique *et le problème de la cohérence du spinozisme*, Paris, Vrin, 1968, p. 108 : « Dans le *Court traité*, Spinoza n'assigne pas à la connaissance du dernier genre un objet spécifique ». Mais le texte du *Court Traité* pose toujours une alternative entre le corps et Dieu. C'est le cas du passage de II, XIX, 14 : « et parce que le corps est ce que l'âme connaît en premier, il suit de là que l'âme l'aime autant et lui soit unie [...] *une fois que nous commençons à connaître Dieu d'une connaissance au moins aussi claire que celle par laquelle nous connaissons notre corps, nous devons alors lui être unis plus étroitement qu'à notre corps, et être comme dégagé du corps*. [...] et il en est ainsi parce que nous le connaissons et devons le connaître non par l'intermédiaire d'une chose *(comme c'est le cas de toutes les autres choses)*, mais seulement par lui-même » (n. s.).

n'est pas pleinement adéquate, pourvu que la présence de l'objet soit garantie : « lorsque nous parvenons à connaître Dieu de cette manière, nécessairement nous devons nous unir à lui [...]. Je ne dis pas que nous devons le connaître tel qu'il est, mais il est suffisant pour nous de le connaître d'une certaine manière pour lui être unis. Car même la connaissance que nous avons du corps n'est pas telle que nous le connaissions tel qu'il est ni parfaitement, et pourtant, quelle union ! quel amour[1] ! ». En vertu de son caractère d'expérience immédiate, la connaissance de Dieu a le pouvoir d'agir sur les autres passions dérivées de l'expérience et de les freiner.

L'insistance sur le caractère immédiat de la connaissance suprême, mais aussi sur son caractère expérientiel, dévoile le modèle de connaissance intuitive que Spinoza a en tête. Il ne s'agit pas seulement d'une connaissance non discursive, comme on pouvait encore le croire dans le *Traité de la Réforme de l'Entendement*, mais d'une appréhension de la chose présente en tant que présente, c'est-à-dire de l'intuition que Duns Scot avait opposée à l'abstraction[2], de cette intuition qui avait comme exemples emblématiques la vision sensible et la vision béatifique, et dans laquelle s'était logé l'idéal de la sagesse qu'Augustin avait modelé à partir de la noétique platonicienne. L'intuition spinozienne du *Court Traité*, comme la connaissance intuitive scotiste, s'oppose à la science, qui est une connaissance universelle et nécessaire de ce qui est absent. Et elle s'y oppose précisément parce que c'est l'idéal de la sagesse qu'elle poursuit. Le genre suprême de la connaissance spinozienne présente cette caractéristique qu'a la sagesse d'agir sur l'affect, d'avoir des implications et des conséquences sur les émotions. Telle est la description de la sagesse que propose le *Lexicon theologicum* d'Altenstaig :

> La sagesse diffère de la science. Parce que la sagesse est une connaissance des choses divines. La science, au contraire, est une connaissance des choses humaines. C'est pourquoi Augustin, *Sup. I Cor 12* dit : « La sagesse consiste dans la contemplation des choses éternelles. La science au contraire dans la contemplation des choses temporelles ». [...] Encore, selon Bernard, la science relève de l'entendement et convient seulement à celui-ci, mais la sagesse relève de l'affect, suivant son nom même, comme le dit Gerson, partie 3 du *De monte contemplationis*, chap. 5 : « la sagesse

1. *Ibid.*, II, XXII, 2.

2. C'est pourquoi il ne convient pas de rapprocher l'intuition spinozienne de l'intuition cartésienne des natures simples. Un exemple parmi d'autres : W. Röd, « Spinozas Idee der Scientia intuitiva und die Spinozanische Wissenschafteskonzeption », *Zeitschrift für Philosophische Forschung* 31, 1976 [p. 497-510], p. 500.

> est une science savoureuse, dont la saveur s'adresse à l'affect, au désir, à l'appétit et à la volonté de la personne à laquelle elle appartient »[1].

Même la dichotomie entre les objets de la connaissance intuitive reproduit les deux branches de l'intuition scotiste : l'expérience sensible et la vision de Dieu. Mieux : pour la connaissance expérientielle des choses finies et de Dieu, et donc pour la vision béatifique, Spinoza privilégie la dénomination utilisée au moins à partir de Duns Scot : elle est une connaissance « claire » – « nous appelons *connaissance claire* » ; « une connaissance aussi claire »[2].

Que le corps soit objet de connaissance par un contact immédiat et direct, cela semble évident pour Spinoza ; que Dieu le soit également, l'auteur l'annonce à plusieurs reprises : « que cette [...] connaissance, *qui est la connaissance de Dieu*, ne dérive d'aucune autre chose, mais qu'elle est immédiate, cela est évident par ce que nous avons démontré plus haut : *qu'il est la cause de toute connaissance qui serait connue par elle-même seulement et non par autre chose* »[3]. Spinoza montre, au moyen de deux séries d'arguments, que la connaissance de Dieu ne peut être qu'immédiate. La première fait référence à l'immanence et à l'union intrinsèque de l'entendement à Dieu : « *nous sommes ainsi unis à lui de telle manière par la Nature, que sans lui nous ne pouvons ni être, ni être conçus* »[4]. Il s'ensuit que Dieu ne peut être compris qu'immédiatement : « Et donc, parce qu'il y a entre Dieu et nous une union si étroite, il est évident que *nous ne pouvons le comprendre sinon immédiatement* »[5] ; « Et que cela arrive par quelque autre chose, sinon par la seule essence de Dieu et le seul entendement humain, nous le jugeons inutile ; car puisque ce qui en nous doit connaître Dieu est l'*Entendement*, et que celui-ci est uni si immédiatement à lui qu'il ne peut exister ni être conçu sans lui, de là il apparaît de manière irréfutable

1. J. Altenstaig, J. Tytz, *Lexicon theologicum*, Coloniae Agrippae, 1619 (première édition 1508), réimpr. anast. Hildesheim-New York, G. Olms Verlag, 1975, à l'entrée « Sagesse ». Il est fait référence à J. Gerson, *De monte contemplationis*, in *Id.*, *Opera Omnia*, Antwerpiae, 1706, réimpr. anast. G. Olms Verlag, Hildesheim, 1987, III [p. 542-579], p. 547 : « *scientia pertinet ad intellectum, et convenit isti soli ; sed sapientia ad affectum* ». *Cf.* également Guillaume de Saint-Thierry, *De natura et dignitate amoris*, 33, PL, 184, 397 c-d cité dans le *Dictionnaire de spiritualité*, à l'entrée « Sagesse » : « *Sapientia vero digne constituitur in mente [...]. Est autem mens vis quedam anime, qua Deo inheremus et Deo fruimur. Fruitio autem hec in sapore quodam divino est. Unde et* a sapore sapientia. *Sapor autem iste* in gustu quodam *est* » (n. s.).

2. *Court Traité*, II, II, 2 et II, XIX, 14.

3. *Ibid.*, II, XXII, 3.

4. *Ibid.*

5. *Ibid.* (n. s.).

qu'aucune chose ne peut être aussi étroitement liée à l'entendement sinon Dieu lui-même »[1].

Dans la seconde série d'arguments utilisée pour justifier l'immédiateté de la connaissance de Dieu, Spinoza souligne l'impossibilité de le connaître par un moyen fini : il est impossible de connaître Dieu « par quelque autre chose », en premier lieu parce que rien ne peut être plus connu que Dieu, dès lors qu'aucune chose ne peut être conçue sans Dieu ; mais, même dans l'hypothèse où quelque chose serait plus connu que Dieu, personne, dans ce cas, ne pourrait utiliser cette chose pour parvenir à la connaissance de Dieu. En effet, « comment serait-il possible [...] que nous puissions déduire une chose infinie et illimitée d'une chose limitée[2] ? ». Cet argument exclut la connaissance de Dieu par les effets[3], comme il exclut que Dieu puisse être connu par révélation ou par les miracles : « ainsi nous concluons, finalement, que pour se faire connaître lui-même à l'homme, Dieu ne peut user ni de mots, ni de miracles, ni de quelque autre chose créée, mais seulement de lui-même »[4] ; « une fois que nous commençons à connaître Dieu d'une connaissance au moins aussi claire que celle par laquelle nous connaissons notre corps, nous devons alors lui être unis plus étroitement qu'à notre corps, et être comme dégagés du corps »[5]. Il est frappant de voir que cette justification de l'immédiateté de la connaissance de Dieu fait conceptuellement écho au raisonnement par lequel Malebranche avait justifié la preuve « de simple vue », et Thomas, avant lui, la vision béatifique : la connaissance de Dieu est immédiate, parce qu'aucun moyen fini ne permet d'accéder à Dieu. Du reste, dans le *Court Traité*, la science intuitive permettant de conduire au salut – dans une parfaite résonance avec la béatitude de la théologie chrétienne – a pour objet *seulement* Dieu[6]. Pour le dire autrement, le *Court Traité* voit clairement la voie du salut dans la

1. *Ibid.*, II, XXIV, 11.
2. *Ibid.*, II, XXIV, 12.
3. *Ibid.* : « Car bien que nous ayons déjà observé quelques effets ou quelques ouvrages de la Nature dont la cause nous était inconnue, néanmoins, il nous est impossible de déduire de là qu'il doive se trouver dans la Nature une chose infinie et illimitée qui produise un tel effet. Comment pouvons-nous savoir, en effet, si de *multiples causes* ont concouru pour le produire, ou s'il n'y en avait qu'*une seule ?* Qui nous dira cela ? ». Spinoza reprend dans ce passage la critique de la preuve *a posteriori* dont les limites avaient été soulignées par Suárez et Descartes. Sur cette question, nous renvoyons à notre ouvrage *L'existence de Dieu. Histoire de la preuve ontologique de Descartes à Kant*, *op. cit.*
4. *Ibid.*, II, XXIV, 13.
5. *Ibid.*, II, XIX, 14.
6. M. Gueroult soulignait déjà ce point dans son *Spinoza*, Paris, Aubier, 1974, II, p. 606.

connaissance intuitive, par opposition à la connaissance abstractive, méthode scientifique de connaissance des choses absentes[1].

L'*ÉTHIQUE*. LES DEUX MONDES

Parmi les nombreux acquis du *Court Traité*, on peut s'attarder un temps sur cette alternative à laquelle l'homme est soumis durant sa vie : l'union avec Dieu ou l'union avec le corps. Seule la première porte en elle l'immortalité et la béatitude, étant donnée l'éternité de l'objet auquel l'esprit décide de s'unir. Cette dichotomie, réinterprétée de la façon que nous allons voir, constitue l'un des axes majeurs structurant l'*Éthique*.

Le rapport entre Dieu et le monde tel qu'il est théorisé par Spinoza dans l'*Éthique*, bien que fort différent de celui de la théologie traditionnelle, conserve certaines caractéristiques de la tradition théologique chrétienne et scolastique. C'est le cas, en premier lieu, du rapport entre essence et existence. Contrairement à ce qui advenait dans le cas de l'exemplarisme chrétien, chez Spinoza les essences sont toutes individuelles[2], et cependant il y a bien des essences, lesquelles peuvent être distinguées des existences et dépendent de Dieu[3]. Même quand un être n'existe pas, son essence est en Dieu, parce qu'avec Dieu est donné l'ensemble des conséquences qui découlent de sa nature, même quand celles-ci n'existent pas encore en acte[4]. En Dieu est inscrit l'ensemble des conditions qui porteront

1. Avant la révolution de la chronologie des œuvres de Spinoza opérée par F. Mignini, les spécialistes étaient unanimes pour considérer le *Court Traité* comme antérieur au *Traité de la Réforme de l'Entendement*. Dans ce contexte, J. Freudenthal (*Spinoza Leben und Lehre. Erster Teil : Das Leben Spinozas*, hrs. C. Gebhardt, C. Winter, Heidelberg, 1927, p. 105-112) parlait d'une influence néoplatonicienne et d'un privilège de l'intuition dans le *Court Traité*, auxquels aurait fait suite une propension pour la méthode cartésiano-rationnelle du *Traité de la Réforme de l'Entendement*. Si l'on revient sur la chronologie en suivant F. Mignini, le jugement de J. Freudenthal sur ces œuvres peut être conservé, et encore mieux mis à profit. Ainsi L'*Éthique* se retrouve-t-elle placée dans la continuité du néoplatonisme du *Court Traité* plutôt que de la méthode rationnelle du *Traité sur la Réforme de l'Entendement*. M. Messeri parle aussi d'une présence plus marquée de la méthode cartésienne dans le *Traité de la Réforme de l'Entendement* (voir M. Messeri, *L'epistemologia di Spinoza. Saggio sui corpi e le menti*, Milano, Mondadori, 1990, p. 250-253).

2. *Cf.* par exemple *Éthique*, II, 48, scolie.

3. *Ibid.*, I, 25.

4. *Ibid.*, II, 8 : « Les idées des choses singulières, autrement dit des manières, qui n'existent pas, doivent être comprises dans l'idée infinie de Dieu de même que les essences formelles des choses singulières, autrement dit des manières, sont contenues dans les attributs de Dieu » et corollaire. La définition II de la seconde partie semble aller dans une direction opposée : « Je dis appartenir à l'essence d'une chose ce dont la présence pose nécessairement

nécessairement à l'existence de chaque être, et le résultat de ces conditions génétiques, ce sont les rapports de repos et de mouvement qui, seuls, individuent un corps par rapport aux autres[1].

L'autre élément que Spinoza reprend à la tradition est la théorie du concours divin. De même que la théologie scolastique envisageait une double causalité pour les étants finis, celle des causes secondes et celle de Dieu, sans laquelle les étants finis ne pourraient continuer à exister, de même, pour Spinoza, toute existence peut être décrite selon une double

la chose, et dont la suppression supprime nécessairement la chose; ou encore, ce sans quoi la chose, et inversement ce qui sans la chose, ne peut ni être ni se concevoir ». Spinoza tient beaucoup à ce que le rapport entre essence et chose puisse être réversible; en effet, cette définition, déjà énoncée dans la préface de la seconde partie du *Court Traité*, entend exclure que l'on puisse conclure, du fait que les choses finies ne puissent ni être ni être conçues sans Dieu, que Dieu appartient à leur essence (*Éthique*, II, 10, scolie 2, et la même préface au *Court Traité*). Cette conclusion serait illégitime puisque, si les choses ne peuvent ni être ni être conçues sans Dieu, il n'est pas vrai que Dieu ne peut être ni être conçu sans les choses. Cette page de Spinoza a été souvent interprétée comme si Spinoza entendait affirmer qu'il n'y a pas d'essence s'il n'y a pas de chose existante, ce qui contredit évidemment *Éthique*, II, 8. Voir, à titre d'exemple, la note de E. Giancotti à cette définition dans son édition italienne de l'*Éthique*, Spinoza, *Etica*, Roma, Riuniti, 1988, p. 364-365 et F. Mignini, « "*Sub specie aeternitatis*". Notes sur "*Éthique*", V, propositions 22-23, 29-31 », *Revue philosophique de la France et de l'Étranger* 118, 1994, p. 45-48. Tous deux invoquent, pour résoudre la contradiction, les deux sens de l'existence chez Spinoza. Il semble possible d'éviter la contradiction en interprétant plus simplement la définition II de la seconde partie dans le sens où l'essence doit épuiser la description de la chose, indépendamment du fait que la chose existe ou non. Par exemple, si l'on admet que l'animalité et la rationalité épuisent la nature de l'homme, on devra dire que, s'il existe un animal rationnel, il existe un homme, et, s'il n'existe aucun homme, qu'il n'existe aucun animal rationnel. Mais la même implication vaut entre les concepts : si on a le concept d'animal rationnel, on a le concept d'homme, et si on n'a pas le concept d'homme, on n'a pas celui d'animal rationnel. Cela vaut dans le cas des essences individuelles : l'essence de Pierre est cet ensemble de caractéristiques qui décrivent l'individu Pierre, de telle façon qu'il ne manque rien pour penser précisément à Pierre et non à un autre, dans le cas où Pierre n'existe pas, ou pour identifier Pierre et non un autre, dans le cas où Pierre existe. Ce qui est compatible avec le fait que, s'il n'existe aucun homme, ou si Pierre n'existe pas, le concept d'homme (et donc d'animal rationnel), ou l'ensemble des caractéristiques qui individuent Pierre (et donc Pierre), restent pensables. Au contraire, la substance infinie devrait pouvoir être et être pensée sans les modes qui en découlent. « Devrait », dit-on, parce qu'étant donné le nécessitarisme, l'immanentisme et la coïncidence, en Dieu, de l'essence et de la puissance, il est difficile d'accorder à Spinoza qu'avec Dieu, on n'ait pas en même temps l'ensemble des modes finis, ou que l'on puisse penser Dieu sans l'ensemble de ses conséquences.

1. C'est ainsi, et à bon droit, semble-t-il, que D. Savan interprète l'essence du corps. Voir D. Savan, « Spinoza on Duration, Time, and Eternity », *in* G. Hunter (dir.), *Spinoza : The Enduring Questions*, Toronto, University of Toronto Press, 1994 [p. 3-30], p. 5. Spinoza se réfère aux rapports de mouvement et de repos comme à la nature du corps en *Éthique*, II, déf. et lemmes 4, 5 et 6 suivant la prop. 13, et assimile nature et essence en III, 7, dém.

causalité, la causalité horizontale du nombre infini des étants finis qui déterminent l'existence d'un corps en un point du temps, et la causalité verticale, qui fait que toute chose découle nécessairement des lois éternelles de la nature – de Dieu, en langage spinozien[1]. Un même corps existant en acte peut être considéré de deux points de vue : comme conséquence de l'action d'autres corps finis existants ou comme conséquence de la nature de Dieu et de ses lois éternelles. Dans le second cas, l'existence de tout corps est décrite selon la perspective éternelle dans laquelle elle découle de Dieu, c'est-à-dire selon la perspective éternelle dans laquelle se trouve son essence. De fait, pour expliquer un événement, on peut soit remonter la chaîne infinie des événements, sans jamais parvenir à une explication exhaustive, soit rapporter l'événement à Dieu et l'expliquer par les lois éternelles de la nature et par la nécessité universelle. La causalité horizontale place les choses dans la durée et dans le temps, la causalité verticale insère chaque étant dans une perspective éternelle qui est celle de Dieu. C'est pourquoi, même si l'essence d'un étant fini ne peut aucunement impliquer l'existence, l'existence des étants finis devient nécessaire dès lors qu'on la considère dans son rapport avec la nature divine[2].

1. *Éthique*, I, 24, cor. : « De là suit que Dieu n'est pas seulement la cause que les choses commencent à exister; mais aussi qu'elles persévèrent dans l'exister, autrement dit (pour user d'un terme Scolastique) Dieu est *causa essendi* des choses. Car, que les choses existent ou qu'elles n'existent pas, chaque fois que nous prêtons attention à leur essence, nous trouvons qu'elle n'enveloppe ni existence ni durée, et par suite leur essence ne peut être la cause de leur existence ni de leur durée, mais seulement Dieu, à la seule nature de qui appartient d'exister ». *Cf.* aussi II, 45, scolie : « quoique chacune d'elles soit déterminée par une autre chose singulière à exister d'une manière précise, il reste que la force par laquelle chacune persévère dans l'exister suit de l'éternelle nécessité de la nature de Dieu »; c'est pourquoi « Dieu ne peut être proprement dit cause lointaine des choses singulières, sinon peut-être pour nous permettre de les distinguer de celles qu'il a produites immédiatement, ou plutôt qui suivent de sa nature absolue. Car, par cause lointaine nous entendons une cause telle qu'elle n'est d'aucune manière conjointe à son effet. Or tout ce qui est est en Dieu, et dépend tellement de Dieu que rien ne peut sans lui ni être ni se concevoir » (I, 28, scolie, p. 65). Spinoza avait accepté l'interprétation cartésienne du rapport entre l'existence des étants finis et Dieu, suivant laquelle l'existence contingente renvoie directement à l'étant nécessaire, sans qu'il soit nécessaire d'invoquer l'impossibilité de la régression à l'infini, comme dans la tradition aristotélico-thomiste, ce qui rend possible la remontée directe à Dieu à partir de chaque existence contingente. *Cf.* la *Lettre XII* de Spinoza. Sur ce point, voir le bel essai de Y. Yovel, « The Third Kind of Knowledge as Alternative Salvation », *in* E. Curley, P.-F. Moreau (dir.), *Spinoza. Issues and Directions*, Leiden, E. J. Brill, 1990 p. 157-175.

2. *Éthique*, I, 24 : « des choses produites par Dieu l'essence n'enveloppe pas l'existence »; V, 30, démonstration : « concevoir les choses sous une espèce d'éternité est concevoir les choses en tant qu'elles se conçoivent par l'essence de Dieu comme des étants réels, autrement dit en tant qu'elles enveloppent, par l'essence de Dieu, l'existence ».

L'immanentisme et le refus de l'idée de création rendent tout à fait singulière la reprise spinozienne de ces lieux classiques de la théologie chrétienne. Selon Spinoza, l'esprit n'est rien d'autre que l'idée du corps existant en acte : « Le premier à constituer l'être actuel de l'Esprit humain n'est autre que l'idée d'une certaine chose singulière existant en acte »[1]. Le corps, pour autant que l'on sache, a une essence, toutefois cette essence n'est pas l'archétype à partir duquel Dieu a créé ce corps comme quelque chose de séparé de lui : les essences et les existences découlent toutes deux de Dieu, et aussi longtemps que dure un corps, son existence coïncide avec son essence. C'est pourquoi l'esprit humain ne consiste pas seulement dans l'idée du corps existant dans la durée, mais aussi dans l'idée de l'essence de ce même corps : « L'idée d'une chose singulière existant en acte enveloppe nécessairement tant l'essence que l'existence de la chose elle-même »[2] ; « en Dieu il y a nécessairement un concept ou idée qui exprime l'essence du Corps humain, laquelle idée pour cette raison est nécessairement quelque chose qui appartient à l'essence de l'Esprit humain »[3].

Le fait que l'idée de l'essence du corps, et non seulement l'idée de l'existence du corps, appartienne à l'esprit humain, produit une forme de rupture dans l'esprit de chaque individu, qui vit soit dans la dimension *sub specie aeternitatis* – celle dans laquelle se trouvent les essences de tous les corps, même quand les corps n'existent pas encore ou n'existent plus – soit dans la dimension de la temporalité et de la durée. C'est ainsi que l'*Éthique* reprend le dualisme du *Court Traité*. L'esprit pouvait s'unir à Dieu ou au corps. Ici l'esprit est composé de l'idée du corps dans sa durée et de l'idée de l'essence du corps. La première renvoie à la chaîne infinie des modes finis, et se trouve à l'origine de toutes les idées inadéquates qui peuplent l'esprit ; la seconde se situe dans la dimension éternelle de Dieu et devient source de toutes les idées adéquates.

Le développement de l'*Éthique* en cinq parties présente certains inconvénients. Il cache aux yeux du lecteur le rôle que l'idée de l'essence du corps – qui sera l'objet d'analyses surtout dans la cinquième partie –

1. *Ibid.*, II, 11.

2. *Ibid.*, II, 45, dém., avec un renvoi au corollaire de la proposition 8 : « aussi longtemps que les choses singulières n'existent pas, sinon en tant qu'elles sont comprises dans les attributs de Dieu, leur être objectif, autrement dit leurs idées, n'existent pas, sinon en tant qu'il existe une idée infinie de Dieu ; et quand les choses singulières sont dites exister, non seulement en tant qu'elles sont comprises dans les attributs de Dieu, mais en tant également qu'elles sont dites durer, leurs idées *également* envelopperont l'existence, par quoi elles sont dites durer » (n. s.). L'idée du corps qui dure s'ajoute à l'idée de son essence telle qu'elle est en Dieu et les deux composent l'idée d'un individu unique.

3. *Ibid.*, V, 23, dém.

exerce dès la seconde partie, inconvénient d'autant plus important que les exigences de Spinoza, en matière de connaissance adéquate, sont beaucoup plus grandes que dans le *Court Traité*[1]. Or Spinoza prétend parvenir directement à une connaissance adéquate de Dieu : « l'esprit humain a la connaissance adéquate de l'essence éternelle et infinie de Dieu »[2]. Mais le chemin conduisant à une destination si élevée paraît singulièrement ardu. En effet, la deuxième partie de l'*Éthique*, dans laquelle se trouve l'affirmation audacieuse que l'on a vue, semble claquemurer l'esprit humain dans l'enceinte de l'inadéquation.

La théorie de la connaissance exposée dans la deuxième partie de l'*Éthique* présente un cadre peu encourageant quant aux possibilités, pour l'esprit fini, d'atteindre la vérité. Le corps humain est un agrégat de corps en perpétuel échange avec le milieu extérieur[3]. La connaissance sensible et imaginative se forme par les impressions que le corps humain reçoit des corps extérieurs. Ces impressions ne peuvent jamais véhiculer une connaissance adéquate des corps extérieurs, et encore moins de leur propre corps : en effet, elles procurent à l'esprit la connaissance non des corps extérieurs mais de la modification que le corps, dont l'esprit est l'idée, a subie à l'occasion de sa rencontre avec les corps extérieurs, et cette modification reflète la nature des deux corps, le corps affecté et le corps affectant; autrement dit, l'information sur le corps extérieur que l'esprit reçoit est modifiée en fonction des caractéristiques du corps dont l'esprit est l'idée[4]. C'est là la façon dont Spinoza rend compte de la subjectivité de la connaissance sensible et imaginative, point sur lequel existe un large consensus au moment où il écrit. Aucune perception des sens ne peut donc fournir une information objective ni sur le corps extérieur ni sur son propre corps. Non seulement l'esprit humain, en tant qu'idée du corps, n'a pas d'accès direct à sa propre nature, c'est-à-dire ne se connaît pas lui-même, dès lors qu'il n'a pas de connaissance directe et adéquate de son corps, mais il ne se connaît qu'en tant qu'il connaît les affections de son corps. La conclusion est que « l'esprit humain, chaque fois qu'il perçoit les choses à partir de l'ordre commun de la nature, n'a ni de lui-même, ni de son corps, ni des corps extérieurs une connaissance adéquate, mais seulement

1. Voir à ce propos les remarques méthodologiques fort pertinentes de P. Cristofolini, *La scienza intuitiva di Spinoza*, Napoli, Morano, 1987, p. 196.

2. *Éthique*, II, 47.

3. *Ibid.*, II, 13, lemme 4 de l'axiome 3 et postulat 4.

4. *Ibid.*, II, 16 : « L'idée d'une quelconque manière dont le Corps humain est affecté par les corps extérieurs doit envelopper la nature du Corps humain, et en même temps la nature du corps extérieur ».

une connaissance confuse et mutilée »[1]. Mais les choses ne s'arrêtent pas là :

> Je dis expressément que l'esprit n'a ni de lui-même, ni de son propre corps, ni des corps extérieurs une connaissance adéquate, mais seulement une connaissance confuse et mutilée, chaque fois qu'il perçoit les choses à partir de l'ordre commun de la nature, c'est-à-dire chaque fois qu'il est déterminé du dehors, à savoir par la rencontre fortuite des choses, à contempler ceci ou cela, et non déterminé du dedans, à savoir de ce qu'il contemple plusieurs choses à la fois, à comprendre en quoi ces choses se conviennent, diffèrent ou s'opposent; chaque fois en effet que c'est du dedans qu'il se trouve disposé de telle ou telle manière, alors il contemple les choses de manière claire et distincte, comme je le montrerai plus bas[2].

En un mot, dans la connaissance inadéquate, seules la sensibilité et l'imagination sont impliquées. Les choses changent quand la raison et l'intellect entrent en scène. Mais pour lors, Spinoza a seulement parlé des perceptions que le corps subit et qui donnent naissance à la connaissance sensible. Comment est-il possible d'en tirer une connaissance adéquate ? Comment la raison et l'intellect peuvent-ils s'élever à la connaissance nécessaire ? L'esprit, on le sait, est l'idée du corps et n'a aucune autonomie par rapport au corps ; comment la raison et l'intellect peuvent-ils organiser ces perceptions d'une façon différente de celle qui a habituellement lieu dans l'expérience ? Autrement dit, quelle est l'origine des idées adéquates de la raison et de l'intellect ?

La première étape de la solution que Spinoza propose pour expliquer l'accès de l'esprit à la connaissance adéquate vise les propriétés communes à son propre corps et aux corps extérieurs. Si toute perception déforme le corps extérieur, c'est que le corps affecté diffère des corps affectants, qu'il adapte pour ainsi dire à sa propre nature quand il les perçoit ; mais alors la déformation perceptive est impossible pour les propriétés qui sont communes à tous les corps. Il s'agit des axiomes et des propriétés qui, en tant précisément qu'ils sont partagés par le corps affecté et le corps affectant, sont toujours perçus de façon adéquate, c'est-à-dire tels qu'ils sont en réalité : « Les choses qui sont communes à tout, et sont autant dans la partie que dans le tout, ne peuvent se concevoir qu'adéquatement. [...] De là suit qu'il y a certaines idées, ou notions, communes à tous les hommes. Car tous les corps conviennent en certaines choses, lesquelles doivent être perçues par

1. *Ibid.*, II, 29, cor.
2. *Ibid.*, II, 29, scolie.

tous de manière adéquate, autrement dit claire et distincte »[1]. Ainsi, en apparence du moins, la connaissance sensible et imaginative détiendrait la clé nous permettant de sortir de la prison de l'inadéquation. Les axiomes et les propriétés communes des choses constituent le noyau d'adéquation contenu dans toute perception, et la raison pourrait ensuite construire, à partir d'eux, une série de déductions adéquates, dès lors que « toutes les idées qui, dans l'esprit, suivent d'idées qui y sont adéquates, sont également adéquates »[2]. C'est de cette façon que se forme le second genre de connaissance, qui prend pour prémisses les propriétés et les axiomes communs et qui en déduit des vérités universelles et nécessaires. C'est le champ cognitif de la raison : « nous avons des notions communes, et des idées adéquates des propriétés des choses [...] ; et cette manière [de contempler les choses], je l'appellerai raison et connaissance du deuxième genre »[3]. Les idées qui constituent le fondement de la raison sont ou bien des propriétés physiques et métaphysiques communes à tous les corps – l'étendue, le mouvement et le repos en sont les exemples explicites[4] – ou bien les propriétés logiques – l'impossibilité, par exemple, d'être et de ne pas être en même temps –, c'est-à-dire ou bien ce qui correspond aux « natures simples » chez Descartes, ou bien les axiomes.

N'ayant rien d'autre que le corps et son idée pour rendre compte de toute la connaissance humaine, Spinoza explique l'origine des axiomes et des idées des propriétés communes par le fait que tous les corps contiennent ces informations qui, pour cette raison précise, ne peuvent être déformées, et sont donc adéquates[5]. Spinoza est-il en train de décrire une voie inductive

1. *Éthique*,II, 38 et cor.
2. *Ibid.*, II, 40.
3. *Ibid.*, II, 40, scolie 2.
4. *Ibid.*, II, 13, lemme 2.
5. Il serait réducteur d'interpréter, comme il est d'usage de le faire, ce qui est commun à tous les corps comme un ensemble de propriétés physiques fondamentales. *Cf.* M. Gueroult, *Spinoza*, *op. cit.*, II, p. 326-343, et M. D. Wilson, « Spinoza's Theory of Knowledge », *in* D. Garrett (dir.), *The Cambridge Companion to Spinoza*, Cambridge, Cambridge University Press, 1996 (p. 89-141), p. 115. L'équivoque naît du fait que, chez Spinoza, toute idée adéquate doit nécessairement passer par le corps et son idée, mais que toutes les notions que le corps permet d'acquérir ne sont pas pour cela des notions auxquelles correspondent des propriétés physiques. Des axiomes comme le principe de non-contradiction sont le reflet mental de caractéristiques communes à tous les corps, le fait de ne pas pouvoir exister et ne pas exister en même temps. D'ailleurs, Spinoza, sous la catégorie de « notions communes », utilise explicitement l'hendiadys « axiomes et notions » et, surtout, les désigne comme « fondements de notre raisonnement ». Cf. *Éthique*, II, 40, scolie 1 : « j'ai expliqué la cause des notions qu'on appelle *Communes*, et qui sont les fondements de notre raisonnement. Mais il y a d'autres causes, celles de certains axiomes ou notions, qu'il serait utile d'expliquer par cette méthode qui est la nôtre ». Plus loin, Spinoza ajoute aux « notions communes »

ou empirique qui permettrait de justifier l'accès de l'esprit aux axiomes et à la connaissance des propriétés communes[1] ? L'expérience sensible peut fournir seulement un nombre fini de cas dans lesquels les propriétés communes des corps sont perçues ; comment est-il alors possible d'en tirer une connaissance universelle ? L'impossibilité d'atteindre une connaissance universelle par la voie inductive, que Spinoza avait affirmée dans le *Court Traité*, est-elle dépassée par la théorie de l'immuabilité des propriétés communes des corps ? Nous y reviendrons. Prenons acte, pour l'heure, du fait que le texte spinozien semble trouver une première niche d'adéquation à l'intérieur de la perception sensible elle-même.

Mais Spinoza prétend aller plus loin : la raison, avec son bagage de notions communes recueillies dans le flux des perceptions sensibles, n'épuise pas le domaine de la connaissance adéquate. De manière générale, la connaissance universelle, qui est le propre de la raison, ne l'épuise pas. Il est également possible d'avoir la connaissance d'états de choses singuliers en saisissant leur nécessité, sur la base de leur lien avec l'idée de Dieu. Il s'agit de la connaissance du troisième genre, celle que Spinoza appelle « connaissance intuitive », connaissance qui « procède de l'idée adéquate de l'essence formelle de certains attributs de Dieu vers la connaissance

les « idées des propriétés des choses » ; de cette façon, les « notions » sont clairement distinguées des « propriétés » : *ibid*, scolie 2 : « *notiones communes, rerumque proprietatum ideas adaequatas habemus* ». Pour parler des principes de la raison, on devrait donc parler de « *notiones sive axiomata* » et d'« *ideae rerum proprietatum* ». Spinoza se conforme ainsi à l'usage cartésien de l'expression « notions communes », par laquelle Descartes entendait se référer seulement aux axiomes. *Cf.* Descartes, *Principes de la philosophie*, I, 49, « *propositio haec : Ex nihilo nihil fit, non tanquam res aliqua existens, neque etiam ut rei modus consideratur, sed ut veritas quaedam aeterna, quae in mente nostra sedem habet, vocaturque communis notio, sive axioma* ». Le modèle spinozien semble précisément être celui qu'offre Descartes avec la distinction entre « *res simplicissimae* » ou « *naturae purae et simplices* » et axiomes : « *paucas esse [...] naturas puras et simplices, quas primo et per se, non dependenter ab aliis ullis, sed vel in ipsis experimentis, vel lumine quodam in nobis insito, licet intueri* » (*Règles pour la direction de l'esprit*, AT X, 383, 11-14). Remarquons que, pour Descartes, le fait que les idées des natures simples puissent également être tirées des « expériences » ne leur enlève pas leur caractère intuitif.

Bien qu'il commence par identifier les notions communes aux « *axioms and first principles of all branches of rational knowledge* », Y. Yovel les réduit aussitôt aux « *epistemological counterparts of fundamental laws of nature* » (Y. Yovel, « The Second Kind of Knowledge and the Removal of Error », *in* Y. Yovel (dir.), *Spinoza on Knowledge and the Human Mind*, Leiden, E. J. Brill, 1994, p. 96 et p. 98). Au contraire, P. Cristofolini parle d'axiomes dans *La scienza intuitiva di Spinoza*, *op. cit.*, p. 172-173.

1. Y. Yovel parle d'« orientation empiriste » dans l'explication spinozienne de l'origine des notions communes. *Cf.* Y. Yovel, « The Second Kind of Knowledge », art. cit., p. 97 : « *Spinoza constructs a difficult theory of the genesis of common notions, which makes him the most empirically oriented thinker among the rationalists* ».

adéquate de l'essence des choses »[1]. La connaissance du troisième genre ne requiert rien de moins que d'atteindre l'idée adéquate de l'infini par l'esprit fini. Il s'agit donc de voir comment il est possible d'obtenir cette connaissance.

Spinoza commence son parcours par une réflexion sur la raison, c'est-à-dire sur la faculté dont relèvent la production et l'usage des axiomes dans la connaissance des propriétés universelles : « il n'est pas de la nature de la raison de contempler les choses comme contingentes, mais comme nécessaires »[2]. Cette affirmation est motivée par la réflexion qui l'a immédiatement précédée, selon laquelle la connaissance du second et du troisième genre est une connaissance vraie[3]. Cela paraît manifeste, mais ne nous assure pas de la légitimité qu'il y a à étendre la connaissance rationnelle jusqu'à y inclure la connaissance de la nécessité des choses. Le second corollaire de la proposition 44 ajoute : « Il est de la nature de la raison de percevoir les choses sous une certaine espèce d'éternité ». En effet, « cette nécessité des choses est la nécessité même de la nature éternelle de Dieu »[4]. Donc, si la raison connaît les choses selon la vérité, elle les connaît comme nécessaires, et si elle les connaît comme nécessaires, elle les connaît « sous une certaine espèce d'éternité », c'est-à-dire en les considérant comme des conséquences nécessaires de la nature divine. D'ailleurs, comme le précise la démonstration du corollaire, la caractéristique de la raison, qui est de concevoir les choses en les considérant comme éternelles, paraît évidente, dès lors que les fondements de la raison – les axiomes et les propriétés communes – sont des notions qui se réfèrent à ce qui est commun à tout et n'explique aucune nature singulière, notions qui, pour cette raison, doivent être conçues « sans aucune relation au temps, mais sous une certaine espèce d'éternité »[5]. En un mot, Spinoza étend considérablement les limites de la raison, à partir du résultat obtenu par la connaissance des axiomes et des propriétés communes ; toutefois, pour déduire la connaissance de la nécessité des choses, il ne s'appuie pas sur les caractéristiques communes à tous les corps présentes dans toutes les perceptions, comme c'était le cas pour les axiomes, mais sur la prérogative qu'a la raison de concevoir les choses selon la vérité, prérogative que la connaissance des axiomes elle-même a révélée. Il reste cependant difficile de comprendre comment il est possible de concevoir selon la vérité la

1. *Éthique*, II, 40, scolie 2.

2. *Ibid.*, II, 44.

3. *Ibid.*, II, 41 : « La connaissance du premier genre est l'unique cause de fausseté, celle du deuxième et du troisième est nécessairement vraie ».

4. *Ibid.*, II, 44, cor. 2, dém.

5. *Ibid.* Voir *infra*, n. 2, p. 256.

dépendance des modes finis à l'égard de Dieu, dépendance qui, seule, peut fonder la connaissance de leur nécessité.

Qu'il y ait quelque chose de non dit dans la théorie de l'acquisition de la connaissance adéquate, cela semble plus manifeste encore si l'on regarde la tentative qui est faite, immédiatement après, d'attribuer directement à l'esprit humain la connaissance adéquate de Dieu : « l'esprit humain a la connaissance adéquate de l'essence éternelle et infinie de Dieu »[1]. Cette conclusion se tire de la même façon que la connaissance des propriétés communes : « chaque idée d'un corps quelconque, ou d'une chose singulière, existant en acte, enveloppe nécessairement l'essence éternelle et infinie de Dieu »[2]. Il s'ensuit que l'essence de Dieu est une propriété commune à tous les corps, et qu'elle a donc le même statut que les axiomes et les notions communes ; l'esprit en a donc nécessairement une idée adéquate, et, en conséquence, « l'essence infinie de Dieu et son éternité sont connues de tous »[3]. Mais dans la prémisse majeure de son syllogisme – chaque idée de toute chose singulière existant en acte implique l'essence éternelle et infinie de Dieu – Spinoza avait ajouté une précision : « ici, par existence je n'entends pas la durée, c'est-à-dire l'existence conçue abstraitement, et comme une certaine espèce de quantité. Car je parle de la nature même de l'existence, laquelle s'attribue aux choses singulières pour la raison que, de l'éternelle nécessité de la nature de Dieu, suivent une infinité de choses d'une infinité de manières. Je parle, dis-je, de l'existence même des choses singulières en tant qu'elles sont en Dieu »[4]. La dépendance de toute chose finie à l'égard de Dieu, dont Spinoza avait fourni la théorie dans la première partie de l'*Éthique*, en reprenant la thèse scolastique du concours divin[5], fait certainement de l'essence de Dieu une propriété commune à toutes les choses, mais l'implication entre les idées des corps existant en acte et l'essence éternelle de Dieu vaut seulement dans la mesure où l'on a une idée adéquate des choses singulières, c'est-à-dire dans la mesure où l'on abandonne la connaissance partielle que l'on en a quand on les considère selon la durée, et que l'on accède à la connaissance *sub specie aeternitatis*, en les connaissant comme des conséquences de la nature de Dieu. C'est pour cette unique raison que l'on peut affirmer que chaque idée d'une chose singulière existante implique une connaissance adéquate de l'essence

1. *Ibid.*, II, 47.
2. *Ibid.*, II, 45.
3. *Ibid.*, II, 47, scolie.
4. *Ibid.*, II, 45, scolie.
5. *Ibid.*, I, 24, cor.

éternelle et infinie de Dieu : « je parle, dis-je, de l'existence même des choses singulières en tant qu'elles sont en Dieu ».

La connaissance de l'essence de Dieu n'est donc possible qu'à partir de l'idée adéquate des choses singulières. Il est évident que si l'esprit avait une connaissance des choses singulières *sub specie aeternitatis*, il les connaîtrait dans leur dépendance à l'égard de Dieu, mais comment est-il possible d'obtenir cette connaissance? Certainement pas à travers l'idée adéquate des axiomes et des propriétés communes, qui est précisément connaissance universelle. Reste alors à voir si cette connaissance pourrait être dérivée de la perception des corps singuliers. Or il est certain que, si l'on se limite à la connaissance dérivée de la sensibilité, on *ne* connaît *pas* les corps extérieurs existants selon la notion d'existence qui, seule, implique la nature de Dieu. Que l'on ait des idées des corps existant en acte qui tous ont la caractéristique commune d'impliquer l'idée de Dieu, on peut le déduire de deux propositions – la 16 et la 17 – qui, au sujet de l'existence en acte, font clairement référence au passage du temps : « *aussi longtemps* que le corps humain est ainsi affecté, *aussi longtemps* l'esprit humain contemplera cette affection du corps, c'est-à-dire aura l'idée d'une manière, existant en acte »[1]. Tant et si bien que, selon la durée, nous ne pouvons même pas dire que les corps qui nous apparaissent comme existant en acte le soient vraiment. La même proposition 17 avait en effet montré que les modifications du corps impliquent toujours l'idée d'une existence extérieure, même quand elles se déroulent en rêve ou en imagination. La démonstration du fait que l'esprit humain est en possession de l'idée adéquate de Dieu prend donc l'apparence d'une amphibologie : la notion commune de « Dieu » est tirée des corps conçus comme existant *sub specie aeternitatis*, alors que l'esprit humain, par les modifications du corps, perçoit les corps extérieurs en tant qu'ils existent dans le temps, c'est-à-dire en tant qu'ils durent. Le problème que nous avions soulevé au sujet des propriétés communes et des axiomes réapparaît donc pour les choses singulières : comment est-il possible d'avoir accès aux idées adéquates des corps singuliers et donc à l'idée adéquate de Dieu?

La cinquième partie offre une solution à cette aporie. Le pouvoir qu'a l'esprit de concevoir les choses sous une espèce d'éternité ne peut s'expliquer par l'esprit en tant qu'idée du corps qui dure, mais peut être expliqué seulement si une part de l'esprit se trouve elle aussi dans la dimension de l'éternité : « Tout ce que l'esprit comprend sous une espèce d'éternité, il le comprend, non de ce qu'il conçoit l'existence présente actuelle du corps,

1. *Éthique*, II, 17, dém. (n. s.).

mais de ce qu'il conçoit l'essence du corps sous une espèce d'éternité »[1]. C'est ce qu'affirme la proposition 29, et son scolie reprend presque à la lettre le scolie de la proposition 45 de la deuxième partie, dans lequel Spinoza avait distingué l'existence des corps dans la durée de l'existence des corps comme conséquences de la nature divine :

> Nous concevons les choses comme actuelles de deux manières, selon que nous les concevons soit en tant qu'elles existent en relation à un temps et à un lieu précis, soit en tant qu'elles sont contenues en Dieu, et suivent de la nécessité de la nature divine. Et celles qui sont conçues de cette deuxième manière comme vraies, autrement dit réelles, nous les concevons sous une espèce d'éternité, et leurs idées enveloppent l'essence éternelle et infinie de Dieu, comme nous l'avons montré par la proposition 45 de la deuxième partie, dont on verra également le scolie[2].

Le calque et le renvoi signalent la complémentarité entre les deux scolies. Ce qui était dit dans la deuxième partie, quand il s'agissait de préciser que seule la connaissance adéquate de l'existence des choses singulières implique l'idée adéquate de Dieu, trouve alors, et alors seulement, une justification, dans le scolie de la proposition 29 de la cinquième partie, grâce au seul fait que l'esprit est *également* l'idée de l'essence du corps « sous une espèce d'éternité ».

Enfin, la proposition 31 affirme que « l'esprit ne conçoit *rien* sous une espèce d'éternité qu'en tant qu'il conçoit l'essence de son corps sous une espèce d'éternité »[3]. Par conséquent, même ces connaissances nécessaires et universelles implicites dans toute perception sensible ne sont pas du tout accessibles à la sensibilité et à l'imagination, et la théorie de leur genèse n'implique aucune concession à l'empirisme. Car elles ne sont pas tirées par généralisation de l'expérience sensible. L'esprit est en possession des

1. *Éthique*, V, 29. Les lectures de la seconde partie de l'*Éthique* qui ne font pas référence à la cinquième partie font nécessairement le constat du caractère aporétique de la théorie de la connaissance spinozienne, en raison, en particulier, de son ambition d'atteindre la connaissance adéquate de Dieu. Voir J.-L. Marion, « Aporias and Origins of Spinoza's Theory of Adequate Ideas », in *Spinoza on Knowledge and the Human Mind, op. cit.*, p. 129-158. L'idée d'exposer la connaissance *sub specie aeternitatis* sans jamais citer la cinquième partie de l'*Éthique* est, elle, paradoxale : l'article de M. D. Wilson, « Spinoza's Theory of Knowledge », *op. cit.*, p. 121-123, témoigne du malaise que de nombreux interprètes éprouvent devant la cinquième partie de l'*Éthique*. Une des manifestations extrêmes de ce malaise se trouve dans la note « mordante » de J. Bennett, *A Study of Spinoza's Ethics*, Indianapolis, Hackett Publishing Company, 1984, p. 374 : « *it is rubbish which causes others to write rubbish* ».

2. *Éthique*, V, 29, scolie.

3. *Ibid.*, V, 31, dém. (n. s.). Voir Ch. Jaquet, *Sub specie aeternitatis.* Étude des concepts de temps, durée et éternité chez Spinoza, Paris, Kimé, 1997, p. 105-106.

axiomes et des idées des propriétés communes – y compris la propriété commune « Dieu » – par le seul fait d'être une idée du corps. Autrement dit, tout esprit accueille nécessairement des idées adéquates et des idées inadéquates, parce qu'il n'est rien d'autre que le revers psychique des événements physiques qui se déroulent dans le corps, et ces événements ne sont pas en mesure de déformer les caractéristiques communes des corps. Il s'agit d'une possession objective, mais pas nécessairement consciente[1]. Comme les idées innées cartésiennes, les axiomes et les propriétés communes des corps peuvent ne jamais devenir des connaissances actuelles, et c'est bien ce qui arrive à celui qui se limite à la connaissance sensible et imaginative, c'est-à-dire à celui qui s'abandonne au flux aléatoire des perceptions sans jamais s'efforcer de les organiser « de l'intérieur ». Celui qui se comporte de cette façon ne s'apercevra jamais de ce que son esprit possède pourtant. L'accès conscient aux axiomes, la conception de ce qu'ils sont, c'est-à-dire des propositions universellement et éternellement vraies[2], n'est possible que pour celui qui active, par la raison et l'intellect, la part éternelle de son esprit. C'est de cette manière, entre autres, que la connaissance des axiomes et des propriétés communes peut rester une connaissance non discursive, comme dans toute la tradition platonicienne et aristotélicienne, parce qu'elle n'implique pas de processus inductif, mais plutôt l'attention aux idées adéquates objectivement possédées par l'esprit.

Nous avons maintenant l'explication des passages de la deuxième partie qui nous paraissaient gratuits. Le corps a une double position : une existence dans le temps et une essence *sub specie aeternitatis*. En conséquence, l'esprit est divisé en deux : l'idée du corps existant dans le temps et l'idée du corps *sub specie aeternitatis*[3]. À la première partie de l'esprit correspond le savoir imaginatif et sensible ; grâce à la seconde partie, c'est-à-dire grâce à sa position *sub specie aeternitatis*, l'esprit est cependant en mesure d'atteindre la connaissance adéquate, connaissance elle aussi éternelle, et qui inclut l'existence même du corps, cette fois conçue comme conséquence éternelle de la nature divine, c'est-à-dire comme existence du corps *sub specie aeternitatis*. La proposition 30 de la cinquième partie retrace les

1. Sur cet aspect de la théorie de la connaissance de Spinoza, voir M. Messeri, *L'epistemologia di Spinoza*, *op. cit.*

2. *Éthique*, II, 44, cor. 2, dém. : « Ajoute que les fondements de la raison sont des notions qui expliquent ce qui est commun à tout, et qui n'expliquent l'essence d'aucune chose singulière ; et qui pour cette raison doivent se concevoir sans aucune relation au temps, mais sous une certaine espèce d'éternité ».

3. Ch. Jaquet affirme que « tout mode connaît une double actualité, temporelle et éternelle. Ces deux formes d'actualité sont irréductibles l'une à l'autre » (Ch. Jaquet, *Sub specie aeternitatis*, *op. cit.*, p. 83).

étapes qui nous semblaient hâtives et injustifiées dans la deuxième partie : « notre esprit, en tant qu'il se connaît ainsi que le corps sous une espèce d'éternité, a en cela nécessairement la connaissance de Dieu, et sait qu'il est en Dieu et se conçoit par Dieu ». La connaissance de Dieu n'est possible que dans la mesure où la connaissance d'une chose singulière, le corps sous l'espèce de l'éternité, est accessible à l'esprit, et cette connaissance lui est accessible parce que l'idée du corps sous l'espèce de l'éternité est sa composante structurelle : « l'esprit [...] en tant qu'il est éternel, [...] a la connaissance de Dieu »[1]. Aussi, de l'idée de Dieu, dont Spinoza avait déclaré que tous les esprits la possédaient – qu'elle était « connue de tous »[2] –, on devra dire qu'elle aussi se comporte comme l'idée de Dieu cartésienne : toujours à disposition de l'esprit qui y prête attention, et éternellement inaccessible à ceux qui n'ont jamais accompli la réforme de leur entendement. Chaque perception renferme en elle un noyau d'adéquation et chaque perception implique aussi la causalité de Dieu sur les corps singuliers, mais l'accès à l'adéquation ne peut être expliqué que par une analyse des données perceptives qui n'est ni sensible ni imaginative.

On comprend combien le principe établi dans la deuxième partie, suivant lequel « l'idée d'une chose singulière existant en acte enveloppe nécessairement *tant l'essence que l'existence* de la chose même »[3], opère au sein du projet spinozien. Si l'idée du corps existant en acte (c'est-à-dire l'esprit) n'impliquait pas aussi l'essence du corps, on ne comprendrait pas comment il est possible, dans la cinquième partie, d'affirmer qu'« en Dieu il y a nécessairement un concept ou idée qui exprime l'essence du corps humain, laquelle idée pour cette raison est nécessairement quelque chose qui appartient à l'essence de l'esprit humain »[4], affirmation qui renvoie à la proposition 13 de la seconde partie, dans laquelle Spinoza affirmait que « l'objet de l'idée constituant l'esprit humain est le corps, autrement dit une manière de l'étendue précise et existant en acte, *et rien d'autre* ». Et si l'idée du corps existant en acte implique à la fois l'essence et l'existence du corps, elle implique aussi les connaissances *sub specie aeternitatis* qui, comme on l'apprend dans la cinquième partie, ne sont rendues possibles *que* par l'idée de l'essence du corps.

Chez Descartes, le dualisme corps et esprit rendait possible l'innéisme et l'indépendance de l'esprit vis-à-vis de la connaissance sensible. Chez

1. *Éthique*, V, 31, dém..
2. *Ibid.*, II, 47, scolie : « l'essence infinie de Dieu et son éternité sont connues de tous ».
3. *Ibid.*, II, 45, dém. (n. s.).
4. *Ibid.*, V, 23, dém.

Spinoza, on trouve également une forme de dualisme, mais, contrairement au dualisme cartésien, celui-là passe à l'intérieur de l'esprit. L'esprit humain appartient à deux mondes et, en fonction du monde privilégié, la même perception peut donner lieu à une connaissance du corps extérieur inadéquate, parce qu'insérée dans le flux infini des corps, dans la causalité horizontale infinie dont seul Dieu a une connaissance exhaustive ; ou bien le corps extérieur peut être considéré selon la causalité verticale, comme une application particulière des lois éternelles de la nature, pour lesquelles toute idée renvoie à Dieu. Nous pouvons même ajouter qu'en rejetant ainsi radicalement le dualisme corps et esprit de Descartes, et en refusant si fermement d'attribuer une valeur épistémique à l'empirisme dans lequel sa théorie de la relation corps et esprit semblait l'enfermer, Spinoza *ne pouvait que* réintroduire une autre forme de dualisme, qui lui permette de récupérer cette connaissance universelle et nécessaire que l'empirisme, selon lui, et dès le *Court Traité*, ne pouvait lui donner.

Le refus du dualisme, entendu comme distinction entre substance matérielle et spirituelle, semble placer Spinoza à une distance infinie du platonisme, et pourtant le programme de « libération du corps », qui remonte au *Court Traité* et dans lequel l'esprit pouvait s'unir ou bien au corps ou bien à Dieu, est un programme purement platonicien. Dans l'*Éthique,* il s'agit d'abandonner le corps qui dure pour s'unir au corps éternel qui est en Dieu. Certes, dans son platonisme, Spinoza a choisi le chemin le plus difficile, en refusant le dualisme corps et esprit platonicien et cartésien, mais la voie qu'il emprunte pour mener à bien son projet d'accéder à une dimension éternelle du savoir, en abandonnant le corps temporel, est la voie d'un platonicien acceptant la division de la réalité en deux mondes, l'un empirique et l'autre intelligible[1]. La position de Spinoza est la reprise ultime de la thèse néoplatonicienne et augustinienne, suivant laquelle toutes les fois que l'on connaît des vérités universelles et nécessaires, on les connaît en Dieu ; et cela est possible parce qu'une part de l'esprit humain, celle qui a pour idéat l'essence du corps, est située dans un monde différent du monde des perceptions sensibles, c'est-à-dire dans le monde de l'éternité, dans la dimension divine[2]. En un mot, c'est le modèle participatif qui

1. Nous sommes d'accord avec Y. Yovel, « The Third Kind of Knowledge as Salvation », art. cité, p. 162 : « *In order to maintain his radical monism while avoiding Parmenides' results or Hegelian-like dialectics, Spinoza handled the fundamental dualities in the universe by declaring them to be complementary aspects of the same* ».

2. Voir comment Matthieu d'Aquasparta rapporte l'opinion d'Augustin dans *La vraie religion*, chap. 30, n. 56, *Dix questions sur la connaissance*, in *Quaestiones disputatae selectae,* I, Quaracchi, ex. typ. Collegii S. Bonaventurae, 1903, p. 258-259 : « *Medium [...] in cognitione certitudinali necesse est esse certum. Certum autem non esset, nisi esset*

réapparaît chez Spinoza pour expliquer l'accès à la vérité, aux propositions nécessaires et universelles, comme alternative au modèle innéiste cartésien. Ce modèle participatif s'est même renforcé et, paradoxalement, simplifié, grâce à l'immanence de l'esprit en Dieu. La participation au divin ne requiert plus de « sortir » de l'esprit pour trouver ailleurs la source de la vérité, comme le pensait encore Thomas d'Aquin lorsqu'il l'étudiait et critiquait ses caractéristiques, dès lors que l'esprit est *en* Dieu.

IMAGINATION ET RAISON

La particularité du « platonisme » spinozien repose sur l'intérêt scientifique qu'il accorde aux mécanismes de la connaissance inédaquate et imaginative, qui n'est jamais moralisateur dans son programme. Il est nécessaire de le souligner, mais aussi d'éviter l'équivoque selon laquelle l'attention à l'imagination impliquerait une certaine continuité entre connaissance imaginative et connaissance rationnelle-intellectuelle. Au contraire, Spinoza fait preuve d'un intérêt analytique pour les formes d'organisation de l'inadéquation, sans pour autant penser que l'on puisse jamais développer la connaissance adéquate à partir d'elles. Car sur chaque question théoriquement importante, imagination, d'un côté, et raison/intellect, de l'autre, produisent des résultats opposés, mais qui peuvent également être reconstruits par le philosophe. C'est dire qu'il existe une logique dans la fausseté et dans le monde des ombres, comme il existe une logique dans la vérité et dans le monde de la réalité, et Spinoza, décidé à « ne pas maudire les affects et les actions, ou en rire » mais à les « comprendre »[1], entend reconstruire les deux logiques. Parcourons rapidement ces passages dans lesquels la réduplication de l'analyse spinozienne dans les deux mondes de la connaissance adéquate et inadéquate est la plus visible.

1) *L'existence du monde extérieur.* L'imagination est enfermée dans un phénoménisme absolu. L'esprit connaît non pas les corps extérieurs, mais les impressions que les corps extérieurs impriment sur le corps percevant. Ces impressions, toutes les fois qu'elles se vérifient, impliquent l'idée du corps extérieur comme existant en acte, même si le corps extérieur, en

omnibus comune, immutabile et infallibile. Quod patet, quoniam secundum tandem rationem aequalitatis cognosco omnia aequalia [...]. Si igitur omnis creatura et omne lumen creatum est coarctatum et limitatum et terminabile et mutabile [...] ergo necesse est, omnia, quae certitudinaliter cognoscuntur, in lumine veritatis aeternae et in regulis incommutabilibus cognosci ».

1. Suivant les mots célèbres de la Préface à la troisième partie de l'*Éthique*.

réalité, n'existe pas[1]. Il n'y a donc pas de moyen de distinguer imagination, rêve, perception sensible, sinon en tant que l'on possède d'autres idées, qui, excluant l'existence du corps extérieur dont on a l'idée, permettent de différencier le rêve et la veille. Au contraire, l'intellect et la raison ont une connaissance des choses comme existantes, et il s'agit d'une existence éternelle, c'est-à-dire de l'existence nécessaire qui appartient aux modes finis comme conséquences de la nature de Dieu[2]. Le monde de la perception ne peut être distingué du rêve et des ombres ; la réalité n'appartient qu'au monde de la raison et de l'intellect.

2) *Les universaux.* L'imagination a ses soi-disant universaux, qui se forment quand de nombreuses images superposées donnent lieu à une idée générique et confuse comme celle d'« homme » ou de « chien »[3]. Ils varient en fonction des caractéristiques qui frappent le plus l'observateur, et ne sont donc pas source de connaissance universelle, ni ne décrivent les propriétés réellement communes aux corps extérieurs. La raison a aussi ses universaux, à savoir les axiomes et les notions communes qui décrivent les propriétés vraiment universelles, parce que communes à toute la réalité : « nous avons des notions communes, et des idées adéquates des propriétés des choses »[4].

3) *La morale.* L'imagination produit une morale et a ses propres valeurs, comme la raison. Les valeurs de l'imagination sont variables en fonction des perceptions agréables ou désagréables des individus singuliers. C'est pourquoi la morale de l'imagination ne peut jamais être universelle, mais est plutôt le terrain du scepticisme. Sa genèse est décrite dans l'Appendice de la première partie de l'*Éthique*[5]. Les valeurs de la raison, au contraire,

1. *Éthique*, II, 17, dém. du cor. et scolie : « même si les corps extérieurs par lesquels le corps humain a été une fois affecté n'existent pas, l'esprit pourtant les contemplera comme présents aussi souvent que cette action du corps se répétera [...] nous voyons donc comment il peut se faire que nous contemplions comme présent ce qui n'est pas ».

2. *Ibid.*, V, prop. 30, dém., cité *supra*, n. 2, p. 246.

3. *Ibid.*, II, 40, scol. 1 : « quand les images dans le corps se confondent entièrement, l'esprit aussi imaginera tous les corps confusément sans aucune distinction [...]. C'est de semblables causes que sont nées les notions qu'on appelle universelles, comme l'Homme, le Cheval, le Chien ».

4. *Ibid.*, II, 40, scolie 2.

5. *Ibid.*, I, Appendice : « Une fois qu'ils se furent persuadés que tout ce qui a lieu a lieu à cause d'eux, les hommes ne purent que tenir pour principal, en toute chose, ce qui avait le plus d'utilité pour eux, et juger le plus éminent tout ce qui les affectait au mieux. D'où vint qu'il leur fallut former ces notions par lesquelles expliquer les natures des choses, à savoir le *Bien*, le *Mal*, l'*Ordre*, la *Confusion*, le *Chaud*, le *Froid*, la *Beauté* et la *Laideur* [...] Il ne faut donc pas s'étonner [...] qu'aient pris naissance parmi les hommes autant de controverses que nous en voyons, et d'elles, finalement, le Scepticisme ».

sont stables, nécessaires et universelles, et conduisent avec certitude à la maximisation des avantages. Elles sont introduites dans la quatrième partie de l'*Éthique*[1].

4) *La théologie.* L'imagination produit une philosophie et une théologie elles aussi décrites dans l'Appendice de la première partie de l'*Éthique*. Elles se fondent sur la conviction qu'existe une liberté de la volonté et sur le finalisme anthropocentrique, et produisent la croyance en un Dieu personnifié qui récompense et punit. À la philosophie et à la théologie imaginatives s'opposent la philosophie et la théologie de la raison, fondées sur la nécessité, sur le Dieu-nature et sur l'éternité du vrai.

5) *La connexion entre les événements.* Il existe une idée de connexion nécessaire propre à la raison, qui traduit tous les rapports de cause à effet en connexions logiques[2] et une notion imaginative de la connexion entre les événements qui les relie en fonction de leur concomitance temporelle. Il en est question dans le scolie de la proposition 44 de la deuxième partie[3]. Hume en tiendra compte, en choisissant, ici comme ailleurs, le Spinoza de l'imagination contre le Spinoza de la raison[4].

6) *L'identité personnelle.* Il existe une identité personnelle de l'imagination et une identité personnelle de la raison. L'identité personnelle de l'homme sensible, comme de tout être, est précaire et sujette à interruption. Ce que nous appelons le corps humain est en réalité un ensemble de nombreux corps en échange permanent avec le monde extérieur. Celui qui se fie à la perception sensible manque d'un critère pour identifier la permanence du même individu dans le temps, dès lors que la continuité de la vie ne coïncide pas avec la continuité de l'individu. Ce que nous jugeons être le même individu, dans la mesure où nous ne constatons pas de solution de continuité

1. *Éthique*, IV, préface, prop. 27 et prop. 35, dém. : « et comme en outre ce que nous jugeons, sous la dictée de la raison, être bien ou mal, est *nécessairement* bien ou mal » (n. s.).

2. *Ibid.*, I, axiome 4 : « la connaissance de l'effet dépend de la connaissance de la cause et l'enveloppe ».

3. *Ibid*, II, 44, scolie : « si le corps humain a une fois été affecté par deux corps extérieurs à la fois, quand ensuite l'esprit imaginera l'un ou l'autre, il se souviendra aussitôt de l'autre aussi, c'est-à-dire, il les contemplera tous les deux comme étant en sa présence [...] et ce d'autant plus constamment qu'il les aura plus souvent vus dans ce même ordre ». Dans ce passage, Spinoza s'efforce de montrer comment naît la notion de contingence, mais son analyse se prête, par opposition, à une description de la façon dont l'imagination forme des liens d'association entre les idées, liens d'autant plus forts qu'augmente la fréquence à laquelle les idées se sont présentées ensemble.

4. Nous renvoyons à notre article « Hume and Spinoza on the Relation of Cause and Effect », *in* D. Garber, S. Nadler (dir.), *Oxford Studies in Early Modern Philosophy* IV, Oxford, Clarendon Press, 2008, p. 227-243.

dans sa vie, est probablement une somme d'individus divers[1]. Mémoire et imagination ne garantissent rien sur l'identité de l'individu, et il n'est pas possible d'avoir un accès privilégié à son moi, dès lors que, dans la durée, tout ce que nous connaissons n'est pas l'esprit en lui-même, mais ses modifications. L'identité du moi intelligible est au contraire une identité forte, donnée par une essence qui est hors du temps. Toutes les fois que nous avons une connaissance adéquate, c'est à ce moi « vrai » que nous faisons référence, ce moi auquel nous avons un accès direct et privilégié : « nous sentons [...] que nous sommes éternels »[2].

7) *La société humaine.* Le mécanisme de l'empathie ou de l'« imitation des affects » produit des agrégations humaines précaires et fluctuantes, liées à la dynamique des passions[3]. La raison permet l'union stable d'intérêts universellement partagés : « c'est en tant seulement qu'ils vivent sous la conduite de la raison, que les hommes nécessairement conviennent toujours en nature »[4].

L'homme de l'imagination vit donc dans un monde d'ombres organisé suivant les lois et les règles qui président à l'association des idées inadéquates, toutes pouvant être reconstruites rationnellement par le philosophe. L'homme de la raison vit au contraire dans la dimension de l'éternité.

L'esprit a quelque sentiment de son appartenance au monde éternel. La manière erronée de comprendre la survie de l'âme au corps – l'homme croit survivre à la mort avec ses souvenirs – manifeste elle-même la présence du vrai : nous croyons que le moi « phénoménal » est immortel, parce que nous remarquons obscurément que le moi « nouménal » est éternel : « si nous prêtons attention à l'opinion commune des hommes, nous verrons qu'ils sont, certes, conscients de l'éternité de leur esprit ; mais qu'ils la confondent avec la durée, et l'attribuent à l'imagination ou à la mémoire, qu'ils croient subsister après la mort »[5].

1. *Éthique*, IV, 39, scolie : « je n'ai pas l'audace de nier que le corps humain, quoique subsistent la circulation du sang et d'autres choses qui font, croit-on, vivre le corps, puisse néanmoins échanger sa nature contre une autre tout à fait différente. Car aucune raison ne me force à penser que le corps ne meurt que s'il est changé en cadavre ; bien mieux, l'expérience elle-même semble persuader du contraire. Car il arrive parfois qu'un homme pâtisse de changements tels que j'aurais bien du mal à dire qu'il est le même ».

2. *Ibid.*, V, 23, scolie. Le fait que l'identité vraie soit assurée par l'essence éternelle du corps a été vu par A. Donagan, « Spinoza's Proof of Immortality », *in* M. Grene (dir.), *Spinoza. A Collection of Critical Essays*, *op. cit.*, p. 241-258, ici p. 256-257.

3. *Ibid.*, IV, 27, et 29-31.

4. *Ibid.*, IV, 35.

5. *Ibid.*, V, 34, scolie.

Toutes les fois que l'esprit accède à la connaissance vraie, il a aussi conscience d'avoir atteint la dimension de l'éternité ; cette conscience devient une sensation et une expérience : « nous sentons et savons d'expérience que nous sommes éternels. Car l'Esprit ne sent pas moins les choses qu'il conçoit en comprenant, que celles qu'il a en moi. En effet, les yeux de l'Esprit, par le moyen desquels il voit les choses et les observe, ce sont les démonstrations elles-mêmes »[1]. L'éternité de l'esprit peut rester à l'état de sentiment latent et non conscient, ou bien modeler une grande partie de l'activité consciente. Quand ce second cas se vérifie, et dans la mesure où il se vérifie, le moi accède à la dimension de l'éternité et ne meurt pas avec la mort du corps[2]. C'est donc l'expérience de la connaissance adéquate qui porte à la conscience de la dépendance de son propre esprit vis-à-vis de Dieu, et donc de sa propre éternité. Dans le rapport entre connaissance adéquate et éternité de l'esprit, se dessine un circuit rappelant

1. *Ibid.*, V, 23, scolie.

2. Il convient de bien distinguer, comme le fait S. Nadler à la suite de P.-F. Moreau, entre l'éternité de l'essence du corps, qui appartient à l'essence de tous les corps, et l'éternité de la connaissance adéquate. Mais il ne faut pas oublier que la première est la condition de la seconde, ce qui est propre à l'essence d'un corps particulièrement complexe comme celui de l'homme. Voir S. Nadler, *Spinoza's Heresy : Immortality and the Jewish Mind*, Oxford, Oxford University Press, 2002 ; P.-F. Moreau, *Spinoza : L'expérience et l'éternité*, Paris, P.U.F., 1994, p. 534-539.

En général, il faut avoir bien présente à l'esprit cette appartenance du *même* individu à la dimension du temps et à celle de l'éternité, pour ne pas aggraver les difficultés que pose la théorie spinozienne de l'éternité de l'esprit, difficultés au sujet desquelles Leibniz s'est exprimé en premier, et de façon fort efficace : « [Spinoza] avait une plaisante opinion de l'immortalité de l'âme, c'est qu'il concevait que cette idée platonique de mon être, qui est sans doute aussi éternelle que celle du cercle ou du triangle, fait proprement notre immortalité ; et qu'il faut tâcher à se perfectionner en toute sorte de vertus, pour laisser après soi en mourant une essence éternelle ou idée platonique d'autant plus parfaite. Comme si cette idée n'était déjà dans la nature soit que je tâche de lui ressembler ou non ; et comme s'il me servirait après ma mort, si je ne suis plus rien, d'avoir ressemblé à cette belle idée. Ces pensées si étranges sont ajustées d'une telle façon dans son ouvrage posthume *de Deo*, qu'on les croirait dire toute autre chose ». Leibniz an Landgraf Ernst von Hessen-Rheinfels, 4/14 août 1683, *in* G. W. Leibniz, *Samtliche Schriften und Briefe*, deuxième série, *Philosophischer Briefwechsel*, ed. von der Akademie der Wissenschaften, I, Akademie Verlag, Berlin 1987, p. 535. Au contraire de ce que pensait Leibniz, chez Spinoza l'idée de l'essence du corps fait partie de l'essence de l'esprit, c'est-à-dire du même individu existant. *Cf.* E. M. Curley, *Behind the Geometrical Method. A Reading of Spinoza's Ethics*, Princeton, Princeton University Press, 1988, p. 84 *sq*. et « Notes on the Immortality of the Soul in Spinoza's Short Treatise », *Giornale Critico della Filosofia Italiana* 8, 1977, p. 327-336, repris dans *Spinoza. Critical Assessments*, G. Lloyd (éd.), 4 vol., London-New York, Routledge, 2001, II, p. 378-386. Voir, pour une discussion de la littérature portant sur la question, S. Nadler, *Spinoza's Heresy*, *op. cit.*, p. 136-140 et, plus amplement, M. Messeri, *L'epistemologia di Spinoza*, *op. cit.*, p. 280-284.

la *ratio essendi* et la *ratio cognoscendi* de la morale chez Kant : la connaissance adéquate rend l'esprit conscient d'être éternel (c'est la *ratio cognoscendi* de son éternité), mais l'éternité de l'esprit rend possible la connaissance adéquate (elle en est la *ratio essendi*)[1]. Spinoza raisonne aussi de façon platonicienne sur ce point : seul l'éternel connaît l'éternel. Cela nous aide à comprendre, rétrospectivement, cette affirmation du *Court Traité*, selon laquelle l'intellect est en Dieu et dépend de Dieu : « puisque ce qui en nous doit connaître Dieu est l'*Entendement*, et que celui-ci est uni si immédiatement à lui qu'il ne peut exister ni être conçu sans lui, de là il apparaît de manière irréfutable qu'aucune chose ne peut être aussi étroitement liée à l'entendement sinon Dieu lui-même »[2]. La logique qui soutient le raisonnement spinozien est semblable à la logique augustinienne, pour laquelle connaître le vrai implique de connaître « en Dieu », d'accéder à la dimension divine hors du temps.

CONNAISSANCE INTUITIVE

La dernière partie de l'*Éthique* se divise idéalement en deux sections : la première s'occupe de la libération des affects et de l'amour de Dieu que nous pouvons atteindre en cette vie, la seconde de l'éternité de l'esprit et de l'amour intellectuel éternel. La première section s'achève précisément lorsque l'auteur annonce avoir « fini avec tout ce qui regarde cette vie présente »[3]. Avec cette annonce, Spinoza déclare avoir achevé l'analyse des remèdes contre les passions, qui avait été conduite par l'examen de la connaissance universelle des affects, considérés comme propriétés communes des corps, c'est-à-dire avec une connaissance du second genre : « ce qui est commun à tout ne se peut concevoir qu'adéquatement, et par suite il n'est pas d'affection du corps dont nous ne puissions former un certain concept clair et distinct »[4]. Il est possible, à partir de cette connaissance, de développer un amour pour Dieu, en tant que cette connaissance peut être « référée » à l'idée de Dieu[5]. L'idée de Dieu, comme on le sait, peut être atteinte à partir de la connaissance adéquate des choses singulières : « plus nous comprenons les choses singulières, plus nous comprenons

1. Voir, dans cette direction, F. Mignini, « *Sub specie aeternitatis* », art. cit., p. 52-54 et Ch. Jaquet, *Sub specie aeternitatis*, *op. cit.*, p. 104-106.

2. *Court Traité*, II, 24, 11.

3. *Éthique*, V, 20, scolie.

4. *Ibid.*, V, 4, dém.

5. *Ibid.*, V, 14 : « L'Esprit peut faire que toutes les affections du Corps, autrement dit les images des choses, se rapportent à l'idée de Dieu ».

Dieu »[1]. La connaissance du second genre est donc source de salut seulement si elle est accompagnée de l'idée de Dieu, c'est-à-dire de la prémisse de la connaissance du troisième genre. Mais quelles choses singulières connaissons-nous vraiment adéquatement ? Il est au moins une chose singulière dont la connaissance soit à la portée de chacun : celle de son propre esprit. Spinoza estime que la réflexion sur sa propre connaissance adéquate constitue la première voie d'accès à la connaissance de Dieu, et pose ainsi les bases de la connaissance du troisième genre :

> [...] parce que l'essence de notre esprit consiste dans la seule connaissance, dont le principe et le fondement est Dieu : par là s'éclaire pour nous comment et de quelle façon notre Esprit suit de la nature divine selon l'essence et l'existence, et dépend continuellement de Dieu ; et j'ai pensé qu'il valait la peine de le noter ici pour montrer par cet exemple toute la force de la connaissance des choses singulières que j'ai appelée intuitive ou du troisième genre, et combien elle est préférable à la connaissance universelle[2].

Par la réflexion sur sa propre connaissance adéquate, par la réflexion sur la nécessité et l'universalité des axiomes et des propriétés communes, l'esprit accède à la conscience d'appartenir à Dieu, à la dimension de l'éternité : sinon, comment pourrait-il connaître adéquatement ? Comment pourrait-il connaître ce qui est nécessaire, immuable et éternel, s'il n'était lui-même éternel ? De nouveau, la connaissance adéquate est la *ratio cognoscendi* de la dimension éternelle du moi. L'esprit individuel est donc cette chose singulière privilégiée qui, grâce à la conscience de sa propre connaissance adéquate, permet d'accéder à Dieu. Une fois la connaissance de Dieu atteinte, on peut en déduire d'autres connaissances, en principe toutes les connaissances sur l'univers.

Dans l'*Éthique*, les genres de connaissance restent stables par rapport aux acquis du *Court Traité*. Mais il y a une nouveauté. La connaissance du troisième genre, qui est explicitement appelée « intuitive », est décrite comme un processus inférentiel : « Outre ces deux genres de connaissance, il y en a, comme je le montrerai dans la suite, encore un troisième, que nous appellerons science intuitive. Et ce genre de connaissance procède de l'idée adéquate de l'essence formelle de certains attributs de Dieu vers la connaissance adéquate de l'essence des choses »[3]. Même l'exemple de la recherche du quatrième nombre proportionnel est reformulé de telle façon qu'il s'adapte à ce changement. Spinoza s'exprimait ainsi dans le

1. *Ibid.*, V, 24.
2. *Ibid.*, V, 36, scolie.
3. *Ibid.*, II, 40, scolie 2.

Court Traité : « un quatrième, cependant, possédant la connaissance la plus claire, n'a besoin ni du ouï-dire, ni de l'expérience, ni de l'art de raisonner, car par son intuition il voit immédiatement la proportion et tous les calculs »[1]. Dans l'*Éthique*, l'exemple est ainsi reformulé : « étant donnés les nombres 1, 2, 3, il n'est personne qui ne voie que le quatrième nombre proportionnel est 6, et cela bien plus clairement, parce que c'est du rapport même que nous *voyons* d'un seul coup d'œil entre le premier et le deuxième que nous *concluons* le quatrième »[2]. Ce qui est vu intuitivement, c'est le rapport entre les deux premiers nombres, dont on *conclut* le quatrième proportionnel[3]. Si les mots que Spinoza utilise ont été choisis intentionnellement, le texte de l'*Éthique* laisse entendre que l'aspect non inférentiel du troisième genre de connaissance regarde seulement Dieu et non pas les connaissances qui s'obtiennent à partir de la connaissance de Dieu. Cette distinction entre connaissance de Dieu et déduction des autres connaissances est maintenue dans la dernière partie de l'*Éthique :* « l'esprit [...] en tant qu'il est éternel [...] a la connaissance de Dieu [...] et partant [...] est apte à connaître tout ce qui peut *suivre* de cette connaissance de Dieu une fois qu'elle est là »[4]. C'est ainsi, du reste, que les choses étaient présentées dans le *Court Traité*. La connaissance intuitive était ou bien connaissance du corps ou bien connaissance de Dieu ; la reformulation de l'*Éthique* doit donc se comprendre non pas tant comme un changement par rapport au *Court Traité*, que comme une formulation plus correcte de la théorie déjà présentée dans l'écrit précédent.

1. *Court Traité*, II, I, 3.

2. *Éthique*, II, 40, scolie 2 (n. s.).

3. Gueroult soulignait déjà à la fois le changement et le caractère inférentiel par lequel se présente la science intuitive dans l'*Éthique*. *Cf.* M. Gueroult, *Spinoza*, *op. cit.*, II, p. 446 *sq.* Voir, contre cette thèse, F. Mignini, « In Order to Interpret Spinoza's Theory of the Third Kind of Knowledge : Should Intuitive Science Be Considered *Per causam proximam* Knowledge ? », *in* E. Curley, P.-F. Moreau (dir.), *Spinoza. Issues and Directions*, *op. cit.*, p. 136-146.

4. *Éthique*, V, 31, dém. (n. s.). Le privilège de la connaissance de Dieu dans la connaissance intuitive a été souligné par Gueroult dans *Spinoza*, *op. cit.*, I, p. 603 *sq.* La connaissance intuitive, au contraire de la connaissance du second genre, prend comme prémisse l'essence éternelle de Dieu, ce qui suffit, semble-t-il, à établir une distinction nette entre connaissance rationnelle et connaissance intuitive, contrairement à la thèse réitérée de leur différence seulement relative, due surtout au fait que, dans l'*Éthique*, le troisième genre de connaissance est présenté comme une connaissance inférentielle. *Cf.* W. Röd, *Spinozas Idee der Scientia intuitiva*, *op. cit.*, Lee. C. Rice, « The Continuity of 'Mens'in Spinoza », *The New Scholasticism* 43, 1969, p. 75-103, G. H. R. Parkinson, *Spinoza's Theory of Knowledge*, *op. cit.*, p. 186-188, M. Messeri, *L'epistemologia di Spinoza*, *op. cit.*, p. 254. Selon Parkinson, la différence entre les deux genres de connaissance adéquate serait visible seulement par leur revers pratique et non par leurs caractéristiques spéculatives.

Dans l'*Éthique*, la connaissance que l'esprit humain a de Dieu s'acquiert, en premier lieu, par l'esprit humain lui-même et par la conscience qu'il a de son appartenance à Dieu, qu'il obtient dans toute connaissance adéquate : « notre esprit, en tant qu'il se connaît ainsi que le corps sous une espèce d'éternité, a en cela nécessairement la connaissance de Dieu et se conçoit par Dieu »[1]. Autrement dit, les conditions qui avaient porté à affirmer, dans le *Court Traité*, que la connaissance de Dieu ne dépend de rien d'autre que de Dieu lui-même et de l'union que l'esprit a avec l'infini, sont reprises dans l'*Éthique*. L'idée adéquate de l'essence de Dieu est un axiome de type particulier : quand on en a conscience, on connaît en même temps ce qu'est Dieu et que l'esprit « est en Dieu ». L'axiome-Dieu remplit donc une fonction charnière entre les connaissances du deuxième et du troisième genre. Les autres axiomes et propriétés communes des choses, bien que connus sans procédure discursive, puisqu'ils constituent les « fondements » du raisonnement, font toutefois partie de la connaissance que Duns Scot aurait appelée « abstractive ». L'axiome-Dieu, au contraire, quand il devient une notion dont l'esprit est conscient, produit aussi la conscience de l'union que l'esprit a avec Dieu. Comme dans le *Court Traité*, l'intuition par laquelle est saisie l'essence de Dieu n'est pas seulement une connaissance non inférentielle ; elle est aussi un contact direct avec le divin. C'est pourquoi, comme dans le *Court Traité*, l'intuition de Dieu comporte un revers affectif, l'amour de Dieu, qui, comme conséquence de la connaissance, est un amour « intellectuel » : « du troisième genre de connaissance naît nécessairement un amour intellectuel de Dieu »[2], un amour « éternel »[3], qui fait partie du même amour que celui que Dieu se porte à lui-même[4].

L'amour intellectuel de Dieu fait écho à la réflexion sur la vision béatifique et au revers affectif de la vision de Dieu : « De la contemplation claire de l'essence divine naît aussitôt dans les bienheureux, l'amour, qui les entraîne puissamment vers Dieu », un amour « stable et immuable ». Ainsi s'exprimait le jésuite Leonard Lessius en 1616, qui se prononçait sur les questions du souverain bien dans le but de trouver une voie intermédiaire entre la thèse de Thomas, selon laquelle l'essence de la béatitude consiste dans la connaissance, tandis que l'amour en est la conséquence, et la thèse de Scot, selon laquelle l'essence de la béatitude

1. *Éthique*, V, 30.
2. *Ibid.*, V, 32, cor.
3. *Ibid.*, V, 33.
4. *Ibid*, V, 35 et 36.

consiste dans l'amour[1]. Le contact avec Dieu, dans la connaissance intuitive de Spinoza, produit lui aussi un affect lié à la connaissance, l'amour intellectuel, précisément. Le fait est que Spinoza appartient à ce versant de la philosophie qui a cherché dans la participation à la dimension divine, éternelle et immuable, la source de la connaissance vraie, versant de la philosophie que la réflexion sur la vision béatifique contribua à maintenir en vie. Chez Spinoza, le Dieu-nature, l'immanentisme n'ont pas modifié en substance la thèse platonicienne et néoplatonicienne selon laquelle l'esprit humain vit dans une dimension éternelle grâce à laquelle, seule, il est en mesure de connaître « les choses fixes et éternelles », d'après ce qu'énonce déjà le programme du *Traité de la Réforme de l'Entendement*[2]. Dans la grande métaphysique postcartésienne, Spinoza se place certainement du côté de Malebranche, du côté des bienheureux, contre les anges cartésiens ; du côté d'Augustin, pourrait-on dire, qui avait averti du fait qu'arriver à atteindre les raisons éternelles par le regard de l'esprit « est le privilège de peu », privilège qui sera encore présenté comme tel, finalement, par Spinoza : « Si maintenant l'on trouve très difficile le chemin que j'ai montré y mener, du moins peut-on le découvrir. Et il faut bien que ce soit difficile, ce qu'on trouve si rarement »[3].

1. L. Lessius, *De summo bono et aeterna beatitudine hominis*, apud Balthasarem et Ioannem Moretos, Anversa, 1616, p. 201 et 227. Sur la question du rapport entre l'amour que Dieu se porte à lui-même et celui que les bienheureux éprouvent pour Dieu, les opinions ne convergeaient pas. Lessius, par exemple, rejette la thèse d'Henri de Gand, selon laquelle la béatitude comporterait la vision increéée de Dieu et l'amour increé de Dieu, c'est-à-dire selon laquelle la vision du bienheureux et l'amour du bienheureux participeraient de la même vision et du même amour que celui par lequel Dieu se voit et s'aime lui-même. S'il en était ainsi, objecte Lessius, les bienheureux verraient en Dieu tout ce que Dieu voit, et seraient aussi savants et bienheureux que Dieu (*Ibid.*, p. 92-95). Pour cette raison, Lessius préfère opter pour la thèse selon laquelle la vision par laquelle le bienheureux voit Dieu est une vision créée et finie, suivant l'enseignement de Scot (*Ibid.*, p. 100-101). Spinoza, au contraire, assume jusqu'au bout les conséquences de son immanentisme, et affirme que « l'amour intellectuel de l'esprit envers Dieu est une partie de l'amour infini dont Dieu s'aime lui-même » (*Éthique*, V, 36).

2. *Traité de la Réforme de l'Entendement*, § 100.

3. *Éthique*, V, 42, scolie. Dans la bibliothèque de Spinoza figurait un recueil des écrits augustiniens. Au n°17 des volumes *in folio* est rangée une *Epitome Augustini Operum omnium*, 1539 (1537 ?), que A. J. Servaas van Rooijen, dans *l'Inventaire des livres formant la bibliothèque de Bénédict Spinoza*, de 1888, interprétait comme référée à l'*Omnium Operum D. Aur. Augustini epitome*, Augustae Vindelicorum 1537, mais que P. Pozzi rapporte plus vraisemblablement à l'*Epitome Omnium Operum Divi Aurelii Augustini*, éd. Ioannes Piscatorius, H. Steyner, Augustae Vindelicorum, 1537. *Cf.* J. M. Lucas, J. Colerus, *Le vite di Spinoza*, R. Bordoli (ed.), Macerata, Quodlibet, 1994, avec en appendice « La biblioteca di Spinoza », P. Pozzi (ed.), p. 160.

Pour vérifier la continuité de cette tradition, considérons la division des genres de connaissance proposée par Henri de Gand, à l'occasion, précisément, de la discussion sur la connaissance béatifique. Nous la rapportons ici en entier pour qu'il soit possible d'évaluer la proximité entre les trois genres de connaissance proposés par Henri et la formulation des trois genres de connaissance du *Court Traité* et de l'*Éthique :*

> S'agissant des choses divines, je dis que croire, intelliger et voir diffèrent. En effet, croire, c'est donner son assentiment à la vérité [...] sur le mode dont on doit croire tout ce que le professeur enseigne, comme celui qui croit que le soleil va s'éclipser maintenant, ne possédant pas pour cela la démonstration dont son maître est en revanche en possession, et ne voit pas avec les yeux l'interposition de la lune entre nous et le soleil, mais pense qu'il en est ainsi seulement à cause de ce que son maître a dit <*ex solo dicto magistri sui*>. Intelliger, au contraire, c'est connaître quelque chose à partir de quelque chose d'autre, par le discours de la raison, ou par une définition, ou par un syllogisme <*per discursum rationis vel definitivum vel syllogisticum*>, comme l'astrologue comprend par démonstration que le soleil va s'éclipser maintenant, ce qu'il voit de ses yeux. Mais voir intellectuellement, c'est voir Dieu avec les yeux de l'esprit, grâce à sa seule présence <*ex nuda eius praesentia*>, comme quelqu'un voit l'éclipse de ses yeux charnels en voyant la lune placée entre nous et le soleil. Ainsi, bien qu'intelliger les choses divines relève d'une lumière plus claire que celle dont relève le fait de croire, toutefois intelliger est très loin de voir et s'en distingue[1].

Comparons la table des genres de connaissance proposée par Henri avec celle que Spinoza fournit dans l'*Éthique*. Le premier genre comprend la connaissance « *ex solo dicto magistri* », selon Henri ; selon Spinoza, les marchands calculent le quatrième proportionnel, parce qu'ils n'ont pas oublié « ce qu'ils ont entendu dire par leur maître sans aucune démonstration »[2], c'est-à-dire parce qu'ils le croient sans comprendre. C'est la foi, la croyance, la *pistis* platonicienne. Le second genre de connaissance d'Henri s'effectue par le « discours de la raison, ou par une définition, ou par un syllogisme » ; et pour Spinoza, les marchands, quand ils se fient à la raison, arrivent à connaître le quatrième proportionnel « par la force de la démonstration »[3]. Il s'agit dans les deux cas de la *dianoia* platonicienne. Le troisième genre implique à la fois pour Henri et pour Spinoza la vision immédiate et a pour

1. Henri de Gand, *Quodlibet XII*, qu. 2, éd. J. Decorte, Leuven, Leuven University Press, 1987, p. 23-24.
2. Spinoza, *Éthique*, II, 40, scolie 2.
3. *Ibid.*

objet Dieu. C'est le *noûs* platonicien[1]. Mais les genres de connaissance de la *République* de Platon sont aussi parvenus jusqu'à Spinoza par la réflexion sur la vision béatifique, laquelle avait hérité du platonisme christianisé d'Augustin, et donc de la division entre science et sagesse. Les écrits de Spinoza portent les traces de cette médiation. Cette même subdivision des genres de connaissance avait été reprise par Descartes, nous l'avons vu, précisément pour mettre au jour les caractéristiques de la connaissance intuitive dans la béatitude : « or cette connaissance n'est point un ouvrage de votre raisonnement, ni une instruction que vos maîtres vous aient donnée ; votre esprit la voit, la sent et la manie »[2].

La thèse d'une participation de l'esprit humain au « divin » – si l'on veut bien nommer ainsi ce niveau de la réalité qui ne peut se réduire à ce dont l'esprit fait l'expérience dans le temps, le niveau de l'absolu, de ce qui ne naît ni ne périt –, liée structurellement à l'esprit humain en tant qu'idée de l'essence du corps, est la clé de toute la construction spinozienne de l'accès au vrai. C'est pourquoi l'accusation d'athéisme adressée depuis toujours à Spinoza a toujours manqué sa cible, de même que la tentative de dissoudre le Dieu de Spinoza dans le monde de l'expérience la manque. Malgré la révolution théologique et métaphysique qu'engendre sa philosophie, malgré la transformation de Dieu en une substance unique, privée d'attributs moraux, privée d'intellect et de volonté, malgré l'identification de Dieu à la nature, malgré toute l'immanence possible, reste le fait que Spinoza a besoin d'un niveau de réalité soustrait au temps et au devenir pour expliquer comment l'esprit humain atteint la vérité, parce que l'idéal de Spinoza

1. S'agissant de la recherche des sources de Spinoza, les chercheurs, à commencer par Harry Austryn Wolfson, ont remarqué que la tripartition ou la quadripartition de la connaissance spinozienne rappelait la ligne segmentée de Platon. *Cf.* H. A. Wolfson, *The Philosophy of Spinoza*, Cambridge-London, Harvard University Press, 1934, II, p. 133 (mais à l'intérieur d'une liste confuse de sources possibles). P. O. Kristeller, « Stoic and Neoplatonic Sources of Spinoza's Ethics », *History of European Ideas* 5, 1, 1984, p. 1-15, est plus clair et sélectif ; cet article est repris dans P. O. Kristeller, *Spinoza, Critical Assessments*, *op. cit.*, I, [p. 112-125], p. 118 : « *Clearly Neoplatonic is also the distinction between the various forms of knowledge as it appears repeatedly in the Ethics and with minor modifications also in the early treatise "On the Improvement of the Intellect"* ». Voir aussi F. Mignini, « *Sub specie aeternitatis* », art. cit., p. 44 : « il n'est pas difficile de voir que Spinoza est en train de construire et de distinguer sa doctrine de la connaissance selon le schéma platonicien du segment ». F. Mignini rappelle en outre très judicieusement que ce schéma « a conduit historiquement à la doctrine aristotélicienne de la "séparation" de l'opération de l'intellect [...] par rapport aux opérations de la faculté sensitive, à laquelle appartiennent la mémoire et l'imagination ». Il faut noter enfin que la *pistis* est constamment invoquée pour signifier la croyance dans les paroles du maître.

2. Descartes à [Silhon ?], AT V, 138, 3-6. Voir *supra*, p. 155-160

n'est pas la science aristotélicienne, la connaissance nécessaire et universelle de ce qui est muable et se déroule dans le temps, mais la sagesse platonicienne et augustinienne, la connaissance des choses qui ne changent pas, des archétypes éternels ; parce qu'enfin l'âme de Spinoza, comme celle de Malebranche, et au contraire de celle de Descartes, est une âme profondément « religieuse ».

BIBLIOGRAPHIE

SOURCES PRIMAIRES

ALCINOOS, *Enseignement des doctrines de Platon*, éd. I. Whittaker et trad. fr. P. Louis, Paris, Les Belles Lettres, 1990.

ALTENSTAIG (J.), TYTZ (J.), *Lexicon theologicum* [1508], Coloniae Agrippae 1619, réimpr. anast. Hildesheim-New York, G. Olms Verlag, 1975.

ARISTOTE, *Œuvres complètes*, éd. et trad. fr. P. Pellegrin (dir.), Paris, Flammarion, 2014.

—, *Seconds analytiques*, J. Tricot (éd.), Paris, Vrin, 2012.

ARNAULD (A.), *Œuvres philosophiques*, Bristol, Thoemmes Press, 2003.

—, *Œuvres*, Lausanne, Sigismond d'Arnay, 1775-1783.

—, *Textes philosophiques*, D. Moreau (éd.), Paris, P.U.F., 2001.

ARNAULD (A.), NICOLE (P.), *La logique ou l'art de penser*, P. Clair et F. Girbal (éd.), Paris, Vrin, 1981.

—, *La logique ou l'art de penser*, Ch. Jourdain (éd.) Paris, TEL-Gallimard 1993.

—, *La logique ou l'art de penser (dite Logique de Port-Royal)*, D. Descotes (éd.), Paris, Champion, 2011.

AUGUSTIN, *Œuvres complètes*, éd. et trad. fr. L. Jerphagnon (dir.), 3 vol., Paris, Gallimard, 1998-2002.

—, *Quaestiones 83*, dans *Œuvres de saint Augustin*, trad. fr. et notes G. Bardy, J.-A. Beckaert, J. Boutet, Paris, Desclée De Brouwer, vol. X, 1950.

—, *Les Révisions*, dans *Œuvres de saint Augustin*, trad. fr. et notes G. Bardy, Paris, Desclée De Brouwer, vol. XII, 1950.

—, *La Genèse au sens littéral en douze livres*, trad. fr. et notes P. Agaësse et A. Solignac, Paris, Desclée de Brouwer, 1972.

BONAVENTURE DE BAGNOREGIO, *Opera Omnia*, Quaracchi, Ex Typographia Collegii S. Bonaventurae 1882 ss.

Chartularium universitatis parisiensis, H. Denifle (éd.), Paris, E. Chatelain, 1889.

CORDEMOY (G. de), *Discours physique de la parole*, Paris, Florentin Lambert, 1668.

DESCARTES (R.), *Œuvres*, Adam-Tannery (éd.), nouv. présentation, Paris, Vrin-CNRS, 11 t., 1964-1974, rééd. 1996.

—, *L'Entretien avec Burman*, trad. fr. et notes J.-M. Beyssade, Paris, P.U.F., 1981.

—, *Règles utiles et claires pour la direction de l'esprit en la recherche de la vérité*, trad. fr. et notes J.-L. Marion, avec des notes mathématiques de P. Costabel, La Haye, Martinus Nijhoff, 1977.

—, *Règles pour la direction de l'esprit*, AT X, 368-369, trad. fr. et notes J. Brunschwig, Paris, Le Livre de poche, rééd. 2002.

—, *Tutte le lettere*, G. Belgioioso (ed.), Milano, Bompiani, 2005.

DUNS SCOT (J.), *Opera Omnia*, L. Wadding (ed.), sumptibus L. Durand, Lugduni, 1639, réimpr. anast. Hildesheim, G. Olms Verlag, 1968.

—, *Opera Omnia*, Civitas Vaticana, Typis polygl. Vaticanis, 1950 *sq.*

—, *Sur la connaissance de Dieu et l'univocité de l'étant*, trad. fr. et notes O. Boulnois, Paris, P.U.F., 1988.

DUPLEIX (S.), *La métaphysique* [1610], Paris, Fayard, 1992.

FÉNELON (F. de Salignac de La Mothe), *Œuvres*, J. Le Brun (éd.), Paris, Gallimard, 1983-1997 (notamment *Traité de l'existence de Dieu*, t. 2).

GOCLENIUS, (R.), *Lexicon Philosophicum*, Frankfurt-am-Main, typis viduae Matthiae Beckeri, 1613.

GUILLAUME D'OCKHAM, *Opera Theologia*, V, New York, St. Bonaventure, 1981.

HENRI DE GAND, *Quodlibeta Magistri Henrici Goethals a Gandauo*, Paris, 1518, réimpr. anast., Louvain, Bibliothèque S.J., 1961.

—, *Quodlibet IX*, R. Macken (éd.), Louvain, Presses Universitaires de Louvain, 1983.

—, *Quodlibet XII*, J. Decorte (éd.), Louvain, Presse Universitaires de Louvain, 1987.

—, *Summae quaestionum ordinariarum*, 2 vol., Parisiis, 1520, réimpr. anast. St. Bonaventure, New York, The Franciscan Institute, 1953.

—, *Sur la possibilité de la connaissance humaine*, éd., trad. fr. et notes D. Demange, Paris, Vrin, 2013.

JANSENIUS (Jansen C.), *Augustinus seu doctrina Sancti Angustini de humanae naturae sanitate, aegritudine, medicina adversus Pelagianos et Massilienses*, Sumptum Michaelis Soly et Matthaei Guillemot, Parisiis, 1641.

LA FORGE (L. de), *Traité de l'esprit de l'homme*, dans *Œuvres philosophiques*, Paris, P.U.F., 1974.

LAFOSSE (F.), *Augustinus theologus sive theologia secundum genium Divi Augustini, et Discipulorum ejus interpretationem*, 4 vol., Tolosae, excudebat Guillelmus Bosc, 1680.

LEIBNIZ (G.W.), *Samtliche Schriften und Briefe*, deuxième série, *Philosophischer Briefwechsel*, ed. von der Akademie der Wissenschaften, I, Akademie Verlag, Berlin 1987.

LESSIUS (L.), *De summo bono et aeterna beatitudine hominis libri quatuor*, Antuerpiae, apud Balthasarem et Ionnanem Moretos, 1616.

MACEDO (Fr.), *Collationes doctrinae S. Thomae et Scoti, cum differentiis inter utrumque textibus utriusque fideliter productis, sententiis subtiliter examinatis* [...], Patavii, Typis et sumptibus Petri Mariae Frambotti, 1671.

MALEBRANCHE (N.), *Œuvres Complètes*, G. Rodis-Lewis, A. Robinet *et al.* (éd.), Paris, Vrin, 20 t., 1959-1970.

—, *De la recherche de la vérité*, livres I-III, éd. J.-Ch. Bardout (dir.), Paris, Vrin, 2006.

—, *De la recherche de la Vérité*, livres IV-VI, éd. J.-Ch. Bardout (dir.), Paris, Vrin, 2006.

—, *De l'imagination. De la recherche de la vérité*, livre II, intro. et notes D. Kolesnik-Antoine, Paris, Vrin, 2006.

—, *Éclaircissements, Réponses à M. Régis et Annexes*, éd. J.-Ch. Bardout (dir.), Paris, Vrin, 2006.

—, *Conversations chrétiennes*, éd. J.-Ch. Bardout (dir.), Paris, Vrin, 2010.

—, *Entretien sur la métaphysique et sur la religion*, M. Michaud-Le Roux et D. Moreau (éd.), Paris, Vrin, 2017.

MARSTON (R.), *Quaestiones disputatae*, Quaracchi, Ex Typographia Collegii S. Bonaventurae, 1932.

MARTIN (A.) [pseud. Victor, Ambrosius], *Philosophia christiana* [1653], vol. II, *Sanctus Augustinus De existentia et voluntate Dei*, Parisiis, apud Petrum Prome, 1667.

MATTHIEU D'AQUASPARTA, *Quaestiones disputatae selectae*, I, Quaracchi, ex typ. Collegii S. Bonaventurae 1903.

NORRIS (J.), *Essay towards the Theory of the Ideal or Intelligible World*, London, S. Manship and W. Hawes, 1701-1704, réimpr. anast., New York-London, Garland Publishing, 1978.

PLOTIN, *Ennéades*, éd. et trad. fr. É. Bréhier, Paris, Les Belles Lettres, 7 vol., 1924-1938.

—, *Traités*, L. Brisson et J.-F. Pradeau (éd.), Paris, GF-Flammarion, 9 vol., 2002-2010.

RÉGIS (P. S.), *Cours entier de philosophie*, Amsterdam, Huguetan, 1691.

ROBERT GROSSETÊTE, *Commentarius in posteriorum analyticorum libros*, P. Rossi (ed.), Firenze, Olschki, 1981.

—, *De Veritate*, in *Die philosophischen Werke*, L. Baur (ed.), Münster, Aschendorff, 1912.

SEXTUS EMPIRICUS, *Contre les Mathématiciens*, I. von Arnim (ed.), *Stoicorum Veterum Fragmenta*, t. 2, Leipzig, Teubner, 1903.

SPINOZA (B.), *Opera*, hrsg, C. Gebhardt, C. Winter, Heidelberg, 1925.

—, *Korte Verhandeling/Breve Trattato*, ed. F. Mignini, L'Aquila, L. U. Japadre editore, 1986.

—, *Etica*, Roma, Editori Riuniti, 1988.

—, *Premiers écrits*, éd. et trad. fr. F. Mignini, M. Beyssade et J. Ganault, Paris, P.U.F, 2009.

—, *Éthique*, éd. bilingue avec trad. fr. B. Pautrat, Paris, Seuil, 2010.

SUÁREZ (Fr.), *Opera Omnia*, apud Sebastianum Coleti, Venetiis, 1740.

THOMAS D'AQUIN, *Opera Omnia iussu impensaque Leonis XIII edita*, Romae, Ex Typographia Polyglotta, 1888 *sq.*

—, *Somme Théologique*, Paris, Le Cerf, 4 t., 1984-1986.

—, *Somme contre les Gentils*, I-IV, éd., trad. fr. et notes C. Michon, V. Aubin, D. Moreau, Paris, GF-Flammarion, 1999.

—, *De la Vérité*, trad. fr. S.-T. Bonino, Fribourg-Paris, éd. Univ. de Fribourg-Le Cerf, 1996.

—, *De la Vérité*, trad. fr. K. S. Ong-Van-Cung, Paris, Vrin, 1998.

VÁZQUEZ (A.), *Opera Omnia*, Lyon, H. Cardon, 1619.

SOURCES SECONDAIRES

Ouvrages

ARIEW (R.), (ed.), *Descartes and the Last Scholastics*, Ithaca-London, Cornell University Press, 1998.

ARMOGATHE (J.-R.), Belgioioso (G.) (ed.), *La biografia intellettuale di René Descartes attraverso la « Correspondance »*, Napoli, Vivarium, 1999.

BALTES (M.), *Die Weltentstehung des platonischen Timaios nach den antiken Interpreten*, 2 vol., Leiden, E. J. Brill, 1976-1978.

BARDOUT (J.-Ch.), *Malebranche et la métaphysique*, Paris, P.U.F., 1999.
BATTEREL (L.), *Mémoires domestiques pour servir à l'histoire de l'Oratoire*, 5 vol., Paris, A. Picard, 1902-11.
BECK (L. J.), *The Method of Descartes. A Study of the* Regulae, Oxford, Clarendon Press, 1952.
BEIERWALTES (W.), *Das wahre Selbst. Studien zu Plotins Begriff des Geistes und des Einem*, Frankfurt-am-Main, V. Kostermann Verlag, 2001.
BENNETT (J.), *A Study of Spinoza's Ethics*, Indianapolis, Hackett Publishing Company, 1984.
BETTONI (E.), *Il problema della conoscibilità di Dio nella scuola francescana*, Padova, Casa Editrice Antonio Milani, 1950.
—, *Il processo astrattivo nella concezione di Enrico di Gand*, Milano, Vita e pensiero, 1954.
BOLAND (V.), *Ideas in God according to Saint Thomas Aquinas. Sources and Synthesis*, Leiden, E. J. Brill, 1996.
BOULNOIS (O.), *Duns Scot. La rigueur de la charité*, Paris, Le Cerf, 1998.
—, *Être et représentation*, Paris, P.U.F., 1999.
BOYER (Ch.), *Christianisme et néo-platonisme dans la formation de Saint Augustin*, Paris, G. Beauchesne, 1920.
BRANCACCI (A.) (ed.), *Antichi e moderni nella filosofia di età imperiale*, Napoli-Roma, Bibliopolis, 2001.
CANTELLI (G.), *La parola come similitudine dell'uomo. Una interpretazione del rapporto mente-corpo in Cartesio*, Napoli, Morano, 1992.
CATAPANO (G.), *L'idea di filosofia in Agostino*, Padova, Il Poligrafo, 2000.
CHAPPELL (V.) (ed), *Baruch de Spinoza*, New York-London, Garland Publishing, 1992.
CONNELL (D.), *The vision in God. Malebranche's Scholastic Sources*, Louvain, Nauwelaerts, 1967.
COURTINE (J.-F.), *Suárez et le système de la métaphysique*, Paris, P.U.F., 1990.
CRISTOFOLINI (P.), *La scienza intuitiva di Spinoza*, Napoli, Morano, 1987.
CRONIN (T. J.), *Objective Being in Descartes and in Suárez*, Rome, Gregorian University Press, 1966.
CURLEY (E. M.), *Behind the Geometrical Method. A Reading of Spinoza's Ethics*, Princeton, Princeton University Press, 1988.
CURLEY (E. M.), P.-F. MOREAU (ed.), *Spinoza. Issues and Directions*, Leiden, E. J. Brill, 1990.
DAY (J.), *Intuitive Cognition : A Key to the Significance of the Later Scholastics*, St. Bonaventure, New York, The Franciscan Institute, 1947.

DEPRÉ (O.), LORIES (D.) (éd.), *Lire Descartes aujourd'hui*, Louvain-Paris, Peeters, 1997.

DEVILLAIRS (L.), *Descartes et la connaissance de Dieu*, Paris, Vrin, 2004.

DONINI (P.), *Le scuole, l'anima, l'impero : la filosofia antica da Antioco a Plotino*, Torino, Risenberg e Sellier, 1982.

ELDERS (L. J.), *The Philosophical Theology of St. Thomas Aquinas*, Leiden, E. J. Brill, 1990.

FATTORI (M.), BIANCHI (M.L.) (ed.), *Ratio. VII Colloquio Internazionale*, Roma, 9-11 gennaio 1992, Firenze, Olschki, 1994.

FAYE (E.), *Philosophie et perfection de l'homme*, Paris, Vrin, 1998.

FOUCAULT (M.), *Histoire de la folie à l'âge classique*, Paris, Gallimard, 1972.

FRANK (W.A.), WOLTER (A.B.), *Duns Scotus, Metaphysician*, West Lafayette, Indiana, Purdue University Press, 1995.

FRANKFURT (G.), *Demons, Dreamers, and Madmen. The Defense of Reason in Descartes's Meditation*, Indianapolis-New York, The Bobbs-Merrill Company, 1970.

FREUDENTHAL (J.), *Spinoza Leben und Lehre. Erster Teil : Das Leben Spinozas*, hrs. C. Gebhardt, Heidelberg, C. Winter, 1927.

GARRETT (D.) (ed.), *The Cambridge Companion to Spinoza*, Cambridge, Cambridge University Press, 1996.

GILSON (É.), *La liberté chez Descartes et la théologie*, Paris, Alcan, 1913.

—, *Index scolastico-cartésien*, Paris, Alcan, 1913.

—, *Le thomisme*, Paris, Vrin, 1922.

—, *Pourquoi saint Thomas a critiqué saint Augustin*, initialement paru dans les *Archives d'histoire doctrinale et littéraire du Moyen Âge* 1, 1926, p. 2-127, rééd. Paris, Vrin, 1986.

—, *Introduction à l'étude de Saint Augustin*, Paris, Vrin, 1929.

—, *Études sur le rôle de la pensée médiévale dans la formation du système cartésien*, Paris, Vrin, 1930.

—, *Jean Duns Scot. Introduction à ses positions fondamentales*, Paris, Vrin, 1952.

GINZBURG (C.), SCRIBANO (E.) (ed.), *Conversazioni per Alberto Gajano*, Pisa, ETS, 2005.

GOUDRIAAN (A.), *Philosophische Gotteserkenntis bei Suárez und Descartes*, Leiden, E. J. Brill, 1999.

GOUHIER (H.), *Fénelon philosophe*, Paris, Vrin, 1977.

—, *Cartésianisme et augustinisme au XVII*e *siècle*, Paris, Vrin, 1978.

—, *La pensée métaphysique de Descartes*, Paris, Vrin, 1969.

—, *La pensée religieuse de Descartes*, Paris, Vrin, 1972.
—, *La philosophie de Malebranche et son expérience religieuse*, Paris, Vrin, 1948.
GUEROULT (M.), *Malebranche*, 3 vol., Paris, Aubier, 1955-1959.
—, *Descartes selon l'ordre des raisons*, 2 vol., Paris, Aubier, 1968.
—, *Spinoza*, 2 vol., Paris, Aubier, 1974.
HAMELIN (O.), *Le Système de Descartes*, Paris, Alcan, 1921.
HANKEY (W. J.), *God in Himself. Aquinas' Doctrine of God as Expounded in the* Summa Theologiae, Oxford, Oxford University Press, 1987.
HARRIS (E. E), *Salvation from Despair. A Reappraisal of Spinoza's Philosophy*, Den Haag, Martinus Nijhoff, 1973.
HENLE (R. J.), *Saint Thomas and Platonism*, Den Haag, Martinus Nijhoff, 1970.
HOLTE (R.), *Béatitude et sagesse. Saint Augustin et le problème de la fin de l'homme dans la philosophie ancienne*, Paris, Études augustiniennes, 1962.
HOOKER (M.) (ed.), *Descartes. Critical and Interpretative Essays*, Baltimore-London, Johns Hopkins University Press, 1978.
HONNEFELDER (L.), *Ens inquantum ens. Der Begriff des Seienden als solchen Gegenstand der Metaphysik nach der Lehre des Johannes Duns Scotus*, Münster, Aschendorff, 1979.
HOONEFELDER (L.), WOOD (R.), DREYER (M.) (eds.), *John Duns Scotus. Metaphysics and Ethics*, Leiden, E. J. Brill, 1996.
HOYE (W. J.), *Actualitas Omnium Actuum. Man's Beatific Vision of God as Apprehended by Thomas Aquinas*, Meisenheim, Verlag Anton Hain, 1975.
HUGEDÉ (N.), *La métaphore du miroir dans les Épîtres de Saint Paul aux Corinthiens*, Neuchâtel-Paris, Delachaux et Niestlé, 1957.
HUGUET (E.), *Dictionnaire de la langue française au seizième siècle*, Paris, Didier, 1946.
HUNTER (G.) (ed.), *Spinoza : The Enduring Questions*, Toronto, University of Toronto Press, 1994.
IVANKA (E. von), *Plato christianus*. La réception critique du platonisme chez les Pères de l'Église, Paris, P.U.F., 1990.
JANOWSKI (Z.), *Cartesian Theodicy. Descartes's Quest for Certitude*, Dordrecht-Boston-London, Kluwer, 2000.
—, *Augustinian-Cartesian Index. Texts and Commentary*, South Bend, Indiana, St. Augustines's Press, 2004.

JAQUET (Ch.), *Sub specie aeternitatis. Étude des concepts de temps, durée et éternité chez Spinoza*, Paris, Kimé, 1997.

JAVELET (R.), *Image et ressemblance au douxième siècle. De Saint Anselme à Alain de Lille*, 2 vol., Chambéry, Éditions Letouzey & Ané, 1967.

—, *Dieu soleil des esprits. La doctrine augustinienne de l'illumination*, Paris, Desclée de Brouwer, 1934.

KAMBOUCHNER (D.), *Les Méditations métaphysiques de Descartes*, Paris, P.U.F., 2005.

KENNY (A.), *Thomas Aquinas on Mind*, London-New York, Routledge, 1993.

KNUUTTILA (S.), *Modalities in Medieval Philosophy*, London, Routledge, 1993.

—, (ed), *Reforging the Great Chain of Being. Studies of the History of Modal Theories*, Dordrecht-Boston-London, Reidel, 1981.

KRETZMANN (N.) *et al.* (eds.), *The Cambridge History of Later Medieval Philosophy*, Cambridge, Cambridge University Press, 1982.

LA BONNARDIÈRE (A.-M.), *Recherches de chronologie augustinienne*, Paris, Études augustiniennes, 1965.

LINGUITI (A.) (ed.), *La felicità e il tempo. Plotino, Enneadi, I, 4-I, 5*, Milano, LED, 2000, p. 43-52.

LLOYD (G.) (ed.), *Spinoza. Critical Assessments*, 4 vol., London-New York, Routledge, 2001.

LUBAC (H. de), *Augustinisme et théologie moderne*, Paris, Aubier, 1965.

MAILLARD (P.-Y.), *La vision de Dieu chez Thomas d'Aquin*, Paris, Vrin, 2001.

MANETTI (G.), Prato (A.) (ed.), *Animali, angeli, macchine. Come comunicano e come pensano*, Pisa, ETS, 2007.

MARION (J.-L.), *Sur la théologie blanche de Descartes*, Paris, P.U.F., 1981.

—, *Sur le prisme métaphysique de Descartes*, Paris, P.U.F., 1986.

—, *Questions cartésiennes II*, Paris, P.U.F., 1996.

MARITAIN (J.), *Trois réformateurs. Luther, Descartes, Rousseau*, Paris, Librairie Plon, 1925.

MARRONE (S. P.), *Truth and Scientific Knowledge in the Thought of Henry of Ghent*, Cambridge (MS), The Medieval Academy of America, 1985.

MENN (S.), *Descartes and Augustine*, Cambridge, Cambridge University Press, 1998.

MESSERI (M.), *L'epistemologia di Spinoza. Saggio sui corpi e le menti*, Milano, Mondadori, 1990.

MONTAGNES (B.), *La doctrine de l'analogie de l'être d'après saint Thomas*, Louvain, Publications universitaires, 1963.

MOREAU (D.), *Deux cartésiens. La polémique Arnauld-Malebranche*, Paris, Vrin, 1999.

—, *Malebranche*, Paris, Vrin, 2004.

MOREAU (P.-F.) *Spinoza : L'expérience et l'éternité*, Paris, P.U.F., 1994.

NAAB (E.) (ed.), *Augustin. Über Schau und Gegenwart des unsichtbaren Gottes*, Stuttgard, Friedrich Fromman Verlag, 1998.

NADLER (S.), *Arnauld and the Cartesian Philosophy of Ideas*, Manchester, Manchester University Press, 1989.

—, *Spinoza's Heresy. Immortality and the Jewish Mind*, Oxford, Oxford University Press, 2002.

O'DALY (G.), *Augustine's Philosophy of Mind*, London, Duckworth, 1987.

OEHLER (K.), *Die Lehre von noetischen und dianoetischen Denken bei Platon und Aristoteles*, Münster, C.H. Beck'sche Verlagsbuchhandlung, 1963.

OLIVO (G.), *Descartes et l'essence de la vérité*, Paris, P.U.F., 2005.

PANACCIO (C.), *Le discours intérieur de Platon à Guillaume d'Ockham*, Paris, Seuil, 1999.

PASNAU (R.), *Theories of Cognition in the Later Middle Ages*, New York, Cambridge University Press, 1997.

—, *Thomas Aquinas on Human Nature*, Cambridge, Cambridge University Press, 2002.

PARKINSON (G.H.R.), *Spinoza's Theory of Knowledge*, Oxford, Clarendon Press, 1954.

PAULUS (J.), *Henri de Gand. Essai sur les tendances de sa métaphysique*, Paris, Vrin, 1938.

PERLER (D.), *Théories de l'intentionalité au Moyen Âge*, Paris, Vrin, 2003.

PINCHARD (B.) (éd.), *La Légèreté de l'être. Études sur Malebranche*, Paris, Vrin, 1998.

ROBINET (A.), *Descartes. La lumière naturelle. Intuition, disposition, complexion*, Paris, Vrin, 1999.

PREZIOSO (F. A.), *La critica di Duns Scot all'ontologismo di Enrico di Gand*, Padova, Cedam, 1961.

—, *La « species » medievale e i prodromi del fenomenismo moderno*, Padova, Cedam, 1963.

PRIAROLO (M.), *Visioni divine. La teoria della conoscenza di Malebranche tra Agostino e Descartes*, Pisa, ETS, 2004.

QUINN (R.), *Aquinas, Platonism and the Knowledge of God*, Aldershot, Avebury, 1996.

RODANO (P.), *L'irrequieta certezza. Saggio su Cartesio*, Napoli, Bibliopolis, 1995.

RODIS-LEWIS (G.), *L'anthropologie cartésienne*, Paris, P.U.F., 1990.

ROUSSET (B.), *La perspective finale de l'*Éthique *et le problème de la cohérence du spinozisme*, Paris, Vrin, 1968.

SCRIBANO (E.), *L'esistenza di Dio. Storia della prova ontologica da Descartes a Kant*, Roma-Bari, Laterza, 1994, trad. fr. Ch. Barone, *L'existence de Dieu. Histoire de la preuve ontologique de Descartes à Kant*, Paris, Seuil, 2002.

SECADA (J.), *Cartesian Metaphysics*, Cambridge, Cambridge University Press, 2000.

SIMONUTTI (L.) (ed.), *Dal necessario al possibile*, Milano, Franco Angeli, 2001.

SPRUIT (L.), *Species intelligibilis. From Perception to Knowledge*, 2 vol., Leiden, E. J. Brill, 1994.

SUAREZ-NANI (T.), *Connaissance et langage des anges selon Thomas d'Aquin et Gilles de Rome*, Paris, Vrin, 2002.

—, *Les anges et la philosophie*, Paris, Vrin, 2002.

TACHAU (K. H.), *Vision and Certitude in the Age of Ockham : Optics, Epistemology, and the Foundations of Semantics, 1270-1345*, Leiden, E. J. Brill, 1988.

THRO (L.J) (ed.), *History of Philosophy in the Making : A Symposium of Essays to Honor Professor James D. Collins on His Sixty-Fifth Birthday*, Washington, University of America, 1982.

TROTTMANN (Ch.), *La vision béatifique. Des disputes scolastiques à sa définition par Benoît XII*, Roma, École française de Rome, 1995.

WILLIAMS (Th.) (ed.), *The Cambridge Companion to Duns Scotus*, Cambridge, Cambridge University Press, 2003.

WOLFSON (A.), *The Philosophy of Spinoza*, 2 vol., Cambridge-London, Harvard University Press, 1934.

WOOD (R.), DREYER (M.) (eds.), *John Duns Scotus. Metaphysics and Ethics*, Leiden, E. J. Brill, 1996.

YOVEL (Y.) (ed.), *Spinoza on Knowledge and the Human Mind*, Leiden, E. J. Brill, 1994.

Articles

ANGELINI (E.), « Somiglianza e dissomiglianza. La teoria della rappresentazione di Descartes tra realismo e idealismo », *in* C. Ginzburg, E. Scribano (ed.), *Conversazioni per Alberto Gajano*, Pisa, ETS, 2005, p. 9-39.

ARIEW (R.), « Ideas, in and before Descartes », *in* R. Ariew *et al.* (eds.), *Descartes and the Last Scholastics*, Ithaca-London, Cornell University Press, 1998, p. 58-76.

—, « Descartes and the Scotists », *in* R. Ariew *et al.* (ed.), *Descartes and the Last Scholastics*, Ithaca-London, Cornell University Press, 1998, p. 39-57.

BALDI (M.), « Platonismo e "filosofia delle scuole" nella teoria del mondo intelligibile di John Norris of Bemerton », *Rivista di storia della filosofia* 52, 1997, p. 457-494.

BARTH (T. A.), « Duns Scotus und die ontologische Grundlage unserer Verstandeserkenntnis », *Franziskanische Studien* 33, 1951, p. 348-384.

BEUMER (J.), « Erleuchteter Glaube. Die Theorie Heinrichs von Gent und ihr Fortleben in der Spätscholastik », *Franziskanische Studien* 37, 1955, p. 129-160.

BOLER (J. F.), « Intuitive and Abstractive Cognition », *in* N. Kretzmann *et al.* (dir.), *The Cambridge History of Later Medieval Philosophy*, Cambridge, Cambridge University Press, 1982, p. 460-478.

BRAMPTON (C. K.), « Duns Scotus at Oxford, 1288-1301 », *Franciscan Studies* 24, 1964, p. 5-20.

BRÉHIER (É.), « La création des vérités éternelles dans le système de Descartes », *Revue philosophique de la France et de l'étranger* 62, 1937, p. 15-29.

BUSA (R.), « Vocis "ratio" quae in Thomae Aq. propriis operibus 36.335 vocibus occurrit rationes atque numeros paucis hic conabar absolvere verbis », *in* M. Fattori, M. L. Bianchi (dir.), *Ratio. VII Colloquio Internazionale*, Roma, 9-11 gennaio 1992, Firenze, Olschki, 1994, p. 173-195.

CAFFARENA (J. G.), « Cronologia de la "Suma" de Enrique de Gante por relaciòn a su Quodlibetos », *Gregorianum* 38, 1957, p. 116-133.

CARR (S.), « Spinoza's Distinction between Rational and Intuitive Knowledge », *The Philosophical Review* 87, 1978, repris *in* V. Chappell (ed), *Baruch de Spinoza*, New York-London, Garland Publishing, 1992, p. 1-12.

CARRAUD (V.), « De la connaissance intuitive de Dieu selon A.T., V, p. 136-139 », *in* J.-R. Armogathe, G. Belgioioso (ed.), *La biografia intellettuale di René Descartes attraverso la « Correspondance »*, Napoli, Vivarium, 1999, p. 287-315.

CATANIA (F. J.), « John Duns Scotus on *Ens Infinitum* », *American Catholic Philosophical Quarterly* 47, 1993, p. 37-54.

CONNELL (D.), « Malebranche et la scolastique », *Revue Internationale de Philosophie* 107-108, 1974, p. 449-462.

CÔTÉ (A.), « La critique scotiste du concept d'infini chez Thomas d'Aquin », *in* L. Sileo (ed.), *Via Scoti. Methodologica ad mentem Joannis Duns Scoti*, Roma, Antonianum, II, 1995, p. 577-592.

COURTINE (J.-F.), « La doctrine cartésienne de l'idée et ses sources scolastiques », dans O. Depré, D. Lories (éd.), *Lire Descartes aujourd'hui*, Louvain-Paris, Peeters, 1997, p. 1-20.

CURLEY (E.M.), « Notes on the Immortality of the Soul in Spinoza's Short Treatise », *Giornale Critico della Filosofia Italiana* 8, 1977, p. 327-336, repris dans G. Lloyd (ed.), *Spinoza. Critical Assessments*, 4 vol., London-New York, Routledge, 2001, II, p. 378-386.

—, « Experience in Spinoza's Theory of Knowledge », *in* M. Grene (ed.), *Spinoza. A Collection of Critical Essays*, New York, Garden City, 1979, p. 25-29.

DALBIEZ (R.), « Les sources scolastiques de la théorie cartésienne de l'être objectif », *Revue d'histoire de la philosophie* 3, 1929, p. 464-471.

DONAGAN (A.), « Spinoza's Proof of Immortality », *in* M. Grene (ed.), *Spinoza. A Collection of Critical Essays*, New York, Garden City, 1979, p. 241-258.

DONDAINE (H. F.), « L'objet et le "médium" de la vision béatifique chez les théologiens du XIIIe siècle », *Recherches de Théologie ancienne et médiévale* 19, 1952, p. 60-130.

DOYLE (J. P.), « The "Conimbricenses" on the Semiotic Character of Mirror Images », *The Modern Schoolman* 76, 1998, p. 17-31.

DUMONT (S. D.), « Theology as a Science and Duns Scotus's Distinction between Intuitive and Abstractive Cognition », *Speculum* 64, 1989, p. 579-599.

—, « Scotus' Intuition Viewed in the Light of the Intellect's Present State », *De doctrina Ioannis Duns Scoti. Acta Congressus Scotistici Internationalis Oxnonii et Edimburgi*, 11-17 sept. 1966, 4 vol., Roma, 1968, II, p. 47-64.

FAES DE MOTTONI (B.), « Tommaso d'Aquino e la conoscenza mattutina e vespertina degli angeli », *Medioevo* 18, 1992, p. 169-202.

GHISALBERTI (A.), « "*Ens infinitum*" e dimostrazione dell'esistenza di Dio in Duns Scoto », *in* L. Hoonefelder, R. Wood, M. Dreyer (eds.), *John Duns Scotus. Metaphysics and Ethics*, Leiden, E. J. Brill, 1996.

GILSON (É.), « Avicenne et le point de départ de Duns Scot », *Archives d'histoire doctrinale et littéraire du Moyen Âge* 2, 1927, p. 89-149 (repris dans *Pourquoi saint Thomas a critiqué saint Augustin*, Paris, Vrin, 1986).

—, « Sur quelques difficultés de l'illumination augustinienne », *Revue néoscolastique de philosophie* 36, 1934, p. 321-31.

GREGORY (T.), « Dio ingannatore e genio maligno », *Giornale critico della filosofia italiana* 53, 1974, p. 477-516.

HUBBELING (G.), « The Third Way of Knowledge (Intuition) in Spinoza », *Studia spinozana* 2, 1986, p. 219-231.

KRISTELLER (P.O.), « Stoic and Neoplatonic Sources of Spinoza's Ethics », *History of European Ideas* 5 (1), 1984, p. 1-15, rééd. *in* G. Lloyd (ed.), *Spinoza. Critical Assessments*, 4 vol., London-New York, Routledge, 2001, I, p. 112-125.

LINGUITI (A.), « Plotino sulla felicità dell'anima non discesa », *in* A. Brancacci (ed.), *Antichi e moderni nella filosofia di età imperiale*, Napoli-Roma, Bibliopolis, 2001, p. 213-236.

MACKEN (R.), « La théorie de l'illumination divine dans la philosophie d'Henri de Gand », *Recherches de Théologie ancienne et médiévale* 39, 1972, p. 82-112.

MADEC (G.), « *Christus, scientia et sapientia nostra.* Le principe de cohérence de la doctrine augustinienne », *Recherches augustiniennes* 10, 1975, p. 77-85.

—, « Le christianisme comme accomplissement du platonisme selon saint Augustin », *Documenti e studi sulla tradizione filosofica medievale* 10, 1999, p. 109-129.

MANZINI (F.), « Comme un pilote en son navire », *Bulletin Cartésien* XXXI, *Archives de philosophie* 66, 2003, p. 163-169.

MARION (J.-L.), « Aporias and Origins of Spinoza's Theory of Adequate Ideas », *in* Y. Yovel (ed.), *Spinoza on Knowledge and the Human Mind*, Leiden, E. J. Brill, 1994, p. 129-158.

MARMO (C.), « Lo statuto semiotico della comunicazione angelica nella teologia tra XIII e XIV secolo », *in* G. Manetti, A. Prato (ed.), *Animali, angeli, macchine. Come comunicano e come pensano*, Pisa, ETS, 2007, p. 133-153.

MARRONE (S. P.), « Matthew of Aquasparta, Henry of Ghent and Augustinian Epistemology after Bonaventure », *Franziskanische Studien* 65, 1983, p. 252-290.

—, « Henry of Ghent and Duns Scotus on the Knowledge of Being », *Speculum* 63, 1988, p. 22-57.

MCINERNY (R.), « Scotus and Univocity », *De doctrina Ioannis Duns Scoti. Acta Congressus Scotistici Internationalis Oxnonii et Edimburgi*, 11-17 sept. 1966, 4 vol., Roma, 1968, II, p. 115-121.

MIGNINI (F.), « Pour la datation et l'interprétation du "*Tractatus de Intellectus emendatione*" de B. Spinoza », *La Cultura* 17, 1979, p. 87-160.

—, « In Order to Interpret Spinoza's Theory of the Third Kind of Knowledge : Should Intuitive Science Be Considered *Per Causam Proximam* Knowledge ? », *in* E. Curley et P.-F. Moreau (eds.), *Spinoza. Issues and Directions*, Leiden, E. J. Brill, 1990, p. 136-146.

—, « "*Sub specie aeternitatis*". Notes sur "Éthique" V, propositions 22-23, 29-31 », *Revue philosophique de la France et de l'Étranger* 118, 1994, p. 45-48.

O'MEARA (J. J.), « Augustine and Neo-platonism », *Recherches augustiniennes* 1, 1958, p. 91-111.

OLSON (M. A.), « Descartes'First Meditation : Mathematics and the Laws of Logic », *Journal of the History of Philosophy* 26, 1998, p. 407-439.

PANACCIO (C.), « From Mental Word to Mental Language », *Philosophical Topics* 20, 1992, p. 125-147.

—, « Angel's Talk, Mental Language, and the Transparency of the Mind », *in* C. Marmo (ed.), *Vestigia, imagines, verba. Semiotics and Logic in Medieval Theological Texts (XII-XIV th Century)*, Turnhout, Brepols, 1997, p. 324-335.

PASNAU (R.), « Henry of Ghent and the Twilight of Divine Illumination », *Review of Metaphysics* 49, 1995, p. 49-75.

—, « Cognition », *in* Th. Williams (ed.), *The Cambridge Companion to Duns Scotus*, Cambridge, Cambridge University Press, 2003, p. 285-311.

PÉPIN (J.), « La doctrine augustinienne des *rationes aeternae* : affinités, origines », *in* M. Fattori et M. L. Bianchi (ed.), *Ratio. VII Colloquio Internazionale, Roma, 9-11 gennaio 1992*, Firenze, Olschki, 1994, p. 47-68.

POZZI (P.), « *La biblioteca di Spinoza* », *in* R. Bordoli (ed.), J. M. Lucas, J. Colerus, *Le vite di Spinoza*, Macerata, Quodlibet, 1994.

RICE (L. C.), « The Continuity of "Mens" in Spinoza », *The New Scholasticism* 43, 1969, p. 75-103.

RIJK (L. M. de), « *A special Use of "ratio" in 13th and 14th Century Metaphysics* », *in* M. Fattori, M. L. Bianchi (ed.), *Ratio. VII Colloquio Internazionale, Roma, 9-11 gennaio 1992*, Firenze, Olschki, 1994, p. 197-218.

RÖD (W.), « Spinozas Idee der Scientia intuitiva und die Spinozanische Wissenschafteskonzeption », *Zeitschrift für Philosophische Forschung* 31, 1976, p. 497-510.

RONDET (H.), « L'idée de nature pure au XVIe siècle », *Recherches de sciences religieuses* 35, 1948, p. 481-521.

SAVAN (D.), « Spinoza on Duration, Time, and Eternity », *in* G. Hunter (ed.), *Spinoza : The Enduring Questions*, Toronto, University of Toronto Press, 1994.

SCHMUTZ (J.), « Du péché de l'ange à la liberté d'indifférence. Les sources angélologiques de l'anthropologie moderne », *Les Études philosophiques* 57, 2002, 2, p. 169-198.

—, « L'héritage des Subtils », *Les Études philosophiques* 57, 2002, 1, p. 51-81.

SCRIBANO (E.), « Fénelon contro Malebranche sulla contingenza del mondo », *in* L. Simonutti (ed.), *Dal necessario al possibile*, Milano, Franco Angeli, 2001.

—, « Hume e Spinoza sulla relazione di causa ed effetto », *in* C. Ginzburg, E. Scribano (ed.), *Conversazioni per Alberto Gajano*, Pisa, ETS 2005, p. 323-351.

SOLIGNAC (A.), « Doxographies et manuels dans la formation philosophique de S. Augustin », *Recherches augustiniennes* 1, 1958.

TLUMAK (J.), « Certainty and Cartesian Method », *in* M. Hooker (ed.), *Descartes. Critical and Interpretative Essays*, Baltimore-London, Johns Hopkins University Press, 1978, p. 40-73.

TROTTMANN (Ch.), « La vision en Dieu chez Malebranche, Thomas d'Aquin et Suárez », dans B. Pinchard (éd.), *La Légèreté de l'être. Études sur Malebranche*, Paris, Vrin, 1998, p. 73-93.

WELLS (N. J.), « Material Falsity in Descartes, Arnauld, and Suárez », *Journal of the History of Philosophy* 22, 1984, p. 25-50.

WILSON (M. D.), « Spinoza's Theory of Knowledge », *in* D. Garrett (ed.), *The Cambridge Companion to Spinoza*, Cambridge, Cambridge University Press, 1996, p. 89-141.

WOLTER (A.), « An Oxford Dialogue on Language and Metaphysics », *Review of Metaphysics* 31, 1978, p. 615-648 et 32, 1979, p. 323-348.

—, « Duns Scotus on Intuition, Memory, and Our Knowledge of Individuals », *in* L. J. Thro (ed.), *History of Philosophy in the Making : A Symposium of Essays to Honor Professor James D. Collins on His Sixty-Fifth Birthday*, Washington, University of America, 1982, p. 81-104.

—, « Reflections on the Life and Works of Scotus », *American Catholic Philosophical Quarterly* 67, 1993, p. 1-36.

—, « Duns Scotus at Oxford », *in* L. Sileo (ed.), *Via Scoti. Methodologica ad mentem Joannis Duns Scoti*, Roma, Antonianum, 1995, I, p. 183-191.

—, « Reflections about Scotus's Early Works », *in* L. Honnefelder (ed.), *John Duns Scotus : Metaphysics and Ethics*, Leiden, E. J. Brill, 1996, p. 37-57.

YOVEL (Y.), « The Third Kind of Knowledge as Alternative Salvation », *in* E. Curley, P.-F. Moreau (eds.), *Spinoza. Issues and Directions*, Leiden, E. J. Brill, 1990.

—, « The Second Kind of Knowledge and the Removal of Error », *in* Y. Yovel (ed.), *Spinoza on Knowledge and the Human Mind*, Leiden, E. J. Brill, 1994.

INDEX DES NOMS

TABLE DES MATIÈRES

Achevé d'imprimer en mars 2021 par La Manufacture - Imprimeur – 52200 Langres
N° 210311 – Imprimé en France – Dépôt légal : avril 2021